예술을 유혹하는 사회학

예술을 유혹하는 사회학 : 부르디외 사회이론으로 문화읽기
art in SOCIETY

지은이	김동일
펴낸이	조정환
주간	신은주
편집	김정연
디자인	조문영
홍보	김하은
초판 1쇄	2010년 12월 31일
2판 1쇄	2024년 5월 1일
종이	타라유통
인쇄	예원프린팅
라미네이팅	금성산업
제본	바다제책
ISBN	978-89-6195-032-9 94300 / 978-89-86114-63-8 (세트)
도서분류	1. 사회과학 2. 사회학 3. 예술 4. 미학 5. 미술 6. 철학 7. 문화연구 8. 대중문화
값	28,000원
펴낸곳	도서출판 갈무리
등록일	1994. 3. 3.
등록번호	제17-0161호
주소	서울 마포구 동교로18길 9-13 2층
전화	02-325-1485
팩스	070-4275-0674
웹사이트	www.galmuri.co.kr
이메일	galmuri94@gmail.com

ⓒ 김동일, 2010

이 책은 2010년 경기문화재단의 문화예술진흥지원금으로 제작되었습니다.

예술을 유혹하는 사회학

art in SOCIETY

부르디외 사회이론으로 문화읽기

김동일 지음

책머리에

　어쩌면, 예술과 예술가를 유혹하는 것은 이제 사회일지도 모른다. 사회는 예술가들이 창조해낸 예술보다 더 아름답고, 더 정교하고 더 마술적이다. 물론, 이때 사회가 수행하는 이 아름다움과 정교함, 그리고 마술은 예술적 창조물이 갖는 속성과는 다르다. 여기서 예술과 사회 가운데 어느 것이 더 우월한가를 논하는 것은 무의미한 일이다. 다만, 분명한 것은, 많은 예술가들이 당대의 사회적 주제와 문제들에 더욱 관심을 갖고 있으며, 이러한 변화 역시 그러한 방식의 예술적 실천을 가능케 하는 특정한 사회적 조건들을 전제한다는 사실이다.
　예술이 사회를 유혹하는 것만큼이나, 사회 역시 예술을 유혹한다. 사회가 풍기는 냄새는 때로 참혹하고 비릿한 피 내음을 동반하지만, 예술가들은 그 참혹한 피 내음을 피하지 않고, 자신의 예술적 실천으로 당당하게 맞서고 있다. 예술가들의 투쟁은 이미 그러한 예술적 실천을 가능하게 하는 자율적 공간을 확보하는 데 비교적 성공한 것으로 보이며, 그러한 성취 역시 예술가들의 사회적 투쟁을 통해 가능해진다.

그렇다면, 이제 과제는 전통적인 예술/사회의 이분법을 지양하고, 예술과 사회 상호간의 유혹을 좀 더 효과적으로 파악하고 분석하는 일이다. 나는 그 일에 가장 적합한 이론적 관점을 피에르 부르디외Pierre Bourdieu의 사회학 이론에서 구하고자 한다. 아비튀스habitus와 장field, 사회공간social space, 그리고 상징투쟁symbolic struggles 등의 기본개념들은 예술적 실천에 내포된 사회적 속성들과, 전체 사회공간 속에서 예술가들의 대응과 의미들을 적절하게 파악하도록 돕는다.

이 책을 기획하는 데 직접적인 계기가 된 것은 2010년 경기문화재단이 지원하는 문예진흥기금이었다. 이 사업은, 게으른 필자로 하여금 그나마 지금까지 모아 둔 상념의 객관화된 결과들의 일부를 단행본의 형태로 묶어낼 엄두를 내게 하였다. 이 책에 수록된 글들은 주로 2005년 이후 한국연구재단 지원에 대한 최종결과물로 제출된 논문들에 기초하며, 다음과 같이 그 출처를 밝혀 두고자 한다.

「사회적 행위자로서 미술관에 대한 사회학적 시론」, 『미학예술학연구』, 한국미학예술학회, 25: 361~386.
「사회적 실천으로서의 양식」, 『사회과학연구』, 서강대 사회과학연구소, 16(1): 266~313.
「전후한국화단의 양식투쟁에 관한 사회학적 고찰」, 『한국사회학』, 한국사회학회. 42(6): 1~37.
「미술관의 사회학을 위한 이론과 경험」, 『사회과학연구』, 서강대 사회과학연구소, 17(1): 2~46.
「단토 대 부르디외 : 예술계 개념을 보는 두 개의 시선」, 『문화와 사회』, 한국문화사회학회, 6: 107~159.
「백남준의 사회학 : 음악장의 전복자에서 미술자의 지배자로」, 『문화와 사회』, 한국문화사회학회, 9: 132-196

여기에 필자가 다른 지면들을 통해 발표한 산발적인 글들이 포함되어 이 책을 만드는 기본적인 재료가 되었다. 구성은 크게 1부 '논고'article, 2부 '에세이'essay, 3부 '작가론'artist으로 이루어져 있다. 그렇다면, 이러한 글들 사이의 편차를 넘어서는 논리는 무엇일까? 그 논리를 나는 '예술을 유혹하는 사회학'이라는 제목에서 찾고자 한다.

예술은 아름다움에 대한 실천과 탐구를 의미한다. 예술은 아름다움을 창조하는 인간의 능력과 그 능력의 객관화된 업적을 지칭하고, 예술학은 그 업적의 논리와 역사를 분석하고 기록한다. 그렇다면, 사회, 혹은 사회학이란 무엇일까? 지금도 이어지고 있는 관습적인 예술/사회 이분법에서 사회란, 예술적 천재들이 창조해 낸 아름다움을 수동적으로 받아들이는 환경이나 역사적 맥락일 뿐이다. 이 맥락이 아무리 적극적인 기능을 수행하더라도, 그것은 때로 '결정론'determinism이란 단어에 함축된 것처럼 예술가들의 자유로운 창작을 방해하는 부당한 외적 영향에 불과할 뿐이다. 나는 더 이상 이런 식의 전통적 이분법이 동시대 예술적 상황에 적합하지 않다고 생각한다. 사회는 예술 밖에 존재하는 것이 아니라, 예술 속에 침투하고, 예술과 하나가 된다. 예술이란 단어 자체를 가능하게 하는 것이 바로 사회일 뿐 아니라, 동시대의 '사회화된 예술'은 당대 사회의 모순과 쟁점들을 적극적으로 다루고 있다. 더 이상 작가들은, 사회적 문제들로부터 거리를 유지한 채, 안온한 아뜰리에 안에만 머물지 않는다. 그들은 예술적 실천이 가능한 다양한 매체medium를 통해 사회의 문제들에 당당하게 맞서 예술의 이름으로 자신의 발언을 내놓고 있다.

이 책의 1부는 주로 피에르 부르디외를 중심으로 한 사회학 이론과 '스타일', '미술관', '예술계' 등 예술적 개념들 사이의 상호적인 관계를 검토하고 있다. 1장 「빗자루에 대한 두 개의 시선 : 현대미술에서 일상이 다루어지는 방식들」은 이 책 전체의 이론적 접근 과정을 비트겐슈타인의 후기 철학에서 제기된 '일상적 실천'의 함의를 동시대 예술의 지평에서 살펴볼 것이다. 그 과정에서, 비트겐슈타인과 가핑클, 테일러와 부르디외로 이어지는 실천 개념의 사회학적 변용을 추적한다.

2장 「사회적 실천으로서의 스타일」은 스타일의 현상을 사회학적 관점에서 풀어내 보고자 한다. 스타일은 이미지를 특정한 방식으로 조직하고 분류하는 논리이자, 과정이며, 그 결과물을 포괄한다. 이때, 부르디외의 아비튀스와 장 개념은 뵐플린, 하우저, 윌하임, 그리고 예술제도론으로 이루어지는 스타일론의 차별적 관점들을 비판적으로 해석하고 매개함으로써 스타일 개념의 종합적인 형태를 제공할 수 있다.

3장 「단토 대 부르디외 : 예술계 개념을 보는 두 개의 시선」은 동시대 미학과 비평 속에서 가장 빛나는 성과들 가운데 하나인 '예술계' 개념의 사회학적 변용을 탐구한다. 아비튀스로서 예술계, 장으로서의 예술계, 궁극적으로 아비튀스와 장 사이의 유기적 공모로서의 예술계는 가능할까? '단토 대 부르디외'라는 대립적인 설정은 사실 일방적으로 어느 한편을 옹호하기 위한 것이 아니라, 부르디외를 통해 단토보다 더 단토적인 예술계 개념의 가능성을 검토하기 위한 수사修辭에 해당한다.

4장 「확장된 미술관」은 앞의 내용들을 부르디외와 라투르의 이론을 원용하여 제도적 차원에 적용해 본 것이다. 예술이 일종의 '실천'이고, 그 실천이 시각적 이미지를 특정한 방식으로 조직하고 분류하는 스타일 행위로 나타난다면, 그리고 단토가 지적하는 것처럼, 예술계 개념이 '스타일 매트릭스'를 구성하는 특정한 '예술적 술어'artistic predicate들 가운데 하나라면, 그러한 실천적 스타일 상황은 어떻게 제도화될까? 미술관은 스타일 장과 사회공간이 교차하는 지점에서, 사회공간의 영향을 '굴절'된 형태로 스타일장 내부에 투영하고, 동시에 장 내 스타일 투쟁을 사회공간의 효과로 환류하는 효과적인 매개점이다. 미술관의 작동은 그런 의미에서 '사회적 실천으로서의 스타일'의 관점에서도 매우 중요한 연구대상이라 할 수 있다.

5장 「전후 한국화단의 양식투쟁에 관한 사회학적 고찰」은 2장과 직접적인 관련을 갖는다. 부르디외의 관점에서 사회적 실천으로서의 스타일 개념이 스타일장과 사회공간 사이의 영향을 굴절하고 변환함으로써 장 내 상징자본을 전유하기 위한 인정투쟁으로 정의될 수 있다면, 그러한 인정투쟁의 가장 극단적인 사례는 1950년대 이후 한국의 스타일 장에서 발견된다. 당대 한국의 사회공간은 일제의 식민지배와 해방, 전쟁과 분단, 그리고 권위주의 정부의 집권으로 연결되는 격변기였고, 이러한 격변 속에서도 한국의 예술 실천자들은 이미지 조직과 분류 그 자체의 가치와 인정 그 자체를 내기물로 삼아 스타일 투쟁을 전개했으며, 이 과정에서 최소한의 수준에서 유의미한 형태의 스타일장의 자율성을 성취할 수 있었다. 나는 주로 이를 '추상 대 구상'의 대립과 투쟁으로 요약하고, 추상미술이 한국 '현대미술'이란 표제어를 전유하는 과정을 살펴볼 것이다.

2부는 평론, 비엔날레, 대안공간, 미술잡지, 판화 등의 현장적인 주제를 다루고 있다. 물론, 이 흥미와 현장성이 곧 이 주제들의 무게를 감하는 것은 아니다. 오히려 하나하나가 당대 우리 예술적 실천의 현장에서 심각하게 고민되어야 할 것들이다. 특히, 6장에서 문제삼는 평론의 현실은 예사롭지 않다. 부르디외의 장 개념의 가장 유용하게 숙고되어야 할 분야는 평론으로 보인다. 소위 평론장의 자율성은 매우 절실해 보인다. 평론장이란, 예술장의 한 하부장으로서, 평론의 생산자들인 평론가들이 평론의 리얼리티를 상호비판을 통해 검증받는 공간으로 정의될 수 있다. 부르디외의 장 개념은 평론장의 현실을 비판하고 평론의 자율성을 전망하기 위한 객관적 조건을 성찰하는 데 기여할 수 있다.

7장은 2006년과 2008년 서강대 사회학과 문화사회학 강좌를 진행하면서 수행된 광주와 부산 비엔날레 답사내용을 부분적으로 부르디외와 라투르, 가핑클의 관점에서 재구성했으며, 1부 4장 「확장된 미술관」의 연장선 위에 있다.

8장은 한국의 미술잡지를 예술장의 자율성의 부재라는 현실 속에서 비판적으로 성찰하고 있다. 또한 한국 미술잡지의 문제는, 6장에서 다룬 평론의 현재적 상황과도 관련이 있다. 평론장의 자율성이 가능하려면, 무엇보다 미술잡지가 제 기능을 수행해야 한다. 미술잡지가 평론만의 공간은 아니지만, 여전히 평론이 쓰이고 읽혀지는 지면은 주로 미술전문지이기 때문이다. 오늘날 우리의 미술잡지들은 예술장 내외의 요구를 제대로 반영하고 있을까?

9장은 한국의 예술장과 사회공간 속에서 대안공간의 위치를 검토하고 있다. 오늘날 다양한 대안공간들이 새로운 미학적 가능성을 실험하면서, 장의 변형을 시도하고 있다. 그러나, 나는 여전히 대안공간들이 그들의 대안성을 성공적으로 제도화하는 데 성공하기 위해서 좀 더 명확하게 예술장과 사회공간 사이를 매개해야 한다고 생각한다. 만약, 그러한 매개를 상동성의 테제와 관련시킬 수 있다면, 부르디외의 이론은 대안공간의 활동을 장과 사회공간의 수준에서 검토할 수 있는 효과를 제공할 수 있을 것이다.

10장은 복제가능성과 판화적 표현의 문제를 다루고 있다. 판화가 말 그대로 '판'을 통한 '찍음'의 미학이라면, 판화의 미학에 충실한 '판화적 판화'는 과연 어떤 모습일까?

3부는 예술적 실천의 과제를 당대 한국사회의 맥락 속에서 구체화한 작가들의 작가론을 다루고 있으며, 이 작가들에는 백남준, 최경태, 노순택, 선무 등이 포함된다. 이들은 하나같이 사회공간의 변화에 예민하게 반응하면서도, 그것을 철저하게 예술장 내 미학적 실천으로 굴절하고 변환하는 데 성공한 작가들이다. 나아가 이들은 예술장 내 참여자로서 자신들의 투쟁을 사회공간의 효과로 환류하려는 자들이기도 하다. 이들이 사회공간과 예술장의 경계 위에서 자신의 예술적 실천과 사회적 참여의 문제를 풀어나가는 방식들은 어떠한가?

이 책에 수록된 글들은 서로 복잡하게 얽혀 있다. 각각의 글들은 다른 주제와 내용을 다루는 듯 보이지만, 어디선가 겹치고 중첩된다. 그러한 중첩과 교차점을 살리기 위해 곳곳에 연관된 서술을 남겨두었다. 어느 글에선가 읽었던 특정한 내용이 또 다른 주제를 다루는 다른 글들에서 다시 등장하기도 한다. 대개 그러한 반복 지점은 부르디외의 기본개념에 대한 서술일 것이다. 그만큼 이 책이 지어내는 그물의 기본적인 씨줄과 날줄은 부르디외의 기본개념이다. 물론, 아직 이 그물망은 아직은 매우 엉성하고 불완전하다. 어느 곳은 촘촘하지만, 다른 어느 곳은 비어있다. 가장 큰 이유는 완전한 그물망을 지어내기에 아직 저자의 능력이 미치지 못했기 때문이지만, 또한 그 작업이 그만큼 어려운 일이기 때문이기도 하다. 나는 지금 이 순간에도 이 그물망의 작은 매듭을 엮고 있으며, 기대하지 않았던 어느 순간, 이 그물은 몰라보게 달라져 있을지도 모른다. 이 그물이 좀 더 효과적으로 기능할 수 있을 때, 이 책의 제목처럼 '예술을 유혹하는 사회학'은 가능할 수 있을지도 모른다.

이 책을 내면서 흥미로운 사실을 알게 되었다. 책의 가장 첫머리에 오는 글이 사실은 가장 마지막에 쓰인다는 것이다. 일종의 역설이랄까. 저자의 마지막 글이 독자가 읽는 첫 번째 글이라는 점 말이다. 독자에게 이 첫 글은 아마도 전체를 판단하는 중요한 단서가 될 것이다. 이 책의 처음이 어지럽고 불완전하면, 전체도 그러해 보일 수 있다. 처음이 정연하면, 또한 전체도 그러하다. 그래서 나는 이 첫머리 글에서 이 책 전체의 질서를 명확히 하기 위해 노력해야 하지만 이내 그것이 녹녹하지 않은 작업임을 깨닫는다. 따라서, 나는 이 첫 머리글의 첫 시작을 이 책 전체가 쓰이는 과정에 대해 성찰하고 반성하는 계기로 삼고 싶다. 내가 이 책의 첫머리 글의 시작을 전체에 관한 반성으로 시작하는 이유는 그만큼 이 책이 혼란스럽고 다양한 내용을 담고 있으며, 독자들은 그 모든 혼란을 또다시 받아 안아야 할 것이기 때문이다. 하지만, 나는 여기서 하나의 변명을 첨언하고 싶다. 이 책 전체는 또 다른 전체의 작은 처음일 수 있다는 점이다. 이 책은 비록 불완전한 글 모음에 불과할 수 있지만, 이 책이 함축하는 또 다른 전체는 이 책의 불완전함보다 나을 수 있다. 이 책에 수록된 글들은 또 다른 전체의 일부에 해당하며, 나는 나머지 전체를 또 다른 방식으로 조직할 수 있는 시간을 갖고 있다. 이 여유는 위안이 아니라 일종의 불안이요 강박이지만, 기꺼이 그것들을 감당해나가고 싶다.

마지막으로, 이 책을 낼 수 있는 기회를 제공해 준 경기문화재단과 한국연구재단, 그리고 보잘 것 없는 저자의 기획에 관심을 가져 주신 갈무리 조정환 주간님과 편집부 오정민 선생님께 깊은 감사를 표한다. 이 글의 초고를 읽어준 이시윤, 김현준 군에게도 고마움을 전한다. 사랑하는 부모님과 아내, 세 아들, 김경만 교수님, 선내규, 민병교 동문의 사랑과 은혜, 관심과 이해에 이 책이 작은 보답이 되었으면 하는 바람이다.

2010년 12월
김동일

차례

책머리에 5

1부 논고 article

1장 빗자루에 대한 두 개의 시선 :
     현대미술에서의 일상이 다루어지는 방식들 17
2장 스타일의 사회학 65
3장 단토 대 부르디외 : "예술계" 개념에 대한 두 개의 시선 104
4장 확장된 미술관 147
5장 전후(戰後) 한국화단의 양식전쟁 178

2부 에세이 essay

6장   평론의 위기와 미술시장의 활성화 217
7장   소금 낯선 비엔날레 기행 : 2006년의 광주와 부산 235
8장   내가 미술잡지를 읽지 않는 이유 265
9장   대안공간의 대안성에 관한 대안적 생각들 271
10장 복제와 아우라의 경계에서 잠시 판화를 생각한다 279

3부 작가론 artist

11장 　백남준의 사회학 : 음악장의 전복자에서 미술장의 지배자로　291

12장 　최경태를 싸고 도는 기이한 역설, 혹은 그 역설에서 벗어나기　336

13장 　노순택론, 허구의 불경건한 해체　369

14장 　선무, 상극의 경계 위에 선 탈북작가　386

참고문헌　413
인명 찾아보기　420
작품명 찾아보기　423
용어 찾아보기　425

1부

논고(article)

1장 빗자루에 대한 두 개의 시선 : 현대미술에서의 일상이 다루어지는 방식들

2장 스타일의 사회학

3장 단토 대 부르디외 : "예술계" 개념에 대한 두 개의 시선

4장 확장된 미술관

5장 전후(戰後) 한국화단의 양식전쟁

1장

빗자루에 대한 두 개의 시선

현대미술에서의 일상이 다루어지는 방식들

우리에게 일상이란 무엇인가?

> 늦어 버린 잠 속 깨지 않는 나. 시끄러운 자명종 속. 일상의 시작. 돌고 도는 지하철. 막혀버린 버스. 지쳐가는 5분에 인생을 거는 나. 빗나간 일상. 불안한 인상. 모두 같이 다같이. 기계들과 똑같이 지겨운 세상. 앞만 보는 사람. 꽉 막힌 박힌 틀에 박힌 삶. (……) 이제 나는 고막을 찢을 듯한 무자비한 일상을 떠나 예전에도 없고 예정에도 없던 미지의 길. 이제 나 떠나. 돌아가. 꿈을 꾸던 나로 돌이기. 자유로운 니로 돌아가. 떠나가. 이곳에서 밀리 떠나가. 한설같은 나를 한번 버려봐. — 퍼니파우더, 〈트립〉

몇 년 전, 지금은 잊혀 버린 신세대 힙합밴드 퍼니파우더는 일상에 대한 그야말로 일상적인 관념을 보여 주었다. 일상은 '기계들과 똑같이 지겨운 세상'이거나 '꽉 막힌 틀에 박힌 삶'이었다. 그들은 '무자비한 일상'을 떠나 '미지의 길'을 거쳐 나를 '꿈'과 '자유'로 데려다 줄 '트립'trip을 떠나고자 한다. 그들에게 여행은 일상의 대립물이며, 무자비한 지겨움으로부터의 이탈이다. 퍼니파우더의 일상은 퍼니파우더만의 것이 아니다. 인터넷 음악 사이트에서 '일상'이란 단어로 검색되는 가요는 제목으로 줄잡아 수십 곡을 넘는다. 여기서 확인되는 일상의 키워드는 바로 '반복'이다. 반복은 '익숙함'과 '편안함'을 주기도 하지만 동시에 '짜증', '권태'의 근원이기도 하다.

그러면, 예술로 눈을 돌려 보자. 예술은 천박한 대중가요 가사와는 좀 달라야 하지 않을까? 놀랍게도 첫 눈에 보이는 예술적 통찰은 일상에 대한 보편적인 인식과 크게 다르지 않다. 다음은 톨스토이Lev Nikolaevich Tolstoi의 일기 가운데 일부이다.

> 나는 방을 청소하고 나서 방을 한 바퀴 돈 다음 소파로 다가갔다. 그런데 나는 내가 방을 청소했는지 안했는지를 기억해 낼 수가 없었다. 이러한 동작은 습관적이고도 무의식적으로 이루어지기 때문에 나는 기억해낼 수 없다. 그리고 내가 그걸 기억해 내는 일이 이미 불가능해졌다고 나는 느꼈다. 따라서 내가 방을 청소하고 그 사실을 잊어버렸다면, 다시 말해서 내가 무의식적으로 행동했다면 그건 바로 내가 그러한 행동을 하지 않은 것과 같다. 수많은 인간의 복합적인 생활이 무의식적으로 전개된다면, 이러한 생활은 없었던 것과 같다.(쉬클롭스키, 1991: 86)

제정帝政 러시아의 혼란과 세기말의 우울을 힘겹게 겪어내고 있었던 노년의 톨스토이는 여느 날처럼 손수 청소를 끝내고 소파에 걸터앉았다. 눈앞에는 자신이 방금 놓아둔 빗자루가 보였을 것이다. 그런데 이상하다. 톨스토이는 아무 것도 기억할 수 없다. 빗자루를 보면서 자신이 방금 청소를 했는지 안했는지 조차 말이다. 그는 대부분의 사람들이 한 번 쯤 겪었을 법한 그 같은 경험을 대수롭지 않은 건망증으로 넘기지 못하고 버럭 소스라치고 만다. 방청소처럼 반복되는 행위는 망각을 수반하고, 망각된 행위는 행해지지 않은 것과 같다. 반복적이고 무감각한 일상, 그리고 일상으로서의 삶은 아예 존재조차 않는 것이다. 그런 의미에서 일상은 톨스토이의 삶 전체를 부정할 수 있었다. 톨스토이는 일상에 저항해야 했고, 그 저항이 곧 그의 문학으로 나타났다.

톨스토이의 소설은 일상에 대한 부정의 결과였다. 러시아 형식주의 Russian formalism의 주창자 쉬클롭스키 Victor Shklovsky는 톨스토이 소설전략을 '낯설게 하기'defamiliarization로 명명한다. 낯설게 하기, 곧 사고나 행위를 완전히 다른 문맥에 놓거나 생소한 어휘로 왜곡하는 문학적 전략을 말한다. 이 전략은 일상으로부터의 해방에서 문학적 구원을 얻으려는 전략에 다름 아니었다. 20세기 가장 위대한 문학적 본질 가운데 하나는 일상에 대한 거부에서 시작된 것이다. 톨스토이에게 일상은 거부되어져야 할 것이었고, 그러한 거부는 그의 위대한 소설을 잉태했다.

이렇게 보면, 의외로 톨스토이의 일상은 퍼니파우더의 그것과 다르지 않다. 퍼니파우더의 '여행'의 다른 이름이 바로 톨스토이에겐 소설이었고 쉬클롭스키에겐 문학적 전략으로서의 '낯설게 하기'였다. 여행과 문학은 등가이며, 그 반대편에 일상은 존재한다. 일상은 부정되기 위해 존재하는 어떤 것이다. 쉬클롭스키의 표현대로라면 낯설게 하기에 반대되는 '자동화'automatism, automation의 영역이다. 자동화는 개별 경험에 정형화된 관계성을 부여한다. 그 관계는 이미 규정되어 당연해진 것이다. 상투화, 기계화, 타성, 익숙, 무감각은 자동화의 다른 이름들이다. 자동화된 삶은 익숙하고 편리하다. 자동화된 삶으로서 일상은 모든 불필요한 망설임이 제거된 세계이며, 그래서 효율적이고 경제적이다. 그러나, 여기서 문학과 예술은 권태를 느낀다. 삶의 자의식을 회복하기 위해, "돌을 돌로 느끼기 위해", 일상의 '무자비한' 자동화로부터 벗어나기 위해 예술은 일상적 사물을 의심에 찬 눈초리로 비스듬히 바라보고, 사물에 관한 자동화된 지각知覺활동을 곤란하게 한다. 일상은 '늪'이고, 이 늪에서 벗어나야 한다. '낯설게 하기'는 일종의 구원이었다.

폭력적이거나, 어쩔 줄 모르거나 : 정물화 vs. 풍속화

그렇다면, 이제 미술은 어떨까? 표면적으로 미술은 문학과는 다른 방식으로 일상을 다루어 온 듯 보인다. 미술은 언제나 일상에 근접해 있었다. 미술은 일찍이 정물화나 인물화의 형식으로 생활공간의 사물들에 시선을 보내왔다. 18세기 프랑스 정물화가 샤르뎅Jean-Baptiste-Simeon Chardin이나 20세기 한국 서양화의 선구자 도상봉의 캔버스 앞에는 꽃, 꽃병, 담뱃대, 생선, 채소처럼 보잘 것 없는 일상적 소품들이 가지런히 정렬되어 있다. 그러나, 화가의 시선은 너무나도 폭력적이다. 일상에 대해 화가는 전지적 권능을 갖는다. 화가는 일상의 단면들을 잘라 내고, 이리저리 배열하며, 자신의 구미에 맞게 조작한다. 이때, 화가는 신을 대리한다. 일상이 신의 창조에 의한 피조물에 불과하다면, 캔버스 속에서 그려지는 일상의 대상물들은, 창조創造를 대리하는 예술적 창작創作의 소재이자 그 결과일 뿐이다. 그것들은 형태와 색채와 기법을 조작하기 위해 요구되고 희생되는 재료에 지나지 않는다. 사과는 단지 형태일 뿐이다. 그저 형태로서의 사과는 먹음직스러워 보이지 않으며, 욕망을 불러일으키지 못하는 누드와 다르지 않다. 일상으로부터 왔지만, 더 이상 일상적이지 않은 것들이다. 정물화의 시선은 일상을 물리적 대상의 세계로 전락시킬 뿐이다. 화가는 사물세계를 지배하는 과학자를 닮아 버렸다.

일상은 곧 '맥락context화된 의미의 세계'를 포함한다. 맥락이란 '체험되는'experienced 시간과 공간이며, 이 맥락 속에 참여하는 행위자들의 실천과 조응한다. 맥락은 행위자의 실천에 차별적인 상황과 배경을 제공하고, 행위자는 이러한 차별적 맥락에 또 다른 실천으로 응답한다. 따라서 서로 다른 맥락에서 서로 다른 행위자가 실행하는 서로 다른 행위는 언제나 서로 다른 의미를 생산한다. 주체와 맥락의 변증법은 일상의 수없이 다양한 의미지평을 생산한다. '나'의 어제와 오늘이 동일한 하루가 아닌 것처럼, '너'의 일상과 '나'의 일상 역시 결코 동일할 수 없다. 정물화적 일상표현의 문제는 주체와 맥락 사이의 그 관계성을 표백하려 했다는 것이다.

일상은 찰나적이다. 그러나 그 맥락성을 복원할 때 어떤 일이 일어날까? 일상의 가벼움은 특정한 공간에 중첩된 시간의 두터운 층위의 한 겹을 이룬다. 이 시간의 두터운 층위는 그 속에 참여한 수많은 행위자들의 실천에 따라 일정한 방향을 따라 축적되며, 이 방향을 우리는 역사성historicity이라 부른다. 역사성이 복원된 일상은 그저 덧없이 흘러가는 매일 매일이 아니라, 거대한 방향성을 형성한다. 이 방향성은 흔히 풍습風習 혹은 관습慣習이라 불린다. 풍속화는 말 그대로 풍속의 시각적 형상화를 시도했다. 풍속화는 일상의 맥락성을 시각적으로 표현한다. 풍속화적 시선은 정물화의 경우와는 여러모로 다르다. 풍속이란 일련의 반복적이고 규칙적인 생활방식이다. 풍속화에는 이 생활방식에 대한 화가의 '어쩔 줄 모르는' 애정이 담겨있다. 이 애정은 '의도하지 않은 결과'unintended consequence를 낳는다. 미술사를 일종의 풍속에 관한 일련의 기록 저장소로 만드는 것이다. 이 저장소는 문화의 다양성에 관한 인류학적 증거가 되기도 한다. 16세기 플랑드르 화가 브뤼겔Pieter Bruegel the Elder의 〈추수〉나 18세기 한국의 위대한 풍속화가 김홍도의 〈논갈이〉, 신윤복의 〈주유청강〉舟遊淸江, 19세기 서구 현대미술의 도정을 함께 했던 쇠라Georges Pierre Seurat의 〈라 그랑자트섬의 일요일 오후〉 등은 서로 다른 시간과 공간 속에서 달리 경험되는 일상의 기록들이다.

일상과 자본주의 : 민중미술의 경우

　일상의 맥락성을 전면에 끌어낸 것은 풍속화의 분명한 성과였지만, 그것으로 끝이었다. 풍속화는 일상을 더 이상 미학적·사회적 문제로 이슈화시키지 못했다. 그저 일상은 재미, 혹은 기록일 뿐이었다. 이러한 상황에서 민중미술은 일상의 맥락성을 비판적 문제의식에서 시각화하고자 노력했다. 권력과 자본, 그리고 그것들이 작동하는 방식은 항상 민중미술이 표현하는 일상의 쟁점들 속에 포함되었다. 여기서 풍속화적 시선은 변화를 위한 정치적 의식과 결합한다. 일상의 맥락성은 폭압적인 방식으로 삶에 작용하는 권력 및 자본과 관련된다. 민중미술적 일상표현의 구체적 내용은 자본과 권력에 의해 왜곡되는 삶에 대한 고발의 형태를 띤다. 민중미술식의 일상 표현은 비평적인 관점에서 두 가지 성과를 갖는다.
　첫째, 미술적 소통의 토대로서 일상의 존재를 확인한다. 민중미술은 일종의 '소통으로서의 미술'이었다. 주지하는 것처럼, 소통은 민중미술의 미학적 근거 가운데 하나였다. 민중미술의 형성과 전개에 결정적인 영향을 주었던 『현실과 발언』은 다음과 같이 밝히고 있다.

　　발언이란 무엇을 의미하는가? 발언은 어떻게 이뤄지는가? 누가 발언자이며, 무엇을 향한 발언인가? 누구를 위한, 누구에 의한 발언인가? 발언자와 그 발언을 수용하는 사람들과의 관계는 어떤 것인가?(『현실과 발언』 선언문에서)

　결국 민중미술에서 일상이란, '발언자'와 그 발언을 '수용하는 사람들'이 서로 공유하는 맥락이며, 민중미술이란 이 맥락 속에서 문제화되는 그 '무엇'에 관해 시각적인 방식을 통한 '발언'이었다. 여기서 궁극적으로 민중미술적 소통을 가능케 한 것은 일상의 과감한 시각적 수용이었다. 야콥슨에 따르면, 소통은 결국 화자sender와 청자receiver 사이의 의미전달 과정이다(야콥슨, 1989: 55). 중요한 것은 발화의 의미를 화자와 청자 사이에서 고정시켜 줄 '약호체계'code의 존재이다. 약호체계란, 언어의 의미를 부여하는 공통의 약속이며, 이 약속의 가장 고전적인 형태는 구조언어학의 창시자, 소쉬르Feridinand de Saussure의 이항대립binary opposition의 체계로서의 '랑그'langue였다(Saussure, 1972[1990]). 그러나 언어와 달리 시각적 소통의 문제는 약호체계가 없거나 매우 제한적이라는 점이다. 비록 모더니즘 미술이 시각적 표현을 기본적인 조형요소들에 한정함으로써, 기본적인 약호체계를 설립하려 시도했지만, 이러한 노력이 소통의 의미에서 가져온 성과는 분명하지 않다. 그야말로, 순수하게 조형적인 의미만을 전달하거나, 아니면, 그저 서로 다른 수많은 관객들이 소위 '자기 식대로' 작품의 의미를 해석하는 정도일 뿐이다. 그러나, 실상 아무리 개방적인 모더니스트라도 자신의 오브제를 대중이 자기 마음대로 해석하는 걸 용인하기란 말처럼 쉽지 않았다. 소통의 관점에서 엄밀히 오직 '본질 그 자체'essence in itself를 추구하는 모더니즘의 소통은 사실상 불가능한 과제였던 것이다. 이러한 상황에서 민중미술의 성과란, 적어도 소통의 관점에서, 의미의 내용적 공유를 가능케 했다는 점이다. 그리고 이 의미의 공유는 일상의 경험을 시각적 표현 속에 수렴함으로써 가능했다.

둘째, 일상과 미술의 관점에서, 민중미술의 두 번째 성과는 일상을 비판의 대상으로 본다는 점이다. 일상은 그저 무색무취無色無臭한 시간과 공간의 총합이 아니라, 의미로 충만한 공간이며, 동시에 행위자의 정치적 위치와 지향에 따라 상이한 방식으로 해석되고 판단되는 공간이다. 일상은, 옳고 그름으로 평가되고 이해되는, 지배와 저항의 공간이다. 수많은 민중미술가들은 일상을 일종의 자본과 권력에 의해 일그러진 모순적인 대상으로 해석하고 그려냈다. 그들에게 일상은 나른하고 반복되는 또 다른 하루가 아니라 자본에 의한 착취가 권력의 폭력을 통해 작용하는 현장이다. 예컨대, 이흥덕의 일상은 권력, 소비, 폭력, 범죄, 위선, 거짓이 〈카페〉와 〈미용실〉과 〈지하철〉과 풀장과 거리와 〈신도시〉에서 난무하는 서울의 현재 상황이다. 뒤틀린 일상은 이흥덕에게 자본주의적 도시생활의 상징으로서 기능한다. 그러므로 일상에 대한 민중미술의 시각은 애증의 대상으로 갈라지는 양면성을 갖는다. 민중미술은 작가 자신을 일상의 맥락성 한 가운데 놓으려는 시도이다. 일상과 자본주의 경제체제로 대변되는 삶의 맥락이 억압되고 윤리적으로 왜곡된 것이라면 작가는 그러한 왜곡과 억압을 비판하고 사회체제를 정화하기 위해 노력해야 한다. 이러한 실천적 노력이 민중미술이 현실에 참여하는 미학적 방식이다.

그러나 일상에 대한 미술적 표현의 관점에서, 민중미술이 갖는 모순은 그것의 성과만큼이나 분명해 보인다. 먼저 민중미술의 시선에는 일상에 대한 모종의 극복되지 않은 인식론적 거리두기가 존재한다. 이 거리두기는 일상인에 대한 민중미술가의 우월한 '선지자적 입장'과 맞물린다. 일상에 대한 인식론적 거리두기부터 시작해 보자. 민중미술은 일상에 대한 비판적인 입장을 취한다. 이 비판은 비판의 주체와 비판의 객체 사이의 이분법적 간극을 전제한다. 다른 말로 하면, 민중미술가들은 비판되어져야 할 대상으로부터 이탈해 있다. 그들은 '저기 저편'에서 '지금 여기'의 일상을 관찰한다. 일상의 문제는 일상 밖의 어떤 힘에 의한 것이다. 그 힘은 물론, 자본과 권력이다. 몇몇 예외를 제외하면, 우리가 알고 있는 민중미술 스타작가들 가운데 실로 민중적 일상 속에 자신을 투여한 작가들은 많지 않다. 그들은 어쩔 수 없이 일상인들이 아니라, 예술가들이었을 뿐이다. 예술가의 입장에서 민중의 일상은 일상 밖의 작가의 입장에서 관조의 대상일 뿐이다. 민중미술가의 선지자적 태도는 더 문제다. 대개 일상의 현재 상태, 즉 자본주의적 일상은 변화되어야 할 어떤 것이다. 민중미술가는 이 변화를 미술로써 선도하는 자로 나타난다. 민중미술가는 삶의 왜곡과 그릇됨을 지적하고 올바름을 드러내야 한다. 성스러운 의무이자 고난처럼 보이는 민중미술가의 현실참여는 모종의 지적·윤리적 우월감을 내포한다. 그 우월감은 노동자나 농민, 빈민에 대한 선도적 의식을 의미한다. 민중미술가는 윤리적으로 우월하다. 반면, 모순된 삶을 그대로 받아들이는 일상인은 그렇지 않다. 무엇이 잘못되었는지 그 원인조차 알지 못하는 일상인은 민중미술가들의 말을 따라야 한다. 그래야 삶의 모순은 치유될 수 있다. 이것들은 결국 일상에 대한 정물화적 시선에 함축된 화가의 전지적 권능과 크게 다르지 않다. 비평적 관점에서 민중미술의 이 불편한 선도적 우월성은 아무래도 일상의 올바른 미술적 표현을 가로막는 장애로 보인다. 대략, 자본주의 일상에 대한 민중미술적 태도는 러시아형식주의와 크게 다르지 않다. 즉 낯설게 하기를 통한 문학적 거부의 대상으로서의 일상과 반민중적 현상으로서 비판되어져야 할 대중적 삶은 서로 상동적相同的이라는 것이다.

매체에 대한 물신숭배

비디오아트는 민중미술의 반대편에서 일상과 미술의 관점에서, 소통의 문제를 해결하고자 시도했다. 포스트맨Niel Postman에 따르면, TV 보급과 더불어 미국 여성의 초경 연령이 1900년에서 1979년 사이에 무려 2년 이상 빨라졌다(포스트맨, 1987). 이 말을 어디까지 믿어야 할지 모르겠지만, TV가 대중문화의 확산과 자본주의적 일상에 엄청난 파장을 가져왔다는 사실만은 분명하다. 중요한 것은 포스트맨의 지적이 단순히 현대사회에 대한 통찰이 아니라, 일상에 대한 시각적 표현에 있어서 비디오라는 최첨단의 매체가 도입될 때 나타나는 변화에 관해 중요한 단서를 제공한다는 것이다. 포스트맨에 의하면 TV 이미지의 가장 큰 특징은 시각적 '즉각성'即刻性이다. TV는 복잡한 사유에 의해 매개되지 않는다. TV를 보는 것은 '책읽기'讀書와는 다르다. 책읽기는 복잡한 논리적-수사학적 전통의 법칙을 준수해야 한다. 그러나 시청자들은 생각하지 않고 '본다'. TV의 인식론적 즉각성은 세대 generation의 구분을 지워 버린다. 전통적인 아이/어른의 차이가 없어져 버리는 것이다. 전통 사회에서 아이와 어른의 구분은 근본적으로 문자 해독능력에 기초한다. 어른은 곧 책을 읽을 수 있는 자인 반면 어린이는 그럴 수 없는 자이다. 그러나 TV 앞에서 6세 어린이와 60세 노인은 모두 동일한 존재이다. TV 이미지 수용의 즉각성이 가져온 충격적인 변화를 포스트맨은 '어린이의 소멸'이라는 교육학적 명제로 제기했던 것이다. 포스트맨의 TV 이미지의 즉각성을 문화적인 영역으로 확장할 때, 울림은 생각보다 크다. TV 앞에서 도시/농촌, 자국/외국 사이의 문화적 차이가 소멸된다. 물론 이 소멸은 가장된 것일지도 모른다. 그러나 이 소멸이 가장된 것일지라도, 그것이 가져오는 현실의 효과란 결코 작지 않았다.

백남준의 성공은 TV의 문화적 영향을 예술적 효과로 치환하는 데서 얻어진다. 백남준식 일상표현은 TV의 존재론적 특성에 전제되어 있다. TV는 이미 일상의 중심이다. 일상은 TV를 중심으로 재편된다. 일상은 또 TV-이미지의 내용이기도 하다. 백남준식 일상표현의 기념비, 〈다다익선〉多多益善, 1987에서 무차별적으로 난사되는 이미지의 편린片鱗들은 동양과 서구, 현재와 과거의 일상들을 망라한다. 백남준의 비디오에 포섭된 일상에서 역사와 문화의 본질적인 차이들은 TV-이미지의 즉각성에 의해 상쇄되며, 나아가 백남준이 구사하는 이미지의 빠른 순환과 회전방식에 의해 마치 '비빔밥'처럼 버무려진다. 〈다다익선〉 앞에서 나이의 많고 적음, 국적, 성별의 차이가 갖는 의미가 무엇이란 말인가?

그러나 민중미술의 일상표현이 그러했던 것처럼, 백남준식 비디오 아트에서도 한계는 발견된다. 이 한계는 일상과 미술의 관점에서 매우 본질적인 것으로 보인다. 바로 '일상의 존재론'ontology of ordinary life이라는 함정이다. 사물의 형태로 완결된 존재로서의 일상은 정작 그 사물을 완결시켜 나가는 '과정'process을 일상으로부터 배제해 버린다. 비디오아트는 존재로서의 일상에의 탐닉이며, 사물적 존재로 제한된 일상에 대한 시각적 접근이라 할 수 있다. 예술이 이 사물적인 존재로서의 일상을 표현하는 방법은 오직 '소재적 차용'素材的借用 밖에 없는 듯 보인다. 이 소재적 차용이 비디오 아트에 수용되는 구체적인 방식은 대개 일상을 '해체'deconstruction하는 식이다. 일상의 편린을 디지털 이미지로 잘게 쪼개고 재배열하는 방식이다. 그러나 이 해체와 재배열은 일상적 맥락성의 복원이라는 풍속화의 미술적 성취를 벗어난다. 이 맥락성의 제거는 흔히 덧없는 일상의 형이상학화形而上學化라는 흔한 오류를 초래한다. 백남준식 일상의 해체는 구체성을 벗어난 관념으로서의 일상, 도무지 일상적인 느낌을 주지 않는 일상으로 회귀한다. 일상으로부터 일상성을 제거하는 묘한 결과를 낳는 셈이다. 일상의 편린이지만, 물화物化된 일상, 관념적이고 몽롱하며, 결국 일상 아닌 일상이자 거세된 일상, 그건 일상일 수 없다.

    일상에서 일상성을 배제함으로써, 일상-사물 이미지를 추상적 전자문양과 뒤섞어 버리는 비디오아트는 적어도 일상과 미술의 관점에서 민중미술이 가져온 성취와는 반대방향으로 나아간다. 민중미술이 관객과 공유할 수 있는 일상을 의미해석의 지평으로 도입함으로써 소통의 토대를 마련했다면, 백남준은 반대로 일상을 물화, 관념화시켜버림으로써 소통을 가능하게 하는 공유된 의미의 지평을 상실하고 만다. 소통은 그저 소통의 매체를 소재로 삼는다고 저절로 이루어지는 것이 아니다.[1] 관객의 이해가 배제된 일방적 소통

---

1. 글쎄. 백남준의 해체되고 분절된 이미지들이 전달하는 의미는 무엇일까? 무엇인가 전달되고 이해되는 것이 있다고 생각한다면, 그것은 그렇게 받아들이라고 강요하는 평론가의 원고지 위에서 비평적 언어를 통해 과장된 것일 뿐이다. 믿지 못하겠다면, 당장이라도 국립현대미술관의 〈다다익선〉으로 달려가 관객들의 표정을 살펴보고 인터뷰해 보라. 무엇을 어떻게 소통했을

의 규정은 미학적인 관점에서도 바람직한 소통이라 할 수 없으며, 그러한 현실과 비평 사이의 거리는 백남준식 비디오아트에서 다루어지는 일상의 존재론에서 기인된다.

일상표현의 한계 : 일상의 소재주의

 '일상에서 일상성의 배제'라는 모순은 낯설게 하기에 기초한 대부분의 일상표현에서 발견된다. 여기서 일상은 단지 소재일 뿐이다. 일상적 사물의 일상성은 일상의 시공간적 맥락을 벗어나면 사라져 버린다. 일상의 일상성은 맥락과 사물, 그리고 일상 행위자의 실천 사이의 변증법으로부터 나오는 것이지 사물 자체가 아니다. 따라서, 일상적 사물을 그것의 사용자와 맥락으로부터 이탈시켜 시각적 표현의 영역에 두었다고 해서 일상과 미술의 관계를 과장하는 것은 일종의 위장이라 할 수 있다. 그것은 일상에 관한 진지한 숙고의 결핍, 혹은 착각이며, 그것도 아니면 뒤샹과 백남준 이래 예술에서만 합법화된 예술적 사기에 불과할 수 있다. 이런 식의 접근은 일상의 소재주의를 넘어서지 못한다. 일상의 소재주의는 기껏해야 레디메이드의 '절반의 실패'를 재연할 뿐이다(절반의 성공은 이 글의 후반부에서 다루기로 하자).
 레디메이드ready-made는 이 편의 일상적 지평에서 저 편의 예술적 지평으로 이동된 사물이다. 엄밀히 그저 소박한 오브제일 뿐이다. 그러나 이 이동은 기껏해야 어색한 미학적 '억지'를 통해서 정당화되는 종류의 것이다. 이 정당화를 받아들인다 하더라도, 이 일상적 오브제의 예술적 생존은 그것들의 반대편에 거居하는 또 다른 성스러운 걸작들에 대한 위협과 모독으로 존재한다. 예컨대,

---

까? '아무 것도 알아먹지 못하겠다는' 그 수많은 응답들은 언제까지 그저 예술을 모르는 무식의 소치로 치부되어야 할까?

뒤샹의 〈샘〉은 그 자체만으론 그저 혐오스러운 배설의 도구일 뿐이다. 이 도구가 미술관이란 신전神殿에서 자리를 얻게 된 것은 그것이 풍기는 '혐오' 때문이다. 〈샘〉을 〈샘〉으로 만드는 것은 더러운 배설의 기표를 신성한 예술의 옆자리에 둠으로써, 숭고함을 위협하고 조롱하고 모독할 때 얻어지는 쾌감이라는 것이다. 그런 의미에서 〈샘〉은 뒤샹의 다른 작품인 〈L.H.O.O.Q〉(1919)와 다르

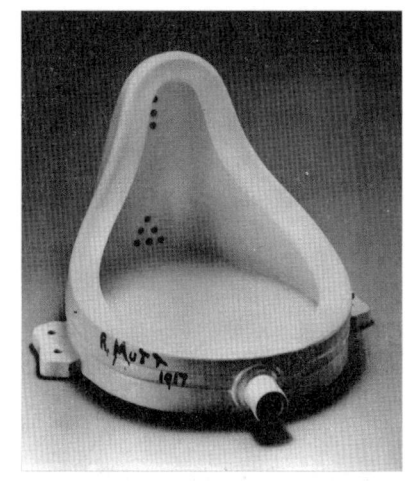

뒤샹, 〈샘〉, 1917.

지 않다. 모나리자에 그려진 콧수염은 원작인 모나리자의 신성함을 비웃는다. 일상적 사물의 소재적 차용은 '걸작을 이렇게 비웃을 수도 있구나', '이런 비웃음 역시 예술이 되는구나', '이런 보잘 것 없는 사물로도 예술작품을 만들 수 있구나' 정도의 수준에서 작동한다. 그런 식으로 예술/일상의 이분법은 사라지지 않는다.

'모독冒瀆으로서의 일상'은 정작 일상을 예술이라는 이름으로 부정하는 것과 별반 다르지 않다. 예술/일상의 이분법은 정교하고 복잡해진다. 오히려 강화될 뿐이다. 도대체 일상적 사물들을 소재로 삼는다고 해서 일상의 미술적 표현이 달성된다는 이 단순한 생각은 어디서 오는 것일까? 일상을 소재나 주제의 형태로 다시 미술에 도입할 수 있다는 생각은 일종의 허위의식이다. 이미 미술과 일상의 가장된 분리를 전제로 하기 때문이다. 또 이 가장된 분리를 전제로 일상과 미술에 관한 수많은 담론과 전시들이 파생된다. 그것도 아주 비생산적인 방식으로 말이다. 사실, 일상표현의 소재적 한계는 일상을 주제로 한 전시들 어디서나 발견된다.[2] 2회 광주비엔날레 특별전 〈일상, 기억

뒤샹, 〈L.H.O.O.Q〉, 1919.

그리고 역사〉(1997)는 우리에게 자본주의적 '현대'contemporary가 시작된 이래, 일상의 구조적 맥락의 역사성을 관조적으로 되새겼다는 점에선 평가할 만하다. 그러나 일상과 미술에 관한 어중간한 절충주의는 여간 거슬리지 않는다. 〈일상의 연금술전〉(국립현대미술관, 2004) 역시 성과보다 일상에 대한 소재주의적 접근의 한계에 관한 증명으로 더 의미 깊다. 조합/변형, 반복/집적, 모조/가상 등의 전시 조직원리가 일상의 존재와 미세한 작동을 담기에 지나치게 표면적이고 거시적이라는 점은 그냥 넘어갈만하다. 문제는 일상에 대한 미술적 인식이 낯설게 하기라는 고루한 인식으로부터 한발도 나아가지 못했다는 점이다. 이질적인 방식으로 결합된 소품들은 지루하게 반복되는 오브제화의 한계에서 벗어나지 못했다. 물론, 김범(〈라디오 모양의 다리미, 다리미 모양의 주전자, 주전자 모양의 라디오〉, 2002)이나 주재환(〈즐거운 껌 댄스〉, 2004)의 재치가 없었던 건 아니지만 정작 일상의 일상성은 관심 밖이었다. 도

---

2. 물론 일상의 소재적 차용 역시 나름의 중요성을 갖는다. 소통적 관점에서 일상적 대상들의 도입은 구체적인 삶의 경험을 도입함으로써 작품을 이해하는 지평을 설정할 수 있다. 특히 최근 동향인 미디어의 도입은 미디어가 지배하는 현대적 삶의 보편적인 경험을 끌어들여 이해의 폭과 깊이를 확장시켰다. 이러한 시도는 작품이 작품 자체로서, 심지어 그것을 생산한 작가로 부터도 독립되어 자족적으로 존재하며, 관객에게 어떠한 반응도 강요하지 않는다는 모더니즘 미술의 소극적 소통론 내지 이해의 무정부주의를 벗어나는 데 성과를 얻어냈다. 이러한 성과의 사회적 의미는 모더니티의 개별화, 파편화 전략의 산물이 고립된 개인을 넘어서서 삶의 구체적인 경험에 기초한 공동체를 확인하려는 어떤 예술적 시도로 볼 수 있다는 점에 있다.

드라지는 것은 일상의 이편에 있던 것을 예술의 저편으로 옮겨 이편의 일상을 지워내려 하면서도 끝없이 상기하려는 모호하면서도 이중적 태도였다.

일상의 소재주의적 접근의 한계는 결국 일상을 '무엇'what으로 보는 사고의 관성에서 비롯된다. 이 지점에서 최근의 일상에 관한 논의들의 성과에 관심을 기울일만하다. 그 가운데서도 후기 비트겐슈타인Ludwig Wittgenstein에 영향을 받은 인문학과 사회학은 일상의 존재론에서 벗어나, 일상이 과연 '어떻게'how 작동하느냐의 문제에 관해 통찰을 시도한다. 바로 일상의 방법론, 일상의 작동방식에 관해 관심을 갖는 것이다. 이들에 따르면 일상은 행위자와 세계 사이의 관계 설정을 통해 삶이 영위되는 '생활세계'lebenswelt이다. 동시에 이 생활세계는 그 생활세계를 합리적으로 조직하는 일련의 '과정'으로 규정된다. 일상은 그저 존재론적 사물들로 환원되는 세계가 아니라는 것이다. 일상적 사물은 서로 공유되는 공통의 맥락 위에서 일상을 일상으로 구축해내는 일상 행위자의 활동의 결과물이다. 중요한 것은 그 결과물들의 가시적인 세계가 아니라, 그러한 가시적인 세계를 구축하는 실천적 활동이라는 것이다. 이제 미술에서도 거기에 정당한 비평적 관심을 기울여야 하며, 슛츠Alfred Schutz와 가핑클Harold Garfinkel, 부르디외 등은 비트겐슈타인 이후 일상을 조직하는 활동들에 초점을 맞춘 대표적인 현대의 인문·사회학자들이다.

"거친 대지로 돌아가자", 빗자루에 대한 또 다른 시선

톨스토이의 빗자루로 다시 돌아가 보자. 톨스토이의 빗자루는 쉬클롭스키가 불렀던 '자동화'의 영역에 있었다. 톨스토이의 빗자루는, 과거에도, 현재를 지나 미래에도, 언제나 그 모습으로 지속되는 일상의 사물이다. 그것은 하나의 기의記意, signified로 고착된 일상의 기표記表, signifier에 불과하다. 이러한 일상의 자동화된 항구성恒久性은 미술에서 빈번하게 나타난다. 앤디 워홀Andy Warhol이 1960년대 제작한 〈잠〉은 일상의 숨 막히는 지루함과 연속성을 그대로 보여준다. 뒤틀린 시계를 배경으로 달리는 백마白馬를 그리는 이석주의 〈일상〉 연작들이나 미술대학 졸업전시회에서 '일상'을 제목으로 여지없이 등장하는 몽환적 자화상류의 그림들은 일상의 지리멸렬한 지루함과 그 지루함 속에서 과잉자각된 주체의 자의식을 반영하는 전형적인 예들이다.

그런데, 어디선가 빗자루를 바라보는 또 다른 시선이 발견된다. 비트겐슈타인은 그 난해함으로 악명 높은 『철학적 탐구』 Philosophical investigation(1953)에서 이상한 질문을 던진다.

> 이제 만일 내가 '내 빗자루가 구석에 놓여 있다'고 말한다면, 이것은 실제로는 빗자루와 자루에 관한 진술인가? 그러니까 빗자루가 구석에 서 있다고 말하는 사람은 실제로는 자루와 솔이 저기에 있으며, 그 자루는 솔에 고착되어 있다고 뜻하는가?(Wittgenstein, 1993[1968]: 56)

이어지는 대답 역시 황당하리만치 당연하다.

> 만일 우리가 어떤 사람에게 당신은 그렇게 뜻했느냐고 묻는다면, 분명히 그는 특별히 그렇게 빗자루의 자루나 솔에 관해서는 이야기하고자 하지 않았노라고 말할 것이다. 그리고 그것은 올바른 대답일 것이다. 왜냐하면 그는 빗자루의 자루나 솔 어느 쪽에 관해서도 특별히 이야기하고자 하지 않았기 때문이다.(Wittgenstein, 1993[1968]: 56)

비트겐슈타인은 마치 선문답처럼 지극히 당연한 사실을 바보처럼 의문하고는 천연덕스레 또다시 당연한 대답을 내놓는다. 그 질문과 대답을 요약하면 다음과 같다. 즉, '우리는 빗자루를 달라고 하면, 빗자루를 준다는 것이다'. 장난이라도 하자는 것일까? 아니면, 뭔가 다른 말을 하고자 했던 건 아닐까? 이 철학사의 위대한 기인奇人은 단지 당연한 우리의 발화습관에 딴지를 걸고 싶던 것이 아니라, 일상의 작동방식과 일상적 행위에 관해 완전히 다른 통찰을 수행하고자 했던 것이다.

여기서 먼저 비트겐슈타인이 갑자기 빗자루에 빠져 버린 이유부터 더듬어 보자. 이건 중요한 문제이다. 왜냐하면, 이 문제에 대한 대답은 비트겐슈타인 자신에게 그의 철학을 전기/후기로 나눌 만큼 충격적이었기 때문이다. 다음의 인용은 중요한 단서를 제공한다.

> 우리는 마찰이 없는, 그러니까 어떤 뜻에서는 그 조건이 이상적인, 그러나 바로 그 때문에 또한 걸어갈 수도 없는 빙판에 빠져들었다. 우리는 걸어가고 싶다. 그렇다면 우리에게는 마찰이 필요하다. 거친 대지로 돌아가자!(Wittgenstein, 1993[1968]: 80)

당대의 가장 위대한 분석철학자였던 그는 자신이 갑자기 '빙판' 위에 서 있다고 생각한다. '마찰없는 빙판'은 안온한 철학적 실험실이며, '논리학의 수정체 같은 순수성'이 지배하는 철학 공간이다. 이 공간은 물론 명제의 명증한 의미를 오염시키는 일상의 잡다한 가변성으로부터 벗어난 공간이다. 그러나 이 순수한 진공의 철학공간은 '공허'하며, 앞으로 나아가갈 수 없다. 그는 다음과 같이 외친다.

> 나는 일상의 언어를 이야기하지 않으면 안된다.(Wittgenstein, 1993[1968]: 83)

> 우리는 낱말들을 그것들의 형이상학적 사용으로부터 그것들의 일상적인 사용에로 다시 돌려보내야 한다.(Wittgenstein, 1993[1968]: 82)

바로 이 때 그의 눈에 빗자루가 보였던 것이다. 톨스토이와 비트겐슈타인은 동일한 빗자루를 보고 전혀 다른 것을 말하고 있다. 톨스토이에게 빗자루는 자신의 전 생애를 송두리째 지워버릴지도 모르는 공포였지만, 철학의 진공상태를 벗어나고자 발버둥 쳤던 비트겐슈타인에겐 구원이 된 것이다. 톨스토이에게 빗자루는 일상의 환유였고, 허무의 은유였다면, 비트겐슈타인의 빗자루는 현실의 구체성에 관한 기표가 된 것이다. 여기서 누가 맞고 틀렸는지를 판결하자는 것이 아니다. 다만, 다음의 사실만은 분명해 보인다. 즉, 일상은 그만큼 다층적이며, 일상에 대한 톨스토이의 공포는 그 다층의 고작 일부에 대한 다양한 반응 가운데 하나였을 뿐이다.

비트겐슈타인의 빗자루로 돌아가 보자. 우리가 '빗자루를 빗자루로' 인식한다는 것은 당연한 사실이다. 이 당연함에 내재된 철학적 함의는 무엇일까? 우리는 빗자루를 분석적으로 '분절'分節하지 않는다. 빗자루 자체의 속성을 해체하지 않는 것이다. 물론 비트겐슈타인의 과장된 질문이 의도하는 바, 분석적으로 빗자루를 '솔'과 '자루'로 분절할 수는 있다. 그러나 이 때 분절된 솔과 자루는 더 이상 일상의 빗자루로서 존재할 수 없다. 일상적 상황 속에서 빗자루를 '빗자루'로 호명하고 사용하는 어느 누구도 그런 식의 분절을 허용하지 않는다. 빗자루가 아무리 여러 부품들로 복잡하게 연결되어 있다하더라도 빗자루는 그저 빗자루일 뿐이다. 빗자루에 내재된 무수한 분절과 해체를 우리는 '빗자루'라는 어휘 속에 수렴해 버린다는 것이다. 빗자루의 모든 우연성과 가변성은 일상적 실천 속에서 완벽하게 극복된다. 일상에서 빗자루는 아무런 문제가 없다.

"그때 나는 행동하게 될 것이다, 아무런 이유도 없이"

비트겐슈타인의 빗자루는, 고도로 치밀하게 고려된 정교한 실천으로서의 일상에 관한 철학적 알레고리임이 확실하다. 『철학적 탐구』에서 비트겐슈타인의 어조는 일상적 발화에서 관찰되는 의미획득 과정의 절묘함을 기술하는 지점에서 언제나 고조된다. 그에 따르면 단어의 의미는 기계적으로 결정되는 것이 아니다. 정해진 문법이나, 지시대상, 혹은 단어 자체에 내재된 속성은 그저 재료일 뿐이다. 의미는 맥락과 단어의 관계성을 설정하는 구체적 '실천'practice에 의해 성취되어진다. '실천'이란 추상적으로 박제화된 '유형'type들로서의 '행위'action가 아니다.3 행위는 선행하는 원인을 전제하며, 그 원인의 수동적 결과물일 뿐이다. 반면, 실천은 구체적 시간과 공간의 좌표 속에서 상황에 대처하는 과정이다. 실천의 우선성은 '왜?'라는 질문 몇 번이면 간단히 해결된다.

규칙을 따르는 것은 실천이다. 규칙을 따름에 있어서 그의 실천에 이유를 대는 것은 오래 가지 않는다. 나의 이유는 없어질 것이다. 그리고 그때 나는 행동하게 될 것이다, 아무런 이유 없이. 나의 정당화가 메말랐다면, 나는 밑바닥 [bedrock]에 도달하며, 내 삽은 거두어진다. 그때 나는 이렇게 말하고 싶어진다; '이건 그냥 내가 하는 것이다'. This is simply what I do (Taylor, 1993: 47)

실천이란, 왜? 라는 물음을 통해 인위적으로 구성된 모든 의식적 개념적

---

3. 사회학의 태두 가운데 한 사람인 막스 베버(Max Weber)는 행위를 목적합리적 행위, 가치합리적 행위, 전통적 행위, 감정적 행위 등 4개의 유형으로 분류한다. 이 가운데 합리적 행위는 처음 두 가지 것들이다. 베버의 행위분류는 이후 사회학의 핵심개념으로 학습된다. 그러나 이러한 분류는 사회학자들의 '학자적 관점'(scholarstic point of view)에서 추상적으로 유형화된 것이며, 현실 속의 실천은 아니라는 것이다.

원인들이 회의되고 난 '밑바닥'에서 확인되는 '그냥-하기'Just-DOING이다.4 비트겐슈타인에게 이러한 '하기'doing의 또 다른 명칭은 '사용'use이다.

모든 기호 각각은 자체로는 죽어 있는 것으로 보인다. 무엇이 그것에 생명을 주는가? 사용에서 그것은 산다.(Wittgenstein, 1993[1968]: 194)

한 낱말의 의미는 언어에서의 그것의 사용이다.(Wittgenstein, 1993[1968]: 44)

'사용'은 단어와 의미를 연결하는 '활동'이며, 이 활동 없이 단어는 그저 "소리, 혹은 잉크 자국"(Wittgenstein, 1993[1968]: 194)일 뿐이다. 결국 이런 식의 논법이 성립한다. 언어에 의미를 부여하는 것은 일상적 상황 속에서 행위자에 의한 '구체적인 사용'이며, 이러한 언어의 사용은 추상화된 유형으로서의 행

---

4. 예를 들어보자. 나는 '왜' 2006년 어느 더운 여름날 이 글의 초고를 썼을까? 또한 '왜' 2010년 지금 여기서 이 글을 또 고치고 있는 것일까? 몇 가지 가능한 대답은 의외로 간단해 보인다. 돈을 벌려고? 심심해서? 유명해지려고? 나의 주장을 표현하려고? 그러나, 요즘 세상에 책으로 돈을 버는 건 매우 소수의 저자들에게 한정되어 있고, 바보가 아닌 이상 이 글이 내게 돈을 벌어줄 만큼의 대중성이 없다는 사실을 너무나 잘 알고 있다. 또 나는 이 늦은 밤, 혹은 이른 새벽에 모니터를 들여다 볼 정도로 심심하지 않다. 따라서 처음 두 질문은 기각하기로 하자. 그렇다면, 나는 미술에 관한 나의 주장을 책으로 출간함으로써 유명해지고 싶은가? 이 점에 관해서는 물론, 유명해질 수 있는 다른 방식들이 존재함에도 불구하고, 굳이 부정하고 싶지는 않다. 나는 사회학자로서, 그리고 평론가로서 내 사고를 표현하고 발표함으로써 내 존재를 증명하는 것이 당연하다고 생각하기 때문이다. 그렇다면, 또다시 물어보자 나는 '왜' 내 견해를 주장하고 또한 '왜' 유명해지고자 하는가? 이제 대답은 녹녹하지 않지만, 조금 더 노력해 보자. 음. 나는 사회학 공간과 미술평론의 공간에 참여자인 동시에 투쟁자이고 나의 발언을 통해 명예와 인정을 얻고자 한다. 여전히 의문은 남는다. 그렇다면 나는 '왜' 투쟁하며, '왜' 명예와 인정을 얻고자 하는가? 이런, 이제 대답하고 싶지 않다. 아무리 대답해봐야, 내가 지금 이 글을 쓰고 있는 이유는 완전히 설명되지 않기 때문이다. 오히려 내가 가져다 대는 이유가 정말 지금 내가 글을 쓰는 이유인지 더 이상 확신하기도 어렵다. 나는 지금 여기서 글을 있는 이유를 이렇게 설명하는 수밖에 없다. "그냥 쓴다. 아무 이유 없이 말이다." 물론, 처음에는 몇 가지 이유가 있었을지 모르지만, 적어도 이 순간만큼은 그저 '그냥 쓰는' 것이다. 이건 이 글을 읽은 독자 역시 마찬가지이다. '왜' 당신은 지금 여기서 이 글을 읽고 있는가? 몇 번의 '왜'라는 질문을 받는다면, 당신도 나처럼 대답할 것이다. "그냥 읽는다"라고 말이다.

위가 아니라 '놀이'game에 가깝다. 일상적 언어놀이는 서로 다른 시간과 공간의 맥락과 상황 속에서 특정한 의미를 성취하고, 거기에 나름의 질서를 부여한다. 언어놀이가 일상의 가장 중요한 영역이라면, 일상은 행위자의 구체적이고 정교한 실천-놀이에 의해 나름대로 질서 지워진 의미들의 구조물이다. 비트겐슈타인은 톨스토이에게 공포로 다가왔던 '빗자루가 거기 있음'의 당연함, 진부하고 따분할 정도의 그 당연함이, 기실은 적극적으로 자신의 환경과 생활세계를 구축해 내는 합리적 존재로서의 일상인들의 인지과정cognitive process에 의해 정교하게 구성되어진 성취임을 상기시키려는 것이다.

'어떻게'가 '무엇'을 구성한다 : 일상의 합리성

슛츠의 '전형화'typification 개념은 일상의 실천적 합리성에 대한 사회학적 설명을 제공한다. 전형화란 이 특정한 맥락에서 요구되는 실천의 보편적 전제들과 행위를 최적화시키는 치밀한 결합을 의미한다. 일상은 그저 덧없는 우연이 아니라, 특정한 상황에서 그 상황의 요구에 준거함으로써, 일종의 '전형'典型, type이 된다는 것이다. 이 때, 상황의 요구는 '상식'commonsense knowledge으로 호명된다. 상식이란 상황이 요구하는 행동방식에 관한 상호주관적intersubjective 지식의 체계를 말한다. '배경지식'background knowledge, '잠재유형'underlying pattern, '공유된 합의'shared agreement 등은 현대 사회학 이론에서 상식을 호명하는 다양한 이름들이다. 상식은 개인적 삶의 공통된 경험이 지속적으로 축적된 인지적 퇴적물이며, 그런 의미에서 천박한 편견이나 얄팍한 지식 따위가 아니다. 우리의 세계 인식을 가능케 하는 배경이다. 가다머Hans-Georg Gadamer가 말한 의미의 '해석학적 지평'hermeneutical horizon에 대입될 수 있다. 상식은 구체적인 상황이 요구하는 이해와 실천의 논리를 말한다. 이 상황의 논리는 추상적 지식abstract knowledge이나, 초월적 진리transcendental truth, 명문화된 규범 articulated rule의 특권적 형태가 아니라, 누구나 알고 있는 실천적 지식들의 형태로 존재하며, 동시에 일상의 지속성을 가능케 하는 암묵적 공감대이자 필수적 전제들인 것이다. 또한 상식은 독백적 행위자의 개인적인 억견doxa이 아니라, 개별 상황의 반복적 경험이 공동체의 참여자들 사이의 상호작용 속에서 역사적으로 축적된 지식이다. 일상은 상식과 행위의 상호준거를 통해 특정한 상황에 개입된 모든 참여자들에게 '합리적'인 것으로 재구성되는 복잡하고 정교한 '성취'이다. 일상을 이처럼 합리적인 실천으로 규정하는 시도들은 본질적으로 해석학적이며, 사회학적일 수밖에 없다.

　가핑클은 일상적 실천의 합리성을 사회학적 지평에서 보다 정교하게 분석한다. 일상은 사회구성원들의 상호작용 속에서 구성된다. 이 상호작용 속에서 행위자는 집단의 다른 전체를 참조하는 사회(학)적 지평에 들어선다. 우리는 아무렇게나 행동하는 것이 아니다. 내 옷차림, 걸음걸이, 심지어 사소한 시선조차 내밀한 개인만의 것이 아니다. 그것들은 모두 타인을 의식하는 행위들이며, 그래서 상호적이다. 이 상호성은 일상의 사회(학)성의 근거가 된다. 일상은 다수의 행위자들이 매 순간 지극히 우연적이고 가변적인 것들에 나름의 필연적 질서를 부여해 나가는 '실천의 과정'이며, 이는 집단적이고 보편적인 수준에서 수행되는 사회적 현상이다. 이러한 사회적 현상으로서의 일상은 역사적 맥락과 무관한 고정불변의 '본질'essence로서 존재하는 것이 아니라, 사회적 맥락 속에 참여하는 행위자들의 실천 속에서 나름의 합리성을 획득한다. 가핑클은 이 점을 전통 기호학에 대한 급진적인 비판과 함께 지적한다. "**무엇에 관해 말하는가**what the parties talking about에 대한 설명은, 그러므로, 전적으로 **어떻게 말했는가**how the parties를 기술하는 것으로 구성된다."
(Garfinkel, 1967: 7, 강조는 필자)

그러나, 우린 아무도 미치지 않았다 : 지표적 성취 vs. 해체

일상은 사회적 행위자의 적극적이며 정교한 실천의 과정이자 그 결과물이다. 이 실천의 정교함을 표현하기 위해 가핑클은 "행위자가 일상을 조직organize한다"(Garfinkel, 1967: 28)는 표현을 사(남)용한다. 이 때 '조직'은 세계와 나의 관계성을 규정하고 구축해 나가는 적극적 '성취'accomplish를 의미한다.5 일상의 합리성이 상식과 행위의 '해석학적 순환'hermaneutic circle 6을 통해 성취된다면, 가핑클은 이 순환이 우연한 상황 속에서 '매순간 연속적으로'on going 획득되는 절묘한 성취임을 지적한다.

비트겐슈타인의 '놀이'는 일종의 메타포였다. 이 메타포를 가핑클은 '지표

---

5. 가핑클은 애써 '구성'(construction) 대신 '성취'라는 어휘를 사용한다. 'accomplish' 는 "어떤 특정한 일이나 목표 등을 노력하여 완성, 달성하다"라고 되어 있는데, 이는 '만들다', '조립하다', '건설하다'의 뜻을 가지고 있는 'constitute'나 'construct'와는 다소 다른 느낌을 준다. 즉 '성취'는 모든 어려움을 이겨내고 어떤 의도를 달성해내는 행위자의 적극성에 대한 표현이다. construct나 constitute가 'creat', 즉 '창조하다'의 뉘앙스를 풍김으로써 때로 물질적 측면의 구성성까지 포함하는 것이 아닌가는 오해를 불러 일으킨다면, accomplish는 행위자와 대상, 그리고 세계의 물질적 측면이 아니라, 그것들의 관계성을 획득한다는 것을 의미한다. 따라서 '자 여기 볼펜이 있다'라는 진술에 있어서의 구성성은 내가 볼펜을 창조했다는 것이 아니라, 나와 볼펜, 그리고 세계와의 관계성을 설정한다는 것을 의미한다. 볼펜의 리얼리티는 볼펜의 물질성이 아니라, 그것이 나와 세계가 맺는 지평 속에서 부여받는 관계성 속에 있으며, 이 관계성은 행위자로서의 '나'에 의해 획득된다. 만약, 역설적으로 '자 여기 볼펜이 있다'라는 진술이 확고한 외적 리얼리티에 대한 증명이 된다면, 그것은 오히려 볼펜의 리얼리티를 획득하려는 나의 구성이 그만큼 치밀하고 정교했음을 의미한다. 그런 의미에서 볼펜의 리얼리티는 외부에서 주어진 것이 아니라 성취된 것이다.

6. 가핑클은 이러한 순환을 '다큐멘타리 메소드'(documentary method)로 불렀다. "이 방법[다큐멘타리 메소드]은 실제적 드러남(actual appearance)을 가정된 '잠재 유형에 관한 자료'로서, '그 잠재유형을 지적하는' 것으로서, 혹은 '잠재유형을 대표하는' 것으로서 다룬다. 잠재유형은 개인의 다큐멘타리 증거로부터 추출되며, 이 증거들은 잠재유형에 관해 '알려진 것'(what is known)에 기초하여 해석된다. 각각은 서로를 강화하기 위해 사용된다."(Heritage, 1987: 237) 일상의 행위와 발화와 사고의 모든 단편들은 배경지식의 인식적 지평 속에서 상호주관적으로 이해되어지고, 배경지식은 그러한 일상적 단편들을 통해 더욱 강화된다. 이러한 순환 속에서 일상의 리얼리티가 확대 재생산된다.

성'indexicality으로 변환한다. 지표적 실천은 일상언어에서 단어들이 차별적인 상황에서 서로 다른 의미를 획득하는 과정을 말한다. 일상은 시간time1, t2, t3,......,t∞과 공간space1, s2, s3,......,s∞으로 무한히 미분微分될 수 있다. 이렇게 미분된 상황을 가핑클은 '세팅'setting으로 표현한다. 모든 세팅은 해결되지 않은 우연contingency으로 가득 차 있다. 길을 걷고 있는 하찮은 일상조차 무수히 많은 세팅과 우연으로 구성되어 있다. 그 모든 세팅에서 누굴 만날지, 어떤 일이 벌어질지 아무도 알 수 없는 일이다. 그러나 분명한 건, 그 모든 세팅의 가변성과 우연성들이 결국 어떻게든 해소되고 일관된 의미로 수렴된다는 것이다. 나는 어딘가를 출발해 결국은 목적지에 도달한다. 사실, 이건 기적 같은 일이다. 아무리 사소하게 보일지언정 이 행위는 정교하고 치밀하게 조직된 것이다. 세팅의 모든 우연은 필연으로 전환된다. 일상은 그러한 전환이 성공적으로 수행될 때 얻어지는 결과물이다. 지표적 실천을 통해 일상적 행위자들에 의해 필연적 의미를 부여받은 이 세계의 다른 이름은 바로 '사회'society이다. 사회는 외적 실체external reality가 아니라 사회를 사회로 구성해 내는 행위자들의 상호적 실천에 의해 성취된 일상이다.7

여기서 지표적 실천과 포스트모던의 개념들을 비교하는 건 흥미로운 일이다. 예컨대 데리다Jacques Derrida의 '차연'差延, differance은 공간의 '차이'와 시간의 '지연'으로 인해 고정불변의 의미가 '해체'deconstruction될 수밖에 없음을 주장한다. 데리다식으로 빗자루를 보자. 빗자루의 사전적 의미는 "청소를 위한 도구"일 것이다. 그러나 이 정의가 빗자루의 의미를 완전히 고정할 수 있

---

7. 이 실천의 정교함과 견고함은 맥락적 일상의 인류학적 다양성을 잠시만 고려해도 쉽게 드러난다. 인류학자들이 현지에서 접하는 이질감과 구체적인 경험의 가장 근저에서 발행하는 리얼리티의 충돌을 생각해보자. 그들은 왜 저렇게 입고 자고 그렇게 생각할까? 현지인들의 눈에 비친 인류학자의 이질적인 행동방식 역시 마찬가지이다. 이 괴리들은 단순히 물적 조건들의 차이에서 비롯된 것인가? 이 괴리들을 가로지르는 유일한 공통점은 이 차별적인 삶의 리얼리티를 지금 · 여기에서 구축해 나가는 인지적 · 행동적 실천의 적극성, 바로 그것이다

을까? 그렇지 않다. 왜냐하면, '청소', '도구' 등의 의미가 불분명하기 때문이다. 그렇다면 마찬가지 방식으로, '청소', '도구'의 의미를 고정할 수 있을까? 청소와 도구는 각각 "더럽거나 어지러운 것을 쓸고 닦아서 깨끗하게 함", "도구; 일할 때 쓰는 연장을 통틀어 쓰는 말"을 의미한다. 자, 이젠 빗자루의 의미가 고정될까? 여전히 미궁이다. 왜냐하면 또 다른 의미들이 고정되기를 기다리기 때문이다. '더럽다'의 의미는? '어지럽다'? '쓸다'? '닦다'? '깨끗하다'? '일'? '쓰다'? '연장'? 데리다식으로 읽을 때, 빗자루의 의미는 고정되지 않는다. 빗자루의 의미는 모든 사전 전체에 공간적으로 '산포'散布되어 있다. 빗자루의 의미를 고정하는 작업은 시간적으로도 영원히 지연된다. 데리다식으로 빗자루의 의미는 해체되고 만다.

그런데, 이걸 생각해 보자. 모든 의미가 데리다식으로 해체된다면, 우리는 온전히 제정신을 유지할 수 있을까? 데리다식 해체의 귀결은 분열된 의미들과 소통의 불가능성, 그리고 주체와 자아의 소멸이다. 그런 식으로 모든 의미가 해체된 세상에서 우리가 제정신을 유지하고 살기란 어려워 보인다. 어? 그런데 이상하다. 그러한 의미의 해체에도 불구하고 난 여전히 미치지 않았다! 나의 일상은 여전히 완고하다. 이 일상의 지속성은 도무지 어디서 오는 것인가? 마치 빠져 나올 수 없는 함정 같은 일상은 과연 무엇일까? 거대서사의 종말? 내파內波, implosion? 수 없는 포스트모던의 우울한 어휘들에도 불구하고 일상은 해체되지 않았다. 일상은 너무나도 견!고!하!다! 나와 나의 삶을 둘러싼 의미의 세계, 일상은 꿈쩍하지 않는다. 비트겐슈타인의 대답처럼 빗자루는 솔과 자루로 해체되지 않는다. 심지어 데리다의 연구실 한 구석에 기대선 '빗자루' 역시 그가 말한 것처럼 기표들의 '유희'freeplay 속에 해체되지 않고, 여전히 견고하게 빗자루로서 남아있다.

분명 비트겐슈타인은 빗자루에서 무언가를 발견했다. 그 발견이란, 의미의 해체와 분열을 영원히 지속될 듯한 현실의 리얼리티로 반전시켜내는 일상적 실천의 기적奇蹟이었다. 비트겐슈타인의 '언어놀이'와 가핑클의 '지표적 실천'은 그 기적에 대한 서로 다른 은유일 수 있다. 이를테면, 쉬클롭스키가 자동화의 한 전형으로 보았던 '스위스의 산은 아름답다'Les montagnes de la Suisse sont belles라는 문장의 기계적 치환L, m, d, l, S, s, b은 결국 무의미하고 해체된 자음의 나열을 명백한 의미체로 구성해 내는 일상적 행위자의 적극적인 개입이 내재되어 있었기에 가능했던 것이다.

일상적 실천은 나름의 방식으로 상황의 우연성에 대처해 나가는 과정이다. 일상의 리얼리티는 해체와 무질서와 우연을 필연으로 반전시켜 내는 행위자의 경이로운 개입의 산물로 존재한다. 일상이 낯설게 하기에 대비되는 자동화의 영역이라 하더라도, 그러한 자동화의 성취는 폄하되어서는 안된다. 일상의 자동화는 낯설게 하기만큼이나 치밀하고, 자발적이며, 오히려 더욱 정교한 실천적 성취라는 점이다. 톨스토이가 느꼈던 공포로 돌아가 보자. 그의 공포는 먼저 견고한 일상의 리얼리티를 획득하고 조직해 왔던 자신의 인식적 실천에 대한 경외를 전제한다. 그를 경악하게 만든 건, 그토록 견고하고 치밀한 조직과정의 영속성이 어느 순간 깨질 수도 있다는 두려움이었을지도 모를 일이다.

일상적 놀이로서의 미술

이제 일상적 실천의 미술적 대입이 가능한가를 물을 차례이다. 여전히 피상적이긴 하지만, 그 가능성은 모든 방향으로 열려있다. 일상적 실천은 주어진 세팅에서 행위와 배경전제들(상식) 사이를 최적화fitting시킴으로써 사회적 존재로서 합리성을 확보하는 과정이다. 그렇다면, 미술 역시 그러한가? 다른 방식으로 물어보자. 미술에서 특정 행위에 예술적 합리성을 제공하는 실천적인 배경전제들이 존재하는가? 미술가들은 그 배경전제들을 참조하는 가? 이 대답에 긍정할 수 있다면, 비록 유치하게나마, 일상적 실천과 미술적 실천 사이에 최소한의 연결고리가 확보될 수 있다. 과연 예술적 실천의 특정한 맥락에서 상식과 실천 사이의 변증법적 최적화가 존재할까? 물론 그러하며, 명백히 그러하다. 미술은 명백히 예술적 정당성을 확보하기 위해 특정한 전제들을 참조하는 정교한 실천이다.

미술 역시 비트겐슈타인적인 의미에서, 예술적 의미를 성취하기 위한 '놀이'이다. 이 놀이는 주로 미술관, 화랑, 작업실, 강의실과 같은 구체적 세팅 속에서 작동한다. 이 놀이의 참여자들은 주로, 작가, 큐레이터, 미대 교강사, 문화부 기자, 미술사가, 평론가, 미대재학생, 관객, 독자들이다. 이 참여자들의 목록은 디키George Dickie가 "예술계의 핵심참여자들"(Dickie, 1974: 35~36)이라고 불렀던 것들과 대략 겹쳐진다. 예술적 의미의 성취가 요구되는 세팅에서 이 참여자들은 그 성취를 위해 세팅이 요구하는 전제들에 아주아주 충실하게 자신의 행위를 조직해 나간다. 주어진 상황에서 작가, 혹은 여타의 참여자들의 시선과 입술, 손끝은 서로 한 치의 어긋남이 없다. 이 조직적 실천을 통해, 상황의 비예술적 우연성은 극복되거나, 정리된다. 현대 미국 미학과 비평의 주역인 단토Arthur C. Danto가 '예술계'art world란 개념을 통해 말하고자 했던 것 역시 그러한 실천적 전제들의 존재였다. 언어의 명증성을 추구했던 분석철학자인 단토가 예술계를 정의하기 위해 사용한 "눈으로 알아차릴 수 없는 어떤 것", 혹은 "예술론의 분위기와 예술의 역사에 관한 지식"(Danto, 1977: 177) 등의 어휘들은 "암묵적인", "당연시된", 혹은 "명확하게 규정할 수 없는" 등과 같이 가핑클이 '상식'을 기술하기 위해 사용했던 어휘들과 비슷해 보인다. 그 이유는 단토의 '예술계'는 결국 가핑클이 말하고자 했던 상황의 실천논리, 즉 '상식'에 다름 아니었기 때문이다.

실천, 즉 상식과 행위의 준거는 화가가 캔버스에 하나의 점을 찍는 바로 그 순간에도 명백하게 작동한다. 그것도 아주 정교하게 말이다. '그림', 혹은 '그림을 그린다'는 것은 일종의 예술적 상식들을 지침으로 자신의 행위를 조직하는 특정한 과정이다. 그림이란, 낙서가 아니다. 글씨를 쓰는 것도 아니다. 그림은 낙서나 문자와는 다른 전제들을 만족시킬 때, 그림이 된다. 사실 상황은 더 복잡하다. 우리가 당연시 하는 '그림'의 정의를 위해 요구되는 전제들은 시대마다, 사회마다 달랐다. 예컨대 절파浙派, 혹은 광태사학파狂態邪學派 풍의 강렬한 준법皴法을 구사하며, 〈고사관수도〉高士觀水圖를 그렸던 16세기 조선의 화가 강희안에게 20세기 중반 미국의 화가 잭슨 폴록Jackson Pollock의 드리핑dripping이 합당한 '그림'으로 보일 가능성은 상상만큼 크지 않다. 재료가 다르고, 사상, 미술사의 배경이 다르기 때문이다. 이를 가핑클의 관점에서 번안하면, 강희안과 폴록은 서로 다른 예술적 실천의 상식을 참조했다는 것이다. 합당한 '그림'의 정의가 서로 다른 예는 동시대 같은 화단의 작가들 사이에서도 흔히 일어나는 일들이다. 예컨대, 앵포르멜에 관한 오지호의 일갈 一喝을 보라.

> 비구상미술은 그들이 믿고 있는 것처럼 회화냐? 그것은 회화가 아니다. 그러면 그것은 무엇이냐. 그것은 장식도안의 일종이다. 왜 그러냐, 그것은 자연에 대한 감격을 본질로 하는 것이 아니기 때문이다. 즉, 그것은 화가 단독의 내용 요구에 의하여 이루어지는 무성생식이기 때문이다.(오지호, 1968: 29)

예술계, 혹은 예술적 상식은 시대와 역사마다 다르다. 이 예술적 상식을 뵐플린Heinrich Woelfflin의 용어를 빌면, 일종의 '스타일'樣式, style이라 할 수 있다. 소위 바로크와 고전주의를 축으로 삼는 '시대양식'의 순환은 어쩌면 이러한 예술적 상식의 시공간적 차별성에 관한 미술사적 증명이라 할 수 있다. 사실 여러 곳에서 뵐플린은 양식이 단순히 추상적이고 자율적인 이미지 조합 방식이 아니라, 구체적 실천의 논리임을 연상시키고 있다.[8] 서로 다른 예술의 상식은 차별적인 방식으로 '그림'의 의미를 성취하려는 화가의 붓 끝에 개입한다. 풍경'화'畵를 그리려는 화가를 생각해 보자. 그는 캔버스를 응시한다. 데생을 하고 풍경을 본다. 다시 조금씩 수정한다. 자신이 본 것과 유사한 색을 만들어 낸다. 붓으로 물감을 찍어 캔버스에 하나의 스트로크stroke를 가한다. 또다시 풍경을 본다. 캔버스와 풍경을 비교한다. 이런 반복은 작가의 의도와 그가 의식하는 예술적 실천의 전제들 사이의 거리가 더 이상 좁혀질 수 없을 때까지 계속된다. 화가가 "이제 이만하면 충분하다"고 생각하면서 붓을 내려놓는 지점은 그가 실행한 표현이 그가 준거하는 상식에 부합하는 순간이며, 이 순간은 16세기 르네상스 화가들과 17세기 바로크 화가들 사이에서 '하늘과 땅'만큼이나 다를 수 있다. 따라서 중요한 것은 풍경과 캔버스 속 이미지 사이의 유사성이 아니다. 궁극적인 상호 준거는 행위와 예술적 상식 사이에서 작용하기 때문이다. 풍경과 캔버스 사이의 관계는 행위에 작용하는 상식의 내용에 따라 조직될 뿐이다. 화가와 일상적 행위자의 실천은 본질적으로 다르지 않다. 그들은 차별적 세팅에서 활동하는 서로 다른 행위자일 뿐이다. 그들은 모두 주어진 세팅에서 사회적으로 합리적 존재임을 증명하는 방식으로 행동한다.

순응 vs. 역행

상식과 실천의 준거는 풍경화가 뿐 아니라, 회화 그 자체 이외의 모든 것을 부정하려 했던 모더니즘 미술에도 적용된다. 다만, '그림'으로서의 합리성

---

8. 이 점에 관해서는 좀 더 구체적인 논의가 필요할 듯 보인다. 실천의 관점에서 뵐플린의 '양식'을 리처드 월하임의 양식개념과 비교해 보는 것 역시 흥미로운 일이다(뵐플린, 1994; Wollheim, 1979를 참조하라).

을 성취하기 위해 준거하는 예술적 상식의 내용이 달랐을 뿐이다. 모더니즘은 오히려 분석적 언어로 잡아 낼 수 없는 세팅의 실천논리 그 자체를 미학의 내용으로 삼았다. 텅 빈 캔버스 앞에 선 상황에서 결정되지 않은 모든 우연적인 요소들에 나름의 질서를 부여해 나가는 작가의 실천 그 자체를 미적으로 이슈화한 것이다. 그런 의미에서 모더니즘 회화는 오브제로 물화되지 않는다면, 가장 전형적인 형태의 실천적 미술일 수 있다. 모더니즘 회화론에서 신봉되는 마띠에르matiere는 자율적인 오브제의 존재론적 근거이기는커녕, 비트겐슈타인의 유희적 '게이머'gamer처럼 '평면성'flatness의 의미를 성취하려는 화가의 구체적 실천의 증거일 수 있다. 마띠에르에 평면의 의미논리를 부여하는 작가, 작가에 의해 부여된 의미를 읽어내는 관객, 그 의미를 담화를 통해 합리화하는 평론가는 동일한 룰의 게임을 즐기고 있는 것이다.

여기서 다음과 같은 사항들이 고려되어야 한다. 즉, 제도화된 이후의 모더니즘은 상식에 '순응'順應하는 실천이라면, 다다처럼 제도화 이전의 모더니즘 실천 역시 그러할까? 그것은 순응이 아니라 상식에 대한 '역행'逆行 혹은 '반역'反逆이 아닐까? 만약, 모더니즘의 회고적 평가 전체를 상식에 대한 순응이라 인정하더라도, 앤디 워홀이나, 요셉 보이스Joseph Beuys와 백남준 이래, 물화된 모더니즘을 넘어서거나 전복하기 위해 수행되어 온 무수한 시도들은 과연 어떻게 설명될 수 있을 것인가? 상식에 대한 순응으로서의 일상적 실천과 그것의 전복으로서의 현대미술은 명백히 상반되는 것은 아닐까? 하지만 상황적 전제들에 대한 '역행'逆行 역시 그 전제들과 별개의 것은 아니다. 오히려 그 역행은 더욱 더 정교하고 치밀한 의도와 목적 아래 그 전제들을 의식하고 참조하는 실천의 차별적 형식이라 할 수 있다. 비트겐슈타인은 이미 전제들을 의도적으로 거스르는 '역행적 실천'의 가능성을 언급한다.

우리의 역설은 어떤 하나의 규칙이 어떠한 행동 방식도 확정할 수 없으리라는 것이었다. 왜냐하면, 각각의 모든 행동방식이 그 규칙과 일치되게 만들어질 수 있을 것이기 때문이다. 이에 대한 대답은, 만일 각각의 모든 행동 방식이 그 규칙과 일치하게 만들어질 수 있다면, 또한 모순되게도 만들어질 수 있다는 것, 따라서 여기에는 일치도 모순도 존재하지 않으리라는 것이었다. [……] 우리가 "규칙을 따른다"라고 부르는 것과 "규칙에 반反하여 행동한다"라고 부르는 것 속에서 경우에 따라 표현되는 어떤 규칙파악이 존재한다는 것이다.(Wittgenstein, 1993[1968]: 128)

역행적 실천 역시 상식에 대한 준거 없이 가능하지 않으며, 그런 의미에서 역행적 실천을 순응적인 실천과 분리하거나, 일상/예술을 상식에 대한 순응/역행으로 대비하는 건 의미 없는 일이다. 특히, 부르디외는 예술적 역행을 '상대적으로 자율적인' 예술장relatively autonomous artistic field 내에서 참여자들에 의해 수행되는 지극히 당연한 사회적 실천으로 파악한다. "장은 개인들 또는 제도들에 의해 점유되어진 위치들positions 사이의, 객관적인 관계들의, 지배 또는 종속의, 협력 또는 대립의 연결망이다."(Bourdieu and Waquant, 1992) 장은 본질적으로 투쟁의 공간이며, 예술장에서 이 투쟁은 장 내에서 자신을 차별화시키는 미학적 역행으로 나타날 수밖에 없다는 것이다. 그런 의미에서 과거의 것에 대한 거부와 전복은 특히 신참자들이 예술장 속에 자신을 위치시키기 위한 당연한 전략이다. 예컨대, 뒤샹은 누구보다 현대미술의 자율적 장을 지배하는 게임의 룰을 잘 알았고, 아주 정확하게 그 룰에 역행할 줄 알았다. 그는 게임의 룰이 제공하는 모든 가능성을 이용할 줄 아는 "교활한 예술가"이자, "예술장 속에서 물속의 물고기"(Bourdieu, 1999: 325)와 같다. 부르디외는 뒤샹의 '교활함'에 관해 다음과 같이 기술한다.

그는 가장 열성적인 해설가들이 자기의 작품들에 대해 행했던 너무 세밀하고 기교를 부린 해석들을 부인하기 위해 단순히 상식으로 되돌아오는 척한다. 또는 고의적으로 다의적인 작품의 의미에 대해서, 아이러니나 유머를 통해서 의식이 감돌도록 내버려둔다. 작가 자신의 해석도 포함하여 모든 해석들에 대한 작품의 초월성을 만드는 모호성을 이렇게 강화하면서, 그는 의도적인 다의성의 가능성을 방법론적으로 이용한다. 의도적 다의성은 직업적인 해설가 집단의 출현과 함께, 다시 말해 해설이나 과잉해설 작업 덕분에 의미와 필연성을 발견하도록 직업적으로 결정된 사람들의 출현과 함께 장 자체 속에, 그리고 그를 통해서 생산자들의 창조적인 의도 속에 새겨지게 되었다. 우리는 사람들이 뒤샹에 대해 "그는 자기가 했던 것만큼이나 하지 않았던 것에 의해 예술세계 속에서 자기 자리를 만들었던 유일한 화가"라고 말할 수 있는 것을 이해한다.(Bourdieu, 1999: 327).

뒤샹의 예술적 역행은 단순한 치기稚氣나 우연한 해프닝, 그것도 아니면, 설명할 수 없는 비범한 천재의 신비한 능력일까? 뒤샹의 역행은 가장 합리적인 행위인 동시에, 가장 일상적인 실천이다. 예술적 역행 역시 예술적 상식을 참조하는 또 다른 방식이자 정교한 실천 전략이다. 이 전략은 상식에 대한 순응의 경우와도 다르지 않다.

다시 〈샘〉, 절반의 성공

레디메이드-〈샘〉으로 다시 돌아가 보자. 일상의 존재론에서 벗어나지 못했다는 점에서 〈샘〉의 절반은 실패였다. 그러나 일상적 실천의 관점에서 확인되는 나머지 절반의 성공 역시 의미심장하다. 〈샘〉은 위반이며, 역행이다. 중요한 건 〈샘〉의 위반이 정확하게 예술적 행위의 전제들을 조준한다는 것이다. 〈샘〉의 일상성은 일상적 실천을 좀 더 깊이 들여다 볼 때 나타난다. 일상에서 상식과 행위의 순환은 의식되지 않는다. 이 순환은 너무나도 명백하게 존재하지만, 오히려 그토록 명백하기 때문에 의식되지 않는다. 너무나 명백해서 망각되는 것, 이것이 바로 일상적 실천의 역설이다. 가핑클은 이 역설을 "보이지만 의식되지 않음"being seen but unnoticed이란 서술어로 표현한다(Garfinkel, 1967: 8). 비슷한 표현은 비트겐슈타인에게서도 발견된다.

> 우리에게 가장 중요한 사물들의 측면들은 그 단순성과 일상성으로 인하여 숨겨져 있다. 우리는 그것을 깨달을 수 없다. 왜냐하면 그것은 언제나 우리 눈앞에 있기 때문이다. 사람에게 자신의 탐구의 진정한 기초는 전혀 눈에 띄지 않는다. 이 사실이 언젠가 그의 눈에 띄지 않는다면. 그리고 이는, 한번 눈에 띄면 가장 이목을 끌며 가장 강력한 것이 우리 눈에 들어오지 않고 있음을 뜻한다.(Wittgenstein, 1993[1968]: 85)

하지만, 의식되지 않지만, 너무나 명백한 일상의 정교한 구성은, 의외로 쉽게 모습을 드러낸다. 가핑클은 우리의 일상을 떠받치는 암묵적 전제들과 그 전제들에 대한 행위자의 참조를 드러내기 위해 의도적으로 고안된 유명한 '일탈실험'breaching experiment을 실행한다(Haritage, 1987: 232~235). 일탈실험이란 '고의적인 위반'을 통해 망각된 어떤 것을 의식화시키는 방법이다. 예컨대, 가족들이 모두 모인 저녁식사에서 아버지를 '개똥아'라고 부른다면, 어떤 일이 벌어질까? 매일매일의 밥상 앞에서 우리가 너무나도 당연하게 생각하는 일상의 한 단편은 사실 가족의 존재와 가족 내 성원들의 관계, 그리고 그 관계 속에서 해야 할 일과 하지 말아야 할 금기들의 복잡한 그물망에 의해 직조되어 있다. 아버지를 '아버지'라고 부르는 일은 우리에겐 너무나도 당연한 일이지만, 이 당연함은 우리 공동체를 지탱하는 기대된 암묵적 약속들의 '전제' 속에서 매순간 아버지를 '아버지'로 규정하는 우리의 실천 속에서 새롭게 규정된다. 위반실험은 이렇게 드러나지 않은 전체와 그 전체에 준거하는 행위자들의 일상적 실천의 정교함을 노출시킨다. 우리의 일상은 퍼니파우더나 톨스토이의 생각처럼 그렇게 '지루'하거나 '단순'하지 않다. 일상은 섬세하고 복잡하며, 위태롭다. 일상의 놀라움은 그러한 섬세하고 복잡하고 위태로운 구성과정이 의식되지 못할 만큼 너무나도 자동적이고 당연하게 작동한다는 사실이다. 비트겐슈타인과 가핑클이 확인하고자 했던 것은 바로 일상을 일상으로 구축하는 행위자들의 실천이었다.9

〈샘〉은 일종의 예술적 위반실험이라 할 수 있다. 〈샘〉은 위반을 통해, 우리가 당연시해온 예술적 실천의 전제들을 '까발린다'. 소변기는 예술이 아닌가? 미술관에 입성한 〈샘〉을 보고 분노를 느끼는가? 소변기는 왜 예술일 수 없는가? 소변기의 예술성을 저지하는 예술적 전제들의 내용은 어떠한가? 작품은 평면, 혹은 덩어리mass여야만 하는가? 작품은 작가의 육체적 노동을 통해 매개되어야 하는가? 작가의 정체성은 도대체 실명을 통해 확보되어야 하는가? 반대로 물어보자. 소변기는 예술인가? 근거는 무엇인가? 〈샘〉을 예술로 만드는 예술이론은 〈샘〉을 예술이 아니라고 말하는 근거들보다 우월한가? 이 모든 상반된 질문들이 〈샘〉으로부터 나온다. 〈샘〉은 의심할 바 없이, 알타미라 동굴벽화 이후 1960년대 미국 추상미술에서 오르가즘을 맛보는 특정한 예술적 아비튀스의 전개와 미래를 아주 정확하게 참조하며 던져졌다. 〈샘〉의 실천은 아주 교활한 역행적 실천이다.

〈샘〉은 1917년 당시 독립미술가협회가 주최한 〈앙데팡당〉Independents전

---

9. 우리가 너무도 당연시 하는 '가족'의 토대는 특정한 인적관계에 대한 집단적 믿음이다. 이 믿음은 가변적이며, 무너질 수 있다. 이 가변적인 관계들을 '가족'이라는 사회적 실재로 전환하는 것이 일상의 실천인 것이다. 부르디외는 이 믿음들을 일종의 '성향'(disposition)으로 보았다. 성향은 우리의 인식과 육체에 스며든 믿음이다. 부르디외는 이 성향을 '아비튀스'(habitus)라고 부른다. 아비튀스는 역사적이다. 아비튀스의 역사성은 특정한 시대에서 사회적 공간의 역학(力學)에 따라 일상의 실재성이 얼마든지 달라질 수 있다는 사실을 표현한다. '가족'? '예술'? 영속할 것 같은가? 그것은 진실인가? 그것은 얼마든지 깨질 수 있다. 그런 의미에, 우리의 일상적 실천의 전제들이 망각되어야 할 이유는 따로 있는 듯하다. 명백해 보이지만, 일상은 위태롭다. 일상은 실재성을 선점하기 위한 행위자들의 투쟁 속에 맡겨져 있다. 나의 일상은 사실 누군가에 의해 규정된 일상이다. 물론 나 역시 일상의 새로운 규정을 위한 투쟁에 암묵적으로 동참하고 있다.

에 출품되었다. 당시 독립미술가협회는 "어떤 예술가든지 6달러의 참가비만 내면 누구나 자신의 작품을 전시할 수 있다"고 규정했다. 뒤샹 역시 이 규정을 잘 알고 있었지만, 〈샘〉은 거부되었고, 뒤샹 역시 격렬하게 항의하지는 않았다. 더 정확하게 말하면, 〈샘〉을 거부한 것은 독립미술가협회가 아니라 〈샘〉이 조준하고 있었던 예술작품에 대한 암묵적이고 당연한 전제들이며, 이 전제들에 자신을 순응하고자 했던 회원들이었다. 〈샘〉은 심지어 전통적인 고급예술에 저항하고 새로운 예술의 자유를 추구하고자 했던 예술가들 역시 견고한 예술실천의 전제들을 참조하고 있음을 드러내는 위반실험이었다. 그러나 또한 〈샘〉은 단순한 위반실험에 그치지도 않았다. 〈샘〉이 조준하고 노출시킨 예술적 전제들은 〈샘〉을 거부할 정도로 억지스럽고 강력했지만, 동시에 그 억지의 강도만큼 회의되기 시작했다. 그러한 억지에 순응해야 하는가? 예술은 다른 것일 수 없는가? 당연하게 여겨진 예술적 전제들은 부르디외의 용어를 빌면, '오인', 그것도 집단적 오인 collective misrecognition이었다. 당대의 예술가들이 순응하고 실천하는 예술적 리얼리티는 게임에 투자하고 헌신하는 참여자들 사이의 '공모'complicity가 만들어낸 자의적 산물이자 '집단적 기만'일 뿐이라는 것이다(김경만, 2005: 112). 동시에 이 기만은 그저 허위의식에 머물지 않고, 사회제도에 의해 객관화되고 정초定礎된 환상, 즉 '일루지오'illusio가 된다. 〈샘〉은 예술이 의문되지 않았던 '독사'臆見, doxa에 복종해 왔음을 드러냈고, 이러한 자각은 이후의 미술의 전개과정을 전복의 역사로 만들어 버렸다.

〈샘〉은 우리가 신봉하는 현재의 예술이 허구일 수 있음을 드러낸다. 그 허구를 허구가 아닌 제도화된 실체로 만든 것은, 허구를 필연으로 전환시킨 실천에 다름 아니다. 이 실천은 비트겐슈타인이 설명한 '기저암'基底岩, bedlock에서 발견했다던 '그냥 하기'와 다르지 않다. 결국 예술적 실천은 일상적 실천의 모습으로 나타난다. 중요한 것은 이 실천은 얼마든지 다른 방식으로 재구성될 수 있다는 점이다. 이전의 믿음이 일종의 환상이며, 허구일 수 있다면, 이 환상과 허구로부터 벗어나는 것도 불가능하지 않다. 〈샘〉은 모든 것이 회의되고, 그 회의를 바탕으로 또한 모든 것이 가능한 예술적 실천의 0도에 도달한다. 이 0도는 이러지도 저러지도 못하는 어정쩡한 상황을 만들지만, 동시에 가혹한 의심과 불확정의 미래 사이에서 모든 실험이 가능해지는 상황을 만든다. 이 상황 속에서 무수히 다양한 예술적 실험과 전제들이 자신을 중심으로 또 다른 정초된 환상을 구축하기 위해 투쟁한다. 그래서 〈샘〉에 대한 반응은 망설임과 분노 혹은 포기와 찬사의 뒤범벅이었다. 그것이 바로 가장 일상적 사물인 변기가 현대미술의 신화가 된 이유이기도 한다.

　〈샘〉은 서로 상이한 세팅과 그 세팅에서 요구되는 행위의 관계들을 서로 중첩시킨다. 화장실이라는 세팅에서 소변기는 생리적 욕구와 그 욕구를 충족시키기 위한 형태적 기능 사이의 관계 속에서 규정된다. 그것은 그저 '오줌받이'에 불과하다. 그런데 이 물체가 이번에는 미적인 것의 생산과 감상이라는 전혀 다른 세팅에 자리 잡는다. 뒤샹은 전략적으로 이 사물을 예술이라는 완전히 다른 세팅 속에 재위치시킨 것이다. 고정되었던 우연의 문고리는 풀려 버린다. 그것은 배설을 위한 도구가 아니다. 그렇다면 이제 그 사물은 예술이 되었나? 그러나 그 역시 만만치 않다. 그 사물을 예술로 만들 예술계(단토식으로 말하면, 예술이론)는 여전히 수사修辭의 과잉에 비해 튼실하지 못하다. 세팅의 중첩을 통해 〈샘〉이 해방시킨 우연은 극복될 수 없는 극단의 경지까지 나아간다. 우연의 극단적 확장이랄까? 〈샘〉은 보는 이에 따라 변기가 아닌 예술작품일 수도 있고, 변기인 동시에 예술작품일 수도 있으며, 변기라서 예술작품일 수도 있고, 변기도 예술작품도 아닐 수도 있는 복잡한 상황을 만든다. 이 상황을 유도하는 것이 〈샘〉에 내재된 뒤샹의 전략이다. 〈샘〉은 뒤샹의 전략을 아주 충실히 수행했고 이는 절반의 성공으로 불리기에 충분하다.[10]

---

10. 뒤샹은 〈샘〉의 의미를 '말장난' 속에 놓음으로써 〈샘〉을 둘러싼 다양한 의미생산 과정을 전략적

일상, '몸'과 '대화'

일상과 일상적 실천에 관해, 비트겐슈타인과 가핑클, 그리고 부르디외를 공통으로 연결하는 개념은 '이해'understanding이다. 이해는 컨텍스트context와 텍스트text의 가변적인 관계를 고정하는 일상의 인지적 실천이다. 컨텍스트가 일상의 상황적 맥락을 의미한다면, 텍스트는 단순히 기호뿐 아니라, 주어진 맥락 위에서 관심의 대상이 되는 모든 것을 포함한다. 물론 예술작품의 컨텍스트 속에서 관심의 대상인 텍스트는 바로 예술작품의 존재와 자격일 것이다. 일상의 인지적 실천으로서 '이해'가 컨텍스트와 텍스트 사이의 관계를 특정한 방식으로 고정하는 것이라면, 그러한 일상적 이해의 한 형태로서 예술적 이해 역시 예술실천의 상황 속에서 특정한 방식으로 어떤 대상에 나름의 예술적 의미를 부여하는 작업이라 할 수 있다. 예술적 이해란 비트겐슈타인이 일상언어에서 관찰한 '언어놀이'langugae game, 혹은 가핑클의 '지표적 실천'indexical practice의 예술적 형태이기도 하다.

특히 테일러는 이해의 관점에서 비트겐슈타인과 부르디외를 연결하고자 했다. 테일러가 중요한 이유는 실천으로부터 '신체'와 '타자'를 복원해 냈기 때문이다. 이해란, "모든 것(맥락, 컨텍스트)에서 벗어나 있는 1인칭 단수로서의 자아의 사물화"(Taylor, 1993: 49)를 거부하고, "행위자를 세상 안에서 그리

으로 유도한다. "질문 : 당신의 '레디메이드'로 돌아와서, 나는 〈샘〉의 서명인 R. Mutt가 제작자 이름인 줄 알았습니다. 그렇지만, 로잘린 크라우스의 논문에서, 나는 이것을 읽었습니다. "R. Mutt, 독일어로 한 말장난으로, Armut, 또는 가나+" 가나, 그것은 ㄴ닷없이 〈샘〉이 의미를 변경시킬 것인데요. 뒤샹 : 로잘린 크라우스? 다갈색의 아가씨? 전혀 그렇지않습니다. 당신은 반박해도 됩니다. Mutt는 위생기구 제조회사인 Mott Works로부터 왔습니다. 그렇지만 Mott는 너무 가깝기 때문에, 그것을 Mutt로 한 것입니다. 그리고 모든 사람이 알고 있던 당시에 나온 신문 만화 Mutt and Jef가 있었습니다. 그러니까 처음부터 일종의 울림이 있었던 것이지요. Mutt는 작고 통통한 녀석이고, Jef는 키다리에 비쩍 마른 녀석입니다. 나는 다른 이름을 원했습니다. 그래서 나는 Richard를 더했습니다. Richard, 이건 남자용 공중변소에는 제격입니다. 보십시오, 가난의 반대, 그렇지만 그것도 아니고, R만 했습니다. R. Mutt"(Bourdieu, 1999)

고 세상 위에서 행동하는 실천에 참여하는 존재"(Taylor, 1993: 48)로 본다는 것이다. '1인칭 단수로서 자아'와 '사물화된 자아', 그리고 '독백적 주체'는 모두 신체와 타인으로부터 독립적인 모더니즘의 주체들이다. 이 주체가 거주하는 곳은 '정신'spirit이라는 신성한 의식의 '내적공간'internal space이다. 여기서 신체란 단지 물질이며, 의식의 자유를 제한하는 거추장스러운 장애일 뿐이다. 주체와 대상은 본질적으로 이분법적이다. 이러한 이분법 속에서 주체가 대상과 관계 맺는 방식은 오직 '재현'representation뿐이다. 재현이란, 외부의 대상을 주체 내부의 의식 위에 완벽하게 모방해 낸다는 것이다. 재현된 이미지는 그것이 모방하는 대상 그 자체가 아니면서, 동시에 그것과 완전히 일치해야 한다. 마치 거울 밖의 '나'와 거울 속의 '나의 이미지'처럼 말이다. 그러나, 재현은 서로 다른 의식을 가진 고독한 개별 모더니즘의 주체들 사이에서 공유될 수 없다. '너'의 의식 속에 재현된 달이 '나'의 의식 속에 재현된 달의 이미지와 동일할 수 없기 때문이다. 두 개의 달 이미지들의 거리는 너와 나 사이의 넘어설 수 없는 간극만큼, 아니 그보다 더 크다. 너의 달은 나의 달과 일치하지 않을 수 있다.

테일러는 이러한 독백과 재현의 담론을 주지주의intellectualism로 비판하면서, 재현보다 이해를 우위에 놓는다. 이해는 독백적 주체의 의식이 아니라 신체 안에 두어진다. 이해는 신체와 '합체'되며incorporated 일종의 '육화된 지식'bodily knowledge으로 존재한다.

> 우리의 신체는 단순히 우리가 설정하는 목표의 실행자이거나 단지 우리가 재현을 형성하는 인과적 요소들의 장소가 아니다. 우리의 이해는 그 자체로 체화된 다Our understanding itself is embodied. 즉, 우리의 신체적 노하우know-how와 우리가 행동하고 움직이는 방식은 자아와 세계에 관한 우리의 이해의 능력을 약호화한다. 나는 익숙한 환경 주변에서 나의 길을 알고 있으며, 어떤 장소에서 다른 장소로 쉽고 확실하게 도달할 수 있다.(Taylor, 1993: 50)

신체는 새로운 조명 아래 놓여진다. 신체는 단순한 피와 뼈, 지방으로 이루어진 덩어리가 아니며, 그 자체로 지식의 한 형태이다. 신체는 일종의 지식이며, 세계에 대한 입장을 담지한다. 자, 이제 집으로 가자. 나는 지도를 따라가는가? 나는 지도의 기호와 축적을 환산해서 길을 가는가? 한 걸음 한 걸음을 걸을 때마다 나는 그것의 거리를 정확히 계산할까? 물론 아니다. 집으로 가는 길은 내 의식이 아니라, 내 몸이 알고 있다. 길을 걷는 동안 의식 속에서 수 없이 여러 생각들이 스쳐가지만, 내 몸은 어느새 집에 도달해 있다. 나를 집에 데려다 준 것은 명증하고 순수한 의식이 아니라, 내 몸이다. 육체 그 자체는 이미 의미체이다. 의미는 언어 혹은 의식이 아니라, 바로 우리 몸에 각인된다. 나의 짧은 머리, 사각진 턱, 거친 손, 이것들은 내가 마초적인 남성이자 노동자라는 것을 보여준다. 자, 일상의 상황에서 당신은 나를 어떻게 보는가? 묻지도 대답하지도 말자. 이미 당신의 자세, 손, 시선, 침묵, 당신과 나의 거리, 비스듬히 젖혀 앉아 비열하게 웃음 짓는 당신의 '썩은 미소'가 대답하고 있기 때문이다.

몸은 투쟁의 전선이기도 하다. 의미의 제도적 정당성은 최종적으로 몸에서 보증되기 때문이다. 투쟁하는 의미들이 몸 위에서 각축한다. 의미들은 몸을 지배하기 위해 투쟁한다. 몸 위에서 승리를 구가하는 의미는 다른 의미들을 복속하고 불평등한 위계적 리얼리티를 만들어 낸다. 혁명이나 가부장제의 폐기는 불온한 이론서에 나온 것처럼 쉽지 않다. 그것들은 이미 자본가와 노동자의 몸에서, 또 남자와 여자의 몸 위에서 강고하게 확립되어 있기 때문이다. 몸은 의식만큼 쉽게 변하지 않는다. 이건 미술에서도 마찬가지이다. 화가의 몸을 지배한 의미들이 당대의 예술적 진실이 된다. 아카데미즘이 그랬고, 모더니즘이 그랬다. 일상, 행위자의 몸에 체화된 의미로 존재한다. 현대미술의 작동은 일상을 너무 닮아있다. 오래 전부터 미술에서 몸이 화두가 되어왔다. 야수마사 모리무라Yasumasa Morimura, 신디 셔먼Cindy Sherman이 원했던 건 무엇일까? 이들은 예술의 의미를 자족적인 영구불변의 외적 오브제에서 찾지 않았다. 예술적 의미를 육화하고 싶었던 것은 아닐까? 셔먼은 자신의 몸으로 광대와, 술취한 아내, 질투하는 남편, 그리고 살해당한 여주인공, 심지어 해체된 몸뚱이를 재연했다. 몸 자체를 표현의 직접적인 표현의 장으로 삼고, 몸 위에서 의미를 직접적으로 체감하려 했던 것이다. 우리에겐 강홍구, 권여현, 정연두, 송상희가 두드러진 경우에 해당한다.

송상희 : 재연 vs. 재현

특히 송상희가 수행하는 일련의 '재연'再演 작업들은 일상적 실천에서 몸의 의미를 가장 적절하게 미학적으로 변용한 사례에 해당한다. 재연은 재현再現과 다르다. 재현은 이미 표현한 것을 다시 표현한다. 재연은 이미 연기된 것을 다시 연기한다. 재현은 대개 의식이나 시각적 도구를 사용하지만, 재연은 몸을 사용한다. 재연의 몸은 재현의 붓이며 물감이며 캔버스다. 재현은 물감으로 의미를 산출한다. 반면 재연은 몸을 통해 의미를 산출하고, 몸 위에 의미를 각인한다. 재연의 몸은 의미를 산출하는 몸이다. 거꾸로 말하면, 재연은 몸을 통한 의미의 산출과정이다. 이 과정은 몸과 의미를 연결하고자 했던 테일러의 일상적 이해와 다르지 않으며, 그런 의미에서 송상희의 재연은 실천을 통한 의미획득 과정으로서 일상적 실천을 미학화하는 데 근접해 있다. 송상희는 재연을 다룬다. 그녀의 재연은 몸을 통해 미묘하게 다른 의미산출을 의도한다. 그래서 그녀의 재연은 일종의 투쟁이며, 정치적 실천이다. 그래서 또 송상희식 재연의 형식과 내용을 밝히려는 시도 역시 약간은 정치적 속성을 띨 수밖에 없다.

송상희식 재연은 자아를 타자에 이입한다. 자아의 타자이입은 강렬하게 몸을 체감한다. 그 체감은 타자의 타자이입 방식에 비해 직접적이다. 물론, 이 방식은 셔먼의 것이기도 하지만, 셔먼과 다른 면도 있다. 셔먼의 타자는 대개 주인공이다. 주인공인 타자에 이입되는 자아는 충족을 이룬다. 그래서 셔먼식 재연은 본질적으로 과시적이

송상희, 〈푸른희망〉, 2004.

고, 나르시소스적이며, 고발적이고, 그래서 가학적이다. 송상희의 자아와 타자 사이의 거리는 매우 멀다. 송상희의 타자는 시간적으로나 계층적으로 주인공과는 너무 먼 결핍의 존재들이다. 망부석 깃발을 든 여인은 지아비를 잃었고, 갯벌(물빠진 바다, 바다아닌 바다)에서 돌아오지 않는 남편을 기다린다. (여행)안내원은 웃고 있지만 손이 없다. 영부인은 대통령이 없고, 나란히 걸린 대통령의 사진은 그의 부재를 암시한다. 실제로 저격의 순간 남편은 방탄 연설대 아래 숨어버렸고, 그녀는 무시무시한 총탄 앞에서 어떤 보호도 받지 못한 채 버려졌다. 결핍의 존재들과 동화, 결핍의 공유는 송상희의 재연이 피학적 재연임을 보여준다.

셔먼식 재연은 자아와 타자의 몰입과 동화에서 획득된다. 그런 몰입과 동화 속에서 재연이란 형식은 숨겨진다. 송상희식 재연은 또 재연을 외화外化, externalize시키고, 재연이 가장된 재연임을 드러낸다. 육여사 재연에선 흔한 박통 사진하나 걸리지 않았다. 셔먼식으로 보면 왠지 '짝퉁'스럽다. 이 짝퉁스러움은 재연이란 형식을 거칠게 노출한다. 노출된 재연, 혹은 재연의 노출은 재연이란 형식 자체를 도드라지게 부각하면서 의미화한다. 노출된 재연은 동화된 타자와 모종의 거리두기를 내포한다. 자아와 대상의 동화와 이탈이랄까. 대상을 최대한 끌어당기되, 객관적 시각을 잃지 말자는 것인가?

재연의 외연화는 영부인 저격을 다룬 작품에서 정점을 이룬다. 인물들은 천연덕스레 같은 장면을 반복한다. 이 반복은 기계적인 리와인드에 의한 것이 아니다. 그야말로 의도적인 반복이다. 반복의 과정은 그대로 노출된다. 이리 널브러진 영부인이 태연히 옷매무새를 고쳐 앉고, 이번엔 저리 널브러진다. 쓰러진 저격범은 일어서서 주억거리며 총을 주워든다. 제자리로 돌아간다. 경호원의 어색한 스톱모션stop motion이 풀리고, 몸을 숨긴 박통이 모습을 드러낸다. 또다시 모든 과정이 큐. 재연의 반복, 반복과정의 노출, 재연의 노골적이면서도 희극적인 외화는 재연의 사회적 해석가능성을 넓혀 가는 송상희식 재연의 비평적 특징일 수 있다. 송상희의 작업은 표면적으로 일상과 멀리 떨어진 것처럼 보이지만, 일상의 가장 일상적인 측면들을 반영하고 있다. 그의 재연작업은 몸을 통해 의미를 체화할 뿐 아니라, 재연된 의미를 고정불변의 오브제로서 작품화하는 것이 아니라, 무한히 반복될 수 있는 '과정'임을 드러낸다.

"대화", 오브제에 대한 저항

일상과 일상을 구성하는 이해에 대한 테일러의 언급을 좀 더 밀고 나가 보자. 테일러에 따르면, 일상은 "세상 안에서, 세상 위에서 활동하는 실천"이다. 일상적 실천은 '신체'를 통해 수행되며, 일상적 실천의 미학적 변용으로서 송상희식 재연 역시 가능했다. 그러나, 테일러의 언급을 좀 더 음미해야 하는 또 하나의 이유는, 일상에서 '타자'他者, the other를 복원하기 때문이다. 일상적 실천은 근본적으로 '독백'이 아니라 타자를 지향하는 상호적인 활동이다. 또한 타자를 지향하는 상호적 활동으로서 일상적 실천을 나타내기에 가장 적합한 표현은 '대화'conversation라 할 수 있다. 일상적 행위자들은 자신의 의식 속에 '고립된 1인칭 주체'가 아니라 대화하는 사람들이다. 대화적 존재는 일상에서 개별적 나/너가 아니라 "우리"we로 존재한다. 우리 사이의 대화는 '리듬'rhythm을 공유한다. 마치 "손잡이가 두 개 달린 톱으로 통나무를 자르고 있는 두 사람, 혹은 춤을 추고 있는 커플"처럼 말이다(Taylor, 1993: 51).

대화에 대립하는 독백의 미학적 변용은 오브제object일 수 있다. 오브제는 사물, 목적, 대상을 의미한다. 부연하면, 그 자체를 존재의 목적으로 삼는 사물이다. 혹은 작가의 내면에 의해 여과되었으나 작가 뿐 아니라 또 다른 대상 세계로부터도 분리된 객체이며, 자체의 독립적 표현의 결과물이다. 오브제화 objectifying는 대상이나 사물을 그것이 존재하는 맥락에서 분리하는 행위이며, 소위 객관화라 할 수 있다. 오브제화는 대상을 나로부터 떼어 내는 작업이며, 나와 함께 있던 것에서 나를 없애는 작업이다. 동시에 의미를 불변의 것으로 고정하는 것이다. 여러모로 오브제와 대화적 일상은 상극적 개념쌍이다. 미술에서 오브제화는 거부할 수 없는 욕망으로 존재한다. 실천의 결과물을 시공간적 가변성으로부터 분리시켜 영원히 간직하려는 것이다. 예컨대 〈모나리자〉Mona Lisa처럼 말이다. 모나리자의 미소를 그려 넣었던 다 빈치Leonardo da Vinci의 붓질은 캔버스 위의 흔적이 되어 미술관 속에서 영원히 소장될 수 있는 오브제가 된다. 오브제를 통한 소통은 대화가 아니다. 오브제화는 작품을 작가와 관객으로부터 분리시키고, 텅 빈 캔버스라는 중립공간neutral space을 만든다. 이 중립공간 위에 작가의 행위가 선, 면, 혹은 마띠에르의 형태로 흔적을 남긴다. 이 흔적은 이내 작가로부터 이탈한다. 관객의 심상에 흔적의 이미지가 모방된다. 이 모방 역시 캔버스 위의 흔적에 준거될 필요는 거의 없다. 작가가 캔버스 위에 삼각형을 그린다. 이 삼각형은 이내 자족적인 조형 이미지가 된다. 관객 A는 삼각형을 보고 산을 연상한다. 또 다른 관객 B는 집을 연상한다. 관객 A와 B에게 삼각형은 모두 집, 혹은 모두 산일 필요가 없다. 또 작가의 의도와도 일치할 필요도 없다. 어차피 각각의 독백이기 때문이다.

대화, 혹은 오브제화에 대한 저항으로서 일상의 실천을 닮은 여러 시도들은 일찍부터 현대미술의 거대한 흐름 속에서 나름의 지분持分, quota을 얻어왔다. 미술에서 일상적 실천의 변용은, 공유된 세팅 속에 참여하는 주체들 사이의 상호작용과 가변적인 세팅에 대한 체감으로 나타났다. 소위 설치미술 installation은 대화적 방법의 손쉬운 형식 가운데 하나가 되었다. 설치미술은 예술적 의미가 생산되는 공간-장소를 확인하는 과정 자체를 드러낸다. 결국 공간과의 상호작용이다. 작가가 전시에 초대되고, 전시장으로 안내된다. 그는 자신에게 주어진 공간에 서서 주위를 둘러본다. 이리 저리 배회하고, 공간을 읽으려고 애쓴다. 어떻게 이 공간에 동화될 것인가? 처음엔 잘 되지 않는다. "이거 뭐야? 왜 이리 어둡지? 천정은 왜 이리 낮을까?" "여기서 뭘 어쩌라는 거야?" 소위 '통밥'을 굴린다. 도무지 이 공간의 비결정성과 우연은 극복될 것 같질 않다. 담배를 피워 물고, 도면을 보면서 그 위에 이러 저런 선을 긋고 지우기를 수십 번. 잠을 설친 후, 아침나절 다시 전시장에 선다. 결국 공간에 순응, 혹은 저항 사이에서 망설이던 그는 공간의 모순, 공간의 한계와 흠결을 받아들이고 이 모든 것들에 동화하기로 결정한다. 그리고 공간의 특성 자체에 이러저러한 재료와 방식으로 리듬을 주기로 한다. 이 모든 것들은 2004년 조병왕(〈작업실〉 연작, 설치, 〈일상의 연금술〉 전, 국립현대미술관, 4월)이나 이순주(〈흠〉, 사루비아 다방, 12월)가 국립현대미술관이나 사루비아 다방에서 그랬을지도 모를 일들에 대한 상상이다. 그들은 공간의 한계, 노출된 벽, 거기에 난 생채기들, 그 자체를 이미지화하고자 했다. 제도적이며 객관적인 전시공간과 작가의 사적이고 주관적인 표현공간이 가장 완전한 비등점에서 일치하는 공간을 만들어내고자 했던 것이다. 그들은 나름의 방식으로 공간을 자기화하고자 했다. 이 공간에 참여한 관객들은 또 그들과 동화한다. 재료들은 오브제로 물화되지 않는다. 여기서 대화는 작가와 작품, 공간, 그리고 관객 사이에서 이루어진다. 그것들은 고정되지 않으며, 전시가 끝나면, 지워지고 폐기되며 쓰레기통에 처박힐 것이다. 왜냐하면, 〈모나리자〉처럼 다른 공간에 동일한 방식으로 적응할 수 없을 것이기 때문이다.[11]

문제는 미술관이다

　일상은 미술 그 자체에 내재되어 있다. 미술을 한다는 것은 일상적 실천의 과정과 방법을 따르기 때문이다. 무엇보다 미술을 한다는 것 자체가 예술가들에겐 일상적 실천이다. 예술가는 예술적 실천의 시간과 공간 속에서 작품으로 규정될 수 있는 대상에 예술적 의미를 부여하는 일을 업으로 삼은 사람들이다. 물론, 일상과 미술의 가시적 편차가 없는 건 아니다. 예컨대, 그림을 그릴 때와 커피를 마실 때는 물론 다르다. 그러나 그 편차는, 가령 버스를 기다리는 것과 어젯밤 아내와 나눈 섹스 사이의 편차보다 크지 않다. 예술과 일상의 편차는 일상적 실천 내부의 편차보다 유의미하게 크지 않다는 것이다. 일상과 미술의 구분은 환영일 수 있다. 미술은 처음부터 일상에서 벗어날 수 없었다. 오히려 일상과 미술을 구분하고, 그 구분을 어색하게 과장하고 강화하면서, 일상을 존재론적 사물의 영역에 한정하려는 시도가 문제다. 이러한 시도들은 일상의 사물을 소재적으로 차용하면서, 일상과 미술의 관계를

---

11. 이 밖에도 고승욱의 〈노는 땅에서 놀기〉(2002), 〈쉘위스위밍?〉(2004) 역시 매체와 일상의 실천적 속성이 결합되는 예라 할 수 있다. 마찬가지로 김소라의 작업 역시 흥미롭다. 그는 1997년 청소용역업체 '한계 없는 개념 주식회사'(Unlimited Concept Co.)를 만들고, 간단한 작업 수칙인 "How to Clean Yellow Things"를 설정한 다음, 14번의 청소작업을 수행하고서 남긴 "공식적인 보고서"를 작품화했다. 실천으로서의 예술의 존재가능성을 실험한 예로 볼 수 있는 것이다. "제도적인 몸을 빌어 잠시 동안 미술제도 내의 현실에 정박했다가, 현실에 포박 당하기 전에 홀연히 사라지는 데에 있다"라는 이정우의 언급은 김소라 뿐 아니라 일상적 실천의 미술적 투영의 속성을 비교적 정확하게 지적한 것으로 읽혀진다. 이정우, 「생각하는 미적 장치를 고안해내는 사이비 발명가들—김소라와 김홍석의 작업에 대해」, 『월간미술』, 2004년 11월호 참조.

이상한 방식으로 유도하고, 궁극적으로 일상/예술의 이분법을 오히려 위장하고 강화한다. 그렇다면, 일상과 미술의 관계를 위장하는 것은 무엇일까? 미술관이다. 일상과 미술의 상호침투를 체계적으로 저지하는 것은 무엇인가? 그 역시 바로 미술관이다.

미술관에 관한 문제제기를 제외한 채, 일상과 미술의 관계를 운운하는 모든 시도들은 허위일 수 있다. 애초에 일상과 미술은 한 몸이다. 이 한 몸에 미술관은 작위적인 구분선을 긋는다. 이 선긋기는 '진정한' 예술에 관한 담론을 산출하는 방식을 통한다. 예술은 신화가 된다. 미술관은 이 신화를 지탱하는 물적 장치로 작동한다. 미술관은 신전神殿이 된다. 미술관은 그것 안에 있는 모든 것들을 오브제화한다. 이 오브제는 미술관에 의해 신화의 객관적 증거로 제시된다. 미술관을 통해 신화는 이제 사실로 전환된다. 미술관은 말한다. 와서 보라. 여기 사실로서의 예술이 있다. 신화로서 예술은 일상이 아니라고 말이다. 신화가 되지 못한 일상은 미술관이 주목하지 않는 일상이다. 일상인의 일상은 그저 일상일 뿐이다. 그런 식으로 원래 하나였던 예술과 일상은 미술관에 의해 구별된다. 아주 가식적인 방식을 따라서 말이다.

미술관이 단순히 텅 빈 방들을 갖춘 건물이라고 생각하면 큰일이다. 미술관은 육체와 두뇌(기획력)를 갖춘 위험한 실천자이다. 이 실천자는 특정한 의미를 생산하며, 상징투쟁symbolic struggle의 장에 진입한다. 이 실천자는 예술계 내외부의 가용한 자원들을 수집하고 연결하는 '조합적 행위자'corporate actor 12로 작동한다. 이 거대한 행위자는 제도적 권위를 대리한다. 이 행위자는 아주 특별한 어떤 것들만을 예술로 규정한다. 이 규정은 매우 정치적이다. 이데올로기적이기도 하다. 이 실천자가 자본주의적 상품논리에 복종하고 있기 때문이다. 전통적으로 미술관이 애지중지 다듬고 키운 것은 '오일 온 캔버스'oil on canvas 형식의 '이젤화'easel painting였다. 그 이유는 이젤화가 오브제가

---

12. '조합적 행위자' 개념에 대해서는 다음을 참조하라(Coleman, 1990).

생산되는 가장 편리한 방식이기 때문이다. 동시에 미술관에 가장 잘 적응한 오브제 방식들이기도 했다. 이젤화는 벽에 걸릴 수 있고, 운반될 수 있다. 무엇보다 이젤화는 시장에서 상품으로 교환될 수 있다.[13] 이제 보이는가? 일상/미술의 이분법은 미술관에 의해 틈입된 예술의 상품화의 논리와 함께 진행되었다는 사실이 말이다. 미술이 오브제가 되어 일상을 벗어나는 것은 곧 시장에서 상품성이 그만큼 더 커진다는 것이다.

미술관은 예술장에서 자본주의 논리의 작동을 대리하는 물적장치일 수 있다. 일상과 미술의 모순은 결국 자본주의의 논리에 복무하는 미술관의 작동으로부터 자유롭지 않다. 하지만, 그렇다고 일상과 미술의 관계를 복원하기 위해 미술관에 화염병이라도 던지자는 말은 아니다. 다만, 이건 어떨까. 일상과 미술의 사이에 미술관이 쌓은 거북스런 경계를 조금 낮추는 작업은 절실해 보인다. 미술관의 작동을 좀 더 가볍고 유연하게 만드는 '게릴라적인 미술관'은 반드시 필요하다. 불쑥불쑥 여기저기 출몰하는 미술관, 갑작스레 나타나 일상을 예술적 세팅으로 전용시키고는 또다시 사라져 버리는 미술관, "도대체 작품은 어디 있는 거야? 묻다가도 아뿔싸! 자신이 발 딛고 선 그것이 예술작품일 수 있는 미술관" 말이다.[14] 도저히 일상적 사물과 미술작품을 구별할 수 없는 미술관, 그래서 미술관이기도, 그냥 거실이기도 한 미술관, 가장 분명한 예술의 제도적 공간이었다가도 구태여 그 공적 제도성에 집착하지 않는 미술관, 미술관으로서의 문화적 특권을 훌훌 벗어버리는 미술관, 길거리였던 미술관, 다시 길거리로 돌아가는 미술관, 미술관의 존재방식 그 자

---

13. 단토에 따르면, '장소특정적 예술'은 '이젤화'의 대립물이지만, 그 대립은 기저의 이데올로기적 정치적 대립의 예술적 현상으로 볼 수 있다. 즉 이젤화가 자본주의적 상품논리를 예술계에서 반영하고 있다면, 장소특정적 예술이 목표로 삼는 것 역시 이젤화 그자체가 아니라, 이젤화의 토대에 대한 반발이다. 그런 의미에서 장소특정적 예술 그 자체 역시 정치적 지평 위에 존재한다(Danto, 1994: 195~203).
14. 2006 부산비엔날레 바다미술제 류병학 전시감독과의 인터뷰 중 일부.

체를 묻는 미술관, 성찰적이고 가변적인 미술관, 우연을 필연으로 만드는 미술관, 그리고는 다시 우연이 되는 미술관, 실천으로서의 미술관, 순응 또는 역행으로서의 미술관, 상식 그리고 상식 뒤집기로서의 미술관, 소변기로서의 미술관, 위반실험으로서의 미술관, 결국 일상으로서의 미술관, 이런 미술관 한번 만들어 보면 어떨까 하는 것이다. 이건 물론, 미술사와 미술이론에 정통하면서도, 일상에 투철한 게릴라들이 잔뜩 힘이 들어간 딱딱한 미술관 제도에 틈입해야만 가능한 일이다. 이건 꿈이 아니라, 일상과 미학의 관계를 회복함으로써, 예술장에서 입지를 강화하려는 다양한 '대안공간'alternative space들에 의해 수행되는 현재적 가능성이며, 따라서 이들의 실천의 궤적을 추적하는 작업은 일상과 미술의 관점에서도 중요한 비평적 관심의 대상이라 할 수 있다.

2장
스타일의 사회학

스타일이란 무엇일까?

스타일이란 무엇일까? 이 물음은 너무도 유혹적이다. 수 없는 예술가와 학자들이 이 물음에 대답하기 위해 노력했지만, 통일된 합의를 얻지 못했다. 오히려 상이한 방식으로 스타일을 규정하려는 상극적인 입장들이 스타일의 지형을 물들인다. 스타일에 관한 입장들의 격렬한 대립의 전선은 미술 뿐 아니라, 문학, 철학, 인류학, 그리고 사회학을 포함하는 광범위한 영역에 확산되어 있다. 그러나 스타일의 매력 또한 이러한 격렬한 대립에서 나온다. 왜 이러한 입장들의 대립이 생겨나는가? 가장 큰 이유는 스타일이 바로 예술을 예술로 만드는 토대이기 때문이다. 예술을 예술로 만드는 어떤 본질, 그것이 바로 스타일style이라 규정된다. 따라서 스타일의 대립은 곧 예술의 본질essence에 대한 규정의 합법적 정당성을 쟁취하기 위한 투쟁일 수 있다.

이 글은 크게 두 가지 목적을 갖는다. 첫째, 스타일을 서로 다른 방식으로 규정하는 다양한 입장들의 지형을 종합하고 묘사하는 것이다. 이 작업은 중요한데, 왜냐하면 스타일에 관한 입장들의 분포는 워낙 다양하고 혼란스럽고, 여간해선 생산적인 논의를 얻기 어려운 경우가 많으며, 따라서 스타일에 관한 다양한 입장들을 아우르는 종합적인 이론 공간을 설정하고 개별 스타일 이론들의 위치와 분포를 검토하려는 시도는 아무리 초보적이라 하더라도 매우 유익한 작업일 수 있기 때문이다. 둘째, 이러한 스타일 이론의 분포와 지형 속에서 소위 '사회적 실천으로서의 스타일'style as social practice의 가능성을 검토하고자 한다. 스타일의 사회학적 해석 가능성의 영역을 좀 더 확장하고자 하는 것이다. 스타일 이론의 지평에서 사회학은 하우저Arnold Hauser와 곰브리치Ernst H. Gombrich 등의 고전적인 입장들을 바탕으로 나름의 지분을 확보하고 있는 것은 사실이나, 후속 작업의 축적은 전반적인 예술사회학이나 문화사회학의 현저한 발전을 감안할 때 상응하는 성과를 보여주지 못했다.

이 글은 일단 '스타일' 개념을 미술사art history를 중심으로 한 시각 이미지의 영역에 한정하고자 한다. 물론, 스타일은 포괄적인 개념으로 미술 뿐 아니라, 패션, 미용, 작곡이나 연주, 디자인, 출판, 시, 소설 등을 포함하는 광범위한 문화적 현상들에 적용되는 개념이지만, 논의를 집중하기 위해 불가피하게 범위를 제한할 필요가 있다. 또한 미술사의 스타일은 역설적으로 스타일 현상을 추동하는 가장 사회학적인 요인들을 보여주기에 매우 적합한 사례라는 판단 역시 중요한 이유 가운데 하나일 수 있다. 이 글은 스타일을 명목적taxonomic인 동시에 발생적generative인 이중적 개념으로 사용하고자 한다. 명목적으로 스타일은 정합적整合的, coherent으로 조직된 시각이미지의 조합을 의미한다. 동시에 발생적으로는 그러한 이미지 조합을 생산하는 실천practice을 말한다. 명목적 스타일 개념은 일종의 가시적인 결과로서 나타나는 이미지의 체계를 의미한다. 반면, 발생적 스타일 개념은 그러한 이미지 체계를 생산하는 사회적 실천과 그 실천의 논리를 의미한다. 여기서 중요한 것은 스타일의 명목적인 개념과 발생적 개념은 서로 떼어내기 어렵다는 것이다. 왜냐하면, 비트겐슈타인이 반복해서 강조하듯, 의미는 실천 속에 체화되어 있기 때문이다(Wittgenstein, 1968). 결과로서 이미지 체계와 그 결과를 만들어 나가는 과정으로서의 스타일 실천 역시 순환적인 관계를 맺고 있다는 것이다.

스타일 이론의 공간과 분포의 위상도

본격적인 논의에 앞서 스타일에 관한 기존의 입장들의 지형을 살펴보는 것은 중요하다. 왜냐하면 스타일 이론은 미학과 철학, 예술사와 사회학의 영역에서 넓고 두터운 역사를 형성해 왔으며, 이 글에서 제시하고자 하는 사회적 실천으로서의 스타일 개념 역시 그러한 스타일의 역사의 현재적 지형 위에서 유의미한 영역을 확보해야 하기 때문이다. 그러나 스타일의 논의 지형을 살펴보는 것은 그리 녹록한 작업이 아닐 것이다. 스타일에 관한 기존의 논의의 이론적 공간은 수없이 다양하고 대립적인 입장들로 빼곡하다(Wölfflin 1994; Ackerman 1962; 1963; Schaper, 1969; Kroeber 1970; Goodman 1975; Gombrich 1968; Genova 1979; Wollheim 1979; 1995; Danto 1981; 1991; Maffesoli 1997; Rosenblum 1978 etc). 이 다양한 입장들을 나름의 기준을 통해 분류하고 통합하는 작업은 스타일 이론의 지형을 종합적으로 이해하기 위해 불가피한 작업이라 할 수 있다. 하지만, 적어도 필자의 연구범위 내에서 이와 관련된 선행연구들은 발견되지 않았다. 이 점은 물론 필자의 협소한 연구범위의 문제이기도 하지만, 다양하고 대립적인 스타일 이론들을 종합하려는 시도는 생각만큼 치열하게 고민되지 않았음을 반영한다. 따라서 다음의 〈도식1〉은 비록 자의적인 시도라는 한계를 전제하더라도 나름 의미 있는 작업일 수 있다고 판단된다. 왜냐하면, 각각

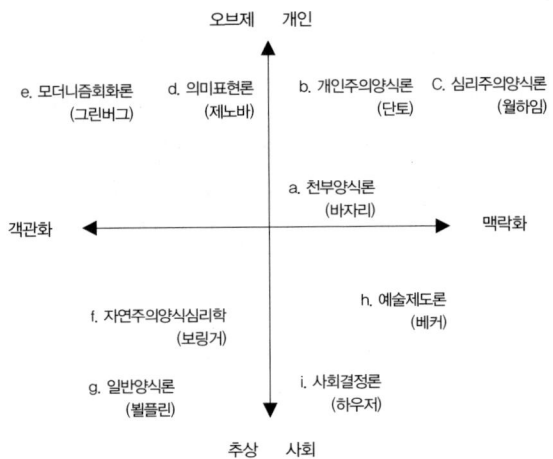

〈도식1〉 양식론의 지형과 풍경.

의 스타일 이론의 상호거리와 편차를 비교할 수 있는 최소한의 상대적 준거점을 확보할 수 있을지도 모르기 때문이다. 물론, 그 분류기준에 대한 신뢰성과 타당성에 관해서는 계속되는 비판과 논의를 통해 보완해 나갈 수 있으리라 생각된다.

우선 두 개의 잠정적인 축들을 설정할 수 있다. 첫째, 수평 축은 객관화 objectification와 맥락화contextualization라는 대립적 관계 속에서 전개된다. 객관화는 말 그대로 맥락에서 이탈을 의미한다. 반면, 맥락화는 시간과 공간의 상황적 특수성과 가변성에 기반을 둔다. 여기서 중요한 것은 실천을 매개로 한 상황과 예술개념의 '순환'circle이다. 이 순환은 곧 '체화'embodiment를 의미한다.

둘째, 편의상 수직 축은 수평 축과 만나는 좌우에서 차별적인 영역을 형성하는 것으로 설정했다. 즉, 왼편이 객관화의 물리적 공간이라면, 오른편은 맥락context의 사회적 공간이라고 볼 수 있다. 객관화의 물리적 공간에서 오브제object-작품은 일반적 추상성과 대립적 극점을 이루며, 이 대립은 사회공간의 개인과 사회집단 사이의 대립과 상응하는 것으로 볼 수 있다. 이러한 스타일 이론들의 공간 속에서 스타일에 관한 대표적인 입장들을 위치시킬 수 있다.

〈도식1〉에 나열된 입장들 각각의 내용을 상술하는 것은 방대한 지면을 요하는 일이고, 이 글의 의도와도 무관하다. 다만, 이 글은 이 도식에 나열된 주요 입장을 나름의 유사성과 차별성을 통해 조직함으로써 나름의 방향성을 찾아 나가고자 한다. 필자는 앞으로 〈도식1〉을 미시적 대립과 거시적 대립으로 나누어 살펴보고, 그 잠정적 대안으로서 월하임Richard Wollheim의 '심리주의 스타일'style as psychological reality 개념과 일종의 독립된 스타일 이론으로서 베커Howard. S. Becker의 예술제도론institutional approach of art (h)의 가능성과 한계를 살펴본 후, 부르디외의 '아비튀스'와 '장' 이론의 함의를 검토함으로써 좀 더 생산적인 스타일 이론의 사회학적 논의 가능성을 모색하고자 한다.

주관적 본질주의와 맥락의 복원 : 스타일 이론의 미시적 대립

스타일 이론의 원형을 바자리Giorgio Vasari의 천부스타일론天賦樣式論 (a)에서 찾는 것은 비교적 타당해 보인다. 그 이유는 먼저 역사적으로 그의 입장이 최초의 본격 스타일 이론이기 때문이다. 그의 『이태리 르네상스의 미술가 평전』The Lives of the Most Eminent Italian Architects, Painters, and Sculptors의 초판 간행이 1550년까지 거슬러 올라간다는 점은 의미심장하다. 그러나 더 중요한 이유는, 바자리의 입장이 형태적 변형을 통해서 학제 학문적 존재정당성을 확보한 인문학의 영역에서 지속되면서, 소위 스타일 이론에서 주관적 본질주의 subjective essentialism, 즉 예술의 본질을 예술행위의 주체인 개별 작가의 내면에서 찾으려는 거대한 흐름의 원형을 이루기 때문이다. 바자리에 따르면, 스타일은 하느님께서 부여한 신비한 능력에 의해 추동된다. 예컨대, 미켈란젤로

Buonarroti Michelangelo는 "인자한 하늘의 아버지이신 하느님은 우리들을 구원하시려고, (지상에 내려 보내신) 만능의 넋을 지닌 한 사람"이며, 르네상스 스타일은 온통 수많은 '천재'genius의 신비들로 가득하다(Vasari, 2000[1550]: 378). 바자리 스타일 이론에서 신비한 천재는, 칸트Emmanuel Kant에 의해 신의 섭리라기보다는 모방을 통해서는 습득될 수 없는 "주관의 천부적 재능의 모범적 독창성"으로 변형된다(Kant, 1974: 200). 현대 예술철학의 지평을 열었던 아서 단토 역시 유사한 방식의 입장(b)을 취한다(Danto, 1981; 1992). 단토에 의하면, 스타일은 반복된 기법으로 물화된 '매너'manner와 구별되며, "진정한"genuine, "독창적인"original 등의 어휘로 묘사되는데, 이는 근본적으로 칸트의 천재와 다르지 않다(Danto, 1981: 162~165).

바자리류의 주관적 본질주의에서 벗어나려는 시도는 크게 두 가지 방향에서 관찰된다. 그 가운데 하나는 그린버그Clement Greenberg에 의해 제기된 모더니스트 회화론modernist painting (e)이라 할 수 있다. 모더니즘 회화론은 본격적인 스타일 이론은 아니지만, 스타일 개념과 현상에 관한 중요한 주장과 단서들을 제공한다. 그린버그는 회화의 영역에서 추상이라는 특정한 이미지 조합의 방식에 초점을 두고 있으며, 그 근거를 회화의 평면성이라는 물적 특성에서 찾고 있는 것이다. "평면, 그 2차원성은 회화예술이 다른 예술과도 공유할 수 없는 유일한 조건이며 따라서 모더니스트 회화는 다른 어떤 것도 아닌 평면성 그 자체로 향하는 것이다"(Greenberg, 1992: 756). 추상양식을 추동한 힘은 평면이라는 객관적 매체의 물적 조건이라는 것이다. 그런 의미에서 모더니즘 회화론은 스타일에 관한 '객관적 본질주의'objective essentialism이라고 할 수 있다. 이 입장은 비록 스타일의 근거를 개인의 내면에서 찾으려는 바자리류 주관주의에서 벗어나긴 했지만, 여전히 초월적 본질을 상정한다는 점에서 근본적으론 유사할 뿐 아니라, 주관주의 스타일 이론과 상보적으로 결합함으로써 예술적 본질주의를 견고하게 강화한다. 즉, 천재(주관)의 신비를 시각이미지의 물적 조건(객관) 위에서 확증하는 것이다. 예컨대, 현대미술사에서 모더니즘 추상표현주의 회화의 스타일적 가치는, 잭슨 폴록의 광기어린 천재성과, 드리핑dripping 기법을 통해 회화의 평면적 조건을 가감 없이 드러내는 구체적인 작품 〈Number〉 연작을 통해 고양된다는 식이다.

　스타일에 관한 본질주의에서 벗어나려는 시도는 스타일의 맥락성을 복원하려는 시도로 나타났다. 제노바(Genova, 1979)의 '의미-표현론'meaning-expression theory of style (d)은 중요한 시도라 할 수 있다. 그는 유일한 근원을 개인의 특성에서 구하려는 주관주의적 입장에 반대하면서, "스타일은 의미를 표상한다"라고 주장한다(Genova, 1979:324). 특히 굿맨Nelson Goodman의 스타일 이론을 도입하면서, 스타일을 "누가?, 언제?, 어디서?"(Goodman, 1979)의 문제와 관련시킨다. 스타일은 그것이 실천되는 맥락, 즉 시간과 공간 속에서 파악되어야 하는 의미체라는 것이다. 하지만, 제노바의 견해에 한 가지 의문이 제기된다. 스타일의 맥락성 속에서 과연 스타일 행위의 주체인 개인은 어떻게 설명될 것인가? 그는 개인의 내면에 환원하는 주관주의에 빠지지 않고서 스타일 현상에 있어서 행위자의 역할을 설명할 수 있을까? 이 질문에 대한 해답은 제노바 이론 내에서 불충분해 보인다. 월하임의 심리주의 스타일 이론(c)이 부각되는 이유는 이러한 문제와 관련된다. 월하임의 스타일 이론은 또 어떤 장점과 한계를 보일 것인가?

추상적 일반양식과 사회결정론 : 스타일 이론의 거시적 대립

　〈도식1〉에 관한 지금까지의 논의는 주로 수평축의 상위공간에서 관찰되는 대립이었다. 이 대립은 스타일에 관한 사회학적 이해를 위해 매우 중요한 배경이자 자원이 된다. 그러나, 또 다른 대립의 격렬한 전선은 수평축

뒤러, 〈아담과 이브〉, 1504.

의 하위 공간을 둘로 가르는 소위 '일반양식론'general style (g)과 '사회결정론'sociological determinism (i) 사이의 상극적 투쟁에서 형성된다. 이 각각의 두 입장을 대표하는 이론가들이 바로 뵐플린과 하우저였다. 결국 만약 이 글에서 필자가 기획하는 사회적 실천으로서의 스타일 개념이 가능하다면, 그것은 스타일 지형도의 하위공간에서 뵐플린과 하우저가 펼쳐 놓은 논점들을 상위공간의 그것과 여하히 연결하느냐에 달려 있는 것으로 보인다.

뵐플린 일반양식론의 의의는 스타일 이론의 역사에서 가장 극단적인 본질주의 가운데 하나였다는 사실에 있다. 뵐플린의 스타일은 바자리의 종교적 절대자나 칸트의 주관적 천재의 내면에 의존하는 것이 아니다. 또한 회화에서 2차원적 매체와 같은 객관적 질료에 기대는 것은 더욱 아니다. 뵐플린의 스타일은 오직 '스타일 그 자체'style in itself에 의존한다. 스타일은 다른 어떤 것도 아닌 스타일 그 자체의 자율적 논리 속에서 운동하는 독립적 실체라는 것이다. 그런 의미에서 뵐플린의 일반양식론은 스타일 이론들의 전체 지형에서 소위 추상적 객관주의abstract objectivism에 위치하는 것으로 볼 수 있다.[1] 미술사학은 곧 이러한 스타일의 객관적 자율성objective autonomy 위에서

---

[1] 뵐플린의 일반양식과 더불어 보링거의 자연주의적 스타일 이론(f) 역시 유사한 객관주의의 형태를 취한다. 보링거에 의하면 스타일은 인간의 보편적 심리와 스타일 현상의 관계에 의해 형성되는데, 그 보편적 심리란 결국 자연적 지리조건에 의해 결정되는 것으로 보인다(오광수, 1991; 장미진 1997). 보링거의 자연주의 스타일 역시 스타일 이론의 전체지형에서 중요한 의미를 갖지만, 이 글의 흐름에서 다소간 연결지점을 설정하기 어려웠다.

고전주의(16세기)	바로크(17세기)
선적인 것	회화적인 것
평면적인 것	깊은 것;공간적인 것
폐쇄적인 형태	개방된 형태
다원성	통일성
절대적 명료성	상대적 명료성

〈도식2〉 뵐플린의 일반양식의 구조.

성립한다. 즉 "스타일개념은 미술사에 구조를 제공한다"(Ackerman 1963: 165). 미술사란 곧 스타일이라는 자율적 실체에 관한 독자적 연구방법이라는 것이다. 뵐플린은 자율적 스타일의 논리를 『미술사의 기초개념』*Kunstgeschichtliche Grundbegriffe, 1994[1915]*에서 방대한 자료를 통해 다섯 개의 대립적 개념 쌍으로 요약했다(Wölfflin, 1994: 32~34).

이러한 개념 쌍들의 대립구조에서 읽어 내야 할 것은 단순한 수평적인 개별적 대립이 아니라, 각각의 요소들이 수직 축을 따라 내려가면서 형성하는 정합적인 체계일 것이다. 뵐플린이 말하고자 했던 것은 개별 요소들이 이루는 대립이 아니라, 특정한 정합적 체계와 또 다른 정합적 체계 사이의 대립이라 할 수 있다. 즉, 선적인 것은 단순히 회화적인 것에 대립하기 전에, 평면적인 것과 폐쇄적인 형태, 다원성과 대상에 대한 명료성 등의 개념 요소들과 하나의 정합적 체계를 이루며, 역시 회화적인 것이 공간적인 것, 개방된 형태, 통일성, 상대적 명료성 등의 개념 요소들이 형성한 또 다른 정합적 체계와 대립하는 것이다. 뵐플린은 이러한 각각의 정합적 체계를 '고전주의'Renaissance와 '바로크'Baroque 스타일이라 규정하였다. 이 스타일들은 각각 16세기와 17세기를 지배한 이미지의 조직원리인 동시에 신고전주의 혹은 인상주의 등의 또 다른 얼굴들로 순환하면서, 미술사의 거대한 풍경을 물들인다.

렘브란트, 〈묵상하는 철학자〉 1632.

중요한 것은 이것이 단순한 이미지의 체계가 아니라 이른바 '시각적 가능성'으로 확장된다는 것이다. 즉 선과 면은 단순한 이미지의 특징이 아니라 시각적 인식의 방식이다.

모든 예술가는 자기와 관련된 특정 '시각적' 가능성에 묶여 있다. 모든 것들이 모든 시대에 다 가능할 수는 없다. 보는 것 그 자체도 고유의 역사를 지니고 있으며, 이 '시각적 층'의 규명이 미술사의 가장 근원적인 과제임을 알아야 한다.(Wölfflin, 1994: 28)

스타일은 소위 고유한 '시각적 층위'에서 '그 자체의 고유한 역사를 지닌' 실체적 현상이다. 하지만, 이렇게 물어 볼 수 있다. 그렇다면, 이러한 이미지의 정합적 그물망들은 어떻게 형성되는 것일까? 그 그물망들이 형성되는 맥락적 조건은 무엇일까? 그 그물망들은 자체의 논리에 따라 순환하는 것이 아니라 오히려 그것들이 놓인 조건들의 차별성과 관련되는 것은 아닐까? 이러한 물음을 따라갈 때 우리는 뵐플린의 대척점에서 하우저를 만나게 된다. 하우저에 의하면,

> 뵐플린은 이러한 동적 세계상의 여러 예술적 전제조건들에는 관심을 갖지 않고 모든 예술사의 진행과정을 일종의 폐쇄적-준논리적 기능으로 파악했기 때문에 스타일 변화의 사회학적 조건들과 함께 그 실질적인 근원을 간과하였다.(Hauser, 1993[1950]: 194)

하우저는 전면적으로 뵐플린의 일반양식론을 부정한다.

> 스타일 변화는 오직 외부적인 사정에 의해 일어나는 것이지 결코 자체 내의 시한을 지닌 것은 아닌 것이다.(Hauser, 1993[1950]: 199)

어찌 보면, 뵐플린의 추상적 일반양식은 헤겔류의 검증되지 않는 막연한 시대정신Zeitgeist처럼 보이는 반면, 하우저의 사회학적 스타일은 공허한 맑스주의적 결정론에 빠지는 것이 아닌가 의심스럽기도 하다. 하지만, 여기서 뵐플린과 하우저의 상극적 입장들 가운데 하나를 옹호하는 것은 무의미해 보인다. 그들의 주장은 이미 스타일 현상에 관해 서로 다른 타당성을 갖기 때문이다. 오히려 이들의 이론을 겹쳐 놓을 때, 사회학적 스타일 이론에 관한 **보다 생산적인 논점들이 발견될지도 모른다.**

이 글은 뵐플린과 하우저의 대립을 다음과 같이 종합하고자 한다. 첫째, 뵐플린이 보여주는 것처럼 이미지는 단순한 단위가 아니라, 특정한 원리에 근거한 정합적coherent 결합으로 존재한다. 그런 의미에서 스타일은 이미지들의 네트워크network로 존재한다. 이 이미지 네트워크를 시각적 인식과 정신의 영역으로 확장하는 작업 역시 동의할 만하다. 이미지는 단지 이미지만은 아닌 것이다. 둘째, 그러나 그러한 다양한 이미지의 정합적 결합방식들은 처음부터 자족적으로 존재하는 것이 아니라, 하우저가 주장하는 것처럼 어떤 '사회적 프로세스'social process를 통해 몇 개의 극점으로 수렴될 결과라는 것이다.

하지만, 뵐플린과 하우저를 단순히 결합하는 것만으로 문제는 해결되지 않는다. 질문은 꼬리를 물고 이어진다. 이미지를 특정하게 결합하는 네트워크를 만들어내는 구체적인 과정은 어떠한가? 즉, 사회적인 결정변인들과 추상적 일반양식 사이에 놓여 있는 설명적 공백은 어떻게 메워질 수 있을까? 이 질문은 매우 중요하다. 왜냐하면 사회적 실천으로서의 스타일 개념에 도달하는 것은 바로 그 설명적 진공상태를 메우는 작업과 연관이 있기 때문이다. 동시에 이 질문은 또다시 스타일 이론의 미시적 대립구도의 끝점에서 제기되었던 논점에 되돌아 와 있다. 어떻게 하면 주관적 본질주의에 빠지지 않고서 스타일의 실천의 주체로서 개인의 맥락적 중요성을 복원해 내느냐 하는 것이다. 현재로선 맥락적 개인의 사회적 실천으로서의 스타일 개념은 뵐플린의 일반양식과 하우저의 결정론의 공백을 합리적으로 설명하는 중요한 구성물로 보인다.

월하임의 심리적 실체로서의 스타일

구체적 맥락 속에서 스타일 행위자의 실천적 적극성에 대한 논증은 무엇보다 스타일이 곧 선택selection의 문제이자 그 결과라는 점에서 시작되어야 한다. 선택이란 이미지를 정합적으로 조합하고 조직하는 행위를 말하며, 이 행위는 어떤 초월적인 규칙에 의해 사전에 결정되어 있는 것이 아니라, 이미지 실천의 특정한 맥락적 상황 속에서 이루어진다. 이 선택이 적극적인 실천인 이유는 특정한 이미지를 채택하는 반면 다른 이미지들을 배제하기 때문이다. 만하임Karl Mannheim은 이렇게 적는다.

> 스타일은 '선택의 원칙'a principle of selection을 포함한다. 이 원칙은 부적합한 특징들을 적합한 특징들로부터 구별한다. 동시에 이것은 목적론적이며, 인식의 방향을 잡는다.(Mannheim, 1982: 86)

중요한 것은 이 선택과 배제는 스타일 행위자에 의해 성취되어진다는 점이다. 그 성취는 어떤 초월적인 규칙을 따르는 것이 아니라, 주어진 사회적 맥락 위에서 자신의 합리성을 증명하려는 스타일 행위자의 적극적 실천 이외에 다른 것으로 설명하기 어렵다. 즉, 이미지 선택과 배제의 주체는 사회적 공간 속에서 특정한 스타일을 통해 자신의 의도를 관철하려는 사회적 존재라는 것이다. 그런 의미에서 스타일은 사회적 행위이다.

 흥미로운 것은 스타일이 특정한 사회적 맥락에서 이미지의 적극적 선택과 배제와 관련된다는 점을 가장 분명하게 보여주는 예는 역설적으로 스타일을 내재적인 법칙을 갖는 자족적 체계로 규정하고자 했던 뵐플린 자신이라는 것이다. 뵐플린이 보여준 고전주의와 바로크 스타일의 정합적 조합의 필연성은 어디서 오는가? 놀랍게도 그 필연성이 뵐플린 자신의 선택과 배제에 의해 구성되어진 것이라는 단서는 샤피로Meyer Shapiro와 같은 몇몇 비판자들의 언급에서 발견된다. 샤피로는 다음과 같이 주장한다.

 뵐플린 시스템의 약점은 예술을 전공하는 학생들에겐 분명해졌다. 전성기 르네상스와 바로크 사이에 오는 중요한 스타일인 '매너리즘'manierism을 그의 도식 속에 위치시키기 어렵다는 것이다.(Shapiro, 1962: 289)

 매너리즘은 예컨대 선적이면서 동시에 회화적이기도 했기 때문이다. 뵐플린은 이를 과도기적 단계 혹은 병리적 단계로 보았다. 반면, 샤피로에 의하면 매너리즘은 "다른 시대에, 뵐플린 모델에 다소간 근사한 사례에서도 발생하는, 독창적인 스타일임이 분명하다."(Shapiro, 1962: 289) 샤피로가 궁극적으로 지적하고자 하는 것은 얼마든지 뵐플린과는 전혀 다른 방식의 이미지 조합 방식이 가능하다는 것이다. "우리는 역사적으로 이러한 열개의 용어들의 다섯 조합과는 다른 조합을 상상하고 발견할 수 있다."(Schapiro, 1962: 289) 뵐플린의 스타일들은 실상 뵐플린 자신에 의해 성취된 이미지의 정합적 체계이다.[2]

---

2. 그렇다면, 여기서 뵐플린이 과연 무엇 때문에 그러한 방식의 선택과 배제를 통해 고전주의와 바로크 스타일을 구성해내야만 했을까 하는 의문이 제기된다. 이 문제를 다루기 위해서는 뵐플린을 그 당시 미술사의 장 속에 위치시킬 필요가 있다. 즉 뵐플린은 미술사의 장 내의 특정한 위치에서 다른 경쟁자들과 투쟁하는 위치에 있었으며, 그가 구성해 낸 차별적 스타일들은 장 내 뵐플린의 위치를 좀 더 확실하게 보장해 주었으리라 판단된다. 이 점에 관해서는 근현대 미술사에 대한 사회학적 접근을 통해 더 잘 분석되리라 생각된다.

월하임이 설명하고자 했던 것은 스타일의 맥락적 주체로서의 개인이었다. 그는 스타일의 진정한 의미는 오직 '개인 스타일'individual style에서 발견되는 것으로 본다. 스타일은 무엇보다 '표현'expressiveness이며, 동시에 "심리적 실재"psychological reality라는 것이다(Wollheim, 1979: 134). 이 때 '표현'은 만하임이 지적한 이미지의 '선택'과 다르지 않다. 또 스타일이 심리적 실재라는 것은 그 표현, 즉 선택이 작가의 의도에 관련되어 있기 때문이다. 표현은 선택의 문제이며, 곧 심리의 문제이다. 따라서 표현의 주체로서 작가는 스타일 현상의 필수적 전제일 수밖에 없다. 월하임에 따르면 작가의 존재는 스타일 개념 자체에 내재되어 있다. 작가는 "하나의 형성된 스타일을 소유한 누군가"someone with a formed style로 정의된다(Wollheim, 1979: 133). 그렇다면, 월하임의 스타일의 주체인 개인은 주관주의적 스타일 이론이 가정하는 천재에서 벗어날 수 있을까? 월하임은 다음과 같이 주장한다.

> 이제 스타일이 심리적 실재를 갖는다고 말하는 것은 발생적 개념generative conception of style이 스타일의 본성에 적합하다고 생각하는 것이다.(Wollheim, 1979: 135)

발생적 스타일은 '스타일 형성과정'style process 속에서 "회화적 자원들을 분할하는 방식, 즉 항목들을 그 속에서 고립하거나 연합하는 특정한 방식"(Wollheim, 1979: 135)에 초점을 둔다는 것이다. 이는 주어진 작품들에서 나타나는 외형적인 특징들을 사후적으로 추출하고 분류해 낸 후, 그것들을 마치 사전에 존재해 온 원인으로 삼는 이른바 명목적 스타일taxonomic conception of style과 다르다.

예컨대, 한 예술가, 레오나르도의 작품에서, 선과 명암은 하나의 단일한 자원을 형성하는 것으로 함께 취해질 수 있지만, 또 다른 예술가, 라파엘Raffaello

Sanzio의 작품에서 그것들은 별개로 취해지며 그 결과 그들은 전체에 차별적인 공헌을 한다.(Wollheim, 1979: 136)

다빈치와 라파엘이라는 두 스타일 행위의 주체들은 '전혀 다른' 상황에서 '전혀 다른' 방식으로 '전혀 다른' 작품들을 만들어냈다. 이 차별적인 선택은 위탁받은 신성한 절대자의 권능이나 설명되지 않는 주관의 광기어린 천재에 의한 것이 아니라, 상황에 대한 정교하고 합리적인 이해에 근거한 선택과 배제에 의한 것이다.3 주어진 시간과 공간의 차별성 내에서 구체적 상황의 요구와 자신의 예술적 행위를 조율하는 적극적인 실천이자 그 결과라는 것이다.

사회적 실천으로서의 스타일 개념의 관점에서 월하임의 기여는 특정한 이미지 네트워크를 형성해 나가는 과정, 즉 특정한 방식으로 이미지들을 조직해 나가는 과정 역시 행위자들의 적극적 실천을 참조하지 않고서는 가능하지 않다는 사실을 상기시키는 데 있다. 수많은 이미지들 가운데 특정한 요소들을 선별, 나름의 논리와 규칙에 따라 정합적으로 조합하고, 그러한 조합에 통일성과 필연성을 부여하는 과정 역시 선험적으로 규정되어 있는 것이 아니라, 특수한 역사와 사회적 조건의 맥락 위에서 이미지를 산출하고 수용하는 행위자들의 구체적 실천을 통한 성취로 해석될 수 있다는 것이다.

---

3. 발생적 스타일 개념에 내포된 개인의 적극성은 앞장에서 살펴본 민속방법론(ethnomethodology)에서 나타나는 사회적 행위자의 그것과 유사해 보인다. 가핑클(Harold Garfinkel) 역시 맥락적 실천이 인지적이고 구체적인 측면을 '지표성'(indexicality) 개념으로 설명했던 것이다(Garfinkel, 1967; Lynch, 1993). 민속방법론의 지표성은 상이한 세팅(setting)에서 발화나 행위의 의미가 차별적으로 규정되는 현상을 가리킨다. 발화가 행해지는 세팅은 시간과 공간에 따라 무한히 차별적일 수 있으며, 아무리 동일한 단어를 사용한다 하더라도 언제나 "또 다른 처음"(another first time)일 수밖에 없다. 그런 의미에서 의미획득은 우연적인 성취라 할 수 있다. 발화(혹은 행위)의 의미는 사전 속에서 고정 불변하는 것이 아니라, 상황에 따라 끊임없이 재규정되어야 할 불안정한 특성을 갖는다. 행위자의 실천이란 그러한 의미의 가변성과 다양성에 상황적 합리성을 부여하는 적극적인 행위를 의미한다.

스타일 실천 맥락의 확장, 베커의 예술제도론

월하임의 심리주의 스타일 이론은 특정방식의 이미지 조직방식이 그 시대의 시각적 리얼리티로서 필연성을 획득하는 현상 속에서, 그러한 필연성을 구축해 내는 행위자의 적극적 실천을 강조한다는 점에서 매우 중요한 의미를 갖는다. 그러나 월하임의 입장에는 역설적이게도 스타일 행위자의 그 적극성을 제외하면, 의외로 다른 설명들이 없다는 것이다. 스타일이 일종의 맥락 위에서 이루어지는 실천의 과정이라면, 월하임은 스타일 행위자와 더불어 그 과정 속에 포함된 다른 맥락적 요소들에 관해서 더 이상의 설명을 제공하지 않는다. 스타일의 맥락은 오직 개인으로서의 작가들만으로 채워지는 것인가? 이 역시 어떤 의미에서 오만한 예술지상주의가 아닐까? 월하임은 스타일의 맥락적 존재로서 스타일 행위자를 복원했지만, 여전히 주관적 본질주의의 한계에서 완전히 벗어날 수 없었다. 이 점은 하우저의 결론과 비교할 때 더욱 두드러진다. 즉, 스타일을 오직 작가의 표현으로 한정하기에는 하우저가 말한 "일반적인 역사적 상황, 즉 사회적-경제적-정치적 상황"의 울림이 너무나 크다. 물론, 하우저 역시 그 "외부적 사정"external condition의 정체가 무엇인지 확실히 보여주지 못했다. 분명한 것은 월하임의 스타일 이론만으론, 사회적 조건과 스타일 현상 사이의 설명적 공백을 매우기 어렵다는 것이다. 이 지점에서 베커의 예술제도론에 주목하는 이유 역시 그 때문이다. 베커가 단토로부터 이어받아 사회학적으로 발전시킨 '예술계'art world 개념이 혹여 이 공백을 메워줄지도 모른다는 것이다. 즉, 예술계 개념은 바로 월하임의 스타일 이론에서 누락된 좀 더 포괄적인 스타일의 맥락의 가능성을 제공한다.

베커의 예술계는 두 가지 구성요소를 갖는다. 첫째는 협력하는 성원들로 구성된 조직이며, 둘째 이 조직 성원들의 협력을 중재하는 관습이다.[4] 이 때 상대적인 중요성은 좀 더 '예술적 관습'artistic convention에 찍혀 있다. 관습은 예술세계에서 일어나는 모든 협력이 반복되어 유형화된 것이며 예술에 대한 사회학적 규정성의 총체로서의 예술계를 의미한다. 베커에게 스타일은 곧 예술계로 이해될 수 있다. 스타일로서의 예술계는 "주어진 예술세계 내에서 생산된 작품과 관련하여 만들어져야만 하는 모든 결정들을 포괄한다."(Becker, 1974: 770) 예술작품을 생산하기 위해 협력하는 사람들은 일반적으로 새로운 것들을 결정하지 않으며, 이미 관례가 된 이전의 합의에 의존한다. 그 합의는 기존의 관습적인 예술 실천의 한 부분을 이루면서 작가의 특별한 관념과 경험을 나타내기 위한 소재와 형식을 결정하고 그것들이 서로 조합되는 방식, 작품의 적절한 길이와 크기, 형태를 제안한다.

> 그들의 개념들을 이용 가능한 자원에 적응시킴으로써 제도적인 예술가는 현재의 예술세계의 구성원들의 협력에 의존하는 데서 초래되는 제약을 받아들이게 된다.(Becker, 1974: 770)

베커가 복원하는 스타일의 맥락성은 월하임과는 전혀 다른 모습으로 나타난다. 오히려 작가는 또 다른 스타일 실천의 협력적 인력들 가운데 하나일 뿐이다. 베커의 관점에서 스타일이란,

> 일종의 사회적으로 관습화된 실천일 뿐이며 조직, 후원자, 스승, 경쟁자, 그리고 예술가 자신이 포함된 복합적인 네트워크network에서 일어나는 '집합적 행위의 한 형태'이다.(Becker, 1974: 767)

---

4. 이러한 입장은 베커뿐 아니라 예술철학 분과에서 단토의 '예술계' 개념을 예술제도론으로 발전시켰던 디키(George Dickie)에게서도 발견된다(Dickie, 1974). 디키는 "무엇인가를 예술로 보는 데에는 눈으로 알아차릴 수 없는 어떤 것이 요구된다. 즉 예술론의 분위기와 예술의 역사에 대한 지식 곧 예술계가 요구된다"라는 단토(Danto, 1964: 580)의 '예술계' 개념을 "예술작품들이 그들의 자리를 마련하고 있는 광범위한 사회제도"(Dickie, 1974: 29)로 재정의 한다.

베커에게 스타일은 일종의 전문화된 개인들 사이의 '정교한 협력 양식'cooperative modes of production으로 받아들여진다.

어떤 예술세계에 있어서 무엇이 전형적인 예술가적 행위, 즉 그 실천이 어떤 사람을 예술가로 특징짓는 행위인가 하는 것은 (초월적 본질이나 선험적 규정이 아니라) 합의적 규정consensual definition의 문제이다.(Becker, 1974: 769)

사회적 실천으로서의 스타일 개념에서 베커의 제도론의 의의는 비로소 다양한 사회적 행위자들의 구체적인 실천이 스타일 현상을 이루는 중요한 요소로 포섭될 수 있는 가능성을 열었다는 것이다. 이 행위자들은 월하임이 가정하는 개인작가 중심의 스타일 행위자에 비해 훨씬 포괄적이고 다양하다. 베커는 예술의 협력적 속성을 강조하면서 '지원인력'support personnel의 역할을 강조한다. 베커의 지원인력 개념은 조지 디키의 소위 '예술계의 핵심인물' 개념과 유사하다.

예술계의 핵심인물들은 느슨하게 얽혀 있기는 하지만 그럼에도 상호관계를 맺고 있는 일단의 사람들, 말하자면 예술가들, 제작자들, 박물관 소장자들, 박물관 관람객들, 연극 관람객들, 신문기자들, 출판 평론가들, 예술사가들, 예술이론가들, 예술철학자들 및 그 밖의 사람들을 포함하는 일단의 사람들이 되고 있다. 이들은 예술계라는 기제를 계속 가동시켜 놓고 있는 사람들이며, 그럼으로써 그것이 계속적으로 존재하도록 떠받치고 있는 사람들이다.(Dickie, 1974: 35)

특정한 이미지 조합방식이 공인된 사회적 스타일로서의 합법성을 부여받는 것은 예술가와 지원인력 간의 상호작용의 문제로 귀결된다. 예컨대 뒤샹Marcel Duchamp의 레디메이드가 최초의 극렬한 반발을 극복하고 다양한 예술가들이 차용하는 합법적 실천방식으로서 양식화될 수 있었던 것은 결국 그가 예술계의 지원인력들과 효과적인 '동맹 네트워크'network of allies를 형성할 수 있었기 때문이다(Becker, 1974: 769). 반대의 경우 역시 관찰된다. 예컨대, '대지미술'earthwork은 효과적인 네트워크 형성에 실패했으며, 그래서 양식화되지 못했다. 대지미술은 미술관에 의해 수집 또는 소장될 수 없었으며 따라서 미술관 종사자들의 관심을 끌지 못했기 때문이다(Becker, 1974: 776).

그러나 베커 역시 월하임의 개인 스타일 개념이 그랬던 것처럼, 스타일의 사회학적 해석가능성을 위한 중요한 논점을 제시해 주었음에도 불구하고, 그 이상 나아가지 못했다. 월하임은 맥락적 개인을 복원하는 성과를 얻었지만, 그의 개인은 스타일 실천 주체로서의 개별 작가에 한정되어 있고, 또한 그가 말하는 맥락 역시 애매하게 남아 있다. 반면, 베커는 스타일행위를 실천하는 사회적 주체들의 폭을 훨씬 더 확장하고 구체화시켰지만, 그러한 스타일 행위자들이 위치한 공간의 구성과 객관적 조건을 밝혀 주지 못하고 있다. 스타일은 몇몇 스타일 행위자의 집합적 행위와 관습만으로 설명되지 않으며, 오히려 그 행위와 관습을 추동하는 어떤 사회적 조건들에 기초하고 있기 때문이다.

사회적 실천으로서의 스타일 개념은 이미지 실천과 맥락을 여하히 밝혀내고 확장해 내느냐의 문제로 귀결되는 듯 보인다. 이 점을 지금까지의 논의 속에서 환언하면, 월하임과 베커가 밝혀 놓은 실천과 맥락의 문제를 좀 더 정교하게 확장함으로써 하우저의 사회적 조건과 뵐플린의 일반양식 사이의 공백을 메워나가는 종합적 스타일 이론이 필요하다는 것이다. 이 종합적 스타일 이론은 아직 기존의 스타일 이론의 지평에서 발견된 바 없지만, 필자는 그 가능성을 부르디외의 아비튀스-장 개념에서 찾고자 한다.

부르디외 사회이론에서 스타일의 위치

사회적 실천으로서의 스타일 개념이 결국 이미지를 특정한 방식으로 조직하고 분류하는 사회적 실천과 그 맥락을 사회학적으로 확장하고 설명하는 문제라면, 부르디외의 이론은 바로 그 문제에 대답하고 있다. 부르디외가 실천과 맥락의 문제를 해결하는 방식은 주지하는 것처럼 '아비튀스'와 '장' 개념을 통해서인데, 그는 이 두 개념의 종합을 시도함으로써 실천과 맥락을 결합하는 데도 어느 정도 성공한 것으로 보인다. 따라서 부르디외의 개념들을 스타일 개념에 적용하는 작업은 충분히 의미 있는 일이다. 문화·예술적 실천에 대한 사회학적 규명이 전성기 부르디외의 핵심적 과제였음에도 불구하고, 그가 정격 스타일 이론이라 규정될만한 독립된 논문을 쓰지 않았다는 점은 이상한 일이다. 하지만, 『문화적 생산의 장』 The field of cultural production, 1993, 『예술의 규칙』 The Rules of Art, 1996에서 부르디외가 다루고자 했던 것이 특정한 역사적 단계의 사회공간을 구성하는 문화적 장 cultural field에서 다양한 실천들이 일정한 방향성으로 수렴되는 과정을 사회학적으로 기술하려 했다는 점을 감안하면, 그의 예술적 논고 전체를 스타일 이론의 입장에서 독해하는 것 역시 불가능하게 보이진 않는다. 실제로 부르디외가 아비튀스 개념을 최초로 제시한 것도 미술사의 또 다른 거장 파놉스키 Erwin Panofsky의 『고딕건축과 스콜라철학』 Architecture gothique et pensee scolastique, 1967 불어판 서문이었다.

부르디외의 이론을 통해 스타일 개념에 접근하는 통로는 두 가지 방향으로 열려있다. 그 하나는 스타일을 일종의 '실천'practice, 더 나아가 '실천의 논리'logic of practice로 규정하는 방식이다. 부르디외 역시 스타일의 실천적 속성을 거부하지 않는다. 이론적으로 맥락적 실천으로서의 스타일 개념은 상황의 차별성에 따라 무한히 다양할 수 있다. 그런데 현실의 사회공간 속에서 스타일 실천은 과연 무한히 다양한 '또 다른 처음'another first time으로 나타날 수 있을까? 그러한 다양성을 전면적으로 수용한다 하더라도 우리의 실천이 보여주는 이 압도적인 유사성은 또 어떻게 설명해야 할 것인가? 오히려 미술사는 월하임의 개인 스타일 상의 차별성을 동일한 범주 내의 사소한 차이로 상쇄하는 스타일적 일반성으로 가득 차 있다. 부르디외가 '실천의 성향체계', 곧 아비튀스로 호명하고자 했던 것이 바로 그 실천의 보편적이고 지속적인 속성일 수 있다. 또 이러한 아비튀스의 속성은 스타일의 특성이기도 하다.

사회학적 스타일 이론의 지평에서 부르디외 이론이 갖는 두 번째 함의는 스타일의 맥락을 좀 더 정교하게 개념화하는 것이다. 이 점은 베커류 예술제도론의 한계를 감안할 때 의미를 갖는다. 예술계 개념의 모호성은 이미 단토(Danto, 1964; 1973)가 이 개념을 처음 제시하고 난 직후부터 끝없이 제기되었지만 5 (Silvers, 1976; Caroll, 1995), 이 모호함에서 베커 역시 벗어나지 못하고 있다. 물론, 이 모호함에 포함되는 모든 것들이 예술적 맥락일 수 있지만, 그것의 가변성과 다양성은 스타일-실천의 맥락을 개념화하는 데 오히려 부담으로 작용할 수 있다. 부르디외의 장 개념은 특정한 스타일이 전체 사회 구조가 만나는 접점에서 형성되는 객관적 위치들의 과학적 분석의 공간, 즉 '스타일장'stylistic field의 존재를 가능케 한다. 그러나 무엇보다 부르디외 이론의 성과는 아비튀스와 장을 결합하는 방식에서 발견되는데, 만약 이 글에서 부르디외의 이론에서 사회적 실천으로서의 스타일 개념의 가능성을 찾고자 한다면, 그 역시 스타일-아비튀스style habitus와 그것의 맥락인 스타일장을 여하히 결합해 낼 수 있느냐에 달려있다.

---

5. 예술계는 때로 예술적 지식(knowledge), 의도(intension), 예술사의 분위기(mood of art history), 미학적 술어(aesthetics predicates), 스타일 실천의 핵심행위자들, 그리고 관습(customs), 사회집단(society) 등에 이르기까지 다양하게 정의되고 있다(Silvers, 1976; 1989; Caroll, 1995).

실천의 논리, 아비튀스로서의 스타일

먼저, 아비튀스 개념부터 살펴보자. 부르디외는 실천의 정합적 조직을 '아비튀스'라 명명한다.

> '아비튀스'는 지속가능하고, 변형가능한 성향이며, 구조들의 구조화 structuring structures 기능을 수행하도록 예정된 구조화된 구조 structured structures이다. 즉, 목표를 획득하기 위해 필요한 작동에 대한 습득을 표현하거나 목표들에 대한 의식적인 지향을 의식하지 않고서도 그들의 산출에 객관적으로 적응될 수 있는 재현 representation과 실천을 조직하고 발생시키는 원칙이다.(Bourdieu 1990: 53)

아비튀스는 실천을 가리키는 것이지만, 이는 단순히 실천만은 아니다. 여기서 중요한 것은 '구조화된'structured, 그리고 '구조화하는'structuring이라는 표현이다. 아비튀스는 스스로 존재하는 초월적인 어떤 것이 아니라 다른 것들(특히 장 내의 상황들)과의 관련 속에서 형성된다. 즉, 구조화된다. 뿐만 아니라 그것은 또 다른 실천을 발생시키고 영향을 준다. 즉, 구조화시킨다. 더욱 흥미로운 것은 이 실천이 단순히 파편적인 실천이 아니라, 나름의 자율적인 체계를 갖는 자족적인 원칙들, 즉 복수複數의 구조'들'structure's로 존재한다는 것이다. 이 자율적인 실천의 원칙은 행위자의 의도적 계산 calculation에 의해 결정되는 것이 아니며, 행위자의 의식과 몸에 체화되어 사회적 실천의 방향성을 결정한다. 이 실천의 방향성에 가장 근접한 표현은 '성향'性向, disposition 일 것이다. 아비튀스는 성향의 체계이다. 성향이란 행위자의 몸에 축적된 행위의 속성과 방향을 의미하며, 실천을 산출하는 질서와 논리를 의미한다.

성향의 체계로서의 아비튀스는 스타일 행위의 보편성과 유사성을 이해하는 중요한 근거를 제공한다. 특정한 이미지 조합 경계의 설정은 임의적이고 순간적인 실천을 넘어서 나름의 질서와 논리를 띠는 지속적인 성향, 즉 아비튀스로 존재한다는 것이다. 만하임이 선택의 원리로서 스타일 개념을 말할 때, '인식의 목적론적 방향성'으로 지칭하고자 했던 것 역시 부르디외의 아비튀스와 유사한 것일지도 모른다. 예컨대, 16~17세기 유럽이라는 역사적 사회적 조건 위에서 특정한 위치를 차지하는 이미지 행위자들의 구체적인 실천인 고전주의와 바로크 스타일은 개별 작가들의 우연적이고 자의적 실천인 동시에 그 시대와 사회 속에서 일정한 규칙성과 방향성을 갖는 이미지 실천이라 할 수 있다. 중요한 것은 실천의 성향으로서의 르네상스와 바로크 스타일은 뵐플린이 가정하는 것처럼 추상적인 일반원리가 아니라, 바로 그 스타일을 실천하는 스타일 행위자들의 의식과 몸속에 체화되고 그들의 눈과 손끝을 통해 세계에 대한 이해와 특정한 이미지의 형태로 흘러나오는 어떤 것일 수 있다는 점이다.

아비튀스는 윤리적인 행동강령이 아니라, 일종의 내면화된 집단적 실천적 감각practical sense이다. 이러한 실천감각은 여러 행위자들의 실천을 의식조차 하지 못한 채, 자연스럽게 조정하는 "지휘자 없이 이루어지는 자발적인 오케스트레이션"orchestration without conductor (Bourdieu 1990: 53)을 가능하게 한다. 스타일 역시 집단적 성향으로 존재한다고 볼 수 있다. 고전주의 혹은 바로크 스타일의 일반성은 가장 내밀하게 개별 스타일 행위자의 몸과 의식에 스며들지만, 또한 가장 집단적인 방식으로 조율되고 통제되는 '이미지 실천의 오케스트레이션'으로 볼 수 있다. 뵐하임이 말한 다빈치와 라파엘의 차이는 사실 그러한 이미지 실천의 집단적 오케스트레이션의 미시적인 차이에 불과할 수 있다.

스타일 실천의 역사성

아비튀스는 또한 역사성을 지닌다. 아비튀스는 오랜 세월에 걸쳐 축적된 실천의 논리이다. 아비튀스는 실천이 유발되는 현재의 시점에서 작동하지만, 그것의 현재적 작동은 축적된 과거의 관성 없이 이루어지지 않는다. 과거의 경험은 현재의 실천방식에 영향을 준다. 그런 의미에서 아비튀스는 "자신을 미래에 영속시키는 현재화된 과거"(Bourdieu 1990: 54)라 할 수 있다. 이전의 경험과 그 경험에 의해 축적된 성향은 미래의 다가올 우연적 상황들을 처리하는 여러 가지 선택들 가운데 가장 친화적인 것을 선택한다. 그런 식으로 과거와 현재, 미래는 일정한 논리에 의해 포섭되고 더욱 강화된다.

> 역사의 산물인 아비튀스는 역사에 의해 발생된 도식scheme과 일치하는 개인적이고 집합적인 실천을 산출한다. 이것은 행위와 사고, 인식 도식의 형태로 각각의 유기체 속에 축적된 과거 경험의 적극적 현존을 보장한다. 또한 시간의 흐름 속에서 공식적인 규칙과 명백한 규범보다 확실하게 실천의 정확성과 지속성을 보장하는 경향이 있다.(Bourdieu 1990: 54)

아비튀스의 역사성은 사회학 뿐 아니라, 미술사적 관점에서도 스타일의 가장 큰 특징 가운데 하나일 수 있다. 즉, 일반적으로 미술사에서 다루어지는 스타일의 의미는 적어도 일정한 시간과 공간의 부피로 축적된 이미지 네트워크를 의미할 수 있다. 최소한의 시간적 지속성과 공간적 확산성은 미술사에서 스타일에 요구되는 조건이라는 것이다. 달리 말하면, 미술사적으로 유의미한 스타일의 산출 및 규정은 일정한 정합적 논리에 의해 분류될 수 없는 순간적인 이미지, 혹은 최소한의 공간적 단위를 형성하지 못하는 이미지 구사를 배제하는 과정에서 비롯된다. 스타일은 어느 특정한 순간에 성취되지 않는다. 적어도 어떤 특정한 형식의 이미지 실천이 '스타일' 개념에 값하기 위해서는 앞선 이미지 결합이 다른 친화적인 이미지들을 수렴하고 축적하면서 특정한 정합적 결합원리를 강화하며 확장하는 역사적 과정이 필요하다는 것이다. 그러한 강화작용은 또 어떤 시점에서 해소되고 또 다른 이미지 결합 축을 중심으로 한 이미지의 재수렴이 시작된다. 그것이 바로 스타일 변환의 과정일 수 있다. 물론, 이 또한 역사적 축적에 따라 이루어진다.

이렇게 보면 아비튀스로서 스타일의 역사성은 시간을 축으로 전개되는 이미지 결합의 역동적인 과정이라 할 만하다. 뵐플린이 지적한 고전주의와 바로크 스타일의 형성 및 순환은 그러한 이미지와 스타일의 역동적인 역사성에 대한 증명이라 할 수 있다. 예컨대, 고전주의는 처음부터 그런 모습으로 주어진 것은 아닐 것이다. 편의상 뵐플린이 제시한 고전주의 스타일의 특성들을 선조적線條的인 결합으로 가정한다면, 처음 선적인 어떤 이미지 결합이 평면적인 것들을 포섭했을 것이고, 이러한 과정은 폐쇄적이고 다원적이며 명료한 것들의 포섭으로 이어졌을 것이다. 물론 그 조합의 순서는 달라질 수 있지만 그 과정이 역사적 전개과정 속에서 성취되었다는 사실만은 거부할 수 없는 사실이다. 뵐플린의 고전주의 스타일은 상당한 기간 동안 진행되어 16세기에 비로소 절정에 이른 특정한 이미지 결합의 역동적 형성과정을 의미하는 것으로 볼 수 있다. 뵐플린이 고전주의의 정점을 16세기로 삼는 것은 그 시점 이후 별다른 이미지 특성의 수렴이 관찰되지 않으며, 오히려 정합적 이미지 결합체계의 붕괴가 시작되었기 때문일 수 있다. 이런 식의 설명은 바로크 스타일에 관해서도 마찬가지로 적용된다.

스타일장의 가능성

부르디외에 따르면 실천과 구조는 서로 마주치는 지점에서 상호 규정된다. 실천이 특정한 방식으로 조직되어지는 지점에서 사회구조 역시 특정한 형태의 객관적 조건을 형성한다. 또 이렇게 형성된 객관적 조건은 더욱 더 실천의 방향성을 강화한다. 실천의 특정한 성향인 아비튀스가 강화될수록 세팅의 조직화 역시 강화된다. 이렇게 조직화된 세팅은 좀 더 포괄적인 객관적 조건으로 확장된다. 장은 이렇게 확장된 객관적 조건에 붙여지는 이름이다. 부르디외는 아비튀스와 객관적 조건과의 상호작용을 다음과 같이 기술하고 있다.

> 실제로, 객관적 조건(과학이 한 집단에 객관적으로 결부된 개연성probability과 같은 통계적 규칙성을 통해 파악하는)에 각인된 가능성과 불가능성, 자유와 필요, 기회와 금지에 의해 지속적으로 반복되는 성향들은 이러한 조건들의 요구에 알맞다는 의미에서 그러한 조건들에 객관적으로 상응하는 성향들을 발생시킨다. 가장 있음직하지 않은 실천들은 그러므로, 행위자가 필요에 따라 부정된 것을 거절하고 불가피한 것을 따르게 하는 일종의 질서에 대한 직접적인 순종에 의해, 생각할 수조차 없는 것으로서 배제된다.(Bourdieu 1990: 54)

객관적 조건의 요구에 상응하는 실천은 반복되어 규칙성을 띠게 되고, 조건의 요구에 반하는 실천은 조건의 부정적 반작용에 의해 거부되고 배제될 수 있다. 객관적 조건과의 피드백을 통해 특정한 실천이 반복되고 다른 실천이 거부되는 현상이 계속되면서 지속적인 실천의 논리인 아비튀스가 수립된다는 것이다. 이렇게 수립된 특정의 아비튀스는 한편으로는 객관적 조건과의 관련 속에서, 그리고 아비튀스 자체의 자율적인 논리에 의해 확장되고 강화된다.

그런데 여기서 다음과 같은 의문이 가능하다. 아비튀스가 객관적 조건에 조응하는 실천의 논리라면, 그것은 한낱 또 다른 결정주의가 아닐까? 그렇다면, '실천'이란 용어에 내재된 맥락적 존재로서 행위자의 적극성에 대한 함축은 슬그머니 어쩔 수 없는 구조적 억압에 대한 확인 속에서 소멸되어 버리는 것은 아닐까? 조건의 필요에 상응할 뿐 아니라 조건에 작용하면서, 그것을 유지, 강화할 수 있으며, 나아가 행위자의 '전략'strategy에 의해 오히려 조건 자체의 변화를 유발시킬 수 있는 아비튀스의 가능성을 상기하는 것만으로 쉽게 결정론적 뉘앙스를 벗어나기 어렵다. 사실 객관적 조건, 혹은 사회구조 역시 사회과학의 관념적 가정, 혹은 맹목적인 신념 외에 아무것도 아닐 수 있기 때문이다. 따라서 객관적 조건과 실천의 피드백에서 실천영역의 마찰 면인 아비튀스뿐 아니라, 객관적 조건의 마찰 면인 '장'에 대해서도 초점을 맞추어야 할 필요가 있다.

> 장은 개인들 또는 제도들에 의해 점유되어진 위치들positions 사이의, 객관적인 관계들 간의 지배와 종속, 협력 또는 대립의 연결망이다.(Bourdieu, 1996: 231)

나아가 장은,

> 고도로 분업화된 사회에서 사회적 우주social cosmos는 수많은 상대적으로 자율적인 소우주microcosmos로 구성되어 있다. 이 사회적 소우주는 다른 장으로 환원될 수 없는 독특한 논리와 필요를 갖는 객관적 관계들의 공간이다. 예를 들어 예술장, 종교장, 경제장은 모두 특수한 논리를 따른다.(Bourdieu, 1992: 97)

이 때, 객관적 조건이란 "특정한 믿음이 산출되고 정당화되는 사회적 조건"(김경만, 2005: 110)으로서의 '장'이다. 보편적이고 지속적인 이미지 실천의 체계, 즉 스타일이 가능했다면, 그것은 그러한 문화적 생산을 가능케 하는 사회적 공간으로서의 장이 역사적으로 비로소 형성되었다는 사실을 의미한다. 특히, 독립된 자율적 소우주로서 예술장은,

장 밖의 물질적 이익의 법칙을 거부하거나, 전환하면서 자체적으로 구성된 반면, 경제장은 역사적으로 우리가 보통 '사업은 사업이다'business is business라고 말하는 세계의 창조를 통해 나타난다. 경제장에서 우정과 사랑은 원칙적으로 배제되어진다.(Bourdieu, 1992: 98)

특정 형태의 역사적 스타일장은 이미지 행위자들에게 특정한 형태의 이미지 실천을 강제하고 정당화한다. 뵐플린이 보았던 스타일의 보편성과 일반성은 오히려 특정한 방식의 이미지 조직의 정합적 체계가 스타일 실천자들에게 의심되지 않는 당연當然으로 강제되어지는 사회공간의 존재를 간접적으로 증명한다. 스타일장은 전체 사회 공간과 이미지 실천이 마주치는 공간에서 만들어지는 소우주로서 실천과 구조를 매개하는 맥락이라 할 수 있다. 물론 이 맥락을 구성하는 요소들은 베커류의 예술계와 다르지 않다. 그러나 예술계와 스타일장 사이의 근본적인 차이는 좀 더 거시적인 사회구조와 관련성 속에서 파악된다는 것이다. 각각의 장은 다른 장들로부터 영향을 받지만 다른 장으로 환원될 수 없는 나름의 상대적 자율성relative autonomy을 갖는다. 장은 서로 다른 작동원리와 장의 참여자, 그리고 그 장 안에서만 추구되는 목적, 이해관계interest를 갖고 있다. 부르디외는 이러한 이해관계를 게임에 빗대어 '내기물들'stakes이라고 부르고 있다.

각각의 장은, 파스칼의 질서처럼, 장의 행위자들을 장 내의 내기물들stakes 속으로 끌어들인다. 다른 관점 또는 다른 게임의 관점에서 보면 그것[장 내의 내기물]은 보이지 않거나, 기껏해야 하찮은 것이거나, 심지어 환상에 불과한 것이다. [……] 예를 들어 고위 공무원의 성공에 대한 열망은 학자들에게는 무관심하고, 예술가들의 무모한 투자와 신문의 1면을 차지하기 위한 저널리스트들의 투쟁은 은행가, 그리고 또한 의심할 것 없이 종종 피상적인 관찰자를 의미하는 장의 외부에 있는 모든 사람들에게는 거의 이해할 수 없는 것이

다.(Bourdieu, 2000: 97)

독립된 자율적 장으로서 스타일장이 가능하다면, 그 참여자들은 누구일까? 또 그들은 어떤 내기물을 두고 게임을 할까? 물론, 그 참여자들은 앞서 언급된 월하임의 작가와, 디키의 '핵심인물들' 그리고 베커의 '지원인력'들이 포함될 것이다. 스타일장은 또 정치, 경제, 과학 장과 만나는 경계 위에서 또 다른 참여자들을 갖는다. 여기에는 스타일과는 전혀 상관없어 보이는 정치권력자와 성직자, 기업가, 언론인, 소설가, 은행가, 시인들이 다양한 방식으로 특정한 이미지 조합의 공적 정당성을 부여하고 신화화하는 데 참여한다. 스타일장의 게임의 내기물은 바로 그러한 이미지 실천의 공적 권위라 할 수 있다. 뵐플린의 고전주의와 바로크 스타일은 전체 사회공간 속에서 합법적 권위를 획득한 이미지 실천의 체계라 할 수 있다.

해당 장의 역사적 상황은 특정한 아비튀스가 가능한 조건을 만들고, 장에서 생산된 아비튀스는 장의 유지와 변형을 초래한다. 이러한 아비튀스와 장의 피드백을 부르디외는 '공모'complicity 관계라고 부른다. 스타일을 아비튀스와 장 사이의 공모관계 속에서 파악한다는 것은, 특정한 방식의 이미지 분류 원칙과 경계의 설정이 이미지 행위자들의 몸에 스며들어 지극히 당연하게 여겨지는 하나의 성향을 형성하는 과정을, 스타일장과의 밀접한 관계 속에서 이해한다는 것이다. 특정한 스타일이 아비튀스의 형태로 이미지 행위자에게 체화embodied되는 과정은 그러한 과정이 진행되는 구조적 조건인 장 위에서만 가능하다. 이 점이 부르디외가 자신을 맑스주의적 예술론과 구별 짓는 지점이다.

맑시스트들이 제기했던 외적인 결정인들 ― 예를 들면, 경제적 위기의 효과, 기술적 변화, 혹은 정치적 혁명 ― 은 오직 장의 구조로부터 초래되는 변형을 통해서 효과를 낼 수 있다".6 (Bourdieu, 1993: 181~182)

스타일장의 존재는 거시적 사회구조와 스타일 실천 사이의 거대한 설명적 공백을 메워줄 수 있으며, 이러한 장의 매개를 통해 부르디외는 결정론으로부터 벗어날 수 있었다.

스타일장의 투쟁과 수렴

장 개념이 스타일 이론의 지형에서 중요한 것은 스타일이 근본적으로 스타일장의 존재를 상정하지 않고서는 가능하지 않기 때문이다. 장은 바로 "생산자를 생산하는 사회적 공간"social space of the producers (Bourdieu 1993; 181)이며, 따라서 스타일장은 바로 작가를 포함한 스타일행위자를 규정하고 생산하는 것이다. 실천으로서의 스타일 개념에서 스타일 행위의 주체가 복원되었다면, 스타일장은 그러한 주체를 생산하고 그 주체의 이미지 조직 방식에 방향성을 부여하는 객관적 조건이라는 것이다. 스타일장의 지형과 역학은 장 내의 개별 스타일행위자들에게 가능한 실천의 범위를 제공한다. 고전주의 혹은 바로크 스타일은 뵐플린이 본 것처럼 자율적이고 내생적인 본질로 주어지는 것이 아니라, 16~17세기에 형성된 스타일장의 지형 속에서 이루어진 스타일 실천의 결과물이다. 그런 의미에서 스타일장의 작동논리를 좀 더 깊이 파고드는 것은 스타일 현상의 사회적 속성에 관해 풍부한 이해를 제공해 줄 것이다.

---

6. 장은 사회구조 혹은 객관적 조건의 연장이면서 동시에 전체 '우주'와는 별개의 자율적인 영역이다. 장은 사회구조의 필요와 압력을 일정한 형태로 굴절시키며, 이러한 굴절의 정도에 따라 장의 자율성이 결정된다. 각각의 장들은 다른 장과는 무관하게 자신만의 목적과 이해를 추구한다. 예술적 장의 자율성은 비경제적, 비정치적 목적을 추구할수록 높아진다. 따라서 스타일장의 작동논리에 대한 이해 없이, 예술작품, 스타일, 예술 그 자체를 논하거나, 혹은 다른 거시적 외부결정 요인들을 유도하려는 모든 시도는 공허하거나 억지스러울 수밖에 없어 보인다.

스타일 개념을 장의 관점에서 파악한다는 것은 이미지의 정합적 조직이 어떤 특정한 방식으로 수렴되는 과정을 스타일장의 작동 논리를 통해 설명한다는 것이다. 뵐플린의 『미술사의 기초개념』의 화두 역시 정합적 이미지 조직의 보편적 일반화현상이었다. 고전주의와 바로크 스타일의 순환은 그 두 극점 사이에서 나타나는 여러 가지 스펙트럼들이 하나의 지점으로 집중, 수렴되는 과정으로 나타났다. 부르디외의 입장에서 이러한 스타일의 보편화 현상은 스타일장의 각각의 상황에 의해 설명된다. 아비튀스의 구조화된 습성은 장 내부에서 집단, 계급 단위들이 차지하는 위치들의 동질성homogeneity과 대응한다. 장 내의 동질적 위치에 있는 행위자들은 동질적인 실천의 논리를 갖는다.

> 사실, 동일한 계급 성원의 개별 아비튀스는 생산의 사회적 조건의 동질성의 특성 내에서, 다양성을 반영하는 유사성 내에서, 다양성의 상동성의 관점에서 통합될 수 있다. 각각의 개별적인 성향들의 체계들은 다른 것들의 구조적인 변이에 불과하며, **계급과 그 궤적 내의 위치들의 특수성을 표현한다**.(Bourdieu 1990: 60, 강조는 필자)

부르디외의 관점에서 뵐플린이 강조하는 스타일의 수렴과 일반화 현상은 그만큼 예술장의 구조가 견고하게 위계적으로 조직화되었음을 의미한다. 장과 아비튀스로서의 스타일 사이의 피드백 속에서 스타일 행위자인 개별 예술가의 실천적 적극성을 지적하는 '개인 스타일'individual style은 월하임이 생각한 것만큼 유의미하지 않을 수 있다.

> 개인 스타일은 실천이건 작품이건, 계급 혹은 시대 스타일과 관련한 편차 deviation 이외에 아무 것도 아니다.(Bourdieu 1990: 60)

위의 지적은 어쩌면 월하임을 염두에 둔 것일지도 모른다. 이를 다시 월하임의 관점에서 환언하면, 다빈치와 라파엘 사이의 스타일의 차이는 부르디외에 있어서 르네상스 시대의 스타일장 내에서 두 사람이 차지하는 위치의 유사성 속에서 해소될 수 있는 사소한 편차일 수 있다는 것이다.

여기서 장의 역학을 좀 더 들여다 볼 필요가 있다. 장은 균질한 상태가 아니라, 유동적이고 상호 대립하면서, 집중, 혹은 확산하는 역할과 지위들의 불균등한 지형을 이룬다. 따라서 장의 역학은 장 내의 대립하고 경쟁하는 위치 단위들 사이에서 벌어지는 투쟁이다. 그런 의미에서 장은 정적이라기보다는 투쟁적 힘들의 동적인 공간이며, 이 투쟁적 힘들은 장의 유지 혹은 재편을 초래한다. 이러한 보존 및 전복을 위한 투쟁은 그 장에서 가치를 인정받는 특정 자본의 이해관계를 옹호하는 자들과 전복하려는 자들이 차지하는 경쟁적 위치들의 대립을 전제로 한다.7 아비튀스의 형성 및 변형이 장의 작동방식과 관련되어 있다면, 아비튀스로서의 스타일 역시 스타일장의 위계구조를 유지, 혹은 변화시키려는 "젊고 새로운 전입자"들과 정통orthodox을 옹호하려는 스타일 행위자들 사이의 투쟁과 관련된다는 것이다. 소위 그 시대의 지배스타일, 혹은 공식스타일들의 불연속적인 나열로 점철된 미술사는 예술적 행위자들이 장 내에서 특정의 이미지 분류원칙을 옹호하거나 변형함으로써 기존 위계구조의 강화, 혹은 재편을 시도하는 '스타일 투쟁'style war의 역사로 읽혀질 수 있다. 스타일의 수렴 및 일반화는 예술장 내의 행위자들의 이미지 투쟁

---

7. 경쟁을 통한 이미지의 분류체계의 보편화 가능성은 이미 만하임의 지식사회학에서 함축되어 있다. 만하임은 「문화현상으로서의 경쟁」(Competition as a Cultural Phenomenon)에서 '실재에 대한 공적 이해'(public interpretation of reality)의 궁극적인 토대로 집단들 사이의 경쟁을 강조한다(Mannheim, 1952: 198). 여기서 실재에 관한 이해란 미술에 있어서의 미적 대상에 대한 시각적 해석가능성이란 의미에서 이미지의 분류체계, 즉 스타일로 볼 수 있다. 스타일의 수렴을 만하임의 다른 용어로 바꾸면, 극화(極化, polarization)이자, 종합(synthesis), 집중(concentration)이다. 이렇게 극화되고, 집중된 스타일의 예가 뵐플린의 고전주의, 혹은 바로크이라고 할 수 있다.

의 결과일 수밖에 없는 것이다.

상징권력과 스타일

장을 여러 대립적 위치들의 관계망으로 볼 때, 이 대립적 위치들을 점유하는 행위자들의 내기물은 특정방식의 분류와 재현의 보편적 권위를 확보하는 것이다. 이 권위를 부르디외는 '상징자본'으로 명명한다. 장 내부의 투쟁은 상징자본의 불균등한 배분 및 재편을 둘러싼 투쟁이며, 이 투쟁은 동시에 만하임과 마찬가지로 대립적 위치를 점한 행위자들로부터 인정을 획득하기 위한 투쟁이라 할 수 있다. 이 투쟁의 결과는 인정의 독점이며, 그러한 인정의 독점은 특정한 방식의 상징폭력을 합법적으로 행사할 수 있는 힘으로서의 '상징권력'symbolic power을 가능케 한다.

> 상징권력은 주어진 것을 말을 통해 형성하고, 사람들로 하여금 보고 믿게 만들며, 세계에 대한 전망을 확신시키거나 변형시키고, 그리하여 세계에 대한 행위와 따라서 세계 그 자체를 바꾸는, 힘(물리적이건 경제적이건)을 통해 획득될 수 있는 것과 동등한 것을 사람들로 하여금 갖게끔 만들 수 있는 거의 마술적인 권력으로서 특수한 동원효과에 의한 것이다. 이러한 상징권력은 그것이 승인되었을 때, 즉 자의적인 것이 오인misrecognition되었을 때만 행사가 가능하다.(Bourdieu, 1991: 170)

여기서 '오인'誤認, misrecognition이란 자의적이고 우연적인 분류가 상징권력에 의해 인정recognition됨으로써 필연적이고 당위적인 것으로 받아들여지게 되는 현상을 말한다. 이 현상을 오인으로 개념화하는 이유는 그 인정이 해당 장 밖에서는 언제라도 한낱 '쓸데없는 짓'으로 보일 수 있기 때문이다. 오인을 스타일의 문제에 적용하면, 특정한 이미지의 분류방식의 우선권priority이 승인됨으로써 스타일장의 행위자들에게 그것의 예술적 가치의 정당성이 당위적으로 인정받는 것을 의미할 수 있다. 공식 스타일로서의 지위를 확보해 나가기 위한 인정투쟁에 사용되는 행위자들의 동원전략은 그러한 오인을 확보하기 위한 수단일 수 있다. 뵐플린의 스타일 순환에 있어서의 모든 극단들, 즉 고전주의 혹은 바로크적 이미지 구성방식이 시각적 가능성을 완전히 장악하는 역사적 상황에는 스타일장 내의 행위자들의 투쟁들이 각인되어 있으며, 『미술사의 기초개념』에 등장하는 주요한 작가들은 그러한 이미지 분류방식의 인정투쟁에서 핵심적인 등장인물들이라 할 수 있다.

굳이 샤피로를 언급하지 않고서도 뵐플린의 순환모델 안에 이미 이미지 결합의 다양성과 공존가능성의 함축은 충분하다. 특정 스타일이 공식 스타일로서 시각방식을 지배한다하더라도, 어떤 극단적인 문화적 단절을 가정하지 않는 한, 나머지 스타일은 또 다른 표현가능성으로 이미지 행위자의 의식에서 완전히 사라지지 않는다. 사실, 스타일 순환의 스펙트럼에서 대부분의 경우, 두 스타일들은 공존한다. 이러한 공존은 그런데, 지배적인 공식 스타일로서의 인정을 확보하기 위한 경쟁 상태를 말할 수 있다. 이 경쟁은 스타일장에서 불균등하고 대립적인 위치를 차지한 행위자들이 각각의 이미지 분류체계의 정당성을 확보하기 위한 투쟁이다. 이미지 분류체계로서의 보편적 인정을 성취함으로써 상징권력을 확보하기 위한 투쟁이라는 것이다. 그 시대의 지배적인 스타일과 작품, 작가만을 기술하는 '스타일의 역사'history of style로서 미술사는 그러한 투쟁의 결과만을 나타낼 뿐 투쟁의 과정이나 심지어 그러한 스타일 투쟁이 있었다는 자체를 숨긴다. 지배적인 스타일로서의 공인을 얻는다는 것은 동맹을 맺거나, 제자를 길러내고, 후원자를 찾고, 출판을 통해 정당성을 홍보함으로써 장 내의 위치를 강화하려는 수많은 동원 전략들로부터 무관하지 않다. 이러한 동원전략을 통해 획득된 특정 스타일의 보편성은 장 내에서 일종의 상징적 지배의 도구로서 기능한다. 여기서 중요한 것은 스타일이 그저 단순한 미학적 현상이 아니라, 지배와 저항의 수단이자 과정, 그리고 그 결과라는 것이다.

가능성의 공간과 시각층

부르디외적인 스타일 이론에서 '장'의 함의에 관해 또 한 가지 언급할 것은 소위 '가능성의 공간'space of possibles이다. 가능성의 공간은 장과 아비튀스가 만나는 지점에서 형성된 게임-실천의 규칙을 의미한다. 가능성의 공간은 "사람들이 게임에 참여하기 위해 그의 의식의 중추에 가져야만 하는 모든 것을 규정한다"(Bourdieu, 1993: 176). 게임에 참여하는 사람들에게, 심지어 그들이 알지도 못한 채, 당면한 문제와 해결방법, 그리고 기준을 제시하는 것이다. 가능성의 공간이라는 것은 말 그대로 모든 가능한 것들의 영역이자 동시에 불가능한 것이 배제된 영역이다. 이 공간 내에서 관심과 문제가 설정되고, 바람직한 것으로 '여겨지는' 해결방법 이외의 방법들은 배제된다. 이러한 문제와 해결의 설정은 물론 특정한 실천의 반복과 배제의 과정을 통해 형성된다. 스타일을 장과 아비튀스의 관계 속에서 이해한다는 것은 특정한 이미지 구사의 반복과 배제를 통해, 주어진 맥락에서 자연스럽게 특정한 결합방식을 최적화하고 유도하는 가능성의 공간을 상정한다는 것이기도 하다. 스타일이 이미지 구사의 실천적 논리라면, 이 논리는 무한히 다양한 가능성에도 불구하고 특정한 이미지 결합의 지속성과 일관성을 유도하기 위해 가능한 한계들을 설정할 수 있다는 것이다.

스타일은 단순한 시각적 이미지 복합이 아니라, 이미지들의 정합적 결합에 관련된 특수한 정신구조까지 포함한다. 이러한 정신적 구조로서의 스타일은 특정한 역사적 사회적 조건 위에서 시각적 이미지들을 특정한 방식으로 조직하는 질서와 원리를 제공한다. 특정한 스타일의 발전은 곧 그러한 이미지의 특정한 이미지 조직원리를 보다 체계화하는 과정이며, 동시에 다른 이미지의 조직 가능성을 무력화하거나 흡수함으로써 위계화 하는 과정으로 기술될 수 있다. 특정한 스타일은 그 스타일이 공인하는 이미지의 결합을 가능케 하며, 그 결과 대상에 대한 인식과 재현에 있어서 일정한 패턴만을 시각적 진실로 인정한다. 따라서 스타일의 차별성은 곧 대상에 대한 인식의 차별성이며, 그렇게 인식된 대상에 대한 재현의 차별성을 의미한다. 따라서 서로 다른 스타일을 통해 이미지를 조직한다는 것은 뵐플린이 '상이한 언어'로 표현할 만큼 완전히 다른 대상인식과 표현을 의미한다.

예컨대 바로크 스타일은 바로크 스타일로서 타당하고 유의미한 이미지 결합이 한계를 상정한다는 점에서 일종의 가능성의 공간이다. 뵐플린의 저술 속에서 바로크 스타일은 회화적인 것과 깊고 개방적이고 통일적이며 모호한 이미지들의 결합을 중심으로 한 가능성의 공간으로 나타난다. 이런 식의 이미지 결합방식은 고전주의적 이미지 요소들과의 선택요소로 주어진 것이 아니라, 나름의 틀 속에서 내적 필연성을 갖는 이미지 조합이라 할 수 있다. 고전주의, 혹은 바로크 스타일은 시각적 재현의 영역에서 문제와 관심을 제기하고 나름의 방식으로 풀어나가는 일종의 가능성의 공간일 수 있으며, 이는 뵐플린 자신의 용어인 '시각층'과 크게 달라 보이지 않는다.

그러나 부르디외의 관점에서 뵐플린의 시각층을 이해할 때 얻어지는 함의는 시각층이 결코 '이념의 파라다이스'paradise of ideas일 수 없다는 것이다 (Bourdieu, 1993: 179). 가능성의 공간으로서의 시각층은 철저하게 실천과 사회구조, 혹은 객관적 조건 사이의 마찰 면에서 생성된다. 이러한 주장은 '시각층'의 자율성을 부정하고, 그것은 사회적 조건의 종속변수로 폄하하려는 것이 아니다. 부르디외의 주장은 만약 특정한 시각적 가능성의 자율성이 가능하다면, 그 자율성 역시 그것을 가능케 하는 특정한 조건 위에서만 가능하다는 것이다. 고전주의나 바로크 스타일이 갖는 내적 자율성 역시 그러한 이미지 결합을 구사했던 16~17세기 유럽사회의 상황, 그리고 그러한 사회상황과의 관계 속에서 특정한 방식으로 구조화된 스타일장의 구조와 무관할 수 없다.[8]

풀어야 할 과제들

　대략 지금까지의 논의를 요약해 보면, 다음과 같다. 이 글은 '스타일' 개념을 시각 이미지의 영역에서 다루되, 기존의 미학-미술사적 지평을 벗어나 '사회적 실천'의 관점에서 재규정하고자 시도했다. 기존의 스타일에 관한 다양한 입장들이 분포하는 지형을 살펴보고, 그 가운데서도 핵심적인 대립축을 재구성해 보았다. 또 그 대립축을 미시적 대립과 거시적 대립으로 나누어 살펴보고 이 글의 사회적 실천으로서의 스타일 개념의 가능성을 위한 논점들을 추출하고자 했다. 그 논점들이란, 첫째, 스타일 실천자를 주관적 천재 모델에서 벗어나 사회공간 속에 위치하는 합리적 행위자로 규정하는 문제였다. 또한 이 스타일 실천자로서의 합리적 행위자의 범위를 단순한 작가를 넘어 좀 더 포괄적으로 확장하는 문제 역시 중요했다. 두 번째 논점은 스타일 실천의 사회적 맥락을 밝히는 일이었다. 실천은 이미 실천이 유발되는 맥락

---

8. 시각방식의 자율성에 대한 부르디외의 의심은 미셸 푸코(Michel Foucault)의 '에피스테메'(episteme)에 대한 비판에 함축되어 있다. 부르디외에 의하면, 푸코 역시 인식과 의미 획득의 원천인 소위 에피스테메의 절대적 자율성을 신봉했다는 것이다. 부르디외는 이렇게 적고 있다. "다른 많은 사람들처럼 푸코는 일종의 본질주의, 혹은 다른 영역, 특히 수학에서, 명백하게 나타나는, 물신주의(fetishism)에 굴복하고 만다. 우리는 수학적 사실이 인간 두뇌에서 생겨난 불멸의 진리가 아니라, 과학의 장이라 불리는 특정한 사회적 세계에서 수행된 어떤 형태의 역사적 노동에 의한 역사적 산물임을 상기시킨 비트겐슈타인을 따를 필요가 있다."(Bourdieu, 1993: 179)

과의 해석적 순환관계를 내포하고 있다. 따라서 스타일을 실천으로 본다는 것은 스타일 실천을 그것이 유발되는 맥락으로서 스타일 장의 존재를 전제할 때 가능해진다. 이 두 가지 논점의 잠정적 가능성을 뵐하임의 심리주의적 개인 스타일 이론과 베커의 예술제도론에서 살펴보고자 했다. 스타일 실천자인 작가를 심리적 표현의 주체로 보는 뵐하임과 스타일 실천의 맥락을 소위 '예술계'로 개념화하는 베커는 하우저의 사회적 조건과 뵐플린의 일반양식 사이의 공백을 메워줄 수 있을 것으로 보였다. 그러나 이러한 대안의 모색은 하나의 체계적 스타일 이론으로 종합되기에는 지나치게 병렬적일 뿐 아니라 서로 다른 지향을 갖는 것이었다.

이 글은 그러한 대안의 한계를 부르디외의 아비튀스-장 개념을 도입함으로써 극복하고자 시도했다. 부르디외 이론의 스타일 이론적 함의는 다음과 같이 요약된다. 첫째, 아비튀스로서의 스타일은 스타일행위를 실천으로 볼 뿐 아니라 스타일 실천이 사회공간에서 보여주는 지속성과 보편성을 설명해 줄 수 있다. 둘째, 장 개념을 스타일 문제에 적용한 스타일장 개념은 베커와 디키가 말했던 '예술계'를 좀 더 정교하게 개념화한다. 스타일장은 하우저가 말한 외적 조건과 스타일 실천을 매개하는 중요한 객관적 조건들을 좀 더 구체적으로 보도록 도와준다. 셋째, 이미지 행위자의 스타일 실천을 스타일장의 상황과 작동 논리와 연동시킴으로써 사회공간 속에서 투쟁하는 스타일참여자들의 적극성을 복원한다. 결국 사회적 실천으로서의 스타일 개념이란 사회공간에서 이미지를 통한 투쟁에 가까워 보인다. 거대 스타일의 시대적 변화 역시 이러한 투쟁을 통해 성취된다. 부르디외의 아비튀스-장 이론은 이 스타일 투쟁을 좀 더 자세하고 구체적으로 살펴볼 사회학적 도구들을 제시하는 것으로 생각된다.

그런 의미에서 부르디외의 이론은 사회학적 스타일 개념에 관한 종합적인 관점을 제공한다. 스타일 이론으로서 부르디외 사회이론의 가장 큰 성과는 스타일의 맥락적이고 집단적인 성격을 부각한다는 점이다. 하우저가 단순히 '외부조건'으로 다소간 간명하게 해결한 그 혼란스럽고 다양한 사회공간을 밀도 있는 스타일 실천의 핵심적 맥락으로 규정하는 것이다. 이 맥락적인 사회공간을 관통하면서 월하임이 복원하고자 했던 맥락적 스타일 행위자의 이미지 실천은 뵐플린의 추상적이고 객관적인 일반양식의 공간으로 진입한다. 부르디외가 보여주는 사회적 실천으로서의 스타일은 스타일장의 맥락 위에서 유발되는 스타일 행위자들의 적극적 실천의 과정이자 결과라는 것이다.

3장

단토 대 부르디외

"예술계" 개념에 대한 두 개의 시선

예술계 개념이 논의되는 지평

지난 세기 미학 예술학이 이룬 방대한 성과들의 목록 가운데 '예술계'art world 개념이 등재되어 있다. 이러한 평가는 단순히 이 개념이 가져온 맹렬한 논의의 생산성 때문만이 아니다. 이 개념이 가져다 준 수많은 논쟁들(Rollins, 1993) 역시 다음과 같은 이유에서 파생된 결과물일 수 있다. 즉, 이 개념이 비로소 예술적 현상과 실천에 대한 논의의 지평을 본질론적 원전성originality이라는 폐쇄된 회로 밖으로 확장시켰다는 것이다. 원전성이란, 예술의 본질을 예술의 영역 내부에 두려는 모든 시도들을 의미한다. 바자리류의 신의 권능을 부여받은 '천재'(Vassari, 2000[1550]), 그린버그적인 모더니즘이 가정하는 '매체 그 자체'media in itself (Greenberg, 1992), 뵐플린의 '일반양식'general style (Wölfflin,

1994[1915]) 등은 예술적 본질론이 가정하는 다양한 원전성의 출처들이다. 그러나 이러한 원전성 주장들은 그것들의 다양성을 넘어서는 다음과 같은 공통점을 갖는다. 즉, 각각의 본질론적 입장들은 자신들이 가정하는 원전성의 출처 외에 다른 요소들에 대해서만큼은 가히 폭력적일만큼 배타적인 태도를 취한다. 특정한 원전성의 출처를 제외한 모든 요소들은 원전의 신화와 순수를 저해하는 불경스러운 것이며, 따라서 삭제하거나 무시되어야 할 것들일 뿐이다. 이러한 무시와 폭력은 각각의 원전성 주장들 사이에서도 작용한다. 그러나, 정작 이미 현대미술의 동시대적 상황은 많이 달라져 있었다. 다양한 예술적 시도들은 이러한 예술론적 본질주의의 제한된 틀 내에 머물지 않는 다양하고 생경한 실험들을 보여주었고, 예술철학자 단토는 이러한 반본질론적 실험들을 적절하게 분석할 수 있는 개념적 도구를 '예술계'라는 이름으로 제안했던 것이다. 예술계란 굳이 신의 권능을 부여받은 광기어린 천재가 아니어도, 매체 그 자체의 본성에 기대지 않아도, 또한 굳이 추상적이고 관념적인 양식개념을 상정함 없이도 충분히 작동할 수 있는 개념이었다. 동시에 예술계 개념은 예술적 실천과 이 실천이 행사되는 외부적 맥락을 포함한다. 무엇보다 예술계는 예술적 실천의 맥락에 참여하는 공동체의 구성원들이 공유할 수 있는 어떤 것이었다. 단토의 예술계 개념은 지금까지 규정된 원전성의 근거에 외재하면서도, 예술작품의 규정의 결정적인 순간에 외부적 이해와 평가를 정당한 방식으로 도입하는 계기를 마련했던 것이다.

    그러나, 문제 역시 발견된다. 이 문제는 매우 중대한 것일 수 있다. 예술계 개념이 예술적 본질주의의 원전성의 신화에서 벗어나는 순간, 이 개념은 사회학적 지평에서 논의되어야 할 정당한 요구에 직면한다. 왜냐하면, 단토가 예술계 개념을 통해 호명하는 다양한 비본질적인 요소들 가운데, 가장 핵심적인 것들은 사회학적 지평에서 논의될 때 가장 명확하게 검토될 수 있기 때문이다. 그런 의미에서 예술계 개념은 비록 예술철학자의 숙고를 통해 제안되었으나, 본질적으로 사회학적 개념일 수밖에 없다. 문제는, 단토를 포함하여 예술계 개념의 설명력을 확장하고자 했던 대부분의 예술철학적 시도들이 그 개념에 내재된 사회학적 속성을 충분히 실현하지 못하고 있다는 사실이다. 그들은 예술계 개념이 인도하는 길을 충실히 따르다가도, 정작 사회학의 영역에 깊숙이 들어와서는 주저하며 뒤로 물러서 버리고 만다. 이러한 상황은 예술계 개념에 관한 논의를 예술[철]학과 사회학의 경계 위의 모호한 지점에 올려 놓는다. 예술계 개념은 가장 예술학적 개념이자 가장 사회학적 개념이지만, 그것의 사회학적 속성은 가장 방치되거나 거부된 속성이기도 하다. 이러한 거부된 사회학적 속성을 복원하지 않고서는, 예술계 개념의 예술학적 측면 역시 충분히 설명되기 어렵다.

예술철학과 사회학의 경계 위에서 미학적인 동시에 사회학적이어야 할 예술계 개념은 사회학적이지도 못하고 그래서 충분히 미학적이지도 못한 이상한 상황에 있는 것으로 보인다. 물론, 이러한 상황에는 모든 예술적 실천과 현상을 소위 사회적 결정인으로 환원하려는 사회학적 태도(Hauser, 1993[1950])가 중요한 원인이 될 수 있다. 단토, 디키와 같은 예술계 개념의 주창자들이 굳이 사회학적 입장을 거부하거나 배제하려는 이유는 사회학적 환원주의 역시 순수한 원전성을 주장하는 예술적 본질주의와 크게 다르지 않기 때문일 수 있다. 따라서 문제는 다음과 같다. 예술계 개념의 사회학적 변환을 수행하면서도 예술적 실천의 차별성을 여하히 유지할 수 있느냐 하는 것이다. 부르디외의 사회이론이 위치하는 지점이 이곳이다. 부르디외의 '아비튀스'와 '장' 개념은 예술실천의 차별성을 부정하는 것이 아니라, 오히려 그것을 가능케 하는 사회학적 중범위 공간을 설정한다. 예술철학적 예술계 개념의 정상적 작동은 오직 그것을 가능케 하는 특정한 사회적 조건 속에서만 가능하다는 것이다. 예술계 개념에 대한 부르디외 입장은 그의 주저 가운데 하나인 『예술의 규칙』*Rules of Art*, 1996 3부, "이해를 이해하기"Understanding understanding에서 직접적으로 논의되고 있다. 여기서 부르디외는 단토의 예술계 개념을 '체화된 예술적 이해'embodied artistic understanding로 규정하고, 그러한 예술적 이해를 예술장의 맥락 속에서 서술하고 있다. 예술계가 일종의 예술적 이해라면, 그러한 이해를 가능하게 하는 객관적 조건을 밝힘으로써, '이해에 대한 이해'를 시도하고 있는 것이다. 물론, 전자의 이해가 예술적 이해라면 후자의 이해는 사회학적 이해를 의미한다. 중요한 것은 이러한 예술적 이해에 대한 사회학적 이해가 결코 후자에 의한 전자의 부정이 아니라는 것이다. 단토의 예술계 개념에 관한 부르디외의 재해석은 이론적 비판의 형식을 취하고 있는 것이 사실이지만, 궁극적으로 예술철학적 성과에 대한 사회학적 변환을 통해 예술계 개념에 내재된 가능성을 더욱 확장하고 있다. 또한 이러한 확장은 예술학과 사회학이 공유할 수 있는 이론적 교차 변수를 확보하고, 예술적 실천에 관한 차별적이면서도 통합적 관점을 제공해 줄 것으로 판단된다. 필자는 앞으로 단토의 '예술계' 개념을 비판적으로 검토하고, 그것의 사회학적 가능성을 부르디외의 아비튀스와 장 개념의 관점에서 재해석하고자 한다.

해석적 지평으로서의 예술계

대개 모호한 개념에 대한 첫 번째 원인은 저자의 불충분한 설명이다. 그러나, 불충분한 개념은 때로 해석의 다양한 가능성을 열어 두고, 그러한 다양한 해석은 최초의 개념을 좀 더 생산적인 토론의 지평으로 유도한다. 대가들이 의도적으로 개념을 모호하게 사용하는 경우는 더러 이러한 다양한 해석을 기대하기 때문일지도 모른다. 단토의 '예술계'는 모호함으로 악명 높은 개념이다. 그 개념은 처음부터 공식적인 정의가 불가능한 것이었을지도 모른다. 단토 자신의 '예술계' 정의는 다음과 같다.

무엇인가를 예술로 보기 위해서는 눈으로 알아볼 수 없는 어떤 것, 예술이 론의 분위기와 예술의 역사에 관한 지식, 즉 예술계가 요구된다.(Danto, 1989[1964]: 177)

'눈으로 알아 볼 수 없는', '분위기' 등 명증한 분석의 언어로 치환되지 않는 이 단어들은 비트겐슈타인의 후기철학에서 비로소 포착되었던 구체화된 모종의 실천적 영역과 관계된 개념일 수 있다. 만약 그렇다면, 실천의 논리에 관한 방법적 성찰을 전제하지 못한 채 명증한 언어의 영역에서 예술계 개념의 실천적 구체성에 관해 중언부언하는 단토와 단토의 개념을 '사회제도'social institution로 전환하고 있는 디키(Dickie, 1982[1974]: 27)의 시도들은 그 자체만으론 여전히 불완전해 보인다. 물론, 사회제도를 분석적analytic인 방법으로 논하지 못할 법은 없다. 그러나 분석이 보여 온 언어의 형식적 명증성의 지평이 제도를 둘러싸고 벌어지는 다양한 내용적 측면들을 포착하기에 최적의 방법인가 하는 점은 여전히 의문으로 남는다. 예술계 개념에 관한 베커의 실체론적 접근은 그러한 의문으로부터 이 개념에 관한 또 다른 접근의 통로를 연 사례로 평가된다. 그러나 베커의 시도는 단토와 디키의 분석철학적 시도의 반대편에서 비슷한 결과를 초래한다. 예술계 개념이 함축하는 실천적 속성의 다른 한편만을 보게 되는 것이다. 따라서 예술계 개념에 관해 단토와 디키, 그리고 베커가 지적할 수 있는 것들은 여전히 통합되지 않은 채 방치되어 있다.

단토가 말하는 '예술계'를 이해하기 위해서는 그로 하여금 그 개념을 고안하게 만든 계기부터 살펴야 할 것 같다. 니체와 사르트르, 역사와 과학지식에 관심을 갖고 있었던 한 철학자가 1964년 어느 날 미술관을 찾는다. 그런데 머리나 식히려고 찾아갔을 미술관에선 그가 그때까지 경험하지 못했던 일이 벌어지고 있었다. 앤디 워홀이라는 작가가 수퍼마켓 창고 속에나 있을 법한 브릴로 통조림 박스를 확대 복제해서 마치 피라미드처럼 쌓아 놓고는

'이것이 예술작품이다'라고 우기고 있었던 것이다(〈브릴로 박스〉Brillo Box, 1964). 산뜻하게 비워진 정방형의 벽에 질서 있게 걸린 캔버스 작품 정도를 예상했을 이 철학자는 그러나 그 '우김'을 미치광이의 광기로 넘기지 않고, 진지하게 고려했다. 그는 진실로 그러한 작업도 충분히 예술작품이 될 수 있다고 생각했다. 그러한 종류의 예술작품을 가능케 하는 조건은 무엇일까? 워홀의 브릴로 박스는 수퍼마켓에 쌓여

앤디 워홀, 〈브릴로 박스〉, 1964.

있는 그것들과 다르지 않았다. 비록 재료나 크기, 제작비에서는 차이가 많겠지만, 워낙 정교한 외양으로 수퍼마켓의 그것들을 모방하려는 시도는 그 차이들을 상쇄하고도 남았다. 그렇다면 브릴로 제조사는 자신의 제품을 예술작품으로 제시할 수 있을까? 수퍼마켓의 브릴로 상자들 역시 예술작품으로 인정받을 수 없을까? 아무래도 수퍼마켓에서 팔리는 싸구려 상품보다는 예술작품으로 판매되는 편이 훨씬 비싼 값이 나갈 것이기 때문이다. 그러나 이는 불가능한 일이었다. 브릴로사가 브릴로 박스를 복제한 워홀의 브릴로 박스를 또다시 복제하더라도 복제된 브릴로사의 브릴로 박스는 예술작품이 될 수 없었던 것이다. 따라서 적어도 워홀의 브릴로 박스에게서 발견되는 예술작품의 첫 번째 조건은 다음과 같다. 즉 예술작품에 대한 판정은 더 이상 예술작품 자체 내에서 그 기준을 찾을 수 없다. 단토의 예술계는 예술작품의 존재조건을 비본질적이면서 외재적인 무엇에서 찾으려 했던 것이다. 물론 비본질주의적 예술론의 전형은 맑스주의적 예술론에서 찾을 수 있다. 하지만

그런 방식은 현존하는 모든 것들에 대한 불평과 부정에만 익숙한, 불온한 사상가의 편견으로 치부되면 그만이다. 워홀이란 이단자가 실제사물의 복제물을 작품으로 제시했을 때, 이 저명한 예술철학자는 전통적 예술의 본질을 긍정하고 그 정당성의 논리를 재확인[1]하기는커녕, 예술의 초월적 본질의 구성을 해체하는 쪽으로 방향을 틀게 되었던 것이다. 물론, 실제사물을 예술작품으로 제기하는 행위는 이미 뒤샹에 의해 소위 '레디메이드'의 형태로 제기되긴 했다. 뒤샹 역시 이단자였지만, 워홀이 뒤샹에서 더 나아간 건 단순히 실제 사물을 작품으로 제시하는 것을 너머, 실제 사물을 '복제'한 것이었다. 그건 일종의 '미친 짓'이었지만, 단토는 '미친 짓'을 옹호하게 되었다. 오히려 단토는 철학적 논증에 기대어 모더니즘의 예술적 본질론을 부정할 만한 근거들을 제기하려 했다.[2]

예술계는 예술작품에 내재된 본질적 속성이 아니라, 그것 밖에서 주어지는 외적이고 비본질적 어떤 것이다. 그렇다면 이것은 맑스주의나 이러저러한 사회학주의가 예술에 대해 외적 결정인으로 제기하는 생산력이나 사회구조와는 어떻게 다른가? 먼저 지적될 수 있는 것은 예술계는 외재하기는 하나, 생산력이나 사회구조와 같은 실체(혹은 실체로 믿어지는 것)가 아니라는 것이다. 예술계는 실체(예술)를 부정하기 위한 또 다른 실체, 본질을 부정하는 또 다른 본질이 아니다. 예술계는 예술작품이 실체로 규정되기 위한 포괄적인 조건을 의미할 수 있다. 그것은 대상에 대한 인식의 전제에 가깝다. 인식의 전제란 특정한 인식의 내용을 가능케 하는 지평에 관련된 어떤 것이다.

---

1. 예컨대, 그린버그에 따르면, 미술은 조각/건축/회화와 같은 이질적 요소들의 대립과 차이의 논리에서 의미의 정당성을 획득했다. 회화의 본질은 조각의 3차원성에 대립되는 '평면성'에 있었고, 사물의 재현을 비롯해서 공간성을 암시하는 모든 시도는 그 평면의 순수성에 위배되는 불순한 것으로 배제되었다(Greenberg, 1992).
2. 워홀과 마찬가지로 단토 역시 따가운 눈총을 받는다. 실제로 그는 어디선가 한 세미나 뒤풀이에서 자신에 대한 따가운 눈총을 느꼈다고 쓴다(Danto, 1986: ix~x).

예를 들어,

> 두 사람의 화가가 따로따로 뉴턴의 제1법칙과 제3법칙이라고 불리는 과학도서관의 동쪽과 서쪽 벽을 프레스코화로 장식해 줄 것을 요청받는다. 이 그림들은 마침내, 베일이 벗겨졌을 때, 다음과 같이 나타났다.

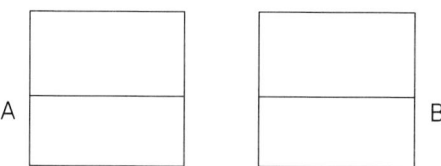

> 목적상 나는 그 작품들이 서로 구별할 수 없다고 가정할 것이다. 흰 바탕에 검은 지평선이 있고, 각 차원과 기본요소들의 크기 역시 동일하다. B는 그의 작품을 이렇게 설명한다. 아래쪽을 내리 누르는 하나의 매스mass가 위를 밀어 올리는 매스와 접해 있다. 아래쪽 매스가 동등하게 그리고 역으로 위쪽 매스에 반작용한다. A는 다음과 같이 설명한다. 공간을 관통하는 선은 고립된 입자의 경로이다. 그 경로는 [……] 모서리에서 모서리로 이어진다. 공간 내에서 끊기거나 시작되면 선은 휘어져야 할 것이다. 그리고 선은 윗변과 아랫변에 평행하다. 선이 한쪽에 가깝다면, 이것을 설명하는 힘이 있어야 하고, 이는 고립된 입자의 경로임과는 일치하지 않는다. 이러한 예술적 인식으로부터 많은 것들이 이어진다. 중간 선을 덩어리와 덩어리가 만나는 면으로 본다는 것은 그림의 윗부분과 아랫부분을 직사각형인 별개의 두 부분으로 볼 필요를 제기한다. 우리는 따라서 그림의 전체 영역을 하나의 공간으로 볼 수 없다 [반대로] 우리는 중간 지평을 면이 아닌, 오직 선으로 볼 때에만 전체 영역을 단일한 공간으로 보게 된다. 그러나 이것은 전체 영역을 단일한 공간으로 볼 것을 요구한다.(Danto, 1989[1964]: 175~176)

단토가 말하려고 하는 것은 동일한 대상에 대한 인식도 그것이 어떠한 전제들을 배경으로 하느냐에 따라 달라질 수 있다는 것이다. 핵심적인 것은 주어진 그림들에서 중간 지평을 어떻게 볼 것인가에 있다. 뉴튼의 제 3법칙, 즉 '작용-반작용'의 법칙을 표현하고자 했던 B는 중간선을 면edge으로 본다. 이 경우 두개의 사각형은 이질적인 덩어리가 서로 대립하는 [작용-반작용의] 힘으로 맞서있는 것으로 보인다. 그러나 뉴튼의 제 1법칙, 즉 관성의 법칙을 표현했던 A는 그러나 중간선을 입자의 경로 즉 선line으로 본다. 그것은 입자의 계속적인 운동을 표현할 뿐이다. 두 그림에 대한 각각의 독해는 어느 것이 우월하다고 말할 수 없으며, 동일한 가치를 갖는다. 이처럼 완전히 다른 인식을 가능하게 한 것은 어떤 독립적이고도 강제력을 지닌 외적 변수의 영향에 의한 결과가 아니라, 각 그림들의 중간선을 어떻게 볼 것인가에 관한 해석학적 전제들이다. 서로 다른 전제들이 대상에 대한 완전히 다른 인식을 낳는다. 전제들로서의 예술계와 가장 유사한 용어는 '해석학적 지평'일 수 있다. 단토 역시 이와 관련된 언급을 남긴 바 있다.

> 무엇인가가 예술작품으로 간주되는 순간 그것은 어떤 해석에 지배되게 된다. 예술작품으로서의 그것의 존재는 해석에서 비롯되며 예술작품으로서의 권리가 박탈될 경우 그것은 해석의 여지를 가지지 못한 채 단순한 사물에 지나지 않게 된다. 해석은 어떤 점에선 작품의 예술적 맥락에 의해 이루어진다. 그것은 무언가 다른 것이 그 예술사적 위치나 전력前歷[전통]에 의해 이루어진다. 그것은 무언가 다른 것이 그 예술사적 위치나 전력 등에 의존함을 의미하기도 한다. 예술작품이 되기 위해서는 어떤 구조가 필요하며 예술작품과 완전히 유사한 어떤 대상이 실제로는 일반 사물이라면 여지없이 그 구조의 보유자격은 박탈된다. 예술은 해석의 상황 속에 존재하며 따라서 예술작품은 해석의 매개물이다. 예술과 실재 사이의 공간은 마치 언어와 실재 사이의 공간과도 같은데, 이것은 부분적으로는 최소한 예술작품이 무엇인가를 말한다는 의미에서 예술이 일종의 언어이기 때문이며, 따라서 그것은 말하는 사람과 그리고 대

상을 해석할 수 있고 대상을 해석할 수 있는 위치에 있다는 것이 어떤 것인가
를 규정할 수 있는 해석자를 필요로 하기 때문이다. 예술계의 언어를 구사하
는 사람, 어떤 예술작품을 실제 사물로 부르는 것이 그것에 대한 해석임을 알
정도로 예술작품과 실제 사물간의 차이를 충분히 아는 사람, 그리고 예술계
와 실제 세계와의 대조에 의거하여 자신의 관점과 평가를 내리는 사람 — 이
런 사람들이 없는 예술이란 존재하지 않는다. '예술작품'의 귀속성을 위한 압
도적이고 지배적인 조건은 이런 점과 연관하여 이해되어야 한다.(Danto, 1987[1973]: 62)

단토는 예술계의 해석학적 성격을 염두에 두고 있음이 분명하다. 예술계
는 특정한 인식[해석]을 가능케 하는 지평이다. 이 지평에 의해 포착되었을
때 대상은 그것의 가장 분명한 의미를 부여받는다. 워홀의 작품에서 작용하
는 예술계는 바로 일상적 사물에 예술작품으로서의 의미를 부여하는 지평이
다. 예술계는 예술적 인식을 가능케 하는 예술적 지식, 즉 예술사와 예술 이
론을 포함한다. 이러한 예술적 지식들은 어떤 누적된 전통을 형성한다. 예술
작품의 의미는 그것 안에 내재된 어떤 본질이 아니라, 위에서 본 그림들의 예
처럼 서로 다른 지평에서 서로 다른 방식으로 성취되는 어떤 것이다. 워홀의
복제된 브릴로 박스가 예술작품으로 인정받을 수 있었던 것은 예술적 지평
위에서 해석되어졌기 때문이며, 수퍼마켓 속에 진열된 실제 사물로서의 브
릴로 박스가 그럴 수 없었던 것은 그러한 예술적 지평에 해석되지 못했기 때
문이다. 그것은 여전히 일상의 실용적 필요에 의해 해석된다.

비실체 vs. 실체 : 예술계의 대립적 구성요소들

그러나 문제는 생각보다 복잡하다. 왜냐하면, 단토의 예술계는 단순한 인

식론적 해석의 지평이 아니라, 그러한 해석의 지평이 현실적으로 작동하게 하는 실체적 조건들을 함축하기 때문이다. 예술계에 인접한 어휘목록에 포함된 '제도'Institution는 단순한 관습만으로 구성되지 않는다. 그 관습을 구체적으로 유지하고 강화하는 객관적 물적 장치들을 요구하는 것이다. 예술계의 작동을 보장하는 물적 장치는 분명 예술작품에 관한 해석학적 지평으로서의 예술이론과 결합되어 있다. 이러한 결합은 단순히 병렬적인 것이 아니라, 본질적으로 하나가 되는 지경에 이른다. 나중에 부르디외의 이론에 이르러 좀 더 자세히 살펴보겠지만, 특정한 인식은 그러한 인식을 가능하게 만드는 객관적 조건 속에서만 가능하다. 문제는 예술계 개념에 내재된 설명적 혼돈으로부터 유래한다. 즉, 예술계 개념은 본질적으로 비실체적인 인식론적 요소와 실체적인 물적 장치들의 요소가 혼재되어 있었던 것이다. 여기서 다음과 같은 의문이 제기된다. 과연 예술계라는 개념이 단토의 해석틀 내부에서 이러한 실체적 비실체적 요소들을 담기에 적합한 용적을 가지고 있는가? 이러한 의문은 또 하나의 문제와 연속선상에서 제기된다. 과연 분석적 접근은 예술계의 비실체적인 인식과 실체적 물적 장치들과의 연동을 설명하기에 적합한가? 무엇인가를 예술작품으로 정의하는 것은 예술적인 의미의 생산이라는 점을 인정하더라도, 그러한 의미 생산은 결국 그렇게 생산된 의미의 유포와 소통을 통해서만 가능하다. 다른 말로 하면, 예술작품의 인정이 주관적 의미의 지평에서 이루어진다 하더라도, 결국 그러한 주관적 지평의 상호성을 위한 최소한의 객관적 조건이 필요하다는 것이다. 이 객관적 조건은 역사적으로 형성된 것이며, 동시에 사회적 공간의 다른 요소들과 연동할 수밖에 없다. 그런 의미에서 예술계를 사회학적 논의의 지평에서 분석하는 베커의 작업은 나름대로 의미를 갖는다. 사실 이미 디키에 의해 제안된 예술제도론Institutional approach of art은 이미 일상의 예술적 변용을 가능하게 하는 예술계 이론에 대한 사회학적 접근의 가능성을 열어 두고 있다.

분류적인 의미에서 예술작품이란 (1) 하나의 인공품으로서 (2) 어떠한 사회 내지 한 사회의 하위 집단이 감상을 위한 후보의 자격을 부여한 것이다.(Dickie, 1969: 254)

방점은 일단 '감상을 위한 후보로 제기'된다는 것에 찍힌다. 먼저 해석적 지평에 놓여야 한다는 것이다. 하지만, 그러한 해석적 지평은 일단 어떤 것에 '인공품'으로서의 속성을 부여하고, 그것을 해석의 지평에 위치시키는 사회적 주체들이 존재해야 한다. 물론 이 주체는 작가와 관객일 수 있고, 미술관과 같은 사회적 권위의 대리인일 수 있다. 사실, 예술계의 비실체적인 요소들은 실체적인 작동장치들과 그 작동의 주체 혹은 대리인들과 별개일 수 없다. 예술계는 예술작품을 둘러싸고 행해지는 의미생산과 공인과정이다. 이러한 과정은 미술관이나, 화랑, 아카데미, 작가, 비평가, 언론과 같이 그러한 합의의 구체적인 효과를 보장하는 메커니즘과 기구들의 작동과정일 수 있는 것이다. 디키는 유명한 '볼티모어 동물원의 원숭이 베스티Besty'의 예에서 예술작품의 정의에 있어서 실체적 요소들의 중요성에 관해 암시한다.3 요점은 베스티의 그림을 예술작품으로 정의할 수 있느냐의 여부가 그것을 예술작품으로 정의하는 장치들과 분리될 수 없다는 것이다. 그가 새로운 예술의 자격 수여 주체로 상정하는 것은 결국 '예술'이라는 특정한 실천이 주제가 되고 또 구체적으로 행해지는 독특한 사회제도이며 그중에서도 '미술관의 역할'이다. 물론 미술

---

3. "베스티의 그림이 예술이냐 아니냐 하는 문제는 그것을 어떻게 취급하느냐에 달려 있는 문제이다. 예컨대 약 일 이년 전에 시카고에 있는 자연 역사 사의 박물관은 침팬지와 고릴라의 그림 몇점을 전시한 적이 있다. 우리는 이 그림들이 예술작품들이 아니라고 말해야 할 것이다. 그러나 만일 그들의 그림들이 수마일 떨어진 시카고 미술관에서 전시되었더라면 그들은 예술작품들이 되었을 것이다. 만일 미술관 책임자가 대단히 불리한 처지에 놓이게 되어 자신의 동물 동료들에게 구걸하러 갔던들 그들 그림은 예술이 되었을 것이다. 여기서 우리는 많은 것이 그 제도적 장치에 좌우되고 있는 것임을 알게 된다. 즉, 후재시카고 미술관의 제도적 장치에는 예술의 자격을 수여하기에 적합하게 되어 있고 전재자연사박물관의 장치는 그렇지가 않다는 것이다."(Dickie, 1982[1974]: 45~46)

관의 역할을 이처럼 강조하는 것은 또 다른 형태의 사회결정론이라 할 수 있다. 디키는 자신의 이론을 이런 식으로 해석하는 것은 오해라고 주장한다.[4] 이러한 오해가 두려웠던 디키는 다시 순환하는 분석의 고리 속으로 숨어버린다. 예술제도론에 관한 디키의 최신버전은 다음의 다섯 항으로 요약된다.

> 첫째, 예술작품은 예술계의 공중에게 제시되기 위해 창조된 종류의 인공물이다. 둘째, 예술가는 이해를 통해 예술작품의 제작에 참여하는 사람이다. 셋째, 공중은 어느 정도 그들에게 제시된 대상을 이해할 준비가 되어있는 구성원들인 사람들의 집합이다. 넷째, 예술계는 모든 예술계 시스템의 총체이다. 다섯째, 예술계의 시스템은 예술가에 의해 예술계의 공중을 향한 예술작품의 제시를 위한 준거틀framework이다.(Dickie, 1997: 92)

예술계 개념에 내재된 실체적 속성에 대한 본격적인 분석은 정작 사회학자 베커에 의해 이루진다. 단토와 디키가 경계했던 것은 예술계의 제도적인 성격 그 자체가 아니라, 제도적 성격의 실체적인 속성만이 지나치게 부각되는 현상이었다. 단토가 '분위기'atmosphere라는 모호한 표현으로 피해가고자 했던 것은 예술계가 어떤 단일한 실체적 변수로 환원되는 상황이었을지도 모른다. 그러나, 예술계 개념이 비실체적인 속성 뿐 아니라 실체적인 속성을 동시에 포함하고 있다면, 단토에게 이 두 요소가 상호 강화되는 방식으로 예술작품의 의미를 산출해나가는 과정과 관련되어 있음은 분명한 것 같다. 여기서 워홀의 일상적인 것(브릴로 박스)이 예술작품으로 규정되는 과정에 개

---

4. "제도적 장치에 관해 언급할 때 나는 미술관이나 혹은 그와 유사한 어떤 물리적인 제도적 지역 내에 있는 어떤 사물에 대하여 말한 것이 아니었다. 그보다는 오히려 사물에 대해 생각하거나 사물을 바라보는 사회적 방식—사회적 관습—에 대해 말한 것이었다. 그러므로 뒤샹의 소변기가 전람회에 전시될 수 없었다면 그것이 어쩌면 그 유명한 예술작품이 되지 못했을지 모른다 하더라도 (예술계의 본성을 알고 있는) 뒤샹이 감상을 위한 후보로서 취급하기 시작하였을 때 〈샘〉은 예술작품이 되었을 것이고 또 사실 그렇게 되었다."(Dickie, 1982[1974]: 29)

입된 요소들을 살펴보면 다음과 같다.

예술작품	중립요소	실제사물
예술가(앤디 워홀) 과거의 예술가(피카소) 『타임』지(의) 비평(가) 갤러리 예술(사)이론	재료, 비용 수공(手工) 여부	브릴로사의 직원들 수퍼마켓

첫째, 예술가(앤디 워홀)를 꼽아야 한다. 브릴로 박스를 예술작품으로 만든 예술계에 있어서 가장 중요한 것 가운데 하나는 예술가로서의 워홀이다. 예술계 개념에 기댄 여타의 사회학적 접근이 다른 제도적 변수를 지나치게 강조하여 예술가의 지위를 부정하거나 축소하는 것과 달리 단토 자신은 예술계에 있어서 작가의 중심적인 지위를 부정하지 않는다.

> 예술작품이 오직 예술가에 의해 존재할 수 있다는 것은 분석적으로 옳은 말이다.(Danto, 1987[1973]: 61).

둘째, 워홀의 브릴로 박스에 대한 인정은 『타임』*Time*지 같은 언론기관에 의해 지지되고, 공식화된다. 예술작품의 정의에 있어서 언론기관의 역할은 무시할 수 없다. 언론은 실제사물의 예술작품으로의 변환을 공식화시키는 제도적 기구로 작용하기 때문이다. 그것은 사회구조에 있어서 언론기관이 차지하는 위치에 기인하는데, 언론은 실제적으로 공인된 정치권력에 버금하는 공적 권위체로 존재하기 때문이다. 언론기관은 단순한 제도적 기구가 아니라, (우호적) 비평가와 같은 다른 요소들을 종합해 내는 구실 역시 수행한다. 분명 언론의 개입은 상황전개에 있어서 결정적인 계기를 제공한다.

셋째, 워홀의 브릴로 박스가 예술작품으로 규정되는 데 결정적 영향을 미친 또 다른 요소는 갤러리이다. 무엇보다 워홀의 브릴로 박스는 갤러리 내에 존재함으로써만 예술작품이 되었다. 갤러리는 슈퍼마켓과는 대비되는 공간이다. 슈퍼마켓의 브릴로 박스는 예술작품이 될 수 없고, 『타임』지에 보도되더라도 광고란에나 등장할 수 있을 뿐이다. 그렇게 보면 갤러리에서의 전시는 실제사물이 예술작품으로 공인되는 과정의 필수적인 계기라 할 수 있다. 예술가에 의해 만들어진 모든 것들이 예술작품이 될 수는 없다. 예술가 역시 실용적인 도구들이나 제품들을 만들 수 있다. 그러나 예술가에 의해 만들어진 어떤 것도 그것이 일단 갤러리에서 전시되면, 예술작품이 될 수 있다. 따라서 이러한 가설이 성립될 수 있다. 즉 실제사물이 예술작품이 되는 단계는 먼저 예술가의 개입 → 갤러리에서의 전시 → 언론에 의한 공인을 거치면서 더욱 공고해진다.

예술가, 미술관, 언론, 비평가와 같은 요소들은 예술계의 구체적인 작동 효과를 보장하는 가시적이면서도 실체적 구성요소들이다. 일상의 예술적 변용은 이러한 제도의 실체적 요소들의 작동 없이 성취되기 어렵다. 디키 이후 예술계 개념의 사회학적 버전인 베커의 이론이 예술계 개념이 모호하다고 주장하면서, 이러한 실체적 요소들을 강조했을 때, 그 이유는 이러한 요소들만이 예술작품의 정의에 있어서 객관적이고 확인 가능한 요소들이기 때문이다. 그러나 단토 자신은 이러한 예술계의 실체적 요소들을 베커식의 인적-물적 자원의 네트워크라는 관점에서 명증하게 인정한 경우는 거의 찾을 수 없다. 단토가 베커식의 실체론적 예술계 개념을 거부하는 이유는 예술계의 실체적인 요소들을 부정하기 때문이 아니라, 이러한 실체적인 요소들의 구체적 작동의 질서를 부여하는 어떤 비가시적인 논리를 더욱 강조하기 때문이며, "예술이론"은 바로 그러한 예술계의 작동 논리에 해당한다. 그러므로 "항상 그랬던 것처럼, 예술계와 예술을 가능케 하는 것은 예술적 이론의 역할이다"(Danto, 1989[1964]: 181)라는 단토의 언급은 실체적인 요소들의 구체적인 작동을 조절하는 실천적 논리에 대한 강조로 보아야 할 것이다.

비실체적 예술이론으로서의 예술계

워홀의 브릴로 박스의 예술적 정의, 즉 미술관에서의 전시와, 『타임』지에 의한 긍정적 비평을 가능케 해주었던 그 예술이론이란 '실체이론'Reality Theory: RT이다. "예술작품과 실제사물 간의 근본적 대조 사이에는 RT가 존재한다."(Danto, 1989[1964]: 180) 실체이론은 모방론Imitation Theory: IT에 대립되는 예술이론이다. 그것은 대상의 모방된 이미지가 아닌 어떤 것을 예술작품으로 인정할 수 있는 시각이다. 예컨대 거울이 어떤 대상을 반영한다면, 모방론에서 예술작품은 오직 거울에 의해 반사된 이미지일 뿐이지만, 실체이론은 모방된 이미지와 대상 사이에 있는 거울을 지향한다. 즉 모방된 이미지와 분리되지 않는 거울이라는 실체도 예술일 수 있다. 대상도 아니고 모방된 이미지도 아닌, 그러면서 이미지와 대상을 동시에 포함할 수 있는 거울이라는 실체가 예술작품이 될 수 있다는 것이다. 이러한 실체이론에 의해 라우센버그Robert Rauschenberg의 채색된 실제 침대는 예술작품이 되었다. 실제사물로서의 침대는 라우센버그에 의해 덧입혀진 채색과 분리되지 않으며, 따라서 예술작품의 일부가 될 수 있었다. 마찬가지로 워홀에 의해 채색되어진 브릴로 박스는 그것이 아무리 실제사물과 외견상 유사하다 하더라도 실제사물이 될 수 없다. 워홀은 실제사물을 제작하는 데는 실패했지만, 그 실패는 그것이 필연적으로 예술작품일 수밖에 없도록 한다. 그것은 워홀이라는 예술가에 의해 창조된 예술작품이라는 것이다.

예술이론으로서의 예술계는 '4가지 넥타이'의 사례에서도 나타난다. 그

네 가지의 넥타이란, 첫째 피카소Pablo Ruiz Picasso의 넥타이, 둘째 위조된 넥타이, 셋째 어린아이의 넥타이, 넷째 세잔느Paul Cezanne에 의해 만들어졌다고 '가정된' 넥타이가 그것들이다. 이 가운데 예술작품이 될 수 있는 것은 피카소의 것이 유일하다. 피카소의 것만이 예술계에 의해 받아들여질 수 있기 때문이다. 그러면 나머지 것들은 왜 예술계에 진입할 수 없었을까? 그러면 피카소의 것을 예술계에 진입시키고, 나머지 것들을 막는 요인은 무엇인가? 그것은 적어도 위에서 표현된 바에 의하면 '실재와 예술에 대한 하나의 진술', '충분히 통찰력이 있는 진술', 혹은 '실재와 예술의 차이에 대한 의식'이다. 이러한 언급을 예술계의 핵심적 요소인 예술이론과 연관지어 생각할 때, 예술이론이란 결국 이러한 예술과 실재에 관한 '진술'과 '의식'에 해당한다. 예술이론은 예술에 관한 의미 있는 진술이요, 의식(인식)을 말한다. 이러한 '의식'과 '진술'로서의 예술이론이 바로 예술작품을 정의하는 과정에서 작가, 미술관, 비평가, 언론 등과 같은 실체적 요소들의 작동을 유발하는 논리이다. 중요한 것은 다른 것이 아닌 특정한 인식의 수용이 하나의 세계를 다른 세계로 바꾸는지에 대한 인식이다(Danto, 1989[1964]: 171). 이러한 인식과 진술은 바로 예술가 자신의 것으로 나타난다. 어린아이와 위조자는 의미 있는 예술적 진술을 할 능력이 없었기 때문에 자신들의 넥타이들을 예술계에 진입시킬 수가 없었다.

예술이론, 혹은 예술적 진술 등을 중시하는 단토의 예술계는 제도적 기구와 조직과 같은 실체적 요소와 예술에 대한 인식에 있어서의 응집조건과 같은 비실체적인 요소들을 포함한다. 단토에게 비실체적인 요소는 실체적인 요소에 우선하는 것으로 보인다. 결국 비실체적인 응집조건은 실체적인 기구와 조직들의 구체적 작동논리를 제공한다. 그렇다면, 단토가 말하려는 예술이론은 미술사조, 혹은 미술운동 집단들의 선언문과 어떻게 다른가? 확실한 것 한 가지는 단토에게 '이론'은 '명증한 개념들의 의식적인 결합'으로서의 의미만으로 사용되지 않는다는 것이다. 단토의 이론은 의식의 영역이 아니라, 그 의식이 본질적으로 어떤 실천과 관련되는 영역을 포함한다. 이 실천의 영역에 관한 현대적 고찰이 비트겐슈타인의 "생활양식"forms of life에서 시작된다면(Wittgenstein, 1993[1968]), 단토의 '이론' 역시 비트겐슈타인 후기철학의 연장선에서 이해되어야 할 필요가 있다.

실천적 이해로서의 예술계

비트겐슈타인의 규칙준수 테제를 논의함에 있어서, 테일러Charles Taylor는 규칙과 실천이 별개의 것이며 그것들의 공고한 결합은 사회적으로 조건지워진다는 크립키Saul Kripke (Kripke, 1972)의 주장을 기각한다(Taylor, 1993). 대신에 테일러는 '실천'을 일종의 '이해'understanding와 같은 의미로 받아들인다.5 "규칙을 따른다는 것은 실천이다"라는 비트겐슈타인의 명제는 규칙을 행하는 사람이 그 규칙이 제기되는 상황에서 그것을 규칙으로 '이해'하는 과정과 다르지 않다. 이해란 무엇보다 어떤 것의 의미를 그것이 사용되는 맥락과, 대상과 맥락 사이의 관계를 설정하는 상황적 배경전제background knowledge에 대한 참조를 의미한다. 예컨대, "장기 한판 두자!"라는 표현은 이 표현이 행해지는 상황 속에서 파악되지 않으면 안된다. 그런데 특정한 표현을 그것의 발화맥락과 연결하는 이러한 배경전제들은 결코 개념을 통해 '명료화'articularationun될 수 없다. 명료화란 표현은 그것이 사용되는 상황으로 유리시켜 추상화하는 과정을 의미한다. 비트겐슈타인의 이해는 추상의 반대편인 구체적 실천

---

5. 불행히도, 비트겐슈타인으로부터 유래된 '실천'(practice) 개념을 비트겐슈타인 자신의 언급을 통해, 밝히려는 작업은 실익이 없어 보인다. 왜냐하면, 자칫 비생산적이고 소모적인 어휘들의 순환에 빠질 수 있기 때문이다. 이 지점에서 테일러의 글을 요약하는 이유이기도 하다.

의 영역에서 작동한다. 테일러는 이해가 작동하는 영역을 "신체와 타인과의 관계"(Tayor, 1993: 55) 속에서 재해석하고 있다. 신체와 타자는 구체적 실천이 유발되는 맥락이라 할 수 있다.

우리의 이해가 무엇보다 우리의 실천 안에 존재한다고 보는 것은 배경전제에 빠져 나올 수 없는 역할을 부여한다. 이러한 관계는 예컨대, 하이데거나 비트겐슈타인에 의해 대표되는 전통적 인식론에 반대하는 모든 현대적 흐름 안에서 다양한 형태로 나타났다. 이러한 흐름은 신체의 역할을 새로운 조명 아래 놓는다. 우리의 신체는 단순히 우리가 설정하는 목표의 실행자이거나 단지 우리가 재현을 형성하는 인과적 요소들의 장소가 아니다. 우리의 이해는 그 자체로 체화된다Our understanding itself is embodied. 즉, 우리의 신체적 지식know-how 과 우리가 행동하고 움직이는 방식은 자아와 세계에 관한 우리의 이해의 능력을 약호화한다. 나는 익숙한 환경 주변에서 나의 길을 알고 있으며, 어떤 장소에서 다른 장소로 쉽고 확실하게 도달할 수 있다. 나는 지도를 그리라거나 혹은 심지어 이방인에게 명백한 방향을 제공하라는 요구에 당황할지도 모른다. 나는 나의 세계에서 익숙한 도구들을 사용하거나 조작하는 법을, 일반적으로 동일하게 명료화되지 않은 방식으로 알고 있다.(Taylor, 1993: 50)

이해는 신체에 체화된다. 즉, 몸에 스며들어 있다. 이해는 마치 다른 생각을 하면서도, 나도 모르게 올바른 길을 따라 목적지에 도착하는 여정과도 같다. 내가 어디로 가야할지 내 몸에 각인되어 있는 것이다. 우리의 실천은 몸과 몸에 각인된 이해를 통해 행해진다. 비트겐슈타인의 '실천'을 몸과 타자의 관점에서 재해석하는 테일러의 언급은 단토의 예술이론의 실천적 속성을 이해하는 단서가 될 수 있다. 단토의 예술계가 예술이론이고, 또 이것이 예술적 진술의 형태를 취한다면, 예술적 진술은 타자와의 관계 속에서 체화되어야 할 어떤 것임에 틀림없다.

우리는 관객이 [어떤 술어가] '예술적 동일화이다'is artistic identification라는 것을 '습득'master하고, 그래서 이것을 예술작품으로 '구성'해 낼 수 있을 때까지 그를 도울 수 없다.(Danto, 1989[1964]: 177)

여기서 '습득'master은 무엇인가를 단순히 '알고 있음'just being informed을 의미하는 것이 아니다. 습득된 예술적 동일화란 예술적 술어를 구사하는 능력을 체화하는 것이다. 또 그 능력을 예술작품이 정의되는 구체적인 맥락에서 그 참여자들에게 일상 속에서 자연스럽게 특정한 대상을 예술적인 것으로서 정당화시키는 상황적 배경전제들에 따라 구사할 수 있음을 의미한다. '그를 도울 수 없다'라는 것은 그러한 체화가 외부에서 일방적인 지시나 피상적인 정보의 전달만으로 이루어질 수 없음을 의미한다. 최근 단토의 이론적 관심은 좀 더 분명히 '체화'에 맞추어져 있다. 이러한 사실은 94년 출간된 그의 저서, 『체화된 의미』*Embodied Meaning*, 1994에서 이미 나타난다. 이 책의 서문에서 단토는 "회화는 그 자체로 체화된 의미이다"라고 말한다. 이 문장은 "관객은 작품이 제공하는 의미를 체화한다"와 호응하는 것이기도 하다(Danto, 1994: xi). '체화된 의미'로서의 예술의 완성은 공동체적 경험의 맥락 속에서 예술작품의 규정에 참여하는 모든 주체들의 실천적 합의 속에서 가능하다.

나는 경솔하게도 그러한 작업의 제목이 되어야 할 것들을 체화된 의미로 정했는데, 그 이유는 주로 내가 비평으로서 나의 작업이 가져야 할 것을 너무나 완벽하게 집약하고 있기 때문이다. 그 과제는 이중적이다. 작품이 의미하는 것을 알아낸 후 그 의미가 작품 속에서 체화되는 과정을 보여주는 것이다. 따라서 나는 의미와 관련되지 않거나, 사실상 작품의 속에서 의미의 체화가 아닌 이상, 작품의 형식적인 특징들에 관심을 갖지 않는다. [……] 나는 적어도 이것을 말하고자 한다; 의미는 다소간 예술가가 사는 세상으로부터 나오며, 여기에는 예술가의 가장 가까운 제도적 환경인 예술계가 포함된다. [……] 예술가의 독창성은 그녀/그가 훨씬 더 큰 영역의 공동체들과 공유하는 의미를 체화하는 양식을 발명하는 것으로부터 나온다. [······] 이것[작품]이 갖는 의미와 의도된 대로 작품을 경험하는 독자가 갖도록 되어있는 의미, 그리고 따라서 사람과 대상의 상호적인 변용transformation이 성공적인 예술적 경험을 구성한다. 그 다음에야 누군가 비평적 판단을 할 수 있다.(Danto, 1994: xiii)

단토의 예술계가 체화된 이론적 진술이라면, 그 진술은 적어도 '논리적인 개념으로 구성된 이론의 의미'가 아닌 것만은 확실하다.6 그것은 예술적 정의가 유발되는 공통의 맥락, 즉 일상과 일상적 실천에 체화된 종류의 것이다. 이렇게 체화된 이론은 테일러가 이해한 비트겐슈타인의 실천적인 '이해'와도 다르지 않다. 일종의 이해로서의 이론은 단순한 '미학적 시선'aesthetic gaze과는 다르다. 미학적 시선은 맥락으로부터 대상을 분리해 내는 '시각주의'visualism에 해당하며, 그린버그의 이론은 그러한 미학적 시선의 전형적인 경우라 할 수 있다. 단토는 그린버그가 "그의 특징을 잃어 버렸다"라고 평가한 로스코Mark Rothko의 후기 작품 〈로스코의 예배실〉The Rothko Chapel을 이미 맥락과 하나가 되어버린 '환경'environment으로 평가하면서 예술작품에 대한 체화된 이해가 줄 수 있는 것들을 진술한다. 그것은 일종의 '정신적 변용'spiritual transformation을 의미한다.

환경으로서 그러한 회화들은 다른 종류의 경험과 다른 의미의 영역을 함축하는데, 그 모든 것들은 그러한 변용이 의도된 것으로 발생할 때 제대로 들어 맞는다. 그리고 방문자들은 어떤 더 큰 정신적 계약spiritual transaction을 통해 다른

---

6. 부르베이커는 "논리적 실재(개념, 변수, 공리, 명제 등)로 구성된 구조로서, 특정한 논리적 가치(보편성, 추상성, 정밀성 등)를 지니며, 다른 것들과 논리적 관계(일관, 모순, 함축 등)를 맺고, 필자가 논리적 조작(연역, 일반화, 구체화, 부호화 등)을 수행한 결과물"로 이론을 정의하면서, 이를 부르디외의 실천적 지식과 대조한다(Brubaker, 1993: 213).

차원에서 집전자celebrants로 그리고 은유적 참여자metaphorical participants로 변용된다. 그것이 결국 예배실chapel 개념이 함축하는 것이며, 로스코가 추구했던 종류의 변화이다.(Danto, 1994: x~xi)

작품이 주어진 상황 속에 하나가 되어 버린 단토의 '은유적 참여'는 이 책의 첫 번째 장에서 살펴보았던 테일러가 '대화적 행동'dialogical acts과도 다르지 않다(Taylor, 1993: 51). 테일러에 따르면, 신체와 타자의 관계성 속에 위치한 맥락적 이해의 속성을 '대화'에 비유하고,7 대화적 행위자들은 맥락 속에서 '리듬'Rhythm을 공유한다. 이 공통의 리듬을 통해 그들은 상호적으로 행위를 조정하며 혼란에 빠지지 않고, 상황을 조절해 나간다. 이렇게 공동의 리듬에 동화하면서 사회세계를 유지해 나가는 대화적 존재는 특정한 맥락에서 그 맥락과 부합하는 방식으로 예술적 의미를 산출하고, 또 그렇게 산출된 예술적 의미를 관객들과 공유함으로써 예술성을 성취하는 단토의 체화된 의미로서의 예술(가) 개념과 크게 다르지 않다. 일상의 예술적 변용이란 작품을 고립된 오브제로부터 공동체의 의미 속에 복원하는 과정으로 이해될만 하다. 후기 단토의 관점에서 예술이론이란 작품의 맥락화를 유도하는 지식이다. 즉, 대화를 가능하게 하는 보이지 않는 (비실체적) 조절원리로 이해될 수 있다.

---

7. '대화적 행동'은 '독백적 행동'(monological acts)에 대립된다. 독백적 행동이란, 데카르트 이래 현대 인식론의 전통의 주체로 성립된 '1인칭 단수'로서 '나'의 고립된 행동을 말한다. '나'는 외부와 분리된 '내적 정신적 공간'을 갖는다. '나'는 이 분리된 정신적 공간을 통해서 외부와 관련을 맺는다. 외부대상과 세계를 내적 공간에 투영한 것이 바로 '재현'(representation)인 것이다. 따라서 재현은 주체/객체의 이분법 속에 있으며, 그런 의미에서 그린버그를 포함하여 인식이나 미적 대상을 맥락에서 분리시켜 소위 '그 자체'(in itself)라는 배타적 본질의 영역으로 환원하고자 했던 모더니즘적 사고의 연장선 위에서 파악된다. '미학적 시선'의 주체는 테일러의 '독백적 재현'의 주체와 유사하다. 즉, 미학적 시선의 주체가 예술작품을 맥락에서 분리시킴으로써 작품의 특징을 간파하려는 미학적 태도는 외부로부터 분리된 내적 영역에 대상과 세계를 '재현'하려는 독백적 자아와 다를 게 없는 것이다.

예술계론의 분석철학적 패러다임의 한계

여전히 문제는 남는다. 그리고 그 문제는 단토의 예술계 개념 내부에서 나온다. 지금까지의 글은 단토의 예술계 개념이 실체적 요소와 비실체적 요소의 결합으로 파악했다. 그러나 실상 예술계 개념을 제기한 단토 자신에겐 비실체적 요소들에 방점이 찍혀있음을 관찰해 왔다. 그 비실체적 요소란 비트겐슈타인과 테일러의 연장선 위에서 제기된 '실천적으로 체화된 이해'로서의 예술이론이자 예술에 관한 술어의 구사능력을 말한다. 그렇다면, 단토는 여전히 예술계 개념 속에 남아 있는 실체적인 요소들을 어떻게 포섭할 것인가? 그것은 단순히 예술이론의 작동을 위한 외부적 기구apparatus, 혹은 장치에 불과한 것인가? 불행하게도, 실체적 요소들은 예술계 개념이 가장 단토적인 의미의 체화된 이해로 해석된다 하더라도 여전히 본질적인 기능을 수행하고 있다. 예술계에서 실체적인 요소들의 중요성에 관한 증거는 이미 앞서도 전술한 것처럼 디키의 몇몇 언급들, 그리고 예술계 개념을 완전히 사회학적 시각에서 인적 물적 동맹들의 네트워크로 규정한 베커의 이론에서 증명된다. 예술계의 비실체적 요소들에 대한 단토의 입장과 실체적 요소들을 극단화시키는 베커의 입장, 그리고 중간적 입장의 디키의 입장 사이의 괴리는 사실상 이들의 견해를 소위 '예술제도론'이라는 단일한 범주 속에서 상호보완적으로 받아들이기 어려울 만큼 벌어져 있다.

단토를 옹호하기 위해 베커를 부정할 것인가? 아니면, 베커의 관점에서 단토가 잘못된 것인가? 적어도 이런 식의 의문이 가능할 만큼 예술계 개념 내에서 실체적 요소와 비실체적 요소의 대립과 모순이 존재하며, 여전히 보완되어야 할 논점들이 존재한다. 이는 또한 예술계 개념이 논의되는 현재적 지평의 한계를 나타내는 것이기도 하다. 단토의 예술계론의 문제는 단순히 베커가 단토를 잘못 이해했다거나, 실체적 요소에 대한 베커의 강조가 단토적 준거틀을 벗어나 사회학적 결정주의sociological determinism와 유사한 형태로 주어졌다는 사실을 고려하는 것으로 해결되는 것은 아니다. 체화된 이해로서의 예술계에 대한 단토의 그 모든 분석적 논증과 후기 비트겐슈타인적 변용을 경유한다 하더라도 그의 개념에는 여전히 실체적 요소가 개입될 여지가 남아 있다. 예술작품의 규정을 가능케 하는 것이 체화된 이해로서의 예술이론이라면, 그러한 예술이론을 가능케 하는 것은 또 무엇인가? 특정한 예술적 진술의 구사능력은 누구에 의해서, 왜, 어떻게 만들어지고, 이 모든 것을 추동하는 요인은 무엇인가? 이러한 문제에 대한 단토의 대답은 소위 "예술계의 준비"라는 표현에 함축되어 있다.

> 우선 세잔느 시대의 예술계에는 채색된 넥타이가 예술작품이 될 수 있는 여지가 전혀 없었다. 모든 것이 모든 시대에 통용되는 예술작품일 수는 없다. 예술계 자체 내에서 그것에 대한 준비가 있어야 한다.(Danto, 1987[1973]: 58)

동일한 질문이 되풀이 된다. '준비'란 구체적으로 무엇을 말하는가? '준비'는 누구에 의해 왜 행해지는가? 이러한 의문에 관해 대답해야 할 지점에서 단토는 아무 말이 없다. 반면, 베커는 그 질문에 대한 사회학적 대답을 시도했다. 베커의 노골적인 확언에 대비되는 단토의 묵묵부답의 원인은 앞서 어디선가 지적했던 분석철학적 패러다임의 한계에서 파생하는 것은 아닐까? 단토의 예술철학적 '분석'은 여전히 언어의 형식적 명증함과 엄밀함을 추구한다. 그러나 그가 분석의 대상으로 삼은 예술작품의 정의문제는 의미의 형식적인 문세인 동시에 다양하고 자별적인 내용성을 갖는다. 다시 말해, 특정한 예술이론의 체화를 유발하는 조건의 역사성과 사회성, 그 조건에 참여하는 주체들의 의도와 정치-경제적인 이해관계의 모든 특수성과 같은 실체적 사항들을 수용하기에 '분석'이라는 단토의 준거틀은 지나치게 좁고 얕았던 것이 아닐까 하는 것이다. 이러한 피상성은 그의 후기 철학에서도 완전히 해소되지 않는다. '준비'는 모종의 의인화모델을 함축한다. '준비'는 준비하는 실체적 주체를 상정하지 않고는 받아들여지지 않는다. 즉 준비는 실천적 이해로서의 예술이론이나 예술적 진술의 구사능력을 습득하는 주체를 상정한다. 또 이 주체는 특정한 예술이론을 습득하는 개인들을 넘어서, 그러한 광범위한 실체적 조건들의 일부를 이룬다. 물론, 단토의 지적을 액면 그대로 받아들이자면 이렇다. 어떤 것을 예술작품으로 규정할 특정한 예술이론이 부재한다면, 적어도 기존 예술이론에 그것을 받아들일 여지가 있어야 한다는 것이다. 만약 기존의 예술이론에 의해 받아들여질 여지가 전혀 없다면, 그것은 예술작품이 될 수가 없는 것이다. 예컨대, 세잔느의 넥타이는 결코 예술작품이 될 수 없다. 그것 자체의 예술이론을 가졌다 하더라도 기존의 예술이론에 의해 수용될 여지가 전혀 없었다. 여기에는 좀 더 강화된 응집조건에 대한 암시가 읽힌다. 특정한 예술이론은 그 자체 내의 진술들과 인식들 간의 응집을 필요로 할 뿐 아니라, 그 예술이론과 기존 예술이론과도 응집되어야 하는 것이다. 그러나 이론 간의 응집이 필연적인 것은 아니다. 비트겐슈타인을 비롯하여 모든 실천에 관한 이론들은 기승전결의 극적 서사를 갖는 그런 식의 '응집'은 결코 가능하지 않음을 증명하고자 했다. 서로 다른 '놀이'일 뿐이라는 것이다. 그 놀이들의 차별성은 이미 토마스 쿤Thomas Kuhn의 소위 패러다임의 '통약불가능성'incommensurability 개념(Kuhn, 1967: 92~110)에도 나타나 있다.[8] 단토 역시 비슷한 언급을 남기고 있다.

---

8. 서로 경쟁관계에 있는 패러다임들은 논리적 기준에 의해 비교할 수 없다. 따라서 하나의 이론을 수용한다는 것은 완전히 다른 패러다임을 수용한다는 것이다. 패러다임의 전환은 일종의 종교적 개종(conversion)이나 정치적 혁명과 유사하다. 그가 과학을 실증적 현대과학에서 정점을 이루는 일관된 발전으로 설명하지 않고, 과학혁명(scientific revolutions)이라 지칭하는 것도 이러한 이유이다.

여기서 하나의 예술적 인식이 어떻게 또 다른 예술적 인식을 낳는지를 주의하라. 그리고 어떻게 주어진 인식에 일관된 방식으로 우리가 다른 인식을 주도록, 그리고 다른 것들로부터 배제되도록 요구받는지에 대해 주의하라. 주어진 인식은 얼마나 많은 요소들이 그 작업에 포함되어야 하는지를 결정한다. 이러한 다른 인식들은 서로 양립할 수 없다.(Danto, 1989[1964]: 176)

세잔느 시절의 공인된 보편적 예술적 술어들과 피카소 시절의 예술적 술어들은 완전히 다르다. 예술계의 준비란 결국, 예술적 진술들 사이의 상호정합성일 수는 없다. 그런 의미에서 그 준비는 특정한 예술적 진술과 그것이 위치한 객관적 조건들 사이의 정합성 이외에 다른 것이기 어렵다. 예컨대, 실체이론은 워홀에 의해 제기되었고, 단토에 의해 철학적으로 증명되었다. 워홀과 단토는 실제이론이 제기된 그 객관적 조건의 중요한 구성요소로 포함된다. 어쨌거나 예술계의 '준비'라는 것, 다른 말로 새로운 예술이론의 출현이나 외적 조건들에 의한 이론의 수용가능성은 분석이나 모호한 체화의 관점 내에서만은 해결되지 않는다. 하지만, 그렇다고 단토 체계 내에서 실체적 요소들과의 정합성을 순순히 인정할 수도 없다. 의인화 모델의 넌센스, 아니면, 실체적 조건의 선행성을 인정하는 꼴이 되기 때문이다. 이러한 인정은 분석철학적 패러다임의 우선성을 파기하는 것에 해당한다. 단토는 언어적 패러다임의 장점 뿐 아니라 한계까지도 완전히 의식하면서, 예술계 개념을 사용한다. 비실체적 요소들의 존재와 형성에 관한 역사적이고 사회적인 조건의 실체적 요소에 대한 설명을 필요로 하는 부분에 이르러 재빨리 언어의 틀 속으로 숨어 버리지민, 여진히 실체직 요소들을 함축하는 것이다. 언어의 틀 내부에서 실체적 요소의 함축은 사회학적 결정론에 관한 여타의 혐오에 빠지지 않으면서 분석철학의 패러다임을 유지하기 위한 어떤 전술이 아닐까? "art world"라는 용어 그 자체가 이미 실체론적 함의를 동반한 전략적 용어일 수 있다. 이러한 사실은 예술철학적 예술계 논의의 개방성이기도 하겠지만,

역으로 철학과 사회학으로 양분된 예술계론의 기존 논의 구조의 한계와 불완전성을 노출한다. 노골적인 사회학주의로 귀결되는 베커(Becker: 1974; 1982a; 1982b; 1982c)의 예술계론은 체화된 이해로서 예술계라는 비실체적 요소를 다루는 데 한계를 보이는 반면, 언어 분석이나 체화이론의 틀 내에서 논의되는 예술계론은 전술한 것처럼 실체적인 요소에 대한 피상적인 함축에서 더 나아가지 못한다. 예술계론의 논의 지평의 현재적 상황은 그러하다.

결국 일상의 예술적 변용에 관한 논리적 설명을 시도했던 예술계 이론은 예술작품의 규정에 있어서 작품과 비실체적 요소, 실체적 요소들이 만들어내는 종합적인 설명 구조 속에서 완성되는 종류의 것이었으며, 그 완성은 단토와 베커를 벗어나면서도, 그들의 이론을 동시에 수용할 수 있는 어떤 종합적 관점의 필요성을 제기한다. 필자는 그 종합의 가능성을 부르디외의 아비튀스와 장 이론에서 타진해 보고자 한다.

미적 본질론과 예술제도론에 대한 부르디외의 비판

단토가 끝난 곳에서 부르디외는 시작한다. 단토는 예술계 개념에 내재된 실체적 요소와 비실체적 요소 간의 모순을 종합하는 데 실패했다. 단토는 예술계 개념을 비실체적 요소들의 관점에서 해석하려 했지만, 여전히 실체적 요소들 역시 강조될 수밖에 없으며, 단토에겐 이러한 실체적 요소들에 접근할 방법이 주어지지 않았다. 부르디외는 그러한 비실체적 요소와 실체적 요소의 결합을 시도하고 있는 것이다. 단토에 대한 부르디외의 직접적 언급과 논의는 『예술의 규칙』The Rules of Art의 3부 "이해를 이해하기"에 집중되어 있으며, 이는 그의 글 「순수 미학의 역사적 발생」"Historical Genesis of a Pure Aesthetic", 1993을 발전시킨 것으로 보인다. 부르디외는 워홀의 작품 앞에

선 단토를 이렇게 묘사한다.

> 예를 들어 스타블 화랑에서 워홀의 브릴로 상자 전시회를 방문하고 난 다음에 인정된, 그리고 인정을 할 수 있는 장소 속에서 전시를 통하여 장에 의해 수행된 가치 부여의 자의적인 성격을 발견한 아서 단토는 예외적인 경험을 겪는다. 즉각적으로 의미와 가치가 부여된 것으로의 예술작품의 경험은 역사적인 동일한 제도의 두 면 사이의 일치의 효과이다. 그 두 면이란 상호적으로 서로를 설립해 준 교양있는 아비튀스와 예술 장을 말한다.(Bourdieu, 1999[1996]: 378)

부르디외는 예술계를 자신의 용어인 '아비튀스'와 '장' 개념으로 확장시킬 것을 제안한다. 그렇다면 부르디외가 단토에게 문제 삼는 것은 무엇일까? 부르디외는 미학적 인식만이 예술작품의 규정을 가능하게 한다는 전제를 거부한다.

아서 단토처럼, 예술작품과 일상적 대상 사이의 차이를 하나의 제도, 다시 말해 예술작품들에게 미학적 평가를 받을 후보자로서의 이상을 부여하는 '예술 세계' 외에 다른 것이 아니라고 주장하는 것으로 충분할까? 약간은 '사회학적인' 판단이다. 다시 한번 너무 급히 보편화된 특이한 경험으로부터 탄생한 것으로, 그는 단지 예술 작품의 제도적 사실만을 지적한다. 그는 그러한 제도적 행위를 할 수 있는, 다시 말해 예술작품을 예술작품으로 인정하도록 모든 사람들에게 강요할 수 있는 제도(예술장)의 기원과 구조에 대한 역사적이고 사회학적인 분석을 생략한다.9 (Bourdieu, 1999[1993]: 375~376)

---

9. 여기서 부르디외의 오류를 지적해야 할 것 같다. 부르디외는 단토를 디키로 오해하고 있다. 예술작품을 "미학적 평가를 받을 후보자"로서 정의하는 것은 단토가 아닌 디키였던 것이다. 그러나 디키의 예술제도론이 단토의 "예술계" 개념에서 출발했고, 단토가 자신이 제기한 개념에 대한 디키식 재해석에 별다른 반대의사가 없음을 감안하면, 부르디외의 오역이 크게 잘못된 것은 아닌 듯 보인다.

부르디외는 예술제도론이 예술작품에 관한 제도적 속성에 도달하면서, 순수미학의 본질론적 설명에서 빠져나온 것은 분명한 성과로 인정하는 듯하다. 그러한 성과는 미적 본질을 가능케 하는 실체적 조건에 대한 함축을 말한다. 부르디외의 비판의 요점은 그러한 함축만으로는 충분치 않으며, 예술을 규정하는 제도의 존재를 넘어서 그러한 제도의 작동을 가능케 하는 객관적 조건에 관해 고려하지 않는 한, 예술제도론 역시 근본적으로 본질론적인 순수미학의 한계를 공유하고 있다는 것이다. 단토와 디키의 예술제도론은 특정한 방식의 예술작품의 존재규정을 가능케 하는 제도의 역사적 발생과 조건을 추적하기에 충분하지 않다는 것이다.10 본질론은 말 그대로 미적본질을 가정하는 여러 시도들을 말하며, 적어도 부르디외의 관점에서 그 모든 미적 본질론의 원형은 칸트의 '무관심성'disinterestedness에서 파생되는 것처럼 보인다. 그런데 이러한 본질론에서 정작 비판되어야 할 것은 그러한 환원 과정에서 가능할 수 있는 다른 요소들에 대한 나머지 가능성을 삭제함으로써 특정한 개념과 태도를 절대화하려 한다는 것이다.11 부르디외는 본질론의 내용

---

10. 아비튀스와 장 개념으로 넘어가기 전에 본질론에 대한 부르디외의 비판을 좀 더 따라가 볼 필요가 있다. 부르디외가 말하는 본질론은 대략 다음과 같은 것들을 말한다. "철학자 언어학자 기호학자 예술사가들이 문학의 특수성('문학성'), 시의 특수성('시학성'), 또는 일반적인 작품 전체의 특수성, 그리고 작품들이 소유하는 순수하게 미학적인 인식의 특수성의 문제에 대해 했던 수많은 대답들은 무상성, 기능의 부재, 또는 형태의 기능에 대한 우월, 초연함 등과 같은 속성들을 강조함에 있어서 일치한다. 나는 여기서 스트로슨의 분석처럼, 칸트적인 분석의 변종들에 불과한 이 모든 정의들을 언급하지는 않을 것이다. 그에게 예술작품은 그 기능으로서 기능을 갖지 않는 것이다. 또는 흄(Thomas Ernest Hume)의 분석에서처럼, 예술적인 명상은: '초연한 관심'이다. 나는 사회적 공간과 역사적 시간 속에 아주 명백하게 위치한, 그리고 아주 특수한 예술작품에 대한 경험을 이중적인 탈역사화의 대가를 치르면서까지 작품과 작품에 대한 시선의 보편적인 본질로 구성하려고 하는 이러한 시도들의 이상적인 전형의 예를 주는 것으로 만족하고자 한다."(Bourdieu, 1999(1993): 373)
11. "이러한 본질적 분석들이 그 본질에 있어서 서로 만나게 되는 것은, 이 분석들이 공통적으로 그 대상을 암묵적으로건, 터놓고 건(현상학적이라고 주장하는 분석들처럼) 그들 저자의 경험인, 다시 말해 한 사회의 교양 있는 사람의 경험인 예술작품의 주관적 경험을 취하고 있기 때문이다. 그렇지만 이 분석들은 이러한 경험, 그리고 이 경험이 적용되는 대상의 역사성을 간과한다. 그것은 이

을 문제 삼지 않는다. 오히려 내용적인 면에서 모든 본질론은 나름의 정합적 체계로서 인정된다. 문제는 이 체계가 역사적으로 특정한 시기에 사회적으로 특정한 공간 속에서 여러 가지 힘의 백터들이 만들어내는 역학구조 속에서 성립되었다는 것이다. 모든 본질론은 특수한 것들이며, 상대적인 것들이며, 예술장 내에서 '위치 지워지고, 날짜가 매겨진다'. 즉, 모든 본질은 역사적 사회적 특수성 위에서만 가능하다. 부르디외는 특정한 개념이나 요소가 본질로 주장되고 보편화되는 역사적 상황과 사회적 조건을 복원하고자 한다.

> 본질의 분석이 망각한 것, 그것은 본질적 분석이 순진하게 기술한 그대로 미학적 경험의 조건인 역사적 초월로서 예술적 인지 속에서 작품화되는 성향들과 분류적 도식들의 생산(또는 발명), 그리고 재생산(또는 주입)의 사회적 조건들이다.(Bourdieu, 1999[1993]: 377)

본질론을 역사적 특수성과 사회적 조건 위에서 상대화시키려는 시도는 본질론의 절대화가 가져온 효과들을 볼 때, 그 자체만으로도 충분한 비판적 과제가 될 수 있으며, 만약 체화된 이해만을 지적하면서 그러한 이해의 객관적 조건을 설명하지 못한다면, 단토 역시 동일한 오류를 범하고 있다는 것이 부르디외의 비판이다.

분석들이 자기도 모르게 특수한 경우의 보편화를 수행하고 있으며, 그것을 통해서 예술작품에 대한 위치가 정해지고 날짜가 매겨진 특수한 경험을 가지고 모든 예술적 인식의 초역사적인 규범으로 만든다는 것을 말한다. 이 분석들은 동시에, 이러한 경험의 가능성들의 역사적이고 사회적인 조건들을 침묵 속으로 집어넣는다. 이 분석들은 실제로 그 속에서 미학적 시선을 받을 자격이 있는 것으로 간주된 작품들이, 생산되었고 구성되었던 조건들의 분석을 스스로 금지한다. 그리고 그 분석들은 그들이 호소하는 미학적 성향이 시간의 흐름과 함께 계속해서 생산되고(계통발생) 재생되는(개체발생) 조건들의 문제도 무시한다. 따라서 이러한 이중적인 분석은 미학적 분석이 무엇인가, 그리고 그를 동반하고 있는, 그리고 본질적인 분석이 순진하게도 기록하고 있는 보편성의 환상이 무엇인가를 알게 해줄 것이다."(Bourdieu, 1999[1993]: 374)

아비튀스로서의 예술계

부르디외의 말처럼 예술작품의 경험을 아비튀스와 장의 개념을 통해 이해해야 한다고 했을 때, 아비튀스는 이미 테일러의 언급에서 함축되어 있다. 테일러는 비트겐슈타인의 실천이론을 체화된 이해로 정의하면서, 이미 그것의 현대적 용례를 부르디외 이론에서 발견하였던 것이다(Taylor, 1993: 51). 테일러가 말하는 몸과 타자와의 관계성 속에서 행위자에게 체화된 리듬, 그것이 곧 부르디외가 말하는 아비튀스라는 것이다. 이 리듬은 곧 각인된 세계를 향한 이해이며, 그러한 이해를 바탕으로 개별 행위를 산출하고, 그것을 타자와 행위와 조율하는 원칙이다. 이 원칙들은 일종의 일관성을 띠면서 지속되는 '습성'habit의 형태로 존재한다. 아비튀스는 따라서 '구조화된 사회적 습성'structured social habit을 말하며, 부르디외는 이것을 성향disposition, 혹은 '실천의 논리'logic of practice로 명명했던 것이다.

> '아비튀스는' 지속가능하고durable, 변형가능한 성향transposable disposition이며, 구조들의 구조화structuring structures 기능을 수행하도록 예정된predispose 구조화된 구조이다. 즉, 목표를 획득하기 위해 필요한 작동에 대한 습득을 표현하거나 목표들에 대한 의식적인 지향을 의식하지 않고서도 그들의 산출에 객관적으로 적응될 수 있는 재현과 실천을 조직하고 발생시키는 원칙이다.(Bourdieu, 1990: 53)

다시 단토의 예술계 개념으로 돌아가 보자. 단토의 예술계는 단순한 지식이나 진술이 아니라, 예술작품을 산출하고, 그것을 예술로 수용하는 주체들에게 '습득'master 되어야할 어떤 것이다. 그리고 그 습득이 결국 무엇이 예술작품으로 규정되어야 하는 가에 관한 체화된 이해를 말한다면, 그 이해는 단순히 그 상황에만 적용되는 일회적이고 단편적인 것인가? 아니면, 나름의 일관성을 띠면서 비슷한 상황에서 또 다른 대상의 예술적 규정에서 적용되는 구조적 논리로 작용하는가? 단토가 예술계의 예로 들었던 것들, 워홀의 브릴로 박스를 예술작품으로 규정했던 '실체이론'은 오직 워홀의 경우에만 한정적으로 적용되는 것인가? 그가 말한 예술적 술어들의 조합들이 일회적이고 표피적인 현상이 아니라는 사실은 미술사에서 확인된다. 그 술어조합들은 단일한 행위자의 행위 안에서 일시적으로 이루어지는 것이 결코 아니었다. 그 술어들이 지칭하는 미술적 특징들은 일정한 기간 지속되는 보편적인 흐름으로 수렴되면서 소위 양식화되는 경향으로 나타났고, 소위 '팝아트'로 구획되는 수많은 작가와 작품들이 단토가 말하는 실체이론의 구체적인 적용대상이 된다. 또한 그의 술어 조합들은 그렇게 특정한 대상을 예술작품으로 규정함으로써, 그러한 규정이 초래되는 반경 내의 모든 실천들을 그 규정에 따라 조율한다. 테일러의 표현을 따르자면, 일종의 대화적 행위로서의 나름의 리듬을 부여하는 것이다. 단토의 예술계는 예술작품의 규정에서 일종의 지속성을 갖는 구조적 성향들의 체계로 기능함을 알 수 있으며, 그런 의미에서 또 다른 실천을 산출하고 조율하는 아비튀스인 것이다.

아비튀스로서의 예술계는 지속과 보편적 자기 확산을 추구한다. 이러한 지속성과 보편성의 추구를 '스타일화'stylization의 특징이라고 할 때, 따라서 아비튀스로서의 예술계는 '스타일'로 존재한다. 예술계는 매 순간의 실천 속에서 서로 다른 방식으로 작용하지만, 그 모든 순간적 차별성을 하나의 보편성으로 관통하는 구조적 원칙으로 작용하는 것이다. 단토는 예술계의 또 다른 용어인 예술적 술어의 체계들에 관해 설명한다.

> [여기서] G를 "재현적이다"라 하고, F를 "표현적이다"라 하자. 주어진 시간동안 이 것들과 이것들의 대립물이 비평적 쓰임에 있어서 아마도 사용가능한 예술상관술어들이 될 것이다. 이제 "+"가 주어진 술어 P를 대표하며, "−"가 반대의 non-P를 대표한다면, 우리는 다소간 다음의 스타일 매트릭스를 구성할 수 있을 것이다.

```
F G
+ +
+ -
- +
- -
```

열은 가능한 양식을 결정한다. 주어진 실제 비평어휘로는; 재현적 표현(포비즘; 야수파), 재현적 비표현(엥그르), 비재현적 표현(추상표현주의), 비재현적 비표현(하드엣지). 단순하게 우리는 우리가 첨가한 예술상관술어들에 따라, 가능한 스타일의 수는 2의 n제곱이 된다. 물론 미리 어떤 술어가 첨가될 것인지, 또 그것들의 대립술어에 의해 대체될 것인지를 미리 알기란 쉽지 않다. 그러나 한 예술가가 H가 그의 작품을 위한 예술적 상관술어가 되어야 한다고 결정한다고 가정해 보자. 그러면 사실상 H와 non-H 둘다 모든 회화에 대한 예술상관 술어가 되는데, 그의 작품이 최초의 그리고 유일한 H회화가 되고, 존재하는 다른 모든 회화는 non-H가 된다. 따라서 전체 회화 공동체는 풍부해지고, 가능한 스타일의 기회는 배가 된다. 라파엘Raphael, 드쿠닝De Kooning, 리히텐슈타인Lichtenstein, 미켈란젤로Michelangelo를 함께 논할 수 있는 것도, 예술계에서의 구성요소들의 소급적인 풍요retroactive enrichment 때문이다. 예술적 상관 술어들의 다양성이 커질수록 예술계의 개별요소들의 복잡성은 풍부해 진다. 그리고 사람들이 예술계의 전체 구성요소들에 대해 더욱 많이 알수록 그 모든 구성요소들에 대한 그들의 경험 역시 풍부해진다(Danto, 1981: 120~122).

상관술어로서의 예술이론은 그 자체로 예술계의 전부는 아니지만 예술계를 구성하는 필수적 구성요소이다. 새로운 상관술어를 도입한다는 것은 또 다른 예술이론을 도입한다는 것이다. 이러한 작업은 또다시 예술가를 포함한 예술계의 실체적 주체들에 의해 결정된다. 이렇게 도입된 예술상관 술어-예술이론은 이전에 존재했던 모든 작품들에 대한 설명력을 가져야하며,

그로 인해 가능케 된 이러한 또 다른 설명가능성이 예술계를 소급적으로 풍요하게 만든다. 이러한 예술적 상관술어들은 또한 그저 분절된 어휘로 존재하는 것이 아니라, 또 다른 어휘를 산출하고, 그렇게 산출된 어휘들은 하나의 응집cohered된 체계를 이룬다. 이렇게 응집된 술어들의 체화된 체계가 바로 단토가 말하는 예술계로서의 미술사와 이론인 것이다. 여기서 아비튀스로서의 각각의 체화된 술어들은 단순한 술어들이 아니라, 미술사의 특정 양식에 대응될 정도의 지속성과 보편성을 갖는다. 문제는 이러한 각각의 술어들의 지속성과 보편성의 추구가 각각 양립 불가능한 서로 다른 미적 리얼리티를 배타적으로 확장하고 공인하기 위해 서로 충돌하고 투쟁하는 지점에 이른다는 것이다. 특히 역사적으로 특정한 공인 술어가 또 다른 술어로 대체될 때 그러한 갈등은 표면화된다. 부르디외는 동일한 공간에서 서로 다른 아비튀스들이 공존할 수 있음을 인정하며, 그것은 단토의 양식 매트릭스 내의 상이한 칼럼들의 존재로도 설명된다. 따라서 아비튀스로서 예술계는 이러한 지속성과 보편성의 추구, 그리고 그러한 추구과정에 내재된 상호 투쟁적 속성을 본질적인 특징으로 삼는다. 그러나 문제는 단토에게 그러한 지속성과 보편성은 예술계에 본질적인 것으로 인정되지 않으며, 예술계 밖의 소위 '사회학적 관심'의 영역으로 배제된다.

> 유행Fashion은, 이것이 발생할 때, 양식 매트릭스의 한 열을 선호한다; 미술관, 감식가connoisseur, 그리고 다른 것들이 예술계에서 평형추makeweights이다. 모든 예술가들이 재현적이 되기를 주장하거나 추구하는 것, 특별히 특권적인 전시에 침가권을 획득하는 것은 가능한 양식 매트릭스를 반으로 줄인다; 따라서 요구조건을 만족시키는 (2의 n승)/2개의 방법이 존재하며, 미술관은 그들이 설정한 주제에 대한 모든 접근들을 전시할 수 있다. 그러나 이것은 거의 순수하게 사회학적인 관심이다.(Danto, 1989[1964]: 182)

지속성과 보편성이 모든 이론과 술어들의 본질적 속성임을 증명하는 것은 그리 어려운 일이 아니다. 단토의 술어 G[재현]와 F[표현]는 미술사에서 가장 극단적인 양상으로 지속성과 보편성을 추구했다. 그러한 추구는 지난 세기 초에 가장 극단적인 투쟁과 갈등을 초래했던 것이다. 그러나 단토는 이러한 예술계의 본질적인 속성들을 일종의 '유행'이자 부차적인 '사회학적 관심'으로 제쳐두는 오류를 범하고 만다. 결과적으로 G와 F라는 술어들의 본질적인 특성일 수밖에 없는 지속성과 보편성의 추구가 오히려 전체 술어들의 매트릭스의 가능한 조합의 경우 수를 반으로 줄이는 자폐적인 모순에 도달하는 것이다. 물론, 그러한 오류는 예술계의 실체적인 요소들을 포섭할 수 없는 분석틀의 협소성에 있다는 점은 이미 지적한 바 있다. 그렇다면, 이처럼 특정한 예술이론이 만들어져 체화되면서 지속적인 성향이 되고, 기존의 다른 이론들과 투쟁한 결과 보편성의 공적 인정을 획득하게 되는 자연스러운 작동 논리는 어떻게 가능한가? 이러한 물음에 대한 설명적 대답은 부르디외에게 있어서 또 하나의 중요한 개념인 '장'의 도입을 통해서만 가능하다.

예술계의 실체적 요소들의 체계로서의 '장'

본 글은 이미 실체적 요소의 배제를 단토의 예술계 개념의 가장 큰 한계로 지적한 바 있다. 그러한 지적을 전제할 때, 단토의 예술계 개념을 부르디외의 관점에서 재해석하려는 본 기획의 가능성은 부르디외가 단토가 실패했던 실체적인 요소들의 수용을 얼마나 극복해 낼 수 있느냐에 달려 있다 해도 과언은 아니다. 그러나 부르디외가 단지 그러한 실체적 요소의 수용에 그친다면, 그것은 베커식 예술계 개념을 다시 한번 반복하는 데 불과할 수 있다. 따라서 과제는 부르디외에 의한 실체적 요소들의 수용이 단토가 강조하는

'체화된 이해'로서의 비실체적 예술계와 얼마만큼 상호적인 결합을 성취할 수 있는지 역시 고려되어야 할 것이다. 부르디외는 예술계 개념에 함축된 실체적 요소들을 '장'개념을 통해 체계적으로 통합하고 있다.

> 장은 (개인들 또는 제도들에 의해 점유되어진) 위치들positions 사이의, 객관적인 관계들의 ― 지배 또는 종속의, 협력 또는 대립의 ― 연결망이다.(Bourdieu, 1993d: 231)

장은 위치들 사이의 객관적인 관계들의 네트워크로서, 또는 배열configuration로서, 규정되어진다. 이 위치들은 그것들의 점유자들, 행위자들, 제도들에 부여하는 권력(자본)의 종류의 분배구조 속의 그들의 현재적이고 잠재적인 상황에 의해, 그들이 그것들의 점유자들, 행위자들, 제도들에 부여하는 결정과 존재 내에서 객관적으로 규정되어 진다. 고도로 분업화된 사회에서 사회적 우주social cosmos는 수많은 상대적으로 자율적인 사회적 소우주로 구성되어 있다. 이 사회적 소우주는 다른 장으로 환원될 수 없는 독특한 논리와 필연성을 가진 객관적인 관계들의 공간이다. 예를 들어, 예술장, 종교장, 경제장은 모두 특수한 논리를 따른다. 예술장은 물질적 이익의 법칙을 거부하거나, 전환하면서, 자체적으로 구성된 반면에, 경제장은 역사적으로 우리가 보통 "사업은 사업이다"business is business라고 말하는 세계의 창조를 통해 나타났다. 경제장에서 우정과 사랑의 관계는 원칙적으로 배제된다(Bourdieu and Waquant, 1992: 97~98).

부르디외의 이론에서 가장 분명한 성과는 아비튀스와 장 개념이 별개의 것이 아니라, 일종의 결합된 유철처럼 서로 강하하면서 설명적 안결을 이룬다는 점에 있다. 아비튀스는 아비튀스만으로 논의되는 것이 아니라, 장과의 관련 속에서 의미를 갖는다. 특정한 아비튀스는 그 아비튀스를 가능케 하는 장 속에서 형성된다. 특정한 아비튀스와 장의 결합은 역사적 특수성을 전제하며, 따라서 상대적이며 다른 국면에서 다른 형태로 나타날 수 있다는 것이다. 따라서 공모는 아비튀스와 장의 밀접한 상호관계 뿐 아니라, 그 관계가 본질주의에 빠지지 않기 위한 전략 위에 사용되어진 개념이다. 만약 체화된 예술계, 즉 아비튀스로서의 예술계는 그 아비튀스가 역사적 사회적 특수성 속에서 객관적 구조와 만나는 지점인 장과의 상호작용 속에서 형성된 것이다.

아마도 적어도 『예술의 규칙』에서 부르디외가 사용한 용어 가운데, 단토의 예술계에 가장 가까운 용어 가운데 하나는 '시선' 그 자체일 것이다. 대상을 보는 '시선'은 단토적인 의미에서 예술사와 이론으로 체화되어 있을 뿐 아니라, 부르디외적 의미에서 일종의 미적 성향, 즉 아비튀스이기 때문이다. 체화된 이론, 혹은 아비튀스로서의 눈은 예술장이라는 객관적 조건 속에서 생겨난 산물이다. 예컨대,

> 자연이 준 선물처럼 나타나기는 하지만 20세기 예술애호가의 눈은 역사의 산물이다. 계통 발생적 측면에서, 그러한 그대로 예술작품을 인식할 수 있는 순수한 시선은 그 자체로서, 그리고 그 자체를 위하여 기능으로서가 아니라 형태로서 배워지기를 요구하고, 순수한 예술적 의도를 가진 생산자들의 출현과 분리할 수 없다. 순수한 예술적 의도 역시 외적 요구들에 대항하여 자체의 고유한 목적을 부여할 수 있는 자율적인 예술장의 출현과 분리할 수 없고, 예술작품들이 호소하는 '순수한' 시선을 그렇게 생산된 작품들에게 적용할 수 있는 '애호가들'이나 '아는 사람들'의 상관적인 출현과 분리할 수 없다. 개체 발생적 측면에서 이것은 전혀 특수한 배움의 조건들, 그러니까 일찍부터 미술관을 드나들고, 학교교육을 오랫동안 받으며, 여가와 같은 것, 생활의 제약이나 화급함과 거리가 생기는 것 등과 연결된다.(Bourdieu, 1999[1993]: 377)

아비튀스로서의 예술계를 담지하는 작가의 눈은 예술작품으로 규정되는 대상들을 생산하는 예술가들을 배출하는 객관적 조건 및 장치들과 연결되어 있다. 이 장치들은 또 관객에게 그 대상들을 예술작품으로 볼 것을 강요하며,

학습시키는 또 다른 장치들과 연결된다. 이 객관적 장치들은 복합적으로 상호작용하면서, 특정한 역사적 사회적 상황에서 특정한 예술적 아비튀스를 만들어 내는 객관적 조건을 형성한다. 아비튀스와 사회구조가 첨예하게 만나는 접점에서 형성되는 이 조건들이 바로 '장'인 것이다. 예술계를 아비튀스로 본다는 것은,

> 예술의 가치에 대한 믿음과 예술가에게 속한 가치의 창조의 힘에 대한 믿음을 끝없이 생산하고 재생산하는 장소로서 예술적 장(그 속에는 분석가들, 예술사가들 자신들도 포함하여)의 형성을 기술하는 것이다. 이것은 예술가의 자율성에 대한 지표들(서명의 출현, 예술가의 특수한 역량의 주장들, 또는 분쟁이 있을 경우에 동류들의 중재에 호소 등과 같은 계약들의 분석이 밝혀 주는 지표들)을 다시 조사하는 것 뿐 아니라, 문화적 자산들의 경제의 기능조건인 특수한 제도들 총체의 출현과 같은 장의 자율성 지표들을 조사하는 것으로 이끈다. 장에 의해 객관적으로 요구된 성향들을 갖추고 있으며, 일상의 존재에서 통용되는 것들과는 다른 특수한 인식과 평가의 범주들을 갖춘, 그리고 예술가의 가치와 그의 생산물들의 가치에 대한 특수한 척도를 부여할 수 있는 전시장소들(화랑, 미술관 등), 인정의 심급들(아카데미, 살롱 등) 생산자의 재생 심급들(미술학교들 등), 특수한 행위자들(상인들, 비평가들, 예술사가들, 수집가들 등). (Bourdieu, 1999[1993]: 381)

예술적 아비튀스의 형성은 예술장과의 관련 속에서만 파악된다는 부르디외의 관점에서 단토에 대한 비판의 요점은 의외로 간단할 수 있다. 예술계에서 실체적 요소들과 그것들의 관계망을 복원하라는 것이다. 이 실체적 요소들은 비실체적인 요소들과 결코 분리될 수 없다. 즉 아비튀스로서의 미술이론이나 특정한 술어들은 그것을 생산하고 유포하고 인정하는 주체들과 장치들로부터 벗어날 수 없다. 부르디외 이론에서 예술계의 비실체적 요소들과 실체적 요소들의 어색한 방황은 해소될 수 있다. 예술계를 둘러싸고 벌어

지는 단토식의 예술철학의 분석적 패러다임과 베커식의 실증적 분석들의 내용이 결합된다. 단토와 디키가 말했던 '제도'란 부르디외에게 특정한 체화된 이해로서의 미적 아비튀스와 특정한 예술적 장의 복합을 의미했다.

> 제도는 그러한 그것으로 어떤 점에서는 두 번에 걸쳐 사물들 속에, 그리고 두뇌들 속에 존재한다. 사물들 속에는 상대적으로 자율적인 세계인 예술장의 형태로서인데, 이것은 느린 출현과정의 산물이다. 두뇌들 속에서는 장이 발명되었던 바로 그 움직임 속에서 발명된 성향들의 형태로서이다. 그리고 그 장에 성향들은 적응을 하였다. 자신이 적용된 장의 산물일 때, 모든 것은 거기서 즉각적으로 의미와 가치를 부여받은 것처럼 나타난다.(Bourdieu, 1999[1993]: 378)

여기서 '사물'의 세계는 실체적 요소들의 체계, 즉 장을 의미한다. '두뇌'란 체화된 비실체적 미적 성향으로서 아비튀스를 의미한다. 사물의 요구에 부합하는 두뇌, 장과 아비튀스의 가장 완전한 결합은 제도로서 나타난다. 완결된 예술제도는 어떤 대상에 대한 즉각적인 예술작품으로서의 의미와 가치의 경험을 가능케 한다. 특정한 제도 속에서, 즉 아비튀스와 장의 호응하며 교차하는 지점에서 문화의 공간 속에 있는 모든 사람들은 마치 "물속의 고기처럼"(Bourdieu, 1999[1993]: 381) 특정한 방식의 예술생산과 소비를 자명하게 받아들인다.

장의 요구로서의 예술계

예술계론에서 부르디외 이론의 함의는 단순히 실체적 요소의 복원에만 있지 않다. 예술계 개념의 실체적 요소는 얼마든지 예술계 개념 밖에서도 주어질 수 있다. 이 실체적 요소에 관한 관심을 사회학으로 돌린 단토의 태도가 여기에 해당하며, 베커는 결과적으로 거기에 호응한 꼴이 되어 버렸다. 제도로서의 예술계에 대한 디키와 베커의 비실체적-실체적 해석은 보완적이지만, 병렬적인 결합 이상의 수준을 넘어서지 못하는 한계를 보여 왔던 것이다. 부르디외가 이러한 실체와 비실체의 병렬적 결합으로서의 예술계 개념을 넘어설 가능성은 단지 예술계를 체화된 이해로서의 비실체적 아비튀스와 객관적 조건으로서의 실체적 장의 결합으로 구분했다는 사실만으로 성취되는 것은 아니다. 아비튀스와 장의 교차점을 밝혀야 했던 것이다.12 장은 해당 장에 참여하는 행위자들이 내기물을 놓고 벌이는 투쟁의 역학이다. 여기서 행위자들이란, "장이 제공하는 이익을 획득하기 위해 자신의 돈과 시간, 때로 자신의 명예와 삶까지 투자하는 책임 있는 행위자"(Bourdieu, 1990b: 194)를 말한다. 내기물은 해당 장이 제공하는 독특한 상징적 자본symbolic capital이며 일종의 이해관계interest를 의미한다.

하나의 장은 다른 장들의 고유한 목표와 이해관계로 환원될 수 없고, 그 장에

---

12. 장이 사회구조가 실천과 접하는 면이라 할 때, 장의 작동논리에 의한 요구로서 아비튀스를 본다는 것은 일종의 사회학적 결정론의 함의를 갖는다고 볼 수 있다. 부르디외 이론에 대한 결정론적 독해와 비판(Collins 1993; Jenkins 2000; Gartman 1991)은 다양하게 제기되었다. 이러한 결정론적 함의를 예술계론에 적용시킨다면, 예컨대 단토가 제시했던 다양한 술어들[G: 재현적, F: 표현적]의 이미지 등가물들은 해당 예술 장의 당시 상황과 구조의 요구에서 파생된 것들인 셈이다. 이러한 비판에 대한 부르디외의 대응은, 크게 두 가지(Swartz, 1997: 69)로 나타난다. 첫째, 장의 반대편에서 아비튀스의 작용을 강조하는 방식이다. 아비튀스는 외적 사회구조의 영향을 단순히 기계적으로 수용하는 것이 아니라, '중재'(mediate)하는 것이다. 둘째, 아비튀스는 역사적으로 축적된 성향들의 지속적 체계로서 나름의 자율성을 갖는다. 아비튀스는 장의 요구에 의해 생겨나지만, 역으로 그 아비튀스가 지속성과 보편성을 확보하는 방식으로 장의 작동을 규정하고, 유지하며, 때로 변형할 수 있는 것이다. 예컨대, 단토의 술어 'G'재현은 역사적으로 다양한 사회집단이나 장의 요구에 의해 생겨났지만 일단 아비튀스로서 자율성을 확보한 후에는 장의 구조와 작동을 재현미술의 합법성을 배타적으로 강화하는 방향으로 규제하는 원리로 작용하였던 것이다. 또한 레디메이드는 그것이 일종의 새로운 예술적 아비튀스로 인정되자마자, 그것의 제작비용과는 상관없는 엄청난 시장가격을 부여하는 합법성의 논리를 장에 부여했다. 어쨌거나, 여러 문맥에서, 부르디외의 아비튀스-장의 관계는 결정론의 가장 정교한 버전으로 읽기보다 장과 아비튀스의 상호성에 대한 강조의 극단적인 형태로 볼만 한다.

진입하도록 양성되지 않은 사람들에게는 인지되지 않는 특수한 내기물들과 이해들을 규정함으로써 정의된다.(Bourdieu, 1993d: 72)

해당 장이 제공하는 특정한 자본은 내기물에 대한 지식의 합법성에 관한 '인정'을 말하며, 이러한 인정의 내용은 예술장, 철학장, 경제장, 정치장 등에서 다르게 나타난다. 축적된 인정의 양과 질은 장 내의 권위배분에 관한 배타적 권리를 부여한다. 장 내에서 벌어지는 투쟁은 따라서 일종의 합법적 인정을 쟁취하기 위한 투쟁이다. 예를 들어,

> 예술 내의 상인들은 그의 생산물들로 사업을 하면서 예술가의 작품을 이용하는 사람과 그리고 전시회, 출판, 공연을 통해서 상징적 재화들의 시장에 작품을 내놓으면서 예술 구성의 생산물에 대한 인정을 구하면서, 그러한 인정이 상인 자신보다 더 권위 있다고 주장하는 사람들과 떨어질 수 없다. 상인은 그가 지지하는 작가의 가치를 만드는 것에 기여한다. 작가를 잘 알려지고 인정된 존재로 만들어서 작가의 출판(인쇄, 전시, 공연)을 보장하고, 보증함으로써 상인이 축적한 모든 상징적 자본을 제공한다는 사실에 의해 상인은 그가 가지는 작가들의 가치를 만드는 데 기여한다. 이러한 수단들에 의해 작가는 인정의 순환 속으로 들어가게 되고, 더욱 선택된 동료들에게 소개되어지고, 그들을 드물게 색다른 장소들(예컨대, 화가의 경우 집단 전시회, 개인전시회, 특별 소장, 미술관 등)로 들어가게 한다.(Bourdieu, 1993c: 167~168)

예술계의 실체적 요소들의 작동은 예술장 내에서 상징적 자본을 획득하기 위한 인정투쟁으로 볼 수 있다. 단토가 천착했던 예술작품의 규정 역시 이러한 인정투쟁과 무관하지 않다. 모든 예술이론은 예술장 내의 상징자본을 분배하는 정당성을 제공한다. 따라서 새로운 예술이론을 도입하는 것은 기존의 상징자본의 분포를 재편하기 위한 시도로 볼 수 있다. 단토의 말처럼 실체이론이 워홀에 의해 제기되었다면, 그것은 당시의 예술장의 풍경 속에서 기

존의 상징자본의 분포에 변화를 유발하려는 투쟁과 무관하지 않다는 것이다.

    필자는 지금까지 제한적이나마 부르디외의 관점에서 단토의 예술계 개념의 예술철학적, 사회학적 논의의 궤적을 비판적으로 검토해 보았다. 필자는 예술계 개념을 예술적 현상과 실천을 예술적 본질론의 한계 밖으로 확장시킨 계기를 제공했다는 점에 관해 전적으로 동의함에도 불구하고, 현재의 논의가 여전히 그 개념의 함의를 충분히 실현하고 있는지에 대해서만큼은 회의적인 입장에 있다. 이 회의는 연구자 자신만의 것이 아니라, 예술계 개념이 논의되는 예술철학과 사회학의 지평에서 확인되는 극명한 대립을 통해 확인된다. 예술계 개념은 미학과 예술철학의 대상으로서의 인식의 해석학적 전제로서의 비실체적인 요소와, 사회학적 지평에서 평가되어야 할 제도적 장치들의 실체적 요소들 사이의 찢어 낼 수 없는 결합으로 구성되어 있다. 그러나 이러한 예술계 개념의 복합적 구성은 단토와 디키, 그리고 베커를 중심으로 예술철학과 사회학 사이에 놓인 배타적 경계 이편과 저편에서 파편적으로 논의되고 있을 뿐이다. 필자는 이 글에서 부르디외의 사회이론의 핵심적 개념인 아비튀스와 장을 도입하여, 단토에 대한 부르디외적 재해석을 시도하고자 했다. 부르디외는 단토를 직접 언급하면서 예술계 개념을 '두 역사의 일치' 효과로 볼 것을 제안한다. 여기서 두 역사란 예술적 실천의 역사, 그리고 그러한 예술적 실천과 맞물리는 사회적 조건의 역사를 말한다. 아비튀스가 예술적 실천의 체화된 성향이라면 장은 그러한 예술적 아비튀스가 가능한 객관적 조건이라 할 수 있다. 결국, 부르디외적 관점에서 예술계 개념은 예술작품을 규정하는 특정한 역사/사회적 국면에서 나타나는 아비튀스와 장 사이의 일치효과라는 것이다. 단토와 디키는 예술계 개념을 일종의 체화된 이해의 성향으로 규정하는 점에서 그 개념의 아비튀스적인 측면에 도달하는 데 성공했지만 그러한 아비튀스를 가능하게 하는 장의 상태를 고려하지 못했다. 반면, 베커와 같은 사회학자들에게 아비튀스로서의 예술계 개념의 실천적 속성은 적절하게 포착되지 않는다.

　물론, 이 글에서 행해진 예술계 개념에 관한 단토의 부르디외적 재해석은 다분히 이론적 영역에 한정되어 있으며, 이러한 이론적 탐색만으로 예술계 개념의 미학적 사회학적 가능성을 충분히 서술하는 것은 가능하지 않다. 그만큼 예술계 개념은 미학적이면서 동시에 사회학적이며, 이론적일 뿐 아니라 구체적인 상황에서 행사되는 실천적 개념이라는 것이다. 특히 예술계 개념을 특정한 예술장의 상황 속에서 차별적으로 규정된 예술적 이해로 규정할 때, 그 개념은 미술사의 주요한 변화의 국면에서 그 변화를 유발하는 결정적인 요소로 작용한다. 그런 의미에서 예술계 개념은 이론적으로 탐색되어야 할 대상인 동시에 경험적인 사례 속에서 구체적으로 검토되어야 할 필요가 있다.

4장

확장된 미술관

"내게 미술관을 다오! 그러면 세상을 들어 올리리라"

   미술관이 수상하다. 미술관은 우리가 알아차리지 못하거나 대수롭지 않게 여기는 어떤 지점에서 현실을 재편하거나 공고하게 유지하는 역할을 수행해 왔다. 그만큼 미술관은 문화적 영역 뿐 아니라, 사회 공간 전체에서 "힘을 받는" 가장 중요한 지점들 가운데 하나이다. 그러나 미술관의 이러한 역할은 지금까지 미술사, 비평, 미학, 예술학의 관점에서 좀처럼 드러나지 않았다. 물론, 연구자는 미술관의 이러한 사회적 속성이 사회학적 관점을 통해서만 그 실체를 드러낼 수 있을 것으로 본다.
   프랑스의 과학사회학자 브뤼노 라투르Bruno Latour는 「내게 실험실을 다오! 그러면 세상을 들어 올리리라」 "Give me Laboratory, and I will raise the world, Latour", 1983라는 도발적 논문에서 파스퇴르Louis Pasteur의 과학실천을 분석한다. 그는 이 논문에서 실험실을 통해 과학의 미시/거시, 내부/외부의 경계가 더 이상 유효하지 않음을 주장한다. 실험실은 미시적이고 내부적인 현상이 외부적이고 거시적인 어떤 것으로 치환displacement되는 계기이자 '지렛대'라는 것이다.

> 파스퇴르는 바로 그의 과학 활동을 통해서, 그의 실험실의 깊이를 통해서 당시의 사회를 적극적으로 변화시켰으며, 당시의 가장 중요한 행위자들 중 일부를 치환함으로써 직접적으로(간접적이 아니라) 그렇게 했다.(Latour, 1983: 156)

필자가 여기서 굳이 라투르를 언급하는 이유는 라투르가 과학사회학의 지평에서 실험실을 두고 주장했던 것이 문화적인 영역에서 미술관에도 적용될 수 있기 때문이다. 미술관은 다양한 행위자와 자원들의 네트워크를 조직할 뿐 아니라, 예술적 실천을 전체 사회공간으로 확장하고, 또 사회-정치적인 문제들이 전시장 내 예술적 의미로 축소하는 바로 그 지점이다. 파스퇴르의 실험실에서 탄저균이라는 '비인간행위자'non human actor와 파스퇴르를 포함한 수많은 '인간행위자'들 사이의 '동맹 네트워크'가 형성되고, 이 네트워크의 확장은 세상을 변화시켰다. 마찬가지로 미술관 역시 보잘 것 없는 콘크리트 건물 덩어리가 아니라, 물감, 캔버스, 액자, 심지어 비디오-TV와 같은 다양한 '사물들'things과 예술가, 화상, 비평가, 기자 등의 수많은 인간행위자들이 특정한 방식으로 결합하면서, 세계의 문화적 풍경을 설정하고 변화시키는 그물망의 중심일 수 있다. 특히 오늘날 비엔날레는 예술이라는 이름으로 사물과 인간의 관계가 재편되는 현장이며, 궁극적으로 그 현장은 미술관의 작동을 통해 수행된다. 미술관은 예술과 사회가 만나는 접점에서 상호적인 효과를 유발하고 환류시키는 사회적 계기이다.

이 글은 다음과 같은 세 가지 목적을 갖는다. 첫째, 미술관을 일종의 경쟁하는 '사회적 행위자'social actor로 규정하는 다양한 이론적 자원들을 살펴볼 것이다. 사회적 행위자로서 미술관의 실천은 크게 전시기획, 네트워크 구성, 담화생산의 3가지로 구분된다. 미술관은 이러한 실천들을 통해 예술장 내에서 상징자본을 획득하기 위해 투쟁하며, 이러한 투쟁을 통해 예술장의 효과를 사회적 공간으로, 사회적 영향을 예술장 내 차별적인 효과로 변환한다.

둘째, 이 글은 '확장된 미술관'extended museum의 모델을 제시하고 미술관의 사회적 실천이 권력과 결합함으로서 사회공간을 재편할 수 있음을 살펴볼 것이다. 미술관을 확장된 사회적 실체로 규정하는 이 글의 관점은 소위 미술관에 관한 소위 '내적관점'internal perspective of museum에 대한 거부를 포함한다. 미술관에 관한 내적관점이란, 미술관을 주로 특정한 지리적 위치와 물리적 [전시]공간, 그리고 이 공간 내에 종속된 기획인력 조직으로 구성된 고정된 실체로서 보는 시각을 의미한다. 이러한 내적 관점은 1999년에 제정되고 2005년 개정된 "미술관·박물관 진흥법"을 비롯해 미학, 예술학, 미술관학 내외에서 광범위하게 인정되고 있다.[1] 미술관에 대한 내적관점은 주로 미술관 내부 조직의 구성, 경영과 마케팅, 보존 및 교육, 그리고 기획의 효율적 최적화에 초점을 둔다. 미술관을 이처럼 폐쇄적 범위로 한정하는 한, 예술계와 전체 사회를 가로지르는 미술관의 사회적 작동을 포착하는 것은 쉽지 않아 보인다.

셋째, 필자는 사회적 행위자로서 미술관의 작동을 '사회적 실천으로서의 스타일'style as social practice의 개념의 연장선 위에서 파악하고자 한다. 미술관은 당대의 이미지 조직과 분류 방식과 그 방식들 사이의 투쟁과정에 영향을 행사하는 강력한 스타일 행위자이다. 특히 미술관의 역할은 스타일 현상의

---

[1]. "'미술관'이라 함은 문화·예술의 발전과 일반공중의 문화향수 증진에 이바지하기 위하여 박물관중에서 특히 서화·조각·공예·건축·사진 등 미술에 관한 자료를 수집·관리·보존·조사·연구·전시하는 시설을 말한다"(제 1장 총칙, 2조). "박물관 및 미술관은 대통령령이 정하는 바에 의하여 제4조의 규정에 의한 박물관·미술관 사업을 담당하는 박물관·미술관 학예사(이하 "학예사"라 한다)를 둘 수 있다"(6조).

동시대적 상황 속에서 매우 중요하게 부각된다. 모더니즘과 포스트모던 이후 예술적 영역에서 일어난 모든 스타일 현상에는 특정한 스타일의 공인과 확장에 결정적인 영향을 미친 미술관들이 존재한다.

사회적 행위자로서의 미술관

미술관이 그저 텅 빈 '화이트 큐브'white cube가 아니라 의미를 생산하고 사회적으로 가공하는 사회적 주체라는 점은 여러 곳에서 인정되고 있다(Karp, 1991; Baxandall, 1991; Lidchi, 2000; 김형숙, 2000). 단토에서 디키, 베커로 이어지는 예술철학적, 사회학적 제도론은 예술의 생산과 소비에 있어서 미술관이 매우 적극적인 실천자라는 점을 논증한다(Danto, 1964; 1974; 1991; Dickie, 1974; 1998[1984]; Becker, 1974; 1982; Albrecht, 1968). 여기서 미술관이 예술작품을 규정하는 맥락의 가장 결정적인 부분일 뿐 아니라, 이 맥락 위에서 행위하는 중요한 실천자로 나타난다. 페이지Hélène Pagé는 좀 더 분명하게 미술관을 "사회적 행위자" museum as social actor로 규정한다.

①사회적 행위자가 되는 것은 구체적 행위를 취한다는 것을 의미한다. ②이러한 행위들은 본성상 사회적이기 때문에 그것들은 사회를 향해 작용한다. ③사회적 행위의 단계는 다음과 같다: 정보를 제공하고 동기화하며, 교육하고, 동원한다mobilize. ④사회적 행위자가 된다는 것은 변화하는 사회에서 의미 있는 역할을 수행함을 의미한다. ⑤모든 사회는 변화한다; 여기서 문제는 우리가 그러한 변화의 적극적인 일부가 될 것이냐, 혹은 단지 그것을 수동적으로 겪을 것이냐를 결정할 필요가 있다는 것이다. ⑥박물관은 [만약] 중립성을 주장하면서 어떤 상징이나 기호의 재현을 속이거나 감춘다면 정당한 사회적 행위자라고 불릴 수 없다. ⑦박물관은 그 기능상 과거에 그래왔고, 현재 그러하고, 미래

에 그러할 것들에 관한 기호와 흔적, 그리고 상징을 선택한다. 미술관은 이러한 과거, 현재, 그리고 미래의 사회적 변화에 대한 지표이다. 미술관은 "정보를 제공하고 동기화하며, 교육하고, 동원"함으로써 "변화하는 사회에서 의미 있는 역할을 수행한다".(Pagé, 2004: 1)

미술관의 '사회적' 존재에 관한 좀 더 중요한 지적은 피에르 부르디외의 사회이론에서 발견된다. 주지하는 것처럼 부르디외는 상대적으로 자율적인 소우주relatively autonomous microcosmos로서 장과 장 내 차별적인 실천의 논리 logic of practice로서 아비튀스 개념을 반복해서 지적하고 있다(Bourdieu, 1993; 1996; Bourdieu and and Wacquant, 1992; 김경만, 2005). 여기서 미술관은 예술장과 예술 아비튀스가 서로 첨예하게 교차하는 지점에 위치한다. 미술관은 "예술가와 그의 생산물들의 가치에 대한 특수한 척도를 부여"한다. 또한

> 미술관을 통하여 예술작품들에게 수여된 신성한 것의 위상과 예술작품들이 호소하는 신성화하는 성향이 주장되고 지속적으로 재생산된다.(Bourdieu, 1996: 292, 294).

미술관은 상징적 실천의 장에서 예술적 가치의 규범과 기준을 만들고 이곳을 찾는 대중들에겐 특정한 방식의 예술생산과 소비를 '물속의 고기처럼' 자연스럽게 믿고 받아들이도록 만든다. 미술관은 특정한 방식의 인정을 강화하거나, 새로운 인정의 척도를 담화discourse의 형태로 제시함으로써 예술장의 구조를 재편할 수 있고, 또 그렇게 함으로써 미술관 스스로 예술장 내에서 투쟁하는 경쟁자로서 자신의 이해를 강화한다. 예술장이 하우저가 강변했던 소위 "외부적 조건과 영향"(Hauser, 1993[1950])을 예술실천의 자율적 논리로 굴절하고 변환하는 사회적 공간이라면, 미술관은 예술장 내에서도 가장 직접적으로 사회공간의 영향을 예술적 실천의 논리로 굴절한다. 예컨대 부

4장 확장된 미술관 **151**

르디외가 말한 "예술장 내 투쟁의 외적승인"internal struggle and external sanction (Bourdieu, 1996: 252)이 예술장과 국가[정치권력] 사이의 상호작용과 굴절을 의미한다면, 여기서 미술관은 핵심적인 기능을 수행한다.

미술관이 예술장과 사회공간을 매개하고 굴절한다면, 상이한 영역 간의 차별적 실천이 상이한 효과로 변환되는 과정에서 미술관의 기능은 무엇인가? 좀 더 구체적으로 왜 국가는 예술장에 개입하는가? 예술장 내 실천자들은 국가의 개입을 어떻게 장 내 투쟁에 이용하는가? 이때 미술관이 수행하는 역할은 무엇인가? 이 질문에 대답하고자 할 때 라투르의 '이해관계 번역'translation of interests 개념은 중요한 설명력을 제공한다. 라투르에 따르면, 파스퇴르는 기자, 동료 미생물학자, 위생학자, 수의사, 그리고 "평상시에는 실험실 내에서 무슨 일이 일어나는지에 대해 관심이 없던 많은 집단들"(Latour, 1983: 143), 정치인, 농부, 축산업자, 대중, 그리고 심지어 탄저병균과 같은 인간-비인간 행위자들의 이해관계를 과학적 실천을 통해 번역함으로써, '파스퇴르 네트워크'Pasteur network를 구성하는 데 성공했다. 파스퇴르의 실험실은 내부/외부, 미시/거시, 과학/사회의 구별이 무의미해지는 연결망의 중심이 되었다. 파스퇴르는 마치 이렇게 말하는 것처럼 보인다.

"만약 당신의 탄저병 문제를 해결하고 싶다면 당신은 나의 실험실을 먼저 통과해야 한다."(Latour, 1983: 146)

그의 실험실은 상이한 장들에 속한 다양한 행위자들이 각자의 이해관계를 상호 번역하는 '지렛대'였다는 점이다.² 물론, 그 번역은 파스퇴르의 과학

---

2. 부르디외적 관점에서 라투르가 지적한 파스퇴르의 실험실은 곧 과학장과 다른 장들 사이의 경계라 할 수 있다. 또, 라투르적인 관점에서, 부르디외가 말한 장과 장들 사이의 '우호적인 자본 이전율'은 실험실과 같은 적절한 매개점을 설정하지 않고선 적절하게 설명되지 않는다. 그런 의미에서 부르디외와 라투르는 상호 보완적으로 해석되어야 할 필요가 있다.

활동을 통해 수행되었다. 파스퇴르의 실험실이 수행했던 지렛대의 기능은 문화적 지평에서 미술관에 의해 수행된다. 미술관은 예술장과 사회공간이 맞닿은 경계 위에서, 권력, 자본, 미디어 등의 다양한 자원과 행위자들을 예술장에 유인하고, 예술장에 대한 행위자들의 개입을 예술장 밖에서 그들의 이해관계로 변환하는 역할을 수행한다. 미생물학의 지식이 의심할 바 없는 과학적 진리로 고정되는 과정이 파스퇴르의 실험실을 중심으로 형성된 네트워크의 확장에 상응한다면, 동시대 미학장에서 생산된 담론의 사회적 확장은 미술관이 구성하는 네트워크의 확장과 밀접하게 관련된다.

미술관의 사회적 실천 : 전시기획, 네트워크 구성, 담화생산

사회적 행위자로서 미술관은 예술장 내외의 효과적인 투쟁을 위해 그것의 실천을 치밀하게 조직한다. 미술관의 실천은 크게 세 가지로 구성된다. 첫째 미술관은 전시기획을 통해 다양한 미학적·사회적 가치를 생산한다. 둘째, 미술관은 예술장 내외의 가용한 자원의 네트워크를 구성한다. 셋째, 미술관은 그것이 생산하는 미학적 가치를 객관적 지식, 곧 담화의 형태로 변형하고 가공한다. 미술관은 이러한 세 가지 실천을 좀 더 효율적으로 수행하기 위해 내부조직을 재편하거나 특정 기능을 '아웃소싱'outsourcing할 수 있다.[3]

---

3. 현대 사회에서 미술관을 구성하는 기본요소들 가운데 물리적 공간의 의미는 축소되어 가는 반면, 상대적으로 인적조직의 중요성은 더욱 커지고 있다. 그 이유는 미술관의 실천에 차별성을 부여하는 것은 공간의 물리적 특성이 아니라, 바로 그 공간의 운영과 작동에 관한 실천의 내용성이기 때문이다. 그 운영과 작동을 담당하는 것이 바로 미술관의 인적조직이라는 것이다. 크레인(Diana Crane)에 따르면, 미국의 주요 미술관들에서 작품의 수집과 보존, 교육, 연구 및 경영 조직은 확장되는 반면, 전시기획조직의 기능과 비중은 감소하는 경향을 보인다(Crane, 1987). 이러한 상황은 한국의 경우에도 발견된다. 국립현대미술관의 경우 전시기획조직이라 할 학예연구실의 기능적인 비중은 상대적으로 관리 및 경영조직에 비해 작은 편이다. 이러한

먼저 전시기획은 예술장 내에서 작가와 작품의 미적가치를 축소, 혹은 확장할 수 있는 미학적 실천일 뿐 아니라(Karp & Lavine, 1991; Lisus, 1999; Hooper & Greenhil, 2000), 개인의 내밀하고도 고유한 실천을 사회적인 의미로 전환하는 계기이다. 여기서 미술관은 전시행위의 주체이며, 동시에 전시는 예술장 내 행위자인 미술관의 전략적 실천이기도 하다. 미술관이 예술장 내 다른 예술 실천의 주체들과 경쟁하는 투쟁자라면, 미술관의 장 내 위치는 차별적 전시를 통해 확보된다. 장 내 합법적 투쟁으로서 전시행위가 갖는 중요성 때문에 미술관의 정체성이 그것이 수행하는 대표적 전시를 통해 규정되는 사례는 적지 않다(김정희, 2003).

나아가 미술관은 예술장 내외의 가용한 물적-인적-담화적 자원들을 조직하는 네트워크 실천network practice의 주체이다. 미술관이 전시를 통해 생산하는 미학적 형식과 의미의 내용들은 미술관이 조직하는 네트워크의 두께와 범위를 통해 강화된다. 미술관은 예술장 내 어떤 개별 실천자와도 비교될 수 없는 규모와 내용의 자원들을 유인한다. 물론, 이러한 유인을 가능하게 하는 것은, 미술관이 전술한 것처럼 라투르가 말한 이해관계 번역의 기능을 수행하기 때문이다. 미술관은 이러한 이해관계 번역을 통해 다양한 행위자들의 네트워크를 구성하며, 이는 〈도식1〉로 요약될 수 있다.

먼저 예술계는 미술관이 구성하는 그물망에 작가와 작품, 그리고 미술사와 미술이론을 공급한다. 반면, 미술관은 예술계 내의 상징자본의 재편을 통해 특정한 미학적 실천의 아비튀스를 공인하고 제도화한다. 기업(자본)은 협

미술관 내부의 전시기획조직의 상대적 축소는 전반적인 기획기능의 아웃소싱 현상과도 관련된다. 굳이 기획의 내용과 형식을 미술관 내부 기획조직에 의존하지 않는다는 것이다. 유사하게 〈베니스비엔날레〉, 〈카셀도큐멘타〉 등의 국제적인 기획은 이미 세계적인 독립큐레이터들의 무대가 되고 있다. 〈광주비엔날레〉와 〈부산비엔날레〉 역시 전시기획조직을 회별 비상임 감독(총감독 혹은 전시감독제)과 외부 코디네이터들로 구성된 별개의 조직으로 운영하고 있다.

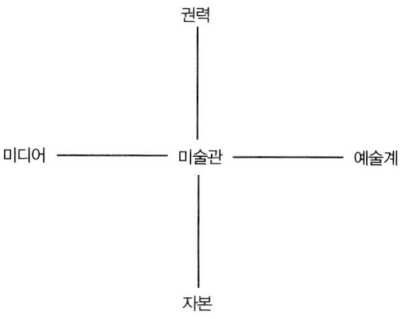

〈도식1〉미술관의 네트워크 실천.

찬, 후원, 광고, 작품구매의 방식으로 미술관의 존재와 작동의 물적 조건을 제공한다. 미술관은 이에 대해 자본의 이윤논리를 미학적으로 표백하고, 다양한 방식으로 홍보효과를 제공함으로써 간접적으로 이윤의 확장에 기여한다. 미디어는 미술관이 생산한 의미를 정보의 형태로 변환시켜 사회전체로 확산시키며, 미술관은 미디어에 대해 정보제공의 원천으로 기능한다. 권력은 미술관에 대해 제도적 합법성을 부여하며, 미술관은 반대로 지배논리의 미학적 정당화의 효과를 제공한다. 네트워크 속에 참여한 각각의 주체들은 서로 다른 장의 실천자로 존재한다. 이 실천자들이 속한 각각의 장은 다른 장의 효과로 환원되지 않는 독립적인 이해관계를 '내기물'(Bourdieu, 1994)로 갖는다. 이처럼 서로 다른 내기물을 추구하는 이질적인 실천자들이 미술관이 조직하는 동일한 네트워크 속에 참여하는 것은 미술관의 작동에 개입함으로써 얻어지는 효과를 자신들의 장 내 효과로 전환하기 위한 것이다. 이처럼 이질적인 실천자들을, 동일한 네트워크의 자원으로 연결하는 작업은, 그 모든 상이한 실천의 효과들과 예술적 효과들을 상호 호환 가능한 형태로 변형시키는 효율적이고 조직적인 실천 없이 가능하지 않다. 미술관은 서로 복잡하게 얽힌 사회공간과 예술장의 경계에서 이러한 복잡한 이해관계의 변환과 환산을 가장 효과적으로 수행하는 행위자이다(김동일, 2007; 2008).

　마지막으로, 미술관은 특정한 형태의 진실을 생산하고, 생산된 진실을 통해 사회를 재편하는 담화생산의 기능을 수행한다. 미술관 또한 미학, 미술사의 담화 위에서 미적인 것에 관한 기준을 규정하며, 그러한 기준에 따라 오브제들objects을 특정한 방식으로 분류한다. 담화적 장치로서 미술관은 오브제와 오브제를 매개하며, 그것들 사이의 자의적 논리와 의미를 생산한다. 이 과정에서 자의적 의미는 필연화되고, 보편적 미적 본질과 기준으로 구성된다. 미술관 주변에서 미적 가치들에 등급이 매겨지고 위계가 설립되며, 그에 따라 예술계 내의 자원들의 불평등한 배분이 합법화되는 것이다. 또 이처럼 합법화된 의미와 미적 기준들은 정치적 지배와 억압으로, 그리고 경제장에서는 이윤확장의 효과로 변환된다.

　미술관이 수행하는 세 가지 사회적 실천은 별개의 것이 아니라 서로 맞물려 들어간다. 전시를 통한 의미의 산출은 미술관이 조직한 네트워크의 강도의 범위, 그리고 생산된 담화의 논리에 따라 강화된다. 전시를 통해 작가와 작품의 미적 가치가 생산, 확산되는 과정은 미술관에 의해 미술계 내외의 자원들이 연계되고 조직되는 과정과 분리되지 않는다. 또한 미술관을 중심으로 조직된 네트워크의 반경 내에서 생산된 미학적 가치는 객관적 지식의 형태로 이미지 행위자들에게 일종의 '훈육'訓育, discipline의 과정을 통해 학습되고 각인된다. 미술관은 특정한 담화들의 복잡한 그물망 위에서 작동하고 그것이 속한 담화를 작가와 관객에게 관철시킨다.

확장된 미술관의 모델

　여기서 흥미로운 사실이 발견된다. 미술관의 사회적 존재와 그것의 실천이 분리되지 않는다는 것이다. "낱말의 의미는 언어에서의 그것의 사용이다"(Wittgenstein, 1994: 44)라는 후기 비트겐슈타인의 지적은 미술관과 그것의 활동에도 적용된다. 즉 미술관의 존재와 권위, 그리고 미술관이 생산하는 의미는 미술관의 활동 속에 스며있다. 미술관은 미학적 행위자인 동시에 사회-정치적 행위자이며, 미술관이 조직하고 생산하는 전시와 네트워크, 담화는 서로 분리되는 것이 아니라 미술관이 수행하는 활동 속에 '체화'embodied되어 있다. 예컨대, '비엔날레'는 전시이면서 조직된 가용 자원들의 연결망이자 그것이 생산하는 특정한 담화의 복합을 의미한다. 비엔날레는 전시, 네트워크, 담화를 구성하는 주체로서 미술관의 활동이다. 이처럼 미술관의 존재를 그것의 실천과 함께 살펴보려는 이유는 미술관을 더 이상 고립된 물리적 중립공간으로 볼 수 없기 때문이다. 미술관을 지리적으로 고정된, 폐쇄된 공간이나 조직 개념으로 한정하려는 '내적관점'internal perspective은 미술관에 대한 일종의 '본질론적 견해'essentialism of museum로 보인다. 그러나 미술관의 존재를 그것의 사회적 실천의 관점에서 파악한다면, 미술관은 단순히 지리적으로 고정된 실체가 아니라 예술장과 사회공간 전체 내에서 운동하는 좀 더 포괄적이고 개방적인 행위자라는 사회학적 사실이 드러난다.

필자는 사회적 행위자로서 미술관의 개방적 속성을 강조하기 위해 '확장된 미술관' 개념을 제시하고, 이를 '닫힌 미술관'closed museum과 대립시키고자 한다. 닫힌 미술관의 기본적인 모델은 (ㄱ)과 같이 도식화될 수 있다. 이 모델에 따르면, 미술관은 물리적 공간(□)과 직접 연결된(━) 인적조직(●)으로 이루어진다. 이때 인적조직은 전시실천을 담당하는 기획조직(▲)과 네트워크 구성을 담당하는 관리경영조직(■)으로 구성된다. 그러나 미술관의 작동은 얼마든지 외부조직과 결합할 수 있다[모델(ㄴ)]. 즉 미술관이 수행하는 전시와 네트워크 실천은 미술관과 '느슨한'(……) 관계를 맺고 있는 독립적 전시-네트워크 조직에 의해 수행될 수 있다. 이러한 미술관 외부 조직은 특정한 목

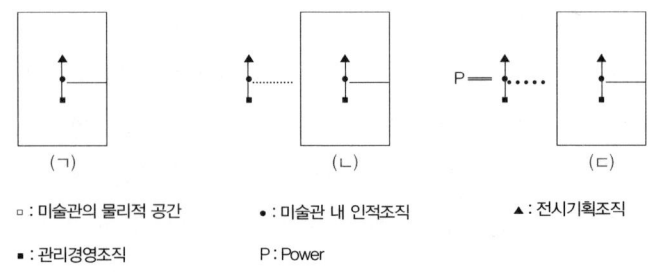

〈도식2〉확장된 미술관의 모델.

적을 수행하기 위한 다양한 형태의 임시조직일 수 있다. 이 조직은 미술관 내부조직과는 차별적인 역할을 수행하며, 오늘날 비엔날레에서 관찰되는 것처럼 그것의 목적/역할의 종료와 함께 해체되는 경향을 보인다.

그런데 여기서 외부기획 조직이 중요한 것은, 그러한 외부조직을 통해 미술관 외부의 권력이나 자본(P)과 직접, 혹은 간접적으로(=) 연결될 수 있기 때문이다[모델(ㄷ)]. 이때의 권력은 예컨대, 〈조선미술전람회〉朝鮮美術展覽(이하, '선전'), 혹은 〈대한민국미술전람회〉大韓民國美術展覽會(이하 '국전')이 그러했던 것처럼 노골적인 정치적 지배의도를 미술관의 작동을 통해 예술적인 형태로 중화함으로써 우회적으로 관철시키려는 지배권력일 수도 있고, 오늘날 비엔날레에 간접적으로 개입하는 지방권력, 혹은 자본일 수도 있다. 이러한 미술관 조직의 외부화 가능성을 강조하는 이유는 그러한 과정을 통해서, 닫힌 미술관이 고정불변의 지리적 정체성을 넘어 사회공간 전체로 확장되는 매개고리들을 보여줄 수 있으리라 생각되기 때문이다. 미술관은 좁게는 예술장, 넓게는 권력장을 넘어 전체 사회공간 속에서 운동하는 개방된 일반행위자 general social actor로 기능한다. 여기서, 미술관이 단순히 외부 권력의 목적을 스타일장 내부에 관철시키기 위한 물적장치가 아닌가 하는 의문이 가능하다. 그러나 반대의 추론 역시 충분히 가능하다. 미술관이 예술장 내외에서 경쟁하는 적극적 행위자라면, 오히려 미술관이 장 내외의 투쟁에서 유리한 위치를 점유하기 위해 차별적인 자원들을 유인할 수 있다는 것이다. 이러한 유인을 통해서 미술관은 자신의 투쟁에 대한 외부적 승인을 얻고 이 승인을 장 내 인정자본을 독점하기 위한 투쟁에 이용할 수 있다. 여기서 중요한 것은 미술관의 작동에 있어서 미술관 혹은 권력의 주도권을 평가하는 것이 아니라, 미술관을 포함한 다양한 사회적 주체들이 미술관의 전시와 네트워크 실천에 개입하고 참여할 수 있다는 사실이다.

확장된 미술관 개념이 사회[학]적 지평에서 중요한 이유는 미술관의 확장과 더불어 예술장 내외의 상황이 변화하기 때문이다. 이 변화는 사회전체의 재구조화를 유발할 수 있다. 미술관의 실천은 그것의 확장반경에 개입하는 다양한 미학적 사회적 행위자들과의 상호작용을 통해 사회전체에 포화될 수 있다.

미술관과 권력

미술관은 사회를 [재]구조화하는 사회적 행위자이다. 미술관이 전시를 통해 산출하는 미학적 의미와 담화적 지식은 그것에 의해 구성된 네트워크의 폭과 깊이를 따라 예술장뿐 아니라 사회공간을 관통하면서 제도와 가치의 체계를 수정하거나 보전한다. 따라서 미술관과 권력이 결합하는 것은 거의 자명해 보인다. 미술관이 사회공간 속에 위치한다면, 정치권력 역시 이 사회공간의 중요한 실천자이자 구성요소들 가운데 하나이다. 미술관과 정치권력과의 관계는 상호적일 수 있다. 권력과 미술관의 상호작용은 차별적인 실천을 정치장과 예술장의 효과로 변환한다. 미술관은 권력과 결합함으로써 예술적 실천의 합법성과 네트워크의 깊이와 폭을 확장하며, 권력은 또한 미술관의 작동에 개입함으로써 지배의 의도를 달성할 수 있다.

미술관에 대한 권력의 개입은 특히 정치체제가 불안정한 경우에 보다 직접적으로 나타난다. 예컨대 〈선전〉의 경우, 미술관의 작동에 대한 일제日帝의 개입은 과도하게 직접적이었다. 〈선전〉에서 일제는 전시의 기획주체이자 네트워크 조직의 직접적인 주체로 볼 수 있다. 그만큼 〈선전〉에서 관찰되는 미술관의 작동은 식민지배를 문화적으로 관철하려는 일제의 정치적 틀 속에 종속되어 있었다. 〈선전〉이 소위 '향토적 서정주의'라는 이미지 조직의 아비튀스를 통해 생산한 미학적 가치와 의미는 피지배자들로 하여금 자기 자신의 삶과 문화를 타자화他者化하도록 유도했고, 이는 '내선일체'內鮮一體라는 정치적 목적을 미학적 형식으로 달성하기 위한 전략이었다(이중희, 1996; 2005). 이러한 정치적 의도는 당시 가용한 국가적 자원이 총동원된 〈선전〉의 네트워크 속에서 식민시대 한반도 전역으로 확장되었다.

해방 후 〈선전〉을 계승한 〈국전〉의 경우, 미술관과 권력의 상호작용은 좀 더 '이중성'을 보인다. 여전히 국가는 전시조직과 네트워크 구성에 개입하지만, 미술관의 작동 역시 좀 더 자율적인 양상을 보인다. 이 점은 〈국전〉이 전후 한국화단에서 강화되어 온 예술장의 자율성을 반영했기 때문으로 보인다. 이미 〈국전〉은 앵포르멜과 보수적 아카데미즘, 그리고 사회주의 리얼리즘 등의 다양한 이미지 조직방식들이 미적 정당성을 놓고 투쟁하는 제도적 공간으로 기능한다. 특히 5.16 군사혁명 이후, 〈국전〉은 '앵포르멜'informal 양식을 공인하는데, 이는 "첫째는 식민지 청산이라는 역사적인 공감과 둘째는 추상미술의 수용이 군사주체의 새 세대성과 개혁성을 과시하는 데 일조하는 파급 효과 때문이었"고 이는 "봉건적 잔재와 싸우는 전사를 자처하였던 박정희의 모토"와 정합적으로 관련되었다(김미정, 2004: 320). 그러나 〈국전〉은 앵포르멜뿐 아니라, 사회주의리얼리즘 풍의 서사적 구상과 당시 신세대 추상주의자들에 의해 소위 '국전풍'이라 비난 받았던 아카데미즘적 보수 구상을 동시에 수용했다. 이 과정에서, 〈국전〉이 생산하는 미학적 담화의 정치적 효과는 증가했다. 앵포르멜의 도입이 군부정권의 참신한 이미지를 부각시켰다면, 사회주의 리얼리즘 풍의 서사적 구상은 그것의 선동적 효과로 인해 가장 직접적으로 지배이데올로기를 전달하는 수단이 되었다. 또한 반개인주의적이고, 엄격한 보편타당성을 숭배하는 보수적 아카데미즘은 절대권력의 미학적 형태였다(Hauser, 1993[1950]: 214~218). 당시 국전개혁을 통해, 군사정권은 앵포르멜의 참신성, 사회주의 리얼리즘의 선동성, 보수적 아카데미즘의 절대성을 정치적으로 이용하고자 했다.

물론, 여기서 확장된 미술관 개념에 함축된 미술관과 권력의 관계를 미술관에 대한 국가권력의 직접 개입만으로 설명하려는 것은 아니다. 왜냐하면, 권력은 또 다른 형태로 규정될 수 있기 때문이다. 국가가 전통적인 권력의 물리적 형식이라면, '담화'discourse는 좀 더 확장된 개념extended concept으로서 권력일 수 있다. 푸코Michel Foucault의 담화권력 개념은 문화/예술에 관한 다양한 영역에서 강력한 설명력을 제공해 왔다(Lemert, 1992; Gledhill, 2000, Hall, 2000a; 2000b; Hamilton, 2000, Lidchi, 2000). 담화권력은 지식knowledge의 형태로 존재하며 의미의 지평을 설정한다. 담화는 다루어져야 할 주제와 물어져야 할 질문, 그리고 해답의 내용을 한정함으로써 권력효과를 생산한다. 푸코는 다음과 같이 말한다.

> 권력은 주어진 실체도 아니며, 따라서 교환되거나 되찾을 수 있는 것도 아닙니다. 차라리 권력은 행사되는 영향력이라고 개념화해야 합니다. 또 하나 중요한 사실은 권력이 결코 경제를 유지하고 재생산하는 매개체라기보다는 사회 속에 퍼져 있는 세력관계입니다.(Foucault, 1991[1980]: 122)

푸코의 권력은 "유기적이고 서열적이며, 잘 조정된 관계의 묶음"(Foucault, 1991[1980]: 241)이며, 포괄적이고, 미세한 힘의 관계망 속에서 중립적인 절차나

기술적 지배를 통해서 행위자의 신체에서 관철되는 지배의 효과를 의미한다. 이러한 담화권력 개념을 미술관의 실천에 적용할 때 미술관은 예술장 내 미학적 담화뿐 아니라 사회공간 전체의 수준에서 작동하는 전략적 담화구성체 strategic discourse formation를 조율하고 조정하는 기능을 수행한다.

스타일 행위자로서 미술관

미술관은 예술적 실천을 사회전체로 확장시키고 사회공간의 권력관계를 미술관 내부로 투영한다. 미술관을 중심으로 수행되는 이러한 확장과 축소는 필연적으로 당대 스타일 상황에 영향을 미친다. 그런 의미에서 미술관은 스타일장의 핵심적인 구성요소이자 적극적인 스타일 행위자일 수 있다. 미술관은 스타일 투쟁의 상황을 특정한 방향으로 유지하거나 변형하는 핵심적인 스타일장의 참여자이다.

미술관은 단순히 스타일장 내 상황과 구조의 변화만을 가져오는 것이 아니라, 스타일장과 사회공간 사이의 상동성을 관철한다. 미술관을 통해, 스타일장은 외부의 정치경제적 상황을 장 내 상징투쟁을 위한 자원으로 포섭한다. 이렇게 스타일장 내 투입된 외적 자원들은 미술관의 실천을 경유하여, 사회공간 속에서 더 큰 정치경제적 효과로 환류된다. 스타일장의 핵심적인 요소이자 독립적인 투쟁자로서 미술관은 근대 이후 스타일 실천의 사회학적 과정과 결과에 결정적인 영향을 미쳐왔다.

부르디외의 관점에서 스타일장은 이미지 조직을 통한 경쟁과 투쟁의 지평이며, 이 투쟁의 지평 속에서 스타일 행위자들은 무엇보다 적극적으로 자기이해를 관찰함으로써 제도적 위치를 확보하려는 투쟁자로 가정된다. 사회적 행위자로서 미술관은 경제적·정치적 대립과 연동하는 스타일장 내에서 투쟁을 통해 장 내 상징자본을 독점하고자 시도한다. 미술관은 스타일장뿐 아니라 전체 사회공간 내에서 특정한 제도적 위치를 점유한다. 따라서 미술관의 스타일 투쟁은 스타일장과 전체 사회공간의 역동적인 변동과 전복, 그리고 재구조화를 유발한다. 스타일 행위자로서 미술관의 작동을 관찰하는 것은 '사회적 실천으로서 스타일' 개념을 파악하기 위한 효과적 관점을 제공할 수 있다. 사회적 실천으로서의 스타일 개념이 전체사회와 상호작용하는 스타일장 내에서 특정한 이미지 조직 성향을 통한 투쟁의 과정과 결과를 설명한다면, 미술관은 당대의 공식적이고 지배적인 스타일 아비튀스를 가능하게 하거나 불가능하게 만드는 중요한 행위자일 수 있다.

크레인의 '사회적 현상으로서의 스타일'과 미술관

스타일 상황에서 미술관이 행사하는 영향력에 대한 가장 구체적인 보고들 가운데 하나는 크레인Dianna Crane에 의해서 이루어졌다. 크레인은 1940년에서 1985년 사이 뉴욕 스타일장을 갤러리와 미술관으로 나누어 분석하면서, 소위 '사회적 현상으로서의 스타일'style as social phenomena 개념을 제시한다. 부르디외와 마찬가지로 크레인에게 스타일이란 순수하게 미학적인 현상이 아니라 작품들 사이의 차이들의 체계이자, 스타일 집단과 후원조직들 사이의 합의적인 특징들을 갖는다.

나는 스타일의 사회적 양상들을 검토할 것이다. 특히 스타일들의 안과 밖에서 생산된 예술작품들의 특징적인 차이들; 스타일의 요소들에 관한 명목적 합의의 본성; 스타일들을 생산하는 사회적 집단들의 특징들; 그리고 그 특정한 스타일을 위한 "기반"constituency으로서 혹은 후원자로서 행위하는 예술 "대중"들의 하위집단과 사회적 조직으로서의 스타일 사이의 관계들을 다룰 것이다. 우리는 스타일의 사회적 조직화, 그것의 후원자들의 사회적 특징들, 그리고 한 스타일이 아방가르드로서 수용되는 정도에 영향을 미치는 사회적 맥락을 보게 될 것이다.(Crane, 1987: 19~20)

크레인의 '사회적 현상으로서의 스타일'은 개별 작가의 창조성에 의지하는 뵐하임의 개인스타일이나 뵐플린의 추상적인 일반스타일과 달리, 사회공간이 제공하는 특정한 보상체계 내에서 발전하는 이미지 조직방식에 초점을 둔다. 개별 스타일 실천자들, 혹은 집단들은 그들의 미학적 목적과 표현의 방법을 선택한다. 그러나, 그러한 목적과 방법들은 그들이 상징적 물질적 보상을 위해 경쟁하는 '후원구조'support structure 내에서 기능한다. 예술작품을 판매, 전시, 그리고 확산시키는 조직의 크기와 숫자의 변화는 그들의 당대 스타일의 사회적 특성에 영향을 준다(Crane, 1987: 110). 이때, 갤러리와 미술관은 스타일의 사회적 형태와 내용에 결정적인 영향을 행사하는 후원체계의 가장 중요한 요소를 이룬다. 예컨대, 1940년 이후 뉴욕을 중심으로 활동한 소수의 갤러리와 미술관들은 추상표현주의American Abstract Expresstionism의 국제적 확장에 있어서 중요한 영향을 주었다. 미국적 스타일로서 추상표현주의는 미국 내 소수의 개별작가들의 실천이었지만 이들이 기반하는 미술시장은 매우 작았다. 그러나, 스타일장 내에서 효율적인 경쟁과 혁신을 통해 중요한 위치를 확보하는 데 성공한 소수의 갤러리들과 미술관들은 추상표현주의에 우호적인 새로운 수집가의 수와 유형을 증가시켰고 미술시장을 변화시켰다.

크레인은 당대 뉴욕을 중심으로 한 스타일장에서 '수문장'gatekeeping 역할을 수행한 혁신적인 갤러리들의 활동에 주목한다. 크레인은 스타일 혁신과 그 혁신에 대한 제도적 수용에 관한 갤러리의 수문장 기능을 지적한다(Crane, 1987: 111; Bystryn, 1978: 391~408). 미국적 추상표현주의는 아방가르드 예술에 미학적 가치를 인정하고 그것의 상업적 가능성을 실현시킨 뉴욕 갤러리들의 혁신의 결과였다. 스타일장의 참여자들의 수가 증가하고 경쟁이 더욱 격렬

해짐에 따라, 스타일장 내 투쟁은 말 그대로 '스타일을 통한 투쟁'struggle through a style으로 나타났다. 이러한 상황 속에서 혁신적인 갤러리들은 개별 작가들의 홍보와 엘리트 수집가들의 구매와 경매, 대규모 미술관의 전시와 소장, 순회전을 매개함으로써, 그들이 지지하는 작가와 특정 스타일의 시장 전망을 높이고 높은 경제적 보상을 부여했다.

크레인은 나아가 당대 뉴욕화단에서 중심적인 위치를 점유했던 주요 미술관들의 활동과 스타일 변화에 주목했다. 그는 한편에서, 뉴욕근대미술관Museum of Modern Art 이하 '모마', 휘트니미술관Whitney Museum of American Art, 구겐하임미술관Guggenheim, 메트로폴리탄미술관Metropolitan, 유대미술관Jewish, 브룩클린미술관Brooklyn 등 뉴욕의 주요 6개 미술관의 역사와 소장품, 전시회를 분석했고, 다른 한편에서 추상표현주의Abstract Expressionism, 팝Pop, 미니멀리즘Minimalism, 패턴페인팅Patternpainting, 포토리얼리즘Photorealism, 형상미술Figurative 등 뉴욕화단을 중심으로 형성되었던 주요 스타일들 사이에서 부침浮沈을 분석했다. 여기서 크레인은 새로운 스타일들이 출현했을 때, 미술관들이 그러한 스타일을 인정하고 수용하는 과정을 분석했다. 그의 결론은 미술관의 활동과 당대 뉴욕에서 공인된 스타일들 사이에 밀접한 관련이 존재하며, 점차 새로운 스타일들에 대해 뉴욕의 주요 미술관들이 점차 소극적인 입장을 보인다는 것이다. 따라서 새로운 스타일들이 이들 미술관에 의해 수용되고 인정받는 데 걸리는 기간은 점차 길어지게 된다.

사회적 실천으로서의 양식의 관점에서, 미술관에 관한 크레인의 분석은 뉴욕 미술관들의 활동이 스타일장의 구조와 상황의 전반적인 변화를 가져오는 과정을 보여주고 있다. 특히 1940년대 중반 이후 미국 스타일장의 지배적 스타일은 유럽미술의 인상주의와 미국의 리얼리즘 스타일에서 추상표현주의 스타일로 급격하게 이동했으며, 모마와 휘트니미술관은 이러한 스타일장의 변동과정에 가장 중요한 역할을 수행했다. 1930년대 모마는 대체로 유럽의 스타일이 미국으로 확장되는 통로로서 작동했지만, 동시에 전후 미국의 추상표현주의 스타일의 발전에 있어서 중요한 요소였다.[4]

미술관에 관한 예술제도론과 크레인의 관점 비판

예술제도론과 크레인의 사회학적 분석은 스타일과 미술관의 활동 사이의 관계에 관해 비교적 소상하게 보여주고 있다. 적어도 사회적 맥락 속에서 스타일은 미술관의 작동에 영향을 받는다. 하지만 이러한 분석만으로 스타일장 내 미술관의 위치와 미술관의 활동에 따른 사회적 스타일의 형성과 변화를 충분히 설명하기 어렵다. 예술제도론은 중요한 스타일 행위자임을 밝혀냈지만, 지나치게 지엽적인 예술작품의 규정의 문제에 몰입한다. 이러한 협소함은 특정한 이미지 조직방식에 예술작품으로서의 상징적 의미가 부여되고 그 의미가 사회공간 전체로 확장되어 이른바 '사회적 사실'social fact로서 지위를 획득하는 과정까지 나아가지 못했다.

크레인 역시 그의 빛나는 경험적 조사의 구체적이고 풍부한 기술에도 불구하고 뉴욕의 몇몇 갤러리들의 혁신적인 활동이 당대의 스타일 상황에 영향을 미친다는 점, 그리고 뉴욕에 위치한 6개의 주요 미술관들이 1960년대 이후 점차 최신 스타일의 수용에 소극적이었다는 사실을 지적하는 데 그치

---

[4] 모마는 미국의 추상표현주의 스타일이 시작되자마자 구입과 전시를 시작했다. 예컨대, 모마는 잭슨 폴록(Jackson Pollock)의 첫 전시(1943)에서 이미 작품을 구입했다. 그러나 모마는 이후 스타일들에 대해서 추상표현주의에 비해 상대적으로 소극적으로 대응했다. 모마는 팝이나 미니멀 스타일에 관해 추상표현주의만큼의 전시나 회고전을 기획하지 않았다. 특히 형상미술(Figurative)에 대한 모마의 수용은 가장 소극적이었다. 모마가 구입한 형상미술은 1960년대 초에 구입되었으며, 그마저 1958년과 1960년 미술관의 수집에 관해 리얼리즘 화가들의 항의에 응답하는 정도에 불과했다. 1973년에서 1977년까지 구상미술가들의 활동이 꾸준히 증가했지만, 모마에 의해 획득된 구상작품들은 소수에 불과했다(Crane, 1987: 122~124).

고 있다. 크레인은 스타일장의 존재와 작동방식을 밝혀내지 못하고 있다. 그의 어렴풋한 지적에도 불구하고, 스타일장이 미술관을 포함하는 경쟁자들 사이의 투쟁이 유발되는 공간일 뿐 아니라, 이 투쟁이 스타일장 내 참여자들의 차별적인 '위치취하기'positioning와 관련되어 있다는 사실은 충분히 지적되지 않는다. 스타일장 내 핵심적인 경쟁자로서 미술관의 차별적인 위치취하기와 다른 참여자들에 대한 효과적인 투쟁은 결국 서로 다른 스타일을 수용하고 그것에 사회적 공인을 수여함으로써 가능하다. 크레인은 뉴욕의 미술관들이 최신의 스타일을 수용하는 데 주저하던 기간에 다른 갤러리들이나 지역미술관들은 오히려 새로운 스타일을 적극적으로 수용하고 인정했다는 사실에 관해서 동일한 무게를 두지 않는다. 특히 후기 스타일들인 패턴페인팅, 포토리얼리즘, 구상미술은 지역 미술관의 적극적인 지지를 받았으며(Crane, 1987: 131), 이는 스타일장 내 투쟁과 분리해서 생각하기 어렵다.

서로 다른 스타일들에 대한 화랑과 미술관들의 서로 다른 태도가 단순히 미술관의 '수문장' 기능으로 설명될 수는 없다. 미술관들 사이의 기능분화는 명백히 인정되어야 하겠지만, 더 중요한 것은 그러한 미술관들 사이의 기능분화 역시 상징자본을 불평등하게 배분하는 스타일장의 존재와 작동을 전제할 때 가능하다는 것이다. 다양한 스타일들에 대한 각 미술관들의 입장은 그 자체로 스타일장 내 핵심적인 경쟁자로서 미술관들이 자신들의 위치를 확고히 하기 위한 투쟁의 결과였다. 특히 미국적 추상표현주의의 공인 과정은 뉴욕의 주요 6개 미술관들이 스타일장 내에서 지배적인 위치를 점유하던 시기와 정확히 일치한다. 새로운 스타일의 공인은 스타일장의 구조와 상황에 커다란 변화를 가져온다. 지배 스타일로서 추상표현주의의 공인은 스타일장 내 상징자를 당대 뉴욕 미술관들에게 유리한 방식으로 재편한다. 특히 크레인이 분석하는 1940년에서 85년 사이, 뉴욕 미술관의 제도적 확장은, 추상표현주의의 공인과 이들 미술관에 대한 연방정부와 주정부, 재단, 기업으로부터의 엄청난 재정지원을 동반했다. 이 과정에서 유럽의 구상미술, 혹은 인상파 스타일은 이제 미국뿐 아니라 동시대 국제적 스타일장 속에서도 더 이상 유일한 지배 스타일로서의 배타적 인정을 독점할 수 없게 되었고, 미국 추상미술에 도달하는 과정을 정당화하는 선행 단계로서 재규정되었다. 스타일장 내 인정의 배분은 추상표현주의를 중심으로 재편되었으며, 이 과정은 당대 스타일장 내에서 뉴욕의 미술관의 부상과 관련된다. 마찬가지로 새로운 스타일의 공인은 또 다른 미술관의 장 내외의 위치를 강화한다. 크레인이 지적하는 것처럼 뉴욕의 주요 미술관들이 추상표현주의 이후 새로운 스타일에 소극적이었던 이유 역시 바로 그 때문이었다. 추상표현주의의 공인을 통해 스타일장 내 지배적인 위치를 확보한 이들 미술관들은 굳이 새로운 스타일을 공인함으로써 장 내 자신들의 위치를 위협받고 싶지 않았던 것이다.

예술계 이론과 크레인의 미술관 분석에서 공통적으로 발견되는 또 하나의 한계는 모두 스타일장과 사회공간 사이의 상동성에 관해 아무런 설명도 제시하지 않는다는 점이다. 스타일 현상은 단순히 예술계 내의 제도적 행위자들 사이의 '합의'의 문제로 상정된다. 뉴욕 스타일장에서 최신 스타일의 수용은 결국 미술관을 중심으로 한 참여자들의 조화와 협력에 의해 결정된다는 것이다. 여기서 사회공간의 상황과 스타일장 내부의 투쟁은 서로 무관해 보일 뿐이다.

하지만, 부르디외가 그의 상징권력론에서 지적하는 것처럼 장 내 모든 상징투쟁은 사회공간, 그 가운데서도 권력장과 직접적인 영향을 공유한다. 이는 스타일장과 권력장 사이에서도 마찬가지로 적용된다. 이때 미술관의 작동은 단순히 스타일장 내부의 문제가 아니라 스타일장과 권력장 사이의 접점에 위치한다.

부르디외의 미술관

부르디외는 예술개념의 역사와 제도의 '두 역사들'two histories이 맞물려 돌아가는 지점에 관심을 둔다. 적어도 스타일 문제에 있어서 그 두 역사들이란 상호적으로 서로를 설립해 준 스타일 아비튀스와 스타일장의 역사를 의미한다. 특정한 이미지 조직방식을 스타일의 지배적인 본질로 주장하고 보편화하는 과정에서 획득된 스타일 아비튀스와, 그것을 가능하게 하는 객관적 조건으로서의 스타일장의 생성과 발전을 동시에 조망하자는 것이다. 스타일 아비튀스는 이미지 조직의 지속적이며 보편적인 실천의 조직원리를 의미한다. 부르디외에 따르면, 이러한 당대 지배적인 스타일 아비튀스의 형성이 특정한 시대와 사회가 제공하는

> "특수한 훈련의 조건들, 일찍부터 자주 미술관을 드나들고, 학교교육과 특히 여가의 한 형태로서 스콜레skkolé에 대한 장기간의 노출, 그리고 그러한 훈련이 가정하는, 제약과 생계의 위급함과의 거리(감) 등과 연결되어 있다". (Bourdieu, 1996: 288)

스타일 행위자들의 '눈[몸]'은 스타일 실천의 객관적 조건 및 장치들과 연결되어 있다. 이 장치들은 스타일장의 모든 참여자들에게 특정한 방식으로 이미지를 조직하고 분류할 것을 강요한다. 이때 미술관은 스타일장과 전체 사회공간이 교차하는 지점에서 특정한 방식의 스타일 실천을 강화하거나 제약함으로써, 스타일상과 사회의 영향을 상호 변환하는 핵심적인 기능을 수행하는 장치이자 결정적인 스타일 행위자라는 것이다. 미술관을 포함하는 "전시장소들"은 "신성화 기관들(아카데미, 살롱 등)", "생산자를 재생산하는 기관들(미술학교들 등)", 그리고 "특수한 행위자(상인들, 비평가들, 예술사가들, 수집가들 등)"와 복합적으로 상호작용하면서, 특정한 역사적 사회적 상

황에서 특정한 스타일 아비튀스를 만들어 내는 객관적 조건을 형성한다 (Bourdieu, 1996: 292). 여기서 미술관의 스타일장 내외의 위치와 기능에 관한 함의는 보다 분명해진다. 미술관은 스타일 실천의 방향성과 기준, 위계관계, 그리고 신념을 제공함으로써 스타일 현상에 핵심적 기능을 수행한다.

부르디외에 따르면, 미술관은 단순히 예술제도 내부에 위치한 중립적인 기관이 아니라 스타일장과 사회공간의 상동성을 반영하고 매개하는 중요한 접점이다. 미술관이 수행하는 예술장과 사회공간 사이의 상동성에 관한 부르디외의 관심은 비교적 그의 초기 연구에서 시작되었으며, 이후의 저작들에서 지속적으로 다루어지고 있다. 무엇보다『예술에 대한 사랑』*L'Amour de l'art*, 1991[1966] 5은 1964~65년 사이 부르디외가 지휘한 유럽미술관과 대중들에 대한 체계적인 연구를 담고 있으며, 이후『구별짓기』*La Distinction*, 1984[1979]와 더불어 미술관을 통해 관철되는 계급적 차이와 차별화의 전략에 관한 대표적인 저작이라 할 수 있다.『구별짓기』는 전반적인 사회공간 속에서의 문화적 차별화의 전략을 통한 복잡한 계급투쟁 속에서 미술관과 미술관 관람을 통해 행사되는 효과들을 다루고 있다.

부르디외는 미술관 관객의 관람행태와 교육수준, 그리고 그들의 사회 경제적 특성들 사이에 뚜렷한 상관관계가 있음을 보여준다. 예컨대, 1960년대

5.『예술에 대한 사랑』은 대략 25,000명의 미술관 관객들을 대상으로 하는 대규모 서베이 자료를 담고 있으며, 여기에는 21개의 프랑스 미술관과 그리스, 네덜란드, 스페인, 폴란드 등 유럽의 미술관들의 다양한 관람객 유형, 미술관 경험, 직업, 교육과 가족에 관한 인터뷰가 포함되어 있다. 이 조사는 프랑스 문화부의 지원을 받아 수행되었고 미술관 관람행동과 관련된 사회적 평등, 문화와 교육의 접근에 관한 이슈들이 다루어졌다. 이 책은 이후 문화에 대한 사회학적 분석과 미술관 연구의 핵심적인 텍스트가 되었으며, 다음과 같은 질문들과 그 결과들을 담고 있다. 당신의 최종학력은?(What is your highest educational qualification?) 당신의 직업은?(What is your occupation?) 당신이 받은 수업연한은?(How many years of schooling have you received?) 1964년 한 해 동안 당신의 미술관 방문횟수는?(How many times did you visit a museum during 1964?) 언제 처음으로 미술관에 방문했나?(When did you go to a museum for the first time?) 누구와 방문했나?(With whom?)

프랑스에서 중간 및 상위 계급은 미술관을 규칙적으로 방문하는 반면 노동계급의 성원들은 거의 방문하지 않는다. 여기서 부르디외가 읽어내는 것은 미술관 방문은 사회계급의 산물이며, 역으로 사회계급의 차별화는 미술관 방문을 통해 문화적으로 관철된다는 사실이다(Bourdieu, 1991[1966]; Grenfell and Hardy, 2007). 부르주아는 각각 당대 스타일의 정전Canon을 대표하는 루브르와 파리현대미술관Musee d'Art moderne de la Paris을 방문하며 거장의 작품들을 직접 소유할 수 있지만, 노동계급은 작품에 대한 비평적 이해나 다양한 스타일들 사이의 초보적인 차이도 구분하지 못한다.

> 결과적으로 노동계급 방문자들은 (미술관에서) '익사할 듯한 느낌'을 받으며, 오랫동안 머물지 않는다.(Bourdieu, 1991: 39)

중요한 것은 미술관이 단순히 사회공간의 계급적 구분을 반영하기만 하는 것이 아니라 문화적 분류를 통해 다른 방식으로 변형하는 장치로 사용될 수 있다는 점이다.

> 취향은 분류하며, 분류자를 분류한다. 사회적 주체들은 그들의 분류에 의해 분류되며, 아름다움과 추함, 탁월함과 천함 사이에서 자신들이 만들어내는 차이에 의해 자신들을 구별하며, 그 속에서 객관적 분류 내 그들의 위치가 표현되거나 폭로된다.(Bourdieu, 1984: 6)

행위자는 대상을 분류함으로써 자신의 계급적 범주를 재규정할 수 있다. 이는 일종의 문화적 영역에서 수행되는 '분류투쟁'이라 할 수 있다. 이 분류투쟁에서 미술관 역시 자유롭지 않다. 무엇보다 미술관 그 자체가 특정한 이미지 조직과 분류에 참여하는 스타일 행위자이기 때문이다. 미술관의 분류투쟁은 스타일 투쟁이며, 이러한 스타일 투쟁은 사회공간 속에서 계급투쟁과 맞물리면서 문화적 구별짓기의 효과를 유발한다. 스타일장 내 미술관의 투쟁은 스타일장과 사회공간 사이의 접점에서 사회공간의 계급투쟁으로 환류된다. 이 두 가지 기능은 별개의 것이 아니다. 결국 이미지를 생산하고 조직하는 분류의 원칙은 미술관의 활동을 통해 사회공간 속에서 계급구분의 효과로 변환되며, 또한 역으로 사회공간의 계급구분은 또다시 미술관을 통해 스타일의 분류에 반영된다.[6] 그런 의미에서 스타일은 뵐플린의 일반 스타일 개념에서 나타나는 고정불변의 자율적 분류체계도 아니고, 월하임의 개인스타일 개념처럼 개별 작가에 의한 생산물일 수도 없다. 또한 스타일은 단토의 예술계 개념에 함축된 것처럼 예술작품의 자격에 관한 예술계의 핵심적 참여자들의 '합의'도 아니고, 하우저의 반영이론에서처럼 과학의 발전과 같은 '외적조건의 반영'도 아니다. 부르디외적 관점에서, 당대 지배적인 공식 스타일은 스타일장과 사회공간 사이의 상호작용에 의해 발생한다. 이 과정에서 미술관은 스타일 실천의 공간인 스타일장과 사회공간의 접점에서 이러한 변환을 매개함으로써 양자 사이의 상동성을 실현하는 핵심적인 장치이자 적극적인 스타일 행위자일 수 있다.

---

6. 미술관은 스타일의 특정한 분류를 통해 사회공간에서 계급구분의 효과를 유발할 뿐 아니라, 사회공간에서 발생하는 계급분화를 스타일적 분류에 반영하기도 한다. 부르디외의 조사에서 노동계급의 두 배나 되는 상위계급 방문자들은 '주요 예술'(major art)로서 회화와 조각에 대한 선호를 표현하는 반면, 노동계급 방문자들은 가구, 민속품과 같은 '물건들'을 보기를 원했다. 이 점은 미술관이 수행하는 스타일분류가 계급적인 효과를 생산하는 것으로 볼 수 있지만, 오히려 미술관이 특정한 사회적 계급구조를 염두에 두고, 전시를 조직하거나, 소장품을 특정할 수 있다. 미술관은 관객의 계급적 차이를 염두에 두고서 서로 다른 방식으로 전시의 내용과 형식을 분류할 수 있다는 것이다(Grenfell and Hardy, 2007: 71).

상동성과 네트워크 실천

 스타일장과 사회공간 사이의 상동성에 있어서 미술관의 작동이 중요한 이유는 미술관이 수행하는 네트워크 실천을 통해서 스타일장과 사회공간의 다른 장들이 서로 매개되기 때문이다. 미술관이 조직하는 네트워크 속에 포섭된 각 장의 행위자들은 미술관을 방문하거나, 미술관이 수행하는 스타일 실천에 적극적으로 참여함으로써, 그들이 속한 장 내 투쟁에서 승리를 추구한다. 미술관 관람을 통한 다양한 행위자들의 계급적 구별짓기 역시 사회공간 내 계급투쟁의 참여자들이 스타일장 내에서 미술관의 활동에 참여함으로써 유발되는 효과이다. 사회공간의 서로 다른 행위자들은 '미술관 방문'이라는 차별적인 선택을 '문화의 통제권'mastery of culture을 확보하고 과시하는 것이다. 흥미로운 것은 이러한 과정이 미술관이 조직하는 네트워크의 반경 내에 사회공간 내 계급투쟁의 참여자들이 서로 다른 방식으로 포섭되는 과정과 분리되지 않는다. 즉, 미술관이 사회공간의 다양한 정치적 경제적 행위자와 자원들을 스타일 실천의 자원으로 재조직하는 과정이라는 것이다. 이러한 재조직은 스타일장 내 네트워크 조직과 변화에도 영향을 미친다. 스타일장 내에서 특정한 이미지 조직과 분류 방식이 '신성한' 것으로서 공인되는 과정은 미술관이 조직하는 네트워크 내에 부르주아와 지배계급이 참여함으로써 얻어지는 일종의 '사회적 연금술'social alchemy (Bourdieu, 1986)이다.

 미술관이 조직하는 네트워크와 이러한 네트워크를 통해 관철되는 스타일장과 사회공간의 상동성에 있어서 국가는 핵심적인 요소이다.[7] 부르디외

---

7. 그렌펠과 하디는 미술관에 대한 국가권력의 강력한 영향력을 다음과 같이 지적한다. "정부는 권력장 내로부터 매우 신성화된 상징적 자본을 제공하며, 이는 특권적 국가 기관에 의해 요구되기 때문이다. 정부는 또한 경제자본의 원천이다. 예컨대 1990년대 후반 영국에서 정부의 결정은 그들의 국가 유산에 대한 모든 사람들의 무료입장을 보장하기 위해 테이트를 포함하는 국가 미술관에 대한 실질적인 보조를 명령했다. 정부로부터 추출된 상징자본의 미술관에 대한 하

장 개념의 연장선상에서 그렌펠과 하디는 미술관의 활동을 통해 국가를 포함하는 사회공간과 예술장 사이의 자본의 '교환', '거래', 혹은 '자본구성의 변화'를 지적하며, 이는 라투르의 이해관계 번역 개념을 미술관에 적용했을 때와 유사한 결론에 도달한다.

미술관은 높은 문화자본의 양을 갖는, 장의 참여에 관한 아비튀스가 변환될 수 있는 매우 신성화된 장소들이다. 예컨대, 기증자는 예술작품을 미술관에 기증함에 있어서 국가의 문화적 유산에 공간하지만 간접적으로 그들의 소장품의 경제적 가치를 대중의 존경과 인정이라는 귀중한 문화적 자본과 교환하고 있는 것이다. 역으로, 그들의 상속인들은 걸작들의 문화적 자본을 감소된 상속세 inheritance taxes라는 경제적 자본과 '거래'할 수 있다. 달리 표현하면, 미술관을 통해 획득될 수 있는 것은 개인들의 자본-아비튀스 구성의 변형이다. 1993년 퐁피두 대통령의 그랑 프로제grand projet는 국가에 예술적이며 문화적인 유산의 건물을 증여함으로써, 정치적 자본을 국가적인 수준에서 더욱 개인적인 대중적 갈채의 문화자본과 교환하기를 희망했다. 퐁피두 센터는 빠리 지역을 위한 도시 재생regeneration의 순환을 시작했고 명의를 통해 지명된 후원은 문화적인 구별과 장기간의 인정을 획득할 수 있었다. 그는 문화적 자본을 획득할 수 있었던 것이다. 유사하게 테이트 갤러리를 디자인한 건축가인 세인트 아이브스St Ives, 에반스Evans와 살레브Shalev는 단기적으로 수수료를 통해 그들의 경제적 자본을 증가시켰고, 이후 테이트 세인트 아이브스Tate St Ives를 디자인한 건축가로서 그들을 지명하는 대중적 인정을 통해 문화자본을 증가시켰으며 장기적으로 미래에 더 많은 경제적 문화적 자본을 획득할 수 있는 잠재력을 증가시켰다. 미술관이 개인과 제도에 대해 문화적 자본을 부여하는 것은 바로 이러한 방법을 통해서이다. 문화적으로 신성한 장소로서 미술관은 예술가들

향(downside)은 결과적으로 정부 혹은 정부정책에 있어서 변화에 대한 취약성을 초래한다. [······] 국가 정책은 국가 정책 변화에 중요한 제도적 변화를 강제한다."(Grenfell and Hardy, 2007: 103) 국가는 중요한 자원인 동시에 미술관의 장 내 위치에 대한 위협이다.

과 다른 장의 참여자들에게도 또한 신성화를 수여한다.8 (Grefell and Hardy, 2007: 76~77)

특정 스타일과 뉴욕 주요 미술관의 수용태도의 관계에 관한 크레인의 지적은 스타일장과 사회공간 사이의 상동성을 부여하는 미술관의 네트워크 실천의 관점에서 해석될 수 있다. 크레인은 새로운 스타일에 대해 뉴욕의 주요 미술관들이 소극적인 입장을 보이는 이유를 전반적인 규모의 확장 및 조직 구성의 변화에서 찾고 있다. 미술관 조직 내에서 스타일의 변화에 대응하는 전시기획 조직의 비중은 상대적으로 감소한 반면, 작품의 수집과 보존, 교육, 및 경영을 담당하는 관리조직은 확대되었다는 것이다. 미술관 내부 조직 상 특정 조직의 확장 혹은 축소는 미술관이 수행하는 전략에 따라 변화한다. 만약, 뉴욕의 미술관들에서 관리 경영조직이 전시기획에 비해 확장되었다면, 그것은 그만큼 그 네트워크 조직의 기능이 강화되었음을 의미한다. 이들 뉴욕의 주요 미술관들은 효과적인 네트워크 실천을 통해 스타일장과 사회공간 사이의 상동성의 요구를 적절히 만족시켰고, 동시에 효과적인 네트워크 실천을 통해 스타일장 내에서 자신들의 지배적인 위치를 강화

---

8. 비슷한 맥락에서 그렌펠과 하디는 1930년대 미국의 대공황 속에서 모마가 수행한 "자본전환"(conversion of capital)에 관해 주목한다. 모마는 작품을 매개로 경제적 가치와 문화적 가치 사이의 안전한 전환율을 효과적으로 확보함으로써 기증자들의 이해를 만족시켰다. "특히, 넓은 사회 경제의 장의 관점에서, 사람들은 한 국가의 통화와 상업 시스템에 위기가 오면, 미술시장과 예술작품은 경제자본을 보존하는 대안적인 수단을 제공한다는 점을 관찰한다. 따라서 미국의 대공황 시기에 자신이 예술작품을 다른 특권적인 국제적인 작품들과 함께 전시하고, 모든 작품들에 상징적 가치를 부여하고 결과적으로 통화적 가치를 증진하는 것은 나중에 경제적 자본으로 변환될 수 있는 예술작품의 현재 문화자본을 증가시킴으로써 ― 시간과 돈의 훌륭한 투자 ― 전반적으로 소유자의 자본을 보호한다. 앞서 언급한 것처럼, 모든 장에 대한 역사적 관점은 승리자[생존자(survivors)]에 의해, 승리자로부터 구조화된다. 뉴욕에서 수탁자와 예술작품은 이러한 자본의 전환 아래에서 둘 다 번성했다. 모마는 번성했고, 수탁자 자신들과 그들의 예술작품들의 확장하는 상징자본으로부터 이익을 얻었다."(Grenfell and Hardy, 2007: 97)

시켜 나갔다. 미국의 주요 미술관들은 더 이상 급격한 스타일변화를 통해 스타일장의 상황을 변화시키기보다는 가장 미국적 스타일들의 좁은 범위 내의 제한적인 변화만을 수용하면서 스타일장의 구조를 안정적으로 유지하려했다. 따라서 이미지 조직의 다양한 변화를 담당하는 전시기획조직의 규모를 확장하기보다 스타일장 내 미술관의 위치를 강화하고 장 내외 자원들을 좀 더 효과적으로 조직하기 위한 관리 경영조직의 기능과 규모를 확장하는 것은 당연해 보인다. 크레인은 메서를 인용하며 다음과 같이 쓰고 있다.

모마의 관장 올덴버그Oldenburg는 증가하는 기업과 정부 후원이 '몇몇 특정한 야심차고 의미심장한 전시'를 가능하게 만들었다고 말했다. 휘트니 역시 전시를 위해 기업과 정부의 기금을 받는 것을 매우 강조했다. 구겐하임 관장인 메서Messer 역시 유사한 우선성에 관해 지적한다. "최근 몇 년간의 역사는 모든 수준에서 증가하는 정부의 참여의 역사였고, 우리는 운 좋게도 상당한 규모의 후원을 뉴욕 주 의회New York State Council와 연방정부예술기금national endowment for art로부터 얻어내는 데 꽤나 성공해왔다. 그러한 노력이 없었다면, 운영functioning은 정말 불가능했을 것이다. 우리의 계획은 증가하는 회원들의 지원과 가능한한 정부와 기업지원을 얻기 위해 노력하는 것이다".(Crane, 1987: 128)

모마, 구겐하임, 휘트니미술관과 같은 뉴욕 미술관들이 관리경영조직을 확장해 나가는 과정은 명백하게 스타일장 내외에서 이들이 조직하는 네트워크의 규모와 강도가 비약적으로 확장되는 과정과 일치한다. 이 과정은 동시에 2차 대전 이후 국제적인 스타일장의 중심이 유럽에서 미국으로, 그 가운데서 뉴욕으로 이동하는 과정과 밀접한 관련이 있다. 이제 뉴욕의 미술관들은 스타일장 내 가장 중심적인 위치에서 장 내 상징자본을 독과점하게 된다.[9]

---

9. 스타일 투쟁은 결국 넓고 강한 자원의 그물망을 확보한 미술관을 확보할 수 있느냐의 여부가 관건인 것으로 보인다. 부르디외의 관점에서 스타일장이 일종의 특수한 상징자본을 내기물로

짧은 요약

미술관은 스타일장 내 행위자이자 동시에 사회제도 속에 위치한다. 따라서 미술관과 정치권력은 상호관계를 맺으며, 미술관을 통해 정치권력은 스타일장에 개입할 수 있다. 또한 권력과 미술관의 상호작용을 통해 각각의 상이한 장들의 주체들은 각자의 차별적인 실천을 정치장과 스타일장의 효과로 상호 변환해 낸다. 즉, 미술관은 권력과 결합함으로써 스타일 실천의 합법성을 획득하기위해 스타일장 내외에서 네트워크의 범위를 확장하며, 정치권력은 또한 미술관의 스타일 실천을 통해 지배의 의도를 달성할 수 있다. 미술관은 권력과 사회가 만나는 경계에서 그것의 의미의 객관화와 합법화 기능을 통해 정치적 효과를 유발한다. 필자가 확장된 미술관의 연장선에서 미술관과 권력의 관계를 살펴보려는 이유는 미술관의 스타일 실천을 통해, 스타일장과 사회공간 사이의 상동성이 성립하기 때문이다. 스타일장은 스타일 실천을 위한 자율적 공간이지만, 그 자율성이 여전히 '상대적'인 이상 전체 사회공간의 정치적 상황과 분리될 수 없으며, 어떤 식으로든 사회공간의 정치적 상황의 역학과 관련될 수밖에 없다. 이때, 이러한 스타일장과 사회공간의 정치적 상황 사이의 상동성을 가장 정교한 방식으로 매개하는 것이 바로 미술관의 작동이라는 것이다. 미술관이 수행하는 스타일장과 정치장 사이의 상동성은, 부르디외가 밝히고자 했던 미술관의 계급적 구별짓기를 통해 획득되는 스타일장과 사회공간의 계급적 불평등 사이의 상동성과 더불어, 미술관을 통해 설명될 수 있는 부르디외 상징권력론의 중요한 영역 가운데 하나이다.

하는 참여자들의 투쟁의 공간이라면, 결국 스타일장의 유지, 혹은 변화는 장 내 가장 핵심적인 스타일 행위자인 미술관의 작동을 통해 관철된다. 그런 의미에서 미술관의 작동을 관찰하는 작업은 사회적 실천으로서 스타일의 개념을 확인하기 위한 효과적인 대상이라 할 수 있다.

5장

전후(戰後) 한국화단의 양식전쟁

들어가며

　해방 후 한국사회는 실로 엄청난 변화를 겪어 왔다. 이 변화는 고스란히 한국현대미술의 스타일 상황 속에 투영되었다. 당대 시각 스타일의 실천자들 또한 그러한 사회적 변화의 한가운데 던져졌다. 그들은 외적으로는 사회정치적 변화에 순응, 또는 저항했고, 내부적으로는 이미지 행위에 관한 가치와 신념의 체계를 구축하기 위해 투쟁했다. 한국현대미술사에 기록된 당대의 스타일 풍경은 수많은 이미지 행위자들의 투쟁의 흔적일 수 있다. 예술적 행위는 소위 순수하고 신비한 창조라기보다 다양한 사회적 힘들이 충돌하는 사회공간에서 벌어지는 사회적 행위라 할 수 있다. 하지만, 그러한 예술실천에 관한 사회적 속성에 관해서는 여전히 설명되어야 할 공백들이 남아 있다. 이 글은 예술적 행위의 과정과 결과들을 소위 '스타일' 개념으로 규정한다. 스타일이란, 곧 시각 이미지들을 조합하는 실천적 원리와 과정, 그리고 그 결과들을 포괄한다. 이러한 스타일 현상의 사회적 속성에 관해서 지금까지 다양한 논의가 있었다. 필자는 앞장에서 이러한 스타일 이론의 사회학적 지평 위에서 스타일을 '사회적 실천'style as social practice으로 규정하고, 이를 6.25한국전쟁 이후 미술계에서 진행되었던 추상 대 구상의 스타일 전쟁에 적용하고자 한다.

사회적 실천으로서의 스타일 개념은 스타일 현상을 사회적 맥락 위에서 행해지는 구체적 실천으로 본다는 것을 의미한다. 이때 스타일은 자율적으로 순환하는 대극적對極的 원리나, 매체 그 자체media in itself의 물질적 조건에 근거하는 표현의 흔적, 혹은 순수한 정신적 형식이 아니라, 사회적 투쟁의 과정이자 결과였다. 특히 해방 후 한국화단에서 벌어진 추상과 구상의 스타일 투쟁의 역사는 사회적 상황과 예술계 내부에서 다양한 입장들이 경쟁하고 대립하며 사회화되는 과정이었다. 이 글은 앞으로 이 과정을 사회학적 관점에서 재조직하고자 하고자 한다.[1]

스타일 아비튀스와 스타일장

부르디외의 아비튀스와 장 개념은 스타일에 관한 사회학적 해석가능성에 관해 많은 것을 시사한다. 부르디외의 사회이론은 스타일 행위자의 적극

---

1. 한국사회의 문화예술을 대상으로 적용한 사회학적 연구는 비교적 소수에 불과하지만, 주목할 만한 연구들을 찾을 수 있다. 김무경(1997), 양종회(2001), 최샛별(2002), 노명우(2004), 김우식(2004), 김홍중(2005), 이호영·장미혜(2008) 등은 한국사회와 문화적 실천 사이의 관계라는 관점에서 의미 있는 사회학적 분석을 보여주었다. 박찬웅(2007) 역시 직접 한국사회의 문화예술의 사례를 다루진 않았으나, 미술시장이 비약적으로 확장하는 현 시점에서 그 함의는 충분해 보인다.

성과 스타일 현상의 맥락성을 하나의 체계로 조직함으로써 스타일의 실천적 맥락성에 접근하는 효과적 관점을 제시한다. 스타일은 이미지 조직방식에 관한 아비튀스로 규정될 수 있다. 스타일은 이미지를 생산하고 조직하는 성향의 체계라 할 수 있다. 이 때 추상과 구상은 미학적 실천의 차별적 성향들로 규정될 수 있다. 즉, 구상과 추상은 실재와 이미지의 관계를 표현하는 서로 다른 미학적 실천의 논리들이다. 아비튀스로서 '구상'具象, figurative은 외부 사물과의 '유사성'similarity을 성취하기 위한 재현representation적 이미지 조직방식이라면, '추상'抽象, abstract이란 의도적으로 사물과의 '차이'difference를 확보하기 위한 방법이다.

아비튀스로서 구상과 추상이란, 시각 행위자의 육체 속에 각인된 차별적 성향들의 체계로 존재한다. 또한 이 체계는 단순히 구분되는 병렬적인 실천의 논리가 아니다. 부르디외에게 아비튀스는 사회경제적 차별이 문화적으로 관철되는 계급적 경계였다(Bourdieu, 1984). 이 점을 감안하면, 아비튀스로서의 구상과 추상은 곧 이미지 조직방식의 차별성을 일방적 동일성으로 수렴하려는 투쟁의 지평 위에 놓인다. 구상과 추상 아비튀스 간의 투쟁은 각각의 스타일 아비튀스의 담지자들에 의해 수행된다. 스타일 행위자들은 흔히 말하는 '순수한', '천재'로서의 예술가들이라기보다 스타일장 내 한정된 상징자본을 전유하려는 투쟁자들이다.

아비튀스 개념은 장의 존재를 함축한다. 부르디외 이론에 있어서 아비튀스는 그것과 상호작용하는 장, 곧 "고도로 분업화된 사회에서 상대적으로 자율적인 소우주"를 전제하기 때문이다. 장은 "다른 장으로 환원될 수 없는 독특한 논리와 필요를 갖는 객관적 관계들의 공간이다"(Bourdieu, 1992: 97). 스타일이 아비튀스의 형태로 존재할 수 있다면, 이는 자연스럽게 다른 한편에서 스타일장의 존재를 가정하게 한다. 스타일장은 스타일실천의 관점에서 예술장의 변형이며, 특정한 방식의 이미지 조직방식에 관한 구체적 맥락으로서 존재한다(김동일, 2008: 286~288).

따라서 만약 스타일장의 존재 여부를 이론적으로 검토하기 위해 다음과 같은 질문들이 필요하다. 과연 시각 이미지의 조직 그 자체만을 목적으로 삼는 실천의 차별적 영역이 존재할 수 있을까? 다양한 이미지의 조직방식들에 대해 차별적인 인정을 부과하는 가치의 위계구조hierarchy가 존재할 수 있을까? 그러한 인정의 배타적 정당성을 획득하기 위해 투쟁하는 이미지 행위자들이 존재할 수 있을까? 마지막으로 이러한 질문들을 한국화단의 스타일상황에도 적용할 수 있을까?

장의 이념형과 역사적 특수성

이러한 의문에 대답하기 전에 고려해야 할 것이 있다. 즉, 장은 일종의 이념형ideal type인 동시에 역사적 산물이라는 점이다. 이념형으로서 장은 주지하는 것처럼 '상대적 자율성'relative autonomy을 갖는다. 이때 상대적 자율성은 일종의 모순어법oxymoron으로 존재한다. 외적 상관성external relevance, 그리고 다른 것과 양립불가능한 그 자체의 '내적 독립성'imcommensurable, internal independence이라는 상반된 의미가 절묘한 이상적 평형을 이루기 때문이다. 이 이상적 평형은 때로 "최종심급에서 경제에 의한 결정"(Althusser, 1971: 135)의 속내를 드러내는 의사疑似결정론에서 치밀한 논증의 부재를 감춘 채 수사적修辭的으로 해소된다. 이것이 수사적 해소일 수밖에 없는 이유는, 소위 구조주의적 맑스주의structuralist marxism 내에서 결정과 자율의 모순을 중재할 실천적 행위자 모델practical actor model을 발견할 수 없기 때문이다. 장은 어떻게 독립적이면서 동시에 상관적일 수 있을까? 혹은 그 역은 또 어떻게 가능할까? 부르디외가 말하는 장의 상대적 자율성이 단순한 수사학을 넘어서는 이유는 상관성과 자율성의 이념형적 평형을 "길고 느린 자율화 과정"(Bourdieu, 1996: 215~216) 속에서 구체화하기 때문이다. 즉 장의 상대적 자율성은 구체적인 역사 속에서 외적 영향이 장 내부 참여자들의 실천과 투쟁에 의해 매개되고 굴절되는 특수한 상태를 의미한다. 즉 장의 자율성은 외적 영향의 진공상태에서 이데아적 최적 상태로 고정불변하는 것이 아니라, "독점권을 주장하면 경쟁을 배제하려는 지배자와 장에의 입장을 금지하는 빗장을 터뜨리고자 하는 새로운 신참자들 사이의 투쟁"(Bourdieu, 1994: 72)의 역사 속에서 다양한 방식으로 나타나는 객관적 상황이다. 따라서 중요한 것은 외적 상관성 내에서 그 자체의 차별적 논리가 작용하는 공간을 설립하고 확장하려는 실천이다. 부르디외는 장의 존재론적 조건을 도식화圖式化하면서 문화적 생산의 장field of cultural production을 권력장field of power, 나아가 전체 사회공간social space 위/내에 포개어 놓는다(Bourdieu, 1996: 124). 이처럼 외적 영향에 순응, 저항하면서 문화적 실천의 공간을 설립하고 확장시켜 내는 행위는 일종의 투쟁이다. 이 투쟁은 또한 온전히 장 내 행위자의 몫으로 주어진다. 전후 한국의 자율적 스타일장 역시 당대 사회-정치적 상황과 별개의 공간이 아니라 전체 사회공간 내에서 장 내 스타일 행위자들의 실천과 투쟁을 통해 차별화된 이미지 실천의 공간이라는 것이다. 이들 스타일행위자들의 투쟁은 권력과 사회공간의 영향을 스타일장의 자율성을 위한 차별적 논리로 변환해내는 데 성공했다. 부르디외는 외부 영향과 장 내 행위자들의 대응을 "내적투쟁들의 외적 승인들"internal struggles and external sanctions로 지칭한다(Bourdieu, 1996: 252).

이러한 외적 요인들 가운데 '국가'state는 문화적 실천의 장에 결정적인 영향을 미친다. 부르디외에 따르면, "[장의] 고유한 메커니즘은 국가적 변수에 따라 다양한 형태를 취한다"(Bourdieu, 1994: 72). 비슷한 언급은 또 다른 곳에서도 발견된다.

이단적인 신입자들은 외적인 변화의 덕에 의해서만 흔히 자기들의 생산물들을 성공적으로 강제할 수 있다. 이러한 변화들 중에서 가장 결정적인 것은 정치적 단절들로서, 혁명적인 위기들처럼 장의 내부에서 힘의 관계를 변화시킨다".(Bourdieu, 1996: 253)

부르디외가 이처럼 국가와 정치적 영향을 강조한다고 해서 스타일장의 자율성을 부정하는 것은 아니다. 오히려 부르디외는 국가의 개입과 장 내 행위자들의 대응을 통해 스타일장의 자율성이 시공간에 따라 다양한 형태로 나타날 수 있으며, 이 다양성이 각 문화적 장들의 특수성으로 기술될 수 있음을 주장한다. 물론, 여기서도 관건은 국가의 장 내의 논리로 '굴절', 혹은 '변환'transformation하려는 노력이다. 부르디외는 이 굴절/변환의 정도를 장의 자율성을 평가하는 중요한 지표로 삼았다.

장의 자율성의 정도는 그것의 특수한 논리가 외적인 영향이나 주문에 미친 굴절 효과에 따라 측정될 수 있다.(Bourdieu, 1996: 217)

여기서 굴절이란, 곧 장 내 행위자들의 실천을 말한다. 또한 여기서 상대적 자율성 개념에 내포된 논리적 모순 역시 해소될 수 있다. 즉 장 내 행위자들의 실천을 통해 외적 상관성의 내적 자율성으로의 극적변환이 성취되는 것이다. 아울러 장 내 행위자들의 투쟁을 통해 이념형으로서의 장은 시공간 속에서 구체적 차별성을 획득하게 된다.

장의 상대적 자율성에 관한 이러한 논점들을 한국 스타일장이 상항에 적용한다면, 다음과 같은 결론을 얻는다. 즉, 한국미술의 역사적 전개과정에서 6. 25 한국전쟁 전후前後의 상황은 자율적 스타일장이 성립되기 시작했던 시기라 할 수 있다. 전후戰後 '권위주의 독재'로 상징되는 정치부문의 압도적 팽창을 스타일 실천의 논리로 굴절하는 최소한의 독립된 이미지 실천의 공간이 성립했다는 것이다. 이 공간은 단순한 스타일의 공간이 아니라, 이미지 조직에 관한 가치들이 불평등한 위계로 분화된 공간이기도 했다. 이 공간은 "해방의 회화", "우리나라 미술사상 일찍이 없었던 새로운 회화의 개척시대"(박서보, 오광수(1995[1979]에서 재인용), "팽창하는 생명력을 감동의 도가니 속으로 끌어가는 포름[form]의 세계"(이경성, 1958)였다. 이경성은 당대의 스타일장을 "미美의 자살행위" 즉 오직 미적美的인 행위에 자신의 전부를 투여하는 행위자들만의 신념의 세계로 묘사했던 것이다. 무엇보다 이 신념의 공간은 "객관적 공범관계"를 맺으며, 차별적인 인정의 위계를 전유하기 위해 투쟁하는 스타일 행위자들의 실천 속에서 설립되고 확장되었다. 즉 전후 한국의 스타일장은 장내 기득권을 방어하려는 구상 아비튀스의 담지자들과 "전복과 이단의 전략"을 채택하며, 장에 진입한 추상[앵포르멜] 아비튀스의 담지자들이 대립하는 투쟁한 과정이자 결과로 주어졌다. 전후 한국 스타일장의 구조는 "투쟁 속에 가담한 [구상/추상] 행위자들 사이의 역학관계의 한 상태, 혹은 과거의 투쟁에서 축적되어 향후의 전략방향을 결정하는 특수자본의 한 분포상태라 말할 수 있다"(Bourdieu, 1994: 73).2

---

2. 한 논평자는 이 글에 관해 "부르디외 이론의 한국미술사에 대한 적용이 다소 도식적"임을 지적하면서, "예술장의 자율성은 지극히 서구적인 사회구조와 과정의 결과물이라 본다. 그것을 절대시하기보다 하나의 이념형적 준거점으로 한국 미술계의 '자율성'의 정도와 특수성을 보다 정치하게 분석하고 평가했으면 한다"라고 제안하기도 했다. 이 점에 관해 필자는 그러한 비판을 충분히 인정하면서도 다음과 같은 이견을 가지고 있다. 첫째, 주지하는바 부르디외는 자신의 장 이론을 일종의 '일반원칙'(general principle) 혹은 '일반법칙'(general law)이라 규정하고 이로부터 사회학의 과학성을 도출하고자 시도한다. 여기서 물론 부르디외 이론의 적용이 초래할 수 있는 과도한 일반화의 위험은 항상 고려해야한다. 하지만, 선행되어야 할 것은 특정한 역사적 사건을 이해함에 있어서 부르디외의 이론이 갖는 설명력의 범위와 효용 역시 충분히 검토되어야 한다는 점이다. 필자는 특히 전후 한국의 스타일 상황을 이해함에 있어서 사회학 내 다양한 이론적 자원틀을 검토해왔으나, 부르디외의 이론에 비견되는 설명력을 발견할 수 없었다. 필자는 부르디외 이론의 도식적 적용상의 위험과 아울러 당대 한국적 스타일 상황을 이해함에 있어서 부르디외의 이론의 적용이 가져다 줄 수 있는 효용 역시 충분히 평가되어야 한다는 입장이다. 둘째, 부르디외 이론의 장점 가운데 하나는 설사 그것이 다소간 도식적으로 적용되었다 하더라도 한국 스타일장의 특수성을 전적으로 부정하는 오류에 빠지지 않는다는 점이다. 왜

전후 스타일 투쟁의 대략적 요약

이 글은 주로 해방 이후 장 내 스타일행위자들의 투쟁과 스타일장의 설립과정을 추적하고 그 사회학적 함의를 살펴볼 것이다. 이러한 접근은 지금까지의 한국현대미술사의 입장(오광수, 1995[1979]; 김영나, 1998; 서성록, 1994)과는 차별적인 것이다. 기존 비평, 미술사의 관점에서 스타일 투쟁은 소수의 선구자들의 미학적 성과, 혹은 일종의 야사夜事(이규일, 1993)로 치부되어 왔다. 그 자신이 추상스타일 운동의 핵심적 실천자이기도 했던 미술평론가 이일은 한국 현대미술의 역사를 다음과 같이 요약하고 있다(이일, 1991: 93~94).

① 앵포르멜 또는 표현주의적 추상 : 1950년대 말~1965년경
② 환원과 확산 : 1960년대 말~1975년경
③ 추상, 탈脫 미니멀 추상Post-minimal Abstraction : 1970년대 중반~현재
④ 신이미지즘New Imagism : 1970년대 말~현재.

이러한 구분은 추상미술의 역사인 동시에 당대의 주류미술의 역사이기도 하다. 이러한 시기 구분의 문제는 본질론적 관점essential point of view을 토대로 한다. 이 본질론 속에서 스타일은 그 자체의 생명력을 갖는 일종의 물화된 실체reified reality로서 존재한다. 또한 이 실체는 '신비한 천재'(Vasari, 1550[2000])에 의해 매체의 물질적 조건 위에서 객관적 이미지의 흔적으로 구현된다. 이런 식의 관점은 스타일의 실천적 맥락성을 무시할 뿐 아니라, 예술을 마치 사

냐하면 부르디외는 장 이론의 일반성 못지않게 장 내 행위자의 성찰적 실천(reflexive practice) 역시 강조하기 때문이다. 부르디외가 평범한 구조주의를 넘어 소위 '발생적 구조주의'(genetic structuralism)에 도달할 수 있었던 것도 구조의 일반성에 함몰되지 않고, 구조의 생산과 변화를 유발하는 행위자의 적극적 실천과 투쟁에 천착했기 때문이다. 당대 스타일상황의 한국적 특수성은 서로 다른 역사 · 사회적 맥락에서, 서로 다른 행위자들의, 서로 다른 스타일 실천을 통해, 서로 다른 과정과 결과에 의해 담보될 수 있다고 판단된다.

구상	투쟁의 극점	추상
향토적 서정주의 사회주의적 리얼리즘 보수적 아카데미즘	세부스타일	초기앱스트랙트(반추상) 앵포르멜, 추상표현주의
〈목우회〉	집단	〈현대미협〉
윤희순 오지호	비평	이경성 방근택 김영주
〈국전〉	제도적 근거	〈현대작가초대전〉, 〈국전〉

〈표1〉 구상과 추상의 대립 구도.

회적 힘의 진공상태에서 벌어지는 초월적 현상으로 만든다. 즉 스타일이 이미지조직의 성향에 관한 합법성을 내기물로 삼아 사회적 행위자들의 전복과 방어, 투쟁과 저항이 스타일장 밖의 상황들과 교차하며 하나의 지점에서 응집되어 사회적 승인을 획득한 과정이자 결과라는 사실을 은폐한다.

전후 스타일 전쟁은 구상에 대한 추상의 승리로 귀결된다. 스타일장의 자율성은 스타일 투쟁 과정에서 추상 아비튀스의 실천자들이 장 내의 인정을 독점하는 과정에서 성립했다. 추상 행위자들은 구상 아비튀스를 배제하거나, 구상적 이미지 조직방식의 일부를 변형된 형태로 추상 스타일의 위계구조 하부에 수용함으로써 스타일장 내의 경계boundary를 재설정하려 시도했다. 스타일장의 자율성은 그러한 시도의 결과로 주어졌다. 추상 아비튀스의 행위자들은 스타일장 내에서 성취한 인정을 장 밖의 사회공간 전체로 확장하는 데 성공했다. 이 성공은 추상 스타일로 하여금 한국미술사에서 '현대'modern, contemporary라는 접두어를 합법적으로 전유하게 한다. 한국현대미술은 곧 추상미술이라는 등식이 사회적으로 인정된 것이다. 이 글은 스타일장 밖의 상황 변화와 장 내부의 투쟁을 좀 더 구체적으로 서술하기 위해 다음의 〈표1〉을 참조할 것이다. 이 표는 스타일장 내 구상과 추상의 투쟁의 구도를 요약한 것이다.

구상과 추상 간의 스타일 투쟁은 각각 향토적 서정주의, 사회주의리얼리즘, 보수적 아카데미즘 대對 반추상적 초기 앱스트랙트, 앵포르멜, 추상표현주의 등과 같은 하부 스타일들 사이의 상극적 대립으로 나타났다. 이 대립은 각각의 창작 집단과 비평집단, 그리고 투쟁의 실천자들 사이에서 상호 점유하는 제도적 근거를 전유하고자 하는 투쟁으로 나타났다. 또한 이 대립은 각

손수광, 〈9월〉, 1978.

각의 수평적 층위에서 수행된 개별적 투쟁이라기보다는, 수직 축에서 각각 종합적으로 구성되는 포괄적 스타일 네트워크들 사이의 투쟁이라는 것이다. 이 투쟁에서 추상의 승리는 곧 추상 네트워크 내에 수렴되는 자원의 범위와 강도, 효율이 구상스타일의 그것을 압도했음을 의미한다. 이 글은 다음에서 이러한 장 내 추상과 구상의 네트워크의 대립을 스타일장 밖의 정치사회적 변화와 함께 기술하고자 한다.

전후戰後 사회적 상황과 자율적 스타일장의 설립

해방 후 사회적 격변은 추상스타일의 발화發火에 직접적인 영향을 미쳤다. 이일은 다음과 같이 기술한다.

당시의 앵포르멜 운동의 주역들은 거의가 이십대의 젊은 작가들이었다. 나는 그들을 가리켜 6. 25세대라고 부른 바도 있거니와 그것은 다시 말해서 이 세대가 6. 25전쟁을 젊은 나이로 가장 절실하게 체험하고 몸소 산 세대라는 의미에서이다. [중략] 그리하여 젊은 세대는 안이한 과거의 유산을 버리고 세계의 흐름 속에 과감히 뛰어들어 스스로 연소燃燒하기를 원했으며 그 세대적 공감대에

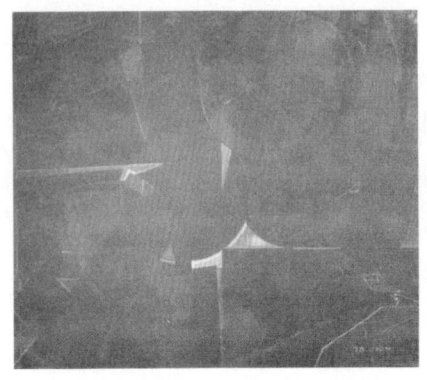
이준, 〈호음〉(豪音), 1978.

서 앵포르멜 미술이 우리나라 최초의 집단적 현대미술운동으로 태어난 것이다.(이일, 1991: 92)

이일에 따르면, 젊은 추상작가들이 앵포르멜 스타일을 통해 당대의 사회적 상황을 반영했다는 것이다. 이렇게 추상스타일을 사회현상에 직접 연결시키는 방식은 추상을 중심으로 현대미술사를 서술하는 저작들에서 공통적으로 나타난다. 이러한 서술은 두 가지 목적을 달성한다. 첫째는 앵포르멜과 그것의 사회적 배경 사이의 관계를 미학적 정당성으로 변환한다. 앵포르멜의 파괴적 표현은 한국전쟁 이후의 피폐하고 혼란한 상황에서 필연적인 미학적 형식이라는 것이다. 둘째, 위와 같은 서술은 손쉽게 한국 앵포르멜에 국제적 동시대성을 부여한다. 서구 현대미술사에서 유럽의 앵포르멜 역시 1, 2차 세계대전 이후의 사회상황을 미술사적 정당성의 배경으로 삼았다. 이러한 유사성을 강조함으로써 한국의 앵포르멜은 일순간 세계 수준의 동시대성을 획득한다. 앵포르멜을 통해 한국미술은 미술사적 발전단계를 비약적으로 축소하는 것이다. 이러한 세계적 동시대성의 획득은 구상과의 인정투쟁에서 추상의 미학적 정당성을 증명하는 근거가 되었다.

> 우리의 6.25가 젊음을 할퀴고 간 그 상처는 나에게는 기묘하게도 약 십오 년에서 십팔 년의 시차를 두고 제이차대전 직후의 유럽의 정신적 풍토, 이른바 아프레 게르Après-guerre라 불려지던 젊은 세대 사이에 팽배했던 정신적 허무감 또는 방황과 상통하는 바가 적지 않다고 여겨지는 것이다.(이일, 1991: 92)

스타일 투쟁의 관점에서 한국전쟁은 게임의 룰을 완전히 바꾸어 놓았다. 이 변화된 게임의 룰은 스타일 투쟁의 내용과 형식뿐 아니라, 스타일장 내외의 경계를 재설정했다. 스타일실천의 새로운 질서는 한국사회에서 미국의 영향력의 비약적 팽창과 관련되어 있다. 이 영향력은 정치, 경제, 문화, 가치관, 이데올로기의 전반을 지배했다. 이러한 변화는 스타일장 내 추상과 구상의 투쟁에 결정적인 요인이 되었음은 물론이다. 친미적 방향성과 아울러 공고화된 반공反共이데올로기는 당대 한국사회의 모든 사회적 행위뿐 아니라 스타일장의 실천을 지배하는 제 1원칙이었다. 이로 인해 스타일장 내 좌익 예술가들의 활동은 극도로 억제되었다. 이는 곧 해방 이후 가장 강력한 구상 하부스타일 가운데 하나였던 사회주의리얼리즘의 몰락을 의미했다. 김복진, 이쾌대, 윤희순, 오지호 등의 구상작가, 비평가들이 월북하거나, 남한에서 좌익으로 몰려 수감되었다. 스타일장 내 구상스타일은 일종의 비평의 공백상태를 초래했다. 이러한 상황은 가장 미국적인 추상스타일인 추상표현주의, 혹은 앵포르멜 스타일 실천자들에게 유리한 조건을 제공했다.

흥미로운 점은 이처럼 친미와 반공의 정치적 영향이 강력하게 작용하는 상황 속에서도 스타일 투쟁은 정치적인 모든 요소를 배제하는 방향으로 진행되었다는 역설적 사실이다. 이 역설이 가능했던 이유는 당대 한국의 스타일상황 안팎에서 추상이 이미 스타일 그 자체로 가장 순수하면서 동시에 가장 정치적인 이미지 조직의 성향이었기 때문이다.[3] 예컨대, 가장 미국적 추

---

3. 정무정(2001)에 따르면, 추상은 가장 미국적 가치를 반영했다. 예컨대, 앵포르멜의 미국적 형식인 액션페인팅(action painting)은 어떠한 구속도 없는 상태에서의 미술가의 자유분방한 표현으로 상징되는 자유의 표현이었다. 추상의 이러한 특징은 해외에서 미국의 체제에 고유한 자유의 상징으로, 소비에트적인 사회주의리얼리즘의 구상과 대립했다. 추상이 추구하는 사적 자유의 정치적 효과로 인해 미국중앙정보국(CIA)과 미국해외정보국(United States Information Agency) 등은 다양한 방법으로 추상미술의 해외순회전을 지원했고, 세계 미술계에서 미국식 추상의 위상 역시 강화되었다. 이에 따라 한국에서도 〈미국현대작가8인전〉이 1957년 4월 덕수궁미술관에서 개최되었고, 추상을 옹호했던 이경성은 1957년 4월 17일자 『동아일보』에 "미국현대미술의 의미"을 쓰면서, 미국미술에 무관심했던 당시의 미술계를 비판했다(정무정,

상 하부스타일인 '액션페인팅'action painting의 '드리핑' 기법은 행위의 우연성을 극단적으로 강조했고, 이러한 행위의 우연성은 개인의 자유를 신봉하는 친미적 정치이념의 스타일적 번역으로 간주되었다. 이처럼 미국의 정치적 영향력은 스타일장 내에서 추상을 통해 이미지의 논리로 변환했다. 따라서 정치장에서 미국의 영향력 확장은, 스타일장 내 추상의 제도적 확장과 맞물렸고, 동시에 순수한 이미지 실천의 공간으로서 스타일장의 자율성 역시 커져 나갔다. 미술평론가이자 현대미술사가인 오광수는 전후 스타일장의 상황을 다음과 같이 기술하고 있다:

> 미술계의 질서가 정상을 되찾으면서 조형이념에 의한 활동이 막을 올리게 되었고 전쟁을 통해 밖을 향해 문이 열림으로써 국제적인 교류가 가능해졌다. 즉 국제적인 미술 정보가 일본이라는 간접적인 채널을 통하지 않고 직접 들어오게 되었다. 새로운 조형이념의 수용이 가능하게 되었으며 이를 받아들이고 전개시켜 나갈 수 있는 새 세대의 작가군이 형성되었다.(오광수, 1995[1979]: 122)

이 지적을 스타일장의 관점에서 읽으면 이렇다. 최소한의 스타일장으로서 "미술계"가 존재하기 시작했다. 스타일장의 특수한 실천은 정치적 실천이 아니라 "조형이념에 의한 활동"이었으며, 이는 아비튀스로서 스타일 실천일 수 있다. 둘째, 스타일장은 '전쟁'과 같은 스타일장 밖의 사회적 상황의 변화를 "국제적인 미술정보"를 제공하는 새로운 "채널"의 확보라는 형태로 굴절시킬 수 있었다. 셋째, 스타일장은 "새로운 조형이념의 수용"의 반대편에서 당연히 가정되는 '낡은, 혹은 전통적인 조형이념'과 대립할 수밖에 없는 투쟁의 공간이며, 무엇보다 "새 세대의 작가군"과 같은 장 내 투쟁자를 생산해 내는 공간이다. "창조자의 창조"(Bourdieu, 1996: 230)가 장의 가장 본원적인 기능임

2001: 111~127).

을 감안할 때, 이 점은 특히 이 시기의 스타일장의 자율성에 대한 증거로 읽혀질 수 있다.

5.16군사정권과 〈국전〉國展

전후 한국의 스타일장에 변화를 가져온 또 다른 계기는 4.19에서 5.16으로 이어지는 정치적 변동이었다. 5.16 군사정권은 새로운 정치세력으로서 참신성을 과시할 필요가 있었다. 외견상 이러한 과시는 소위 4.19 정신의 계승을 명분으로 삼았다. 이러한 정치적 필요와 명분을 스타일장의 상황에 투영한 것이 소위 1961년 국전개혁이었다. 당시 〈국전〉은 정치적 속성이 제거된 보수적 아카데미즘이 주도권을 쥐고 있었다. 그러나 군사정부의 국전개혁으로 인해 구상작가들이 독점했던 심사위원단에 이준, 김영주, 유영국, 김흥수, 권옥연 등의 재야 모더니즘 작가들이 포함되었다. 또 추상 작품인 김형대의 〈환원B〉에 당시 최고상인 국가재건최고회의 의장상이 돌아감으로써 비로소 추상스타일의 제도적 승인이 가능해졌다. 정치장의 이러한 상황 속에서 일제하의 향토적 서정주의, 해방공간의 사회주의 리얼리즘, 전후 보수적 아카데미즘 등의 구상 하부스타일들은 스타일장의 주도권을 일시적으로나마 앵포르멜이라는 추상 하부스타일에 넘겨주게 된다. 이러한 상황은 어떤 면에서는 과도한 정치적 영향력에 의해 스타일장의 상대적 자율성이 훼손되는 경우로 보일 수 있다.4 그러나 비록 군사정부의 직접적인 개입으로 인해 추

---

4. 이 점과 관련하여 한 논평자는 필자가 주장하는 외부의 정치·사회적 영향력과 스타일장의 사이의 굴절이 실은 "굴절이라기보다 오히려 직접적인 영향력으로 보인다"고 비판한 적이 있다. "왜냐하면 그러한 영향관계가 굴절이라 불릴 수 있으려면 단순히 정치적 권력 구조의 변화가 미술장 내의 행위자들에게 기회구조를 제공하는 것을 넘어서 미술장 내의 고유한 믿음체계의 생산과 정당화를 가져와야 하기 때문이다." 논평자는 필자가 당대 스타일장의 상황에서 추상

상의 〈국전〉 내 진입이 가능했지만, 동시에 추상과 구상의 투쟁이 〈국전〉을 지탱하는 기본적 동력으로 작동하기 시작하면서, 오히려 군사정부의 과도한 개입이 중화되고, 지연되는 역설적인 결과 역시 초래되었다. 스타일만의 논리가 작용하는 새로운 "가능성의 공간"space of possibles이 열린 것이다(Bourdieu, 1996: 309).

〈국전〉 내 스타일 투쟁으로 인해 스타일장의 상황은 새로운 국면을 맞게 된다. 비로소 추상은 구상에 대립하는 대안적 스타일로서 제도적 지평에 자리 잡는다. 스타일장은 정치적 이해관계가 아니라 이미지 조직방식의 타당성을 내기물로 경쟁하는 투쟁의 공간으로 작동하게 된다. 이 상황에서 〈국전〉은 스타일 투쟁의 제도적 지평으로서 스타일장을 대신했다. 일제하의 〈조선미술전람회〉朝鮮美術展覽會를 모방한 〈국전〉은 국가권력의 권위가 예술계에 투사되는 공적 무대였다. 〈국전〉 내 스타일 투쟁은 이미지의 미학적인 정당성을 주장함으로써 스타일장 내에서 국가에 의해 수여되는 권위를 독점하기 위한 경쟁이었다. 이에 따라 구상 행위자들은 과거 향토적 서정주의나

집단과 『조선일보』의 관계를 기술함에 있어서도 "사회자본을 문화자본으로 환원하는 논리의 비약", 혹은 "막연한 인맥과 행위자들의 제도적 위치를 거론하는 데 그치고 있다"고 지적하기도 했다. 이러한 지적과 비판에 대해 필자는 다음과 같이 반론하고자 한다. 필자는 추상집단과 『조선일보』의 관계를 스타일장과 사회공간에서 각 주체들이 차지하는 위치의 구조적 상동성의 관점에서 기술하고자 했다. 나아가 상이한 주체들의 상동적 위치들은 그저 유사성으로 머문 것이 아니라, 서로 교차하면서 스타일장과 사회공간의 이해를 상호 변환시킬 수 있었으며, 그러한 장들의 겹침과 이해의 변환을 가능하게 했던 것이 바로 한봉덕, 김영주, 홍종인과 같은 핵심적 실천자들의 실천이었다는 것이다. 비슷한 설명은 당대의 정치권력과 추상행위자 사이의 관계에도 적용될 수 있다. 군사혁명을 통해 정권을 잡은 5.16 정권의 권력장 내 위치와 스타일장 내 추상집단의 위치 역시 상동적이었다. 이 상동성은 각자의 효과를 환류하는 제도적 근거가 되었다. 따라서 문제는 사회자본, 혹은 문화자본의 총량을 비교하고 우열, 혹은 직접성을 평가하는 것이 아니라, 상이한 실천자들의 장 내 위치를 파악하고, 각자의 효과를 상호 변환하는 구체적인 실천을 파악하는 것으로 보인다. 부족하나마, 필자는 당대의 역사적 상황에서 군사정권, 『조선일보』 등의 스타일장 내 개입이 추상집단의 스타일실천을 통해 이해를 상호변환시켜 내는 데 성공했으며, 이러한 성공을 통해 정치적 효과뿐 아니라 스타일가치에 관한 믿음의 체계, 곧 스타일-일루지오가 성립했음을 보이고자 한다.

사회주의리얼리즘과는 달리 정치적 정당성을 배제하고 비례와 균제, 색채의 '재현적 형식주의'representational formalism에 경도했다. 그 결과 대부분의 구상 행위자들은 '비정치적 구상' 혹은 '미학적 구상'으로서의 아카데미즘으로 전향했다.

〈국전〉이 미학적 정당성을 독점하기 위한 인정투쟁의 자율적 공간으로 기능하면서, 스타일장은 점차 정치적 영향을 지연시키거나 역행했다. 그 결과 국전개혁에도 불구하고 6.25 이후 미국의 영향력 확장과 5.16 군사정권 출범이 〈국전〉 내에서 추상스타일의 즉각적이고도 완전한 승리로 귀결되는 것은 아니었다. 구상행위자들은 〈국전〉 내에서 외적 영향에도 불구하고 상당 기간 기득권적 권위를 계속 지켜나갈 수 있었다. 그 이유는 적어도 〈국전〉을 중심으로 축적된 차별적 특수자본의 총량에 있어서 구상 행위자들이 추상행위자들을 압도했기 때문이었다. 11회 〈국전〉 최고상은 또다시 구상작품에 돌아갔고, 특히 12회 〈국전〉 서양화 부문에서 보수적 아카데미즘의 실천자들이 심사위원 15명 가운데 12명을 차지하기에 이른다(서성록, 1994: 100). 구상의 주도권은 이후 1969년 추상스타일이 '비구상'부문으로 독립되어 나갈 때까지 계속되었다.

해방 후 자본주의의 전개와 스타일장의 자율성

한국 스타일장의 설립과정을 살펴볼 때 또 하나 고려해야 할 것은 당대 한국적 자본주의 성장이 스타일실천에 가져온 영향을 냉정하게 평가하는 일이다. 주지하는 것처럼 서구 현대미술에서 모더니즘의 성장은 자본주의의 물적조건의 확장과 밀접한 관련을 보인다(Greenberg, 1939[1992], Harbermas, 1980[1992]; Kuspit, 1984[1992]; 성완경, 1986). 5 2차 대전 이후 미국의 추상표현주의 역시 '미술시장'art market이라는 맹렬한 자본주의적 메카니즘 속에서 존재 근거를 찾았다(윤난지, 1994). 80년대 소위 한국 민중미술의 대표적 이론가 가운데 하나였던 최열은 이러한 자본주의와 모더니즘의 관계를 한국적 상황에 적용한다. 최열은 모더니즘을 포함한 소위 심미적 예술을 일종의 맑스주의적 토대-상부구조론의 관점에서 파악하려는 듯 보인다: "심미적 미술가들의 계급적 기초는 양반지배계급 및 지주 자본가였다"(최열, 1988: 173). 이들 "서구 시민사회 지향적인 미술가"들은 조선 후기부터 형성되어 온 전통적인 예술 유통구조를 멀리하면서 스스로 조직한 전시회를 작품의 전달 형식으로 삼았는데, 이러한 유통방식은 "18세기 이래 진행된 자본주의 시장경제의 성숙이 반영된 것이"다(최열, 1988: 175).

그러나 당대의 스타일장의 존재와 상황을 고려하지 않은 채, 자본주의와 추상스타일을 소위 반영의 형태로 직접 관련시키려는 시도는 불충분해 보인다. 당대 스타일 투쟁의 상황은 사회조건에 대한 반영 혹은 결정만으로 설명되지 않는다는 것이다. 물론 당시 상황을 감안할 때 초기 추상스타일의 실천자들이 지주 자본가 계급이었다는 사실은 이해할 만하다.6 하지만 계급적 출신만으로 스타일과 자본주의적 조건 사이의 반영, 혹은 결정관계를 가정하는 것도 어려운 일이다. 당대 한국사회에서 자본의 축적 및 자본가계급의 형성은 추상스타일이 발생할 당시의 미국이나 서구의 상황과는 비교할 수 없을 만큼 초보적인 단계에 머물렀다. 설사 한국 내 자본주의 설립과 자본가 계

---

5. 예컨대 쿠스핏(Donald Kuspit)은 노골적으로 예술의 역할을 "자본창출의 한 메카니즘"으로 보고, 특히 "예술적 대상과 스타일에는 일상적 대상과 일상적 의식이 매개할 수 없는 어떤 잉여가치가 있다"(Kustpit, 1992[1984]: 265)라고 말한다.
6. 부르디외에 따르면, 특히 출생조건은 스타일장 내 위치취하기(positioning)에 중요한 영향을 미친다. "사실 가장 위험스러운 자리들이 가져다주는 상징적인 이익들을 얻기 위해, 충분한 기간 동안 이 위치들 속에서 지탱하기에 이른 사람들은 본질적으로 가장 부유한 사람들, 즉 생활을 위해 부수적인 작업들에 힘을 쏟지 않아도 되는 사람들 속에서 충원된다"(Bourdieu, 1996: 261).

급의 성장을 인정한다 하더라도 그것이 추상스타일의 성장에 영향을 주었다는 직접적인 증거는 지금까지 제시되지 않았다. 무엇보다 한국사회에서 자본과 스타일 아비튀스의 설립을 매개하는 미술시장은 비교적 최근에 와서야 활성화되었다.

여러 가지 면에서 전후 한국적 스타일상황은 과잉 팽창된 정치부문의 과도한 영향을 받았으나, 경제적 조건과는 비교적 무관하게 전개되었다. 이 점은 스타일 투쟁 과정에서 자본주의적 조건의 영향이나 관계성 자체를 부정하는 것이 아니라, 당대 자율적 스타일장의 존재와 스타일행위자의 실천적 적극성이 더욱 도드라져 보인다는 사실을 의미한다. 다음에서 이 글은 스타일행위자들의 투쟁을 통해 정치-경제의 외적 영향들이 굴절되면서 당대의 스타일장이 설립되는 과정을 좀 더 구체적으로 살펴보고자 한다.

개별 이미지 실천의 집단화

지금까지 전후 한국화단의 스타일 투쟁 과정에서 장 내외의 변화를 거칠게나마 기술해 보았다. 요약하면, 장 밖의 압도적인 영향은 비교적 스타일 내적 투쟁의 논리로 전환되었고, 그러한 전환을 성취한 것은 당대의 스타일 투쟁자들의 실천에 의한 것이었다. 그들의 실천은 스타일장 외부의 영향을 굴절하기 위한 투쟁이었고, 동시에 장 내에서 이미지의 공간을 창출하기 위해 새로운 경계boundary를 설정하기 위한 투쟁이었다. 이 접점에서 스타일장에 작용하는 친미 반공, 개혁 이데올로기는 이미지에 관한 가장 내밀한 개인적 실천의 문제로 변환되었다. 이 내밀한 이미지의 사적 영역은 물론, 추상 아비튀스의 보유자들에 의해 주도되었다. 이 영역을 설립함으로써 추상 행위자들은 장 내 자신들의 인정자본을 축적했을 뿐 아니라, 자율적 스타일장의 상

대적 자율성을 설립하고 확장해 나갔다. 가장 핵심적인 추상행위자 가운데 하나였던 박서보는 이렇게 회고한다:

> 어느 날 저에게 대롱대롱 매달리는 형상들을 몽땅 파괴하고 물을 부은 화면 위를 빨래비누로 문지르곤 거친 숫돌 질을 하니까 속에 깔린 색들이 보석처럼 돋아 오르는데 이 뜻하지 않은 것들에서 본능적인 쾌감을 맛보게 되더군요. 이것만으론 만족할 수가 없어서 뿌리고 흘리고 긁고 번지게 하는 등 아무 의미 없는 짓을 본능적으로 하다 보니까 무엇인지 통 모르겠더군요. 도시 무엇 때문에 이런 어처구니없는 짓을 하고 있는 것일까 하고 무척 후회도 해 보았습니다. 답답하고 몸부림쳐져 대폿집엘 가서 애꿎게 막걸리께나 작살을 내곤 얼큰히 취해 컴컴한 화실을 들어서서 불을 켜는 순간 앗! 이것이로구나 하는 느낌이 들더군요. 이야기들이 없어진, 그리고 순수한 행위만이 있는 단순화된 세계와의 접촉에서 전 비로소 해방감을 맛보게 되었다고나 할까요. 이것이 훗날 앵포르멜이라 불리워진 저의 일의 시작이었습니다.(김영나, 1988: 192에서 재인용)

이 회고에 따르면, 한국에서 앵포르멜은 지극히 개인적인 이미지 행위자의 사적 경험에서 시작되었던 것으로 보인다. 그 사적경험은 결국 박서보 자신의 경험을 의미하는 것이었다. 이러한 추상의 개인지향성은 소위 앵포르멜 1선언 속에서 명료한 이념의 형식으로 나타난다:

> 바로 어제까지 수립되었던 빈틈없는 지성 체계의 모든 합리주의적 도화극(道化劇)을 박차고 우리는 생의 욕망을 다시없는 '나'에 의하여 '나'로부터 온 세계의 출발을 다짐한다. [중략] 영원히 생성하는 가능에의 유일한 순간에 즉각 참가하기 위한 최초이자 최후의 대결에서 모험을 실증하는 우연에 미지의 예고를 품은 영감에 충일한 '나'의 개척으로 세계의 제패를 본다. 이 제패를 우리는 내일에 건 행동을 통해 지금 확신한다.(오광수, 1995[1979]: 141~142에서 재인용)

그러나 적어도 사회학적 관점에서 분명한 사실은 사적 경험으로서의 앵포르멜이 일종의 사회적 현상으로 확장되었다는 것이다. 이는 박서보의 회고를 부정하는 것이 아니라, 박서보식의 사적 경험만으론 개인적인 차원에서 결코 해소되지 않는 추상의 사회[학]적 확장을 설명할 수 없다는 것이다. 이때 이 사회적 확장이란 박서보의 사적 추상경험이 한국미술사에서 유래를 찾기 힘든 집단 운동을 동반했음을 의미한다. 이 집단운동은 앵포르멜 행위자들이 이미지의 미학적 합법성을 두고 상반되는 구상적 이미지조합들과 대립하고 투쟁해야만 했던 스타일장의 상황을 가정할 때만 이해될 수 있다. 역으로 이 투쟁의 장 속에서 추상 집단운동이 효력을 강화함에 따라 박서보의 위치 역시 점차 강화되었다. 이 과정에서 그의 사적 경험은 추상운동이라는 거대한 집단적 사회현상의 시원始原으로서의 의미를 획득할 수 있었던 것이다. 다른 한편 박서보를 중심으로 또 다른 '동맹자들'allies이 규합됨으로써 앵포르멜 네트워크의 조직과 확장이 수행된다. 추상 네트워크는 앵포르멜-뜨거운 추상, 기하추상-차가운 추상, 모노크롬-미니멀 추상 순順의 하부 스타일의 변용과 함께 강화된다. 스타일 투쟁은 일종의 네트워크의 조직 및 확장을 통한 대립의 과정이었다. 창작 집단은 스타일 네트워크의 조직과 확장에 있어서 가장 핵심적인 역할을 수행했다. 전후 한국의 추상스타일의 역사는 〈현대미협〉(1957), 〈60년미협〉(1960), 〈악뛰엘〉(1962), 〈한국아방가르드협회〉(1969), 〈에꼴드서울〉(1975) 등으로 이어지는 주도적 추상집단들의 역사와 일치한다.

이 같은 추상스타일의 집단화 경향은 당시의 스타일장의 상황에서 추상 행위자들의 개별 역량을 집약, 증폭했고, 결과적으로 당시 스타일장의 지배자들이었던 구상 아비튀스의 보유자들을 극복할 수 있었다. 또한 한국 스타일장이 경제적 영향으로부터 비교적 무관할 수 있었던 이유 역시 집단운동을 중심으로 한 추상행위자들의 실천 역시 그만큼 강력하고 적극적이었기 때문이다.7 당대 한국 스타일장의 차별적 풍경은 이처럼 사적 이미지 실천의 집단화 경향과 사회공간의 정치적 변화가 교차하는 지점에서 스타일의 자율성이 설정되어 나가는 역사적 과정으로 볼 수 있다.

〈현대미술가협회〉現代美術家協會와 스타일 일루지오의 설립

추상의 집단화는 박서보를 중심으로 김충선, 문우식, 김영환이 참여한 〈반국전反國展 4인전〉으로 시작되었다. 〈반국전 4인전〉 멤버들은 이듬해 〈현대미술가협회〉(이하 '현대미협')(1957)을 결성했다. 〈현대미협〉은 과격한 태도로 스타일 투쟁 자체를 집단의 목표로 설정했다:

> 우리는 작화作畵와 이에 따르는 회화운동에 있어서 작화정신의 과거와 변혁된 오늘의 조형이 어떻게 달라야 하느냐는 문제를 숙고함과 동시에 문화의 발전을 저지하는 뭇 봉건적 요소에 대한 '안티테제'를 '모럴'로 삼음으로써 우리의 협회기구를 갖게 된 것이다.(제1회 〈현대미협전〉 서문)

물론, "변혁된 오늘의 조형"과 "뭇 봉건적 요소"의 대립은 곧 추상과 구상의 스타일 투쟁을 의미했다. 이러한 명확한 태도표명은 스타일장에 진입하려는 젊은 작가들이 〈현대미협〉을 중심으로 추상 네트워크 내에 결집하는 계기를 제공했다. 스타일 투쟁의 관점에서 〈현대미협〉은 크게 두 가지 의의

---

7. 경제적 조건이 스타일장 내 실천에 의해 매개되는 사례는 적지 않게 발견된다. 1830년대 낭만주의 미술이 공식 미술의 장에 진입하는 과정은 아카데미적 사실주의와의 지난한 투쟁 속에서 이루어졌다 (성완경, 1986: 89). 반대의 경우도 발견된다. 1940년대 미국에서 추상표현주의의 예술시장 진입은 적극적인 몇몇 화상들의 역할이 컸다. 예컨대 베티 파슨스(Betty Parsons)와 샘 쿠츠(Sam Kootz)는 좋은 예다(Bystryn, 1978: 391~408).

를 갖는다. 첫째, 스타일장과 사회공간의 상동적 대응과 변환의 주체 역할을 효과적으로 수행해냈다. 즉 비로소 스타일장 내에서 친미 반공, 개혁 이데올로기가 미학적으로 변환되는 조직적 근거가 마련되었다. 둘째, 스타일실천에 관한 믿음의 구조 곧 '스타일 일루지오'style illusio가 설립되었다. 일루지오란 문화 생산 장 내의 행위자들이 자신이 참여하고 있는 게임의 정당성legitimacy에 대해 가지고 있는 믿음들의 총체를 말한다. 일루지오는 자율적 장을 위한 핵심조건이다. 즉 장이 성립되기 위해서는 이 장의 내기물이 적어도 투쟁할 만한 가치가 있다는 신념이 공유되어야 한다. 장 내 유희와 경쟁에 참여한 투쟁자들은 모든 참여자들이 당연시하고 공유하는 믿음을 받아들이고, 장의 규칙들을 준수하고 존중해야 하기 때문이다(Bourdieu, 1991b; 김경만, 2005; 2008).8 〈현대미협〉은 전후 한국의 스타일장 내에서 스타일 일루지오, 곧 이미지 조직의 가치와 그러한 가치에 관한 집단적 믿음의 체계를 설립하는 데 결정적으로 기여했던 것으로 판단된다. 이러한 스타일실천의 일루지오를 통해서 정치적 영향은 점차 배제되고 스타일장 내의 구상과 추상의 투쟁은 좀 더 이미지 자체의 미학적 정당성에 관한 대립으로 전개되어 갈 수 있었다.

중간세대 : 추상실천의 계보적 정당성의 획득

〈현대미협〉의 선배세대들은 구상스타일을 구사하면서 스타일장에 진입

---

8. 이들 추상 행위자 집단은 목적과 수단의 최적화를 추구하는 이익집단, 혹은 관료조직이 아니라, 공통 정서와 동질감에 기초한 자발적 공동체로 존재하고 작동했다. 이는 장 내 기득권의 유지라는 형식적 이해에 근거했던 〈목우회〉 등의 구상조직과 비교할 때, 큰 차이를 보이며, 이 차이는 집단적 투쟁의 역량에도 결정적인 영향을 미친 것으로 보인다. 이른바 '부족'(tribe) 개념을 제시한 Maffesoli(1997[1993])와 부족적 공동체 개념을 민중미술의 선도적 집단인 〈현실과 발언〉에 적용한 김무경(1997), 미국추상표현주의자들이 군소화랑을 중심으로 느슨한 관계 속에서 친분과 정보를 교류했던 점에 관한 Crane(1987)의 서술을 참조할 수 있다.

한 사람들이었다. 따라서 그들은 투쟁의 양극단으로부터 신뢰를 받을 수 있었다. 이들이 구사하는 추상은 구상과 급진적 추상을 적절히 조화시키는 소위 반추상적半抽象的인 성향을 취했다. 이들의 추상전향은 급진적 앵포르멜이 보수적 구상으로부터의 미학적 발전의 정점으로 인식되는 미술사적 계보系譜를 제공했다. 이 계보는 젊고 급진적인 추상행위자들의 사적 경험에 미학적 정당성을 부여했다. 또한 이 과정은 스타일장 내 인적 자원의 이동을 유발했고, 스타일장과 사회공간 사이의 정합적 재구조화가 이루어질 수 있었다.

〈모던아트협회〉(1957) 초기 앱스트랙트 작가들은 해방 후 1948년 김환기, 유영국, 이규상 등을 중심으로 〈신사실파〉新事實派를 결성했다. 그러나 〈신사실파〉는 본격적인 스타일 투쟁의 양상을 보여주지는 못했다. 그러나 〈신사실파〉는 후에 좀 더 온건한 입장에서 추상운동을 전개했던 〈모던아트협회〉(57)의 모체가 되었다. 〈모던아트협회〉는 특히 『조선일보』 주최 〈현대미술초대전〉을 중심으로, 〈현대미협〉과 직접적인 관련을 맺으면서, 이들의 추상스타일에 미술사적 계보를 부여해 주는 역할을 수행했다. 추상운동의 핵심적 실천자였던 비평가 이경성은 중간세대들의 역할에 대해 다음과 같이 적고 있다.

> 이들 젊은 작가와 함께 현대미술의 키잡이 구실을 한 것은 이제까지 모던아트의 주변에서 작품 활동을 해 온 모더니스트들이다. 그들은 체질적으로 전진적인 자세를 갖추고 있었기 때문에 시대의 흐름에 호응하는 올바른 방향감각을 잃지 않는 지각을 지니고 있었다. 따라서 무엇을 해야 할 것인가 또는 어떤 방향으로 나아가야 할 것인가를 알고 있었다. 결국 2, 30대의 돌진적인 화가를 전위로 하고 사려 깊은 40대 작가들을 후위로 하여 한국 현대미술은 추진되어 온 것이다.(이경성, 1968)

특히 중간세대들 가운데 김환기의 존재는 스타일장 내 재구조화에 중요한 역할을 수행했다. 그는 〈모던아트협회〉에 참여하지는 않았지만, 추상과 구상이 첨예하게 대립하는 과도기에 활발한 제도권 활동을 전개하였다. 다른 중간세대들이 재야에서 활동해 왔음에 비해 김환기는 일찍부터 서울대(1946~49)와 홍대(1952~56, 61~63) 교수를 역임했고, 〈국전〉 심사위원(1948~55, 59~62), 예술원 회원(1954~74) 등을 지냈다. 또한 비평가 이경성이 평론활동을 시작하게 되는 계기를 마련해 주었으며, 1963년 한국미술가협회 이사장으로 재직하는 동안 앵포르멜 작가들의 해외 공모전 파견에도 중요한 역할을 수행한다. 그뿐만 아니라, 62년 홍대 미술대학장으로 재직할 당시에는 교과과정을 현대미술 중심으로 재편했구(오광수, 1996: 97~100), 미국으로 건너갈 때에는 유영국을 후임으로 내세움으로써(호암갤러리, 1996) 홍대가 스타일 투쟁 과정에서 추상운동의 중심지가 되는 데에도 큰 역할을 수행했다. 무엇보다 홍대교수 시절 〈반국전4인전〉과 〈현대미협〉을 조직했던 박서보에게 추상미학을 전달했고, 당시 한국화를 전공했던 그가 서양화로 전공을 바꾸어 소위 현대미술의 한국적 상황에 개입하고 주도하는 데 결정적인 영향을 끼쳤다. 이미 기존의 스타일장 내에서 일정한 입지를 마련했던 김환기의 후원은 급진적 추상실천자들에게 큰 힘이 되었을 것으로 판단된다.

〈창작미술가협회〉創作美術家協會(이하 '창작미협')(1957) 역시 중요한 중간세대 집단이었다. 〈창작미협〉은 〈국전〉을 통해 배출된 구상스타일 실천자들의 모임이었다. 여기에는 유경채, 박항섭, 박창돈, 고화흠, 이준, 황유엽, 최영림, 이봉상, 장이석 등 최고상 수상자들이 다수 참여했으며, "기성의 울타리 속에서 내부혁신을 꾀하는 입장"(오광수, 1995[1979]: 128)을 취했다. 물론, 그들이 말하는 "내부혁신"이란 추상스타일과의 절충을 의미했다. 이처럼 〈창작미협〉은 보수적 아카데미즘 화풍으로 스타일장에 등단했으면서도 추상 내지는 반추상적 경향으로 나아감으로써 결과적으로 급진적 추상스타일의 투쟁집단인 〈현대미협〉의 실천에 미학적 정당성을 제공했다. 이처럼 스타일장 내 구상세력은 신진 구상 작가들마저 절충적 추상스타일에 경도했고, 심사위원급 원로들을 제외하면, 새로운 핵심 성원의 보충마저 쉽지 않게 되었다. 스타일장 내 추상 네트워크는 점차 확장되어가는 반면 구상의 그것은 현저히 축소되었다.

이경성, 방근택, 김영주 등의 비평투쟁

전후 스타일장 내에서 벌어진 스타일 투쟁 가운데 가장 현저한 차이를 보인 부문은 비평이었다. 추상스타일 네트워크 내의 조직적인 비평 활동에 상응하는 비평을 구상 네트워크 내에서 찾기 어렵다. 이 점은 추상의 승리를 가져온 핵심적인 요인이라 할 수 있다. 1950~60년대 중반까지『조선일보』, 『동아일보』,『연합신문』 등을 포함한 대부분의 주요 신문들은 미술 비평에 많은 지면을 할애했다. 비평은 흔히 작품의 가치를 객관적으로 평가하는 작업일 수 있다. 그러나 특히 스타일 투쟁의 과정에서 비평은 특정 집단(세력)의 스타일실천에 미학적 정당성을 부여하는 효용을 갖는다. 추상스타일을 옹호한 비평가들은 방근택, 이경성, 김영주 등을 들 수 있다. 이들은 미국 중심의 미술정보를 가장 먼저 접했던 지식인 집단이었다. 이들은 당대 한국의 지식인 장에서 서구적 근대화를 지향했고, 이러한 논리는 보수적 아카데미즘보다는 서구적 앵포르멜의 옹호로 나타난 것으로 보인다.

방근택은〈현대미협〉의 활동에 깊숙이 개입했다. 방근택은 군복무 중 광주 미국문화원에서『타임』*Time*,『라이프』*Life* 지 등을 읽으면서 미국 추상표현주의 작가들의 작업과 비평에 접했다. 1956년 봄 제대 후 방근택은〈이봉상미술연구소〉에 출입하면서 박서보와 다른〈현대미협〉회원들과 자신이 수집한 유럽 앵포르멜과 미국 추상표현주의에 대한 정보를 공유했다(김영나,

1988: 195). 스타일 투쟁의 관점에서 방근택의 참여가 중요한 이유는 그가 〈현대미협〉에 미학적 기초를 제공했기 때문이다. 방근택을 통해 전후 자발적 개인의 경험에서 시작된 사적 경험으로서의 추상은 정치精緻한 동시대 미학으로서 국제적 보편성을 성취하게 된다. 방근택은 이 과정에서 핵심적 매개고리 역할을 수행했다. 그는 단순한 정보 전달에 머물지 않고 〈현대미협〉의 다양한 전시서문, 선언문, 평론을 썼다. 특히 1958년 〈현대미협〉 4회전 평評에서 이들 〈현대미협〉 회원들을 "화단의 새로운 세력"으로 규정하고(방근택, 1958b), 후에 이 전시를 "한국 최초의 소위 앵포르멜의 집단적 출현"이라 회고한다(방근택, 1984).

방근택이 〈현대미협〉에 깊이 개입했다면, 이경성은 〈현대미협〉과 어느 정도 거리를 유지했다. 이경성은 김환기의 소개로 비평을 시작했고(이경성, 1976: 3), 인천시립박물관장(1945~54), 이대(56~60), 홍대(61~82) 교수 등 안정된 지위를 확보하고 있었다. 이경성은 추상 네트워크의 하부조직 내에서 비평의 자율성을 추구했으며, 이러한 시도는 1963년 김환기, 이봉상, 김병기, 김영주, 방근택, 석도륜, 정규 등이 참여하는 〈한국미술평론가협회〉韓國美術評論家協會의 창립으로 이어졌다. 이경성은 한국미술평론의 역사에서 '평론의 자율성'에 기초한 최초의 전(문)업평론가였다. 그의 비평이 스타일 투쟁 과정에서 강력한 힘을 발휘할 수 있었던 것 역시 그러한 미술평론의 자율성을 신봉하는 전업평론가라는 장 내 위치에서 발견된다. 이경성은 〈현대미협〉전을 "미를 극복하는 힘"(1회전평), "미의 유목민"(2회전평), "미의 전투부대"(4회전평), "미지에의 도전"(6회전평) 등의 수사를 사용하면서 옹호했던 추상의 가장 강력한 지지자 가운데 하나였다.

방근택이 〈현대미협〉의 활동에 깊이 개입했고, 이경성은 전문 비평가였다면, 김영주는 추상창작을 겸하는 비평가였다. 김영주는 현대미술은 조형이념에 의해 뒷받침되어야 하며 비평과 미의식이 교류하는 '클럽'이 만들어져야 한다고 역설했다(김영주, 1956). 즉 단순한 추상의 집단화가 아니라, 비평과 창작의 유기적 결합을 주장했다. 그러나 스타일 투쟁 과정에서 김영주의 중요성은 특히 홍종인, 한봉덕, 김병기와 함께 한 『조선일보』 주최 〈현대작가초대전〉(1957)의 창설을 주도했다는 것이다. 이 전시는 당시 구상과의 투쟁에서 결정적인 계기를 마련한다. 즉 『조선일보』라는 장 밖의 사회적 권위와 연계함으로써 구상이 지배하는 보수적 〈국전〉에 맞설 추상세력의 제도적 근거를 마련하였던 것이다.

정치와 미학의 상호 변환 : 〈현대작가초대전〉現代作家招待展

전시는 단순히 조형 오브제를 나열하는 행위가 아니라, 공적 의미를 생산하는 계기라 할 수 있다(Karp, 1991; Baxandall, 1991; Lidchi, 2000; 김형숙, 2000). 그런 의미에서 개별 작가, 작품, 창작 방법론에 사회적 인정을 부과하는 사회적 의식ritual이라 할 수 있다. 전시의 이러한 사회화 기능은 스타일장의 안과 밖을 교차하면서 장 내외의 상이한 자본을 상호 변환하는 계기를 마련한다.9 "상이한 장의 자본은 오직 일정한 조건 위에서만 변환된다"는 부르디외의 지적을 고려하면(Bourdieu, 1994: 73), 전시는 스타일장 내외에서 "가장 후한 이전율"을 부과하는 조건이자 장치apparatus일 수 있다. 따라서 전시는 다양한 정치적 의도가 미학적으로 관철되는 통로로 기능했다. 예컨대 역사적으로 〈조선미술전람회〉朝鮮美術展覽會은 일제하에서 식민지배의 의도를 문화적으로 관철하는 효과적 장치였다. 〈국전〉 역시 5.16 군사정권의 정치적 의도를 투영했다.

---

9. 미술관은 미학적 가치를 사회화하는 장치로 볼 수 있다. 미술관은 전시를 통해 생산되는 미학적 의미를 스타일장 내외에서 가용한 자원들의 네트워크를 통해 사회적 사실로 만들어 낸다(김동일, 2007).

전시를 통한 스타일장 내외의 자본이전은 민간 권위에 의해 조직되는 대규모 전시에도 적용된다. 즉, 스타일장 밖의 특정 사회제도, 혹은 권위는 전시를 통해 자신의 특정한 필요를 미학적으로 변환함으로써 스타일장 내에 투영할 수 있고, 또한 전시를 통해 스타일장 내 미학적 효과를 다시 사회공간의 효과로 변환할 수 있다.

1957년 이후『조선일보』는 〈현대작가초대전〉을 통해 당대 스타일장의 상황에 개입했다.『조선일보』는 이 전시를 통해 추상 아비튀스와 결합함으로써 사회적 승인을 부여하고, 역으로 스타일장 내에서 획득한 효과를 이승만 정권과 경쟁하는 사회공간으로 환류還流하고자 했던 것으로 보인다. 스타일장 내 스타일실천자들이 외부의 언론과 국가 사이의 경쟁관계를 스타일 투쟁에 이용하는 것은 당연하다. 구상 세력들이 〈국전〉을 통해 국가권위를 바탕으로 스타일장 내 주도권을 유지하려 했다면, 추상 아비튀스의 보유자들 역시 〈현대작가초대전〉을 통해 스타일장에 개입한『조선일보』와 공모했다. 일반적으로 〈현대작가초대전〉의 스타일장 내외의 효과는 〈현대미협〉의 독자적 전시보다 훨씬 클 수밖에 없었다. 그 이유는『조선일보』라는 사회적 권위를 바탕으로 조직할 수 있는 네트워크의 가용한 자원들은 소수의 젊은 급진적 추상실천자들 중심의 〈현대미협〉 전시에 비할 수 없었기 때문이다.

『조선일보』, 국가와 경쟁하는 사회적 행위자로서 언론

그렇다면,『조선일보』는 어떤 이유로 스타일장에 개입했을까? 여기에 대답하기 위해서는 해방 이후 전체 사회공간에서 언론의 위치를 간략하게 살펴볼 필요가 있다. 즉 해방 이후 언론은 정치권력과 경쟁하는 중요한 사회제도적 민간권위였다. 해방공간에서 우익 언론은 미군정을 중심으로 재편되는 정치세력의 효과적인 대변기구였으며, 그러한 정치적 세력 관계 속에서 자체의 영향력을 확대해 나갔다. "박정희 정권 등장 이전 시기의 한국언론은 일시적으로나마 자유주의 언론이론the libertarian theory of the press모형에 매우 근접하는 것이었다. 언론은 고도의 자율성을 누리는 민주적 독립기관으로서 정부를 견제하고 비판하는 기능을 담당하는 '정치언론' 또는 '정론지'로서의 성격을 누리고 있었다"(박승관·장경섭, 2000: 83). 이러한 언론과 정부의 관계는 5.16 이후 국가와 언론 간의 억압적 종속관계를 나타내는 '권위주의적 조합주의'authoritarian corporatism로 변환된다.『조선일보』역시 미군정기와 소위 남한단정기南韓單政期의 사회정치적 공간에서 이승만 정권과는 정치사회적으로 경쟁, 혹은 대립적 위치에 있었다. "상대적으로 온건하고 합리적이었던『조선일보』는 건국초기에는 이승만 정부에 대해 비교적 중립적인 태도를 보였다. 그러나 이승만 정부가 1952년 정치파동을 일으키는 등 독재정치를 자행하자 이 신문은 비판적 태도를 분명해 했다"(김민환, 1996: 407). 전후 이승만 정권과 언론의 경쟁적 대립관계는 문화적 지평으로 확장되었다. 추상을 채택했던『조선일보』의 〈현대작가초대전〉은 구상 중심의 〈국전〉과 스타일장 내 역학구도에 있어서 대립적인 위치를 점유했던 것으로 볼 수 있다. 사회공간에서 정권과『조선일보』사이의 경쟁은 〈국전〉 대 〈현대작가초대전〉의 대립을 통해 추상과 구상의 스타일 투쟁의 상황을 가로질렀던 것이다.

『조선일보』와 추상스타일의 결합

　　스타일장 내에서 추상 아비튀스와 장 밖『조선일보』의 정치적 이해는 어떻게 변환될 수 있었을까? 만약 상징공간 내의 인정투쟁이 결국 장 내 자원들의 효과적인 네트워크를 구성함으로써 수행된다면 특정한 장들 사이의 경계 위에서 서로의 이해관계를 설득하고 상호변환하는 '이해관계 번역'translation of interests은 매우 중요하다(Latour, 1983; 1987). 스타일장의 경계 위에서 장 내의 추상스타일집단의 이해를 정치장 내『조선일보』의 이해로, 혹은 그 역으로 변환해 냈던 사회적 행위가 중요했으며, 이 역할을 수행한 사람들이 바로 김영주와 김병기, 한봉덕, 홍종인 등이었다. 현재로선 당시의 이들이 주고받은 내밀한 상호작용의 충분한 자료를 얻기 어렵다. 하지만, 당시 스타일장 내외에서 그들의 위치를 감안할 때, 그들이 서로 〈현대작가초대전〉을 성사시키기 위해 긴밀하게 소통했다는 사실은 분명해 보인다. 김영주와 김병기는 추상스타일을 실천하는 작가였던 동시에 추상스타일의 정당성을 가장 활발하게 기고했던 비평가였다. 이들은 스타일장 내에서 누구보다 추상의 현대성과 참신성을 주장했다. 특히 한봉덕은 추상스타일을 옹호했던 젊은 작가이자, 1961년부터 1968년까지 『조선일보』 문화부기자로 활동했다. 또 김영주와 더불어 1960년에서 1965년까지 〈현대작가초대전〉 창립위원 및 심사위원을 역임했다. 한편 당시『조선일보』주필 홍종인은 이승만 정권과의 대립과정에서 투옥되는 등, 정권과의 대립을 가장 직접적으로 경험했던 언론인 가운데 하나였다.10 이들은 스타일장 내에서 보수적 구상과 대립했던 추상과 권력공간에서 정권과 경쟁했던『조선일보』의 상동적 위치를 매개했고, 〈현대작가초대전〉을 통해 각 장의 이해관계를 정합적으로 변환해내고자 했다.

〈현대작가초대전〉이 조직하고 변환하는 영향력은 스타일장 안과 밖에

---

10. 52년 대통령직선제를 통해 재선을 노리는 이승만과 내각제를 주장하는 국회 사이에 갈등으로 인한 '사전검열제'는 정부권력과 우익언론이 군정 하에서 맺은 동반자 관계를 청산하고 대립하는 결정적 계기가 되었다(김민환, 1996: 403). 특히 '신문정비', '보안법파동' 등의 사건은 정부와 언론은 더욱 첨예하게 대립했다. 특히 "1952년 8월 7일 〈조선일보〉의 주필 겸 부산 분실장 홍종인을 구속했다. 이 신문은 사실 확인 없이 4부 장관 사임설을 벽보에 개첩한 바 있는데 부산지방검찰청이 이 내용의 취재 출처를 밝히라고 요구, 이에 불응하자 주필을 구속한 것이다. 담당검사는 11일 오후 8시 경에야 홍종인의 구속을 해제했다"(김민환, 1996: 458)

걸쳐 확장되었다. 스타일장 내에서 이 전시는 먼저 당시의 추상 조직들을 통합했다. 즉 급진적 신진작가 중심의 〈현대미협〉과 기성 모더니스트 중심의 〈모던아트협회〉, 〈국전〉 출신 〈창작미협〉의 일부가 이 전시를 통해 추상미학의 정당성 아래 통합된다. 또한 〈현대작가초대전〉을 통해 추상스타일에 반추상적 초기 앱스트랙트로부터 급진적 앵포르멜에 이르는 미술사적 발전의 계보를 전시를 통해 가시적으로 증명했다. 특히 이 전시를 초점으로 방근택, 이경성, 김영주의 비평이 집중되었고, 〈현대미협〉을 중심으로 하는 추상 네트워크의 실천적 에너지를 집약하는 계기를 제공한다. 무엇보다 이처럼 집중된 추상 네트워크에 『조선일보』라는 거대한 민간권위가 포섭됨으로써, 추상의 제도적 공인이 수립되었다. 또한 〈현대작가초대전〉이 스타일장 내에서 차별적 위치의 점유에 성공함으로써 『조선일보』는 〈국전〉의 주체인 정부와 문화적 실천의 경쟁자로서 대등한 위치를 설정할 수 있었고, 이러한 지위를 정치적 경쟁에 이용할 수 있게 된다.

흥미로운 사실은 〈현대작가초대전〉을 통한 추상집단과 『조선일보』 사이의 공모가 가져온 효력은 박정희 군사정권 수립 이후 급격히 상실되기 시작했다는 점이다. 정치장 내에서 군사정권의 언론탄압정책은 『조선일보』의 경쟁적 지위를 무화시켰다. 또한 1961년 국전개혁은 앵포르멜을 〈국전〉에 수용함으로써 〈현대작가초대전〉이 선점했던 차별적 위치마저 포섭했다. 이에 따라 〈현대작가초대전〉은 스타일장 내 영향력을 점차 상실했다. 특히 추상이 〈국전〉 내 비구상 부문으로 완전 독립하는 1969년엔 의미를 완전히 상실하고 폐지되고 만다.[11]

---

11. 군사정권 수립이후 〈현대작가초대전〉은 5회전부터 초대전과 공모전을 병행하여 신진 추상작가들의 양성에 관심을 보였으며 6회전부터 판화가 새로운 장르로 추가되었으며 외국의 전위작가들이 초대됨으로써 국제적 행사로 발전하는 등의 노력을 보였다. 그러나 8회, 11회가 개최되지 못했고 점차 연례적인 행사로 거듭되다가 13회를 끝으로 폐지되었는데 이는 추상의 하부스타일로서 앵포르멜의 흥망성쇠와 정확히 일치하고 있다는 점 역시 주목되는 사실이다.

구상 하부 스타일들의 내부적 상호투쟁

스타일장 내에서 구상 아비튀스의 보유자들 역시 추상세력에 맞서 기존 스타일장의 구조를 지속시키기 위해 저항했다. 구상의 저항은 주로 〈국전〉의 장악에 집중되었다. 이러한 저항은 스타일장 내에서 이미 축적한 장 내의 특수자본을 바탕으로 이미지 조직에 관한 합법적 상징폭력을 행사하려는 시도로 나타났다. 또한 국가권력과 정치적 효과의 미학적 변환 혹은 그 역변환을 충실히 이행함으로써, 스타일장 내의 지배적 위치를 유지하고자 했다. 〈국전〉은 그러한 장 사이의 변환과 공모가 이루어지는 교점으로 기능했다. 그러나 이러한 시도는 전반적으로 추상스타일에 우호적인 사회정치적 상황의 재편과정에 부합하지 않았다. 무엇보다 구상 행위자들의 저항은 추상 네트워크 참여자들의 조직적인 전복의 실천에 비해서도 효과적이지 못했다. 결국 〈파리비엔날레〉, 〈상파울루비엔날레〉, 〈카뉴국제회화제〉 등의 대규모 해외전람회 출품 기회를 추상세력에 내주었을 뿐 아니라, 〈국전〉에 '비구상' 부문의 신설을 허용함으로써 〈국전〉 내 상징자본의 일정한 비율을 추상에 내주게 되었다.

스타일 투쟁에서 구상의 몰락은 자율적 스타일장의 설립을 주도하지 못했기 때문이다. 구상은 특히 외부의 정치적 요구를 비교적 직접 반영했다. 향토적 서정주의가 일제의 식민지배 의도를 반영했다면, 사회주의 리얼리즘은 해방공간의 정치적 좌파의 이해를 이미지를 통해 대변했다. 보수적 아카데미즘은 비록 다소간의 중립적 이미지 조직방식의 형태를 채택했지만, 정치적 보수우익과 미학적 상동관계에 있다. 물론, 이러한 상동관계는 친미적 우익과 추상의 관계에서도 발견된다. 그러나 추상의 경우, 그러한 정치적 관계성은 스타일 자체의 미학적 정당성을 추구하는 스타일실천의 일루지오 속에서 중화되는 양상을 보였다. 따라서 스타일 자체의 합법성이라는 내기물을 놓고

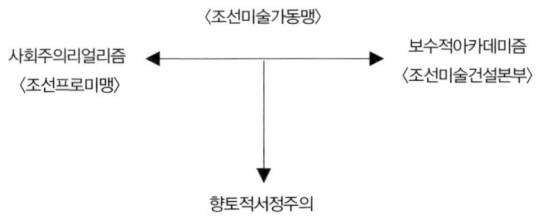

〈도식1〉 구상 하부스타일 내부의 상호투쟁.

투쟁하는 자율적 스타일장의 설립은 추상 행위자들에 의해 주도되었다. 이에 비해 구상 행위자들은 이미지 실천자인 동시에 장 밖의 이해관계에 따라 투쟁하는 정치장의 참여자들이었다. 이러한 구상행위자들의 상극적인 정치적 이해관계는 견고한 구상 네트워크 결성을 통해 효과적으로 추상네트워크에 저항하기보다는 구상 하부스타일들 사이의 상호투쟁을 유발했다〈도식1〉.

　해방공간에서 좌우 대립은 사회주의 리얼리즘과 보수적 아카데미즘의 대립으로 나타났다. 이 대립은 〈조선프롤레타리아미술동맹〉과 〈조선미술건설본부〉를 중심으로 수행되었다. 하지만, 이 투쟁은 좀 더 큰 틀에서 일제하 향토적 서정주의 척결을 위해 유보되는 양상을 보였다.[12] 향토적 서정주의의 청산이라는 공통의 목적을 달성하기 위하여 좌우익 구상행위자 일부가 합류하여 〈조선미술가동맹〉(1946)을 결성한다. 그러나 이 역시 일제청산이라는 근본적인 정치적 목적에 충실할 뿐이었다. 이 투쟁 속에서 심형구, 김인승과 같은 향토적 서정주의를 실천했던 주요 행위자들 상당수가 보수적 아카데미

---

12. 예컨대, 사회주의 리얼리즘의 대표 이론가 윤희순은 향토적 서정주의를 "일본정서의 침윤", "봉건사회적 회고취미", 혹은 "일본식 조선향토색이라는 기형아"로 규정했고(윤희순, 1946), 보수적 아카데미즘의 핵심적 실천자인 오지호 역시 "야만 왜적의 철제하(鐵蹄下)에서 결과된 병적 예술정신", "민족적 특질을 거세당한 기형적 창작방법"으로 비판했다(오지호, 1947).

즘이라는 비정치적 구상형식으로 전향했으나, 스타일 자체의 가치에 충실했던 추상네트워크에 효과적으로 저항할 수 없었다.

〈목우회〉木友會의 설립과 비평의 분산

일제하 향토적 서정주의, 해방공간에서 사회주의리얼리즘 등이 몰락한 이후, 보수적 아카데미즘을 실천하는 구상행위자들은 〈목우회〉(1957)를 설립했다. 〈목우회〉는 직접적으로 정치적 이해관계에 기대지 않았다. 그들은 고전주의Classicism 미학에 기초해 미학적 정당성을 주장했다. 〈목우회〉는 이종우, 도상봉, 이병규, 박득순, 이마동, 박상옥, 손응성, 이동훈, 최덕휴, 심형구, 김종하, 김형구, 김인승, 박광진, 박희만, 나희균 등 당시 〈국전〉 심사위원급의 원로 작가들이 포함되어 있다. 목우회의 저항 역시 〈국전〉을 통해 이루어졌다. 1962, 63년의 〈국전〉에서 그러한 저항은 직접적으로 표면화되었다. 5.16 군사정권의 외압으로 인해 앵포르멜 작품에 최고상이 주어지자 〈목우회〉 회원들은 장 내 기득권을 이용하여 11회(62년)와, 12회(63년) 〈국전〉 심사위원을 독점하게 된다. 그러나 이러한 저항은 오히려 추상 비평세력의 역공세에 빌미가 되었다. 더욱이 보수적 아카데미즘을 통해 〈국전〉으로 등단한 신진 구상작가들은 〈창작미협〉을 결성, 현대미술운동에 경도했다. 따라서 〈목우회〉는 핵심 투쟁자의 지속적 공급마저 어렵게 되었다. 여기에 기존 원로 구성원들의 노화 혹은 탈퇴가 맞물려 구상 네트워크의 중심으로서 〈목우회〉의 스타일장 내 영향력은 상실되어갔다.

추상세력이 방근택, 이경성, 김영주, 김병기 등 평론가들과 긴밀한 연계 속에서 스타일 네트워크를 확장해 나갔음에 반해 〈목우회〉는 비평가들과의 별다른 연계를 확보하지 못했다. 이 점은 구상스타일 네트워크의 약화에 주요 원인으로 작용했다. 그나마 윤희순(1946, 1973[1933])과 오지호(1947, 1968)의 비평작업이 두드러졌다. 그러나 윤희순은 한국전쟁 이후 월북함으로써 남한 스타일장에서 잊혀졌고, 오지호 역시 좌익 미술집단에 가담했다는 이유로 투옥되었다.13 이 밖에도 추상스타일에 저항하는 구상비평이 산발적인 논쟁을 불러일으켰지만 조직적 저항으로 연결되지 못했다.14 이러한 구상비평의 상황은 비평활동을 조직화함으로서 입지를 확보한 추상비평과 비교할 때, 스타일 투쟁의 향방을 결정했던 중요한 요인으로 보인다.

요약과 전망

지금까지 살펴본 전후 한국화단의 스타일 투쟁은 스타일 현상이 사회적인 공간 속에서 벌어지는 사회적 실천임을 잘 보여준다. 이 실천은 스타일장 내에서 이미지 조직 방식의 사회적 합법성을 획득하려는 투쟁이었다. 이런 관점에서 스타일은 고전주의와 바로크라는 두 극점을 순환하는 자율적 체계로서 뵐플린의 스타일 개념(Wölfflin, 1994[1915])이나, 지리적 풍토의 소산임을 주장하는 보링거의 그것과는 다르다(Worringer, 1982[1908]). 또한 토대에 의한 결정을 지나치게 강조하는 하우저 류의 사회학주의(Hauser, 1993[1953])와도 같지 않다. 스타일실천은 장과 외부 사회공간 사이에서 스타일장의 자율성을 성취

---

13. 오지호는 출소 후 이론 활동을 중단하고 중앙 화단과 단절하고 호남을 중심으로 개인 작품 활동과 '한자(漢字) 전용운동' 등에 몰두한다. 이후 호남지역에서 지속적으로 강력한 구상화풍이 관찰되는데, 이는 오지호의 영향력을 증명하는 사례이며, 향후 연구의 필요성을 제기하는 과제이다.
14. 이후 구상과 추상 스타일 사이의 비평적 대립은 박서보(1963), 이열모(1963; 1963a), 장두건(1960) 등이 참여하는 산발적인 논쟁으로 이어졌지만, 이미 스타일장의 주도권은 추상에 기울어 있었다. "이들의 논진을 요약하면 '세계미술사조가 단연 구상 주류로 흘러가고 있는데 왜 우리만이 추상 위주냐', '우리 화단에 국제시장에 내놓을 떳떳한 구상이 무엇이냐', '시위와 선전뿐인 전위–추상을 어떻게 믿는단 말인가' 등이다."(오광수, 1995[1979]: 205)

하기 위한 투쟁이며, 동시에 스타일장 내 특수자본의 분포와 장 내 경계를 재조정하기 위한 사회적 투쟁이다. 이 글은 스타일 현상을 설명하기 위해 부르디외의 아비튀스와 장 개념을 도입하고자 했다. 전후 한국화단에서 벌어진 추상과 구상의 투쟁은 곧 사회공간의 정치적 영향을 스타일장 내의 특수한 내기물을 놓고 벌어진 인정투쟁으로 변환하는 과정인 동시에 결과였다. 이 글은 이러한 관점에서 미술사적 사실들을 요약하고 재조직하고자 시도했다.

전후 스타일 투쟁 과정에서 스타일장 내에서 추상의 승리는 한국미술계에서 스타일장의 자율성이 성립되는 과정과 일치한다. 이러한 스타일장의 자율성은 해방 이후 6.25 한국전쟁과 5.16 군사혁명으로 이어지는 급격한 정치, 사회적 변동에 영향을 받으면서, 동시에 그 영향을 스타일장의 내의 차별적 이해관계로 굴절하려는 노력을 통해 성취된다. 스타일장에 기꺼이 참여하고자 했던 스타일행위자들은 해방 이후 사회적 격동을 스타일장 내에서 추상과 구상의 하부스타일들의 논리로 변환하면서, 다양한 스타일 네트워크들을 구성해 나갔던 것이다. 추상스타일의 승리는 스타일장의 자율성을 설립하고 외부적 영향력을 장 내의 투쟁에 유리하게 변환함으로써 효과적인 네트워크를 조직해낸 스타일행위자들의 성취였다.

이 글은 부르디외의 장과 아비튀스 개념을 '사회적 실천으로서의 스타일'의 관점에서 스타일장과 스타일아비튀스 개념으로 재규정한 후, 이를 전후 한국화단에서 벌어진 추상과 구상의 스타일 투쟁의 사례에 적용하려 했다. 이 과정에서 필자는 미학적 실천과 사회제도가 교차하는 지점을 발견하고자 노력했다. 이 교점은 향후의 다양한 개인적, 제도적 차원의 연구를 위한 준거점을 제공해줄 수 있으리라 생각된다. 특히 구상의 극단에서 완전한 추상의 극점에 도달한 김환기의 스타일 실천의 경로를 추적하는 작업은 스타일장의 전체 지형의 변화를 개인의 수준에서 살펴볼 기회를 제공할 수 있다. 또한 『조선일보』 주최 〈현대작가초대전〉에 관한 독립적 연구 역시 당대의 스타일장과 한국사회가 맞물리는 지점을 좀 더 세밀하게 관찰할 수 있는 대상일 수 있다. 조직의 관점에서 〈목우회〉와 〈현대미협〉을 비교하는 작업 역시 흥미로운 작업일 수 있다. 젊은 스타일행위자들의 정서적 공동체였던 〈현대미협〉이 변화의 시기에 강력한 힘을 발휘했음에도 불구하고 단명했던 반면, 명시적인 이해관계를 중심으로 이익집단의 형식을 띠었던 〈목우회〉는 스타일 투쟁에 의미 있는 차이를 만들어내지 못했지만 오늘날까지 존속하고 있다. 필자는 앞으로 이러한 문제들을 성실히 고민하면서, 당대 한국의 스타일상황에 관한 '두꺼운 기술'thick description을 수행해 나가고자 한다.

2부

에세이(essay)

6장 평론의 위기와 미술시장의 활성화

7장 조금 낯선 비엔날레 기행 : 2006년의 광주와 부산

8장 내가 미술잡지를 읽지 않는 이유

9장 대안공간의 대안성에 관한 대안적 생각들

10장 복제와 아우라의 경계에서 잠시 판화를 생각한다

6장
평론의 위기와 미술시장의 활성화

　오늘 우리 미술은 아주 이상한 몰골을 하고 있다. 한편에선 미술시장이 팽창하다 못해 아주 폭발 직전에 이르렀다. 또 다른 한편에선, 여전히 수많은 작가들이 최소한의 존엄조차 유지하지 못하는 삶을 살아가고 있다. 이상한 것은 때로 소위 미술시장의 블루칩 작가들과 지리멸렬 밥벌이도 못하는 작가들 사이에 납득할 만한 차이를 발견하기 어렵다는 것이다. '실력없(다고 생각되)는' 몇몇 작가들이 엄청 뜨는 반면, 훨씬 '실력있(다고 평가되)는' 작가들은 정작 가격형성조차 되지 않는다. 이런 이상한 현상 한 가운데 미술평론이 있다. 그런데 오늘의 평론은 그것이 대면한 미술의 몰골보다 더 끔찍해 보일 뿐이니라 평론의 끔찍힘이 힌국미술을 며욱 비참하게 만느는 형국이다. 원인은 무엇일까? 대안은 무엇일까? 그 대안은 과연 미술평론뿐 아니라, 시장을 둘러싼 미술제도 전체의 왜곡된 현상을 바로잡는 데 기여할 수 있을까? 필자는 이 글에서 미술평론의 '상대적 자율성'의 관점에서 미술시장과 제도의 문제와 대안에 접근하려 한다. 문제는 평론이다.

미술평론의 위기

평론은 어디서나 골칫덩어리 대접을 받는다. 최근 심형래 감독의 영화 '디워'에 관해 평론가 진중권의 발언이 유발한 파문을 보면 특히 그렇다. 그러나 한편으론 배가 아프고 또 한편으론 희망을 가져보기도 한다. 여전히 옆 동네 영화계에서는 평론의 담화생산 가능성을 증명하고 있었기 때문이다. 이건 부러움을 넘어 일종의 경이로 받아들여진다. 그 이유는 현재 한국 미술평론의 상황을 염두에 두기 때문이다. 이토록 평론이 천대받는 곳이 미술계 말고 또 있을까? 때로 작가가, 독자가, 관객이 미술평론을 비판한다. 이 비판은 도를 넘는 비난에 이르기도 한다. 한때 미술담화 생산의 맹렬한 출구였던 '포럼에이'forum A는 한국미술계의 상황을 검토하는 유용한 대담을 기획한 적이 있다. 이 대담에 참여한 작가 최진욱은 주저없이 이렇게 말한다.

> '뻔한 거짓말'과 뻔할 뻔자의 사실들을 외면하고 있는 평론가 집단의 비양심과 비이성, 무성의와 무감각, 무책임을 '질책' 이외의 수단으로 일깨울 수 있는 방법이 없어서일 겁니다.(최진욱 외, 2003)

무식하고, 야비하며, 불성실한 자들, 그들의 이름이 미술평론가라는 것이다. 평론(가)에 대한 비난에 대해서만큼은 관객이나 독자 역시 작가와 한편이다. 평론은 '도대체가 알아먹을 수 없는 해괴한 이론'의 나열에 불과하다. 더 답답한 것은 평론가들이 이러한 냉소에 대응하는 방식이다. 평론가 그들은 의외로 무덤덤하다. 맹렬히 썩어 부패하고 있으되, 자신들은 정작 그 사실을 모르는 것이다.

문제는 '비평은 죽었다'는 세평이 말 그대로 세간에 떠도는 헛말(내용이 없는 빈말)일 수도 있다는 것이다. 문제의식 자체에 대해서는 경각심을 가져야 하겠지만, 필요 이상으로 민감하게 반응할 일은 아니라고 본다(고충환, 2003).

저자는 평론계에서 입지를 다져가는 중견이다. 물론, 이 글의 초점은 평론의 특수성에 관해 숙고하는 것이지만, 여전히 그가 말하는 '경각심'의 수준은 상황이 요구하는 절박함을 충족하기에 너무나 느슨하고 여유롭다. 사실 이런 느긋함은 미술계에서 이미 안정된 지위를 확보한 소수의 특권적 평론가들에게서 관찰되는 특징이다.

그러나 이렇게도 생각할 수 있다. 제도권 미술계에 안착한 평론가들일수록 오히려 평론의 현재적 상황에 더 불안할지도 모른다고 말이다. 그들은 이미 미술평론이 갖는 지리멸렬한 권위의 부재를 첨예하게 의식하고 있을지도 모른다. 이런 추측의 근거는 물론 그들의 글들이다. 그들은 작가나 독자의 비위를 거스르지 않는 무난하고 조심스러운 글을 생산한다. 결과는 무엇일까? 비판을 의식한 이런 절충은 평론의 가치를 더욱 하락시킨다. 평론이란 이름으로 누구나 쓸 수 있고 누구나 읽을 수 있으나 역설적으로 아무에게도 도움이 되지 않는 글들이 양산된다. 누구 책임인가? 무엇이 문제인가?

미술시장과 평론, 그리고 평론에 대한 도구적 시각

그런데 요즘 들어 이상한 역설이 포착된다. 평론의 위기와 평론에 대한 요구가 맞물려 들어가는 것이다. 평론의 위기와 평론에 대한 요구가 비례해서 심화되는 것이다. 그 요구의 가장 큰 근원은 미술시장이다. 미술시장은 평론의 '적'일 수 있다. 평론의 진실은 '돈의 논리'를 거부함으로써 얻어지는 일종의 상징권력symbolic power이기 때문이다. 평론의 적이 평론의 정상화를 요구하는 상황이다. 과연 팽창하는 미술시장의 요구가 평론의 제 모습을 찾아

줄 수 있을까? 혹은 미술시장이 이미 썩어 버린 평론의 새로운 희망이 될 수 있을까? 대답은 양가적이다. 시장의 요구는 평론을 긍정적인 방향으로 이끌 수도 있지만, 그 역도 얼마든지 가능하다. 아니 현재의 상황에선 오히려 미술시장이 평론의 위기를 더욱 심화시키는 형국이다. 이유는 무엇일까? 바로 미술시장에 뿌리 깊이 박혀 있는 평론에 대한 도구주의적 시각 때문이다. 평론에 대한 도구주의적 시각은 평론이 시장 참여자들의 이해관계를 성취하는 수단에 불과하다는 암묵적 인식을 말한다.[1] 이런 도구적 인식은 평론가를 마치 '예술마피아'(에프라임 키숀, 1996)의 행동대원쯤으로 격하시킨다. 이러한 도구주의 평론은 미술시장에서 맹렬하게 번식한다. 첨예한 이해관계가 얽혀 있는 미술시장에서 화상이나 작가들에게 평론은 아주 쉽게 동원될 수 있는 수단일 뿐이다. 평론은 도록의 품위를 유지하기 위한 장식물 이상 취급되지 않는다.

희한한 것은 미술평론가들의 행태이다. 그들은 시장이 배분하는 사소한 이해관계에 기생하기를 기꺼이 수락한다. 다소간의 부수적인 명성과 몇 푼의 원고료를 손쉽게 자신의 담론과 교환함으로써 미술시장에 공모한다. 더 큰 문제는 도구적 평론에 대한 요구가 시장의 이해를 독점하는 특정 이해관계자들로부터 나오는 것이 아니라, 대부분의 참여자들에 의해 제기되는 아주 광범위하고 보편적인 압력이라는 것이다. 몇 년 전 한 미술동네 게시판에 닉네임 '중년자까'의 "평론가들아 모두 쑤구리!"라는 제목의 예사롭지 않은 글 한편이 포스팅되어 올라왔다. 이글을 올린 이는 피폐한 자신의 현실의 책임을 평론가에게 돌리고 있다.

---

[1] 사실 미술평론의 강력한 도구적 기능은 이미 증명된 바 있다. 사실 현대미술 자체가 비평없이 존재할 수 없었을지도 모른다. 서구에서뿐만 아니라 한국현대미술의 상황도 마찬가지이다. 모더니즘이 그랬고, 민중미술이 그러했다. 즉 그것의 미학적 이념을 개념화하고 타당성을 설득한 미술평론의 성과없이 존재할 수 없었던 것이다. 문제는 미술평론의 도구적 효용이 미술평론 그 자체에 관한 자의식의 획득하려는 노력으로 모아지지 않았다는 점일 수 있다.

본인이 궁핍한 것은 평론가 느그뜰 때문이다. 화가들이 궁핍한 것도 평론가 느그뜰 때문이다.(중년자까, 2007, 오타는 저자)

그는 곧 평론(가)를 이렇게 규정한다.

평론가의 직무가 뭐고? 감상자와 작품 사이에 교량 역할을 하는 사람이다. [중략] 어떻하면 감상자들이 작품과 친근하게 닥아올 수 있는가. 어떻게 하면 감상자가 작품을 구매할 수 있는가. 쇼핑 티비 체널에 여자, 남자들이 나와서, 간장게장 요렇게 쪼게서 조렇게 먹으면 너무 맛있어요, 야들과 느그뜰이 같은 직업이지. 뭐가 다르것냐.(중년자까, 2007)

'중년자까'는 평론을 시장의 관점에서 규정한다. 평론은 일종의 미술시장의 분석이며, '우수한 미술평론가'는 우수한 미술시장 분석가다. 미술평론의 논리는 상품과 유통의 논리로 치환된다. 그는 앞으로 나아가야 할 평론의 요구에 관해 이렇게 적는다.

구매자 심리 동향 분석, 계절에 따른 구매자 기호 동향 분석, 계층에 따른 구매자 동향 분석, 이런 능력을 길러 놓으면 모든 작가들의 선망의 대상이 되는겨. [중략] 작가가 작품을 만들고 평론가가 기름지게 포장을 하고 구매자가 행복감을 배가 할 수 있으면 이 작가 저작가 똥구녕 간질러 그림 열심히 그리게 하고 작품 많이 판매해주고 그래 살아라. 평론가 느그들은 자동차 판매원과 같은 임무를 지니고 만들어진 직업인겨.(중년자까, 2007)

물론, 이 글은 게시판을 떠도는 담론의 배설일 수 있다. 하지만 이 게시물을 이리 장황하게 소개하는 것은 단지 흥미만을 위해서가 아니다. '중년자까'는 미술계의 현실을 정확하게 관통하고 있고, 이 상황의 대안을 미술시장에서 요구하고 있으며, 또 그러한 미술시장의 정상적 작동에 있어서 핵심적 역할을 평론가에게 요구하고 있다. 그만큼 그 역시 평론의 기능과 역할을 중요하게 보고 있는 것이다. 동시에 이 글은 미술시장의 요구에 평론이 대응할 때 초래될 수 있는 모순을 극명하게 보여준다. '중년자까'의 요구에 충실했을 때 평론가는 그저 '자동차 판매원', 혹은 쇼핑채널의 쇼호스트와 다르지 않게 된다. 과연 '작가 똥구녕 간질러' 주는 평론가가 '중년자까'가 처한 현실의 질곡과 미술시장의 확장 사이의 간극을 메워 줄 수 있을까? '시장분석가' 혹은 '자동차 판매원'으로서 평론가는 어떤 대접을 받게 될지 '중년자까' 스스로 보여주고 있다.

> 어디서 조또 아닌것들이 조또 모르면서 턱 치켜들고 거들먹 거리고 이써. 대굴빡 쑤구리! 칵!(중년자까, 2007)

과연 '조또 아닌 평론가', '대굴빡 쑤구리'야 하는 평론가를 시장 참여자들이 신뢰하겠느냐는 것이다.

미술시장에서 미술평론의 기능과 역할

평론에 대한 '중년자까'의 해결책은 단지 그만의 것이 아니다. 진중하게 미술평론의 위기와 미술계의 현실, 그리고 미술시장의 건강한 확장을 고민하는 실천가들 역시 비슷한 관점을 취한다. 앞서 언급한 최진욱 교수의 견해에도 평론에 대한 도구적 시각은 묻어 있다.

> 시장질서가 이토록 엉망인 곳에서는 여간한 전문가가 아니어서는 예술적 가치가 있는 작품을 (인테리어만을 염두에 둔 단순한 장식품들로부터)골라 낼 수가 없습니다. 더구나 같은 예술작품이라 하더라도 어느 게 더 높은 예술적

가치를 가지고 있는지 알 수가 없습니다. 이럴 때는 전문가의 도움이 필요합니다. 그들은 일차적으로 미술평론가고, 그 다음은 안목을 갖춘 화랑주가 될 것입니다.(최진욱, 2003)

물론, 평론이 미술시장의 질서를 잡는 데 중요한 역할을 수행해야 한다는 주장은 원론적으로 옳다. 평론이 올바른 평론적 진실을 산출하지 못할 때, 평론의 위기는 평론 자체뿐 아니라 미술의 다른 분과에도 혼란을 가져온다. 그 피해를 고스란히 한국의 미술시장이 입고 있다는 주장이다. 그러나 중요한 한 가지에 있어서 최진욱의 지적은 옳지 않다. 평론의 기준을 바로 세우는 것은 평론 자체를 위해 필요한 것이지, 미술시장의 질서를 바로잡기 위한 것이 아니라는 것이다. 미술시장의 정상화는 평론 그 자체의 자율성을 성취하는 과정에서 '의도되지 않은 결과'unintended consequence of social action로 얻어진다. 그것은 평론의 명시적인 목적일 수는 없다. 최진욱이 역시 미술평론 그 자체의 자율성을 먼저 고려하지 않은 채 미술평론가로 하여금 예술작품의 올바른 가치평가를 강요하는 한, 그의 주장 역시 본질적으로 '중년자까'의 한계를 넘어설 수 없다. 과연 미술평론가가 작품의 예술적 가치를 제대로 평가할 수 있기 위해서 필요한 객관적 조건과 주관적 실천은 무엇인가를 먼저 고민해야 한다는 것이다.

비슷한 한계는 평론가 류병학의 글에서도 발견된다. 류병학은 2003년 11월 창간한 월간 『아트프라이스』 1호부터 4호까지 '화가 박찬주'라는 필명으로 「미술시장 바로보기」를 연재하면서 다음과 같이 주장한다. 즉 미술시장의 모순을 극복하기 위해서는, "평론가의 가치평가와 딜러의 조언, 그리고 소장자의 안목에 맡기는 방법밖에 없다"(박찬주, 2003)는 것이다. 그 역시 미술시장에서 정상적인 작품가격의 결정에 있어서 평론가의 적극적인 역할을 지적하고 있다. 특히 그는 이 연재물 마지막 호의 마지막 쪽에서 바람직한 '작품가격 산정시스템'에 관해 이렇게 적고 있다.

1차 작품가격: 작가와 화랑이 서로 논의를 통해(작가는 자신의 작품제작과정과 여러 상황을 통해 작품가격을 제안하고, 화랑은 복잡한 미술시장의 상황을 고려하여 작품가격을 제안) 쌍방이 합의한 작품가격.(신진작가의 경우)

2차 작품가격: 예술적 가치인 미술전문잡지를 통한 평론가의 가치평가 그리고 작가의 공신력 있는 공모전 수상과 전시회(국제전) 경력, 상품적 가치인 화랑을 통한 작품판매 실적(구매자의 구입유무 또한 판매수량에 따라) 등을 통해 작가와 화랑이 합의한 작품가격.

3차 작품가격: 경매나 아트페어를 통한 구매자의 구입유무 또한 판매수량에 따라 형성되는 작품가격.(박찬주, 2004)

그러나, 류병학의 주장은 너무도 많은 질문들을 함축함에도 불구하고 그 질문들은 여전히 대답되어지지 않은 채 방치되고 있다. 몇 가지만 나열해 보면 이렇다. 첫째, 류병학의 작품가격 산정 시스템은 현실과 이상 사이에서 부유한다. 현재 상황이 '그러하다'는 객관적 기술 objective description인지, 앞으로 '그래야만 한다' should be는 제안인지 분명하지 않다. 현상에 대한 기술이기에는 너무나도 많은 예외가 있고, 앞으로 그러해야 한다는 주장이기에는 이미 너무도 보편적이라는 것이다. 그러한 예외와 보편성 속에서 자율적인 논리에 의해 작동해야할 체계적 시스템으로서의 규칙성과 견고함을 쉽게 상실해 버린다.

둘째, 더 큰 문제는 그것이 예외이건 이미 보편적 관례건 간에, 왜 그러해야 하는지에 대한 정당성 증명이 무척이나 불충분하다. 그가 제시한 시스템이 시장 참여자들의 동의를 구하기에는 근거가 미약하다는 것이다. 신진작가들은 1차 가격으로만 거래되어야 하나? 신진작가들이 평론의 평가를 갖거나 해외전을 먼저 경험할 수 없나(2차)? 혹은 해외전이나 평론을 받기 전에 경매나 아트페어에서 거래(3차)될 수 없나? 과연 그래서는 안되는 것일까? 오히려 역순逆順 역시 가능하지 않을까? 경매에서 두각을 나타내면서 평론의 평가와 최종적으로는 화랑과 작가 사이의 합의된 가격으로 거래될 수는 없느냐는 것이다. 왜 3-2-1이나 2-3-1, 혹은 1-3-2보다 1-2-3이 바람직한가에 대한 설득이 전혀 없는 것이다. 만약 그 모든 역순과 혼합을 쉽게 허용한다면, 과연 그것을 말 그대로 '가격산정시스템'이라 할 수 있을까?

셋째, 류병학 모델의 보다 근본적인 한계는 특히 2차 작품가격의 형성에 있다. '작가와 화랑이 합의한 가격' 결정에 있어서 '예술적 가치인 미술전문잡지를 통한 평론가의 가치평가'의 역할과 특수성이 전혀 고려되어 있지 않다는 것이다. '예술적 가치'란 무엇일까? 평론의 '예술적 가치평가'는 어떠한 내용을 가지고 있을까? 또 그것은 어떠한 과정을 거쳐 '시장가치'로 변환될까? 그러한 변환의 조건은 무엇일까? 이 질문에 대답하지 않는 한 류병학의 2차 가격형성에 있어서 평론의 기능은 근본적으로 '중년자까'의 '자동차 판매원'과 크게 다르지 않다는 것이다.

미술시장과 비평은 서로 다른 목적을 갖는 별개의 메커니즘이라는 사실이 좀 더 고려되어야 한다. 미술평론과 미술시장은 전혀 다른 작동논리를 갖는 자율적인 장이라는 것이다. 평론을 쓰는 사람들은 미술시장을 의식하는 것은 아니다. 또한 시장의 구매자들 역시 평론의 평가에 전적으로 구애받는 것도 아니다. 물론 미술평론가는 미술시장의 중요한 실천주체일 수 있지만, 이 점이 미술평론과 미술시장의 직접적인 관계를 증명하는 것은 아니다. 평론적 리얼리티는 결코 미술시장에서의 가격형성 과정에 상응하거나 수렴되지 않는다. 평론에 의한 평가는 평론가의 이론적 지적 지평에 따라 가변적이고 유동적이며 상대적인 것이다. 이점이 고려되지 않고서는 미술시장에서 평론의 바람직한 기능 역시 기대하기 어렵다. 평론의 차별적 리얼리티가 담보된 미술평론만이 시장의 신뢰를 얻을 수 있기 때문이다.

미술평론의 자율성

모든 문제의 해결책은 미술평론의 '상대적 자율성'relative autonomy으로 귀결될 듯 보인다. 상대적 자율성이란 역설적인 어휘들의 조합이다. 상반된 두 개의 단어들이 상호 규정하면서 얽혀있는 것이다. 자율성autonomy은 '그 자체'in itself로서 존재정당성을 갖는 독자적 정체성을 의미한다. 반면 '상대적'relative이란 형용사는 상호 이질적인 정체성들의 중첩과 연결, 즉 '연결하다'relate라는 동사를 어간으로 삼는다. 차별성과 관계성의 모순적 결합이다. 자율성이 그 자체의 환원적 특성을 의미한다면, 관계성은 자율적인 것들이 서로 어떻게 관계하며 각각의 특성을 상호적으로 여하히 변환시켜 내느냐하는 것을 말한다. 물론, 자율성과 관계적 변환이 모두 중요하지만, 아무래도 여기서 방점은 자율성에 찍힌다. 변환하기 전에 자율성을 획득해야 하며, 역으로 자율성을 획득해야만 변환할 수 있기 때문이다.

미술평론과 미술시장의 관계에서 미술평론의 상대적 자율성에 귀결하는 이유는 미술평론은 더욱 독자적인 내용과 형식을 하고 또 그러한 독자적 내용과 형식을 통해 제도적인 권위를 확보해야만 미술시장에서 그것의 효과적이고 바람직한 변환이 가능하기 때문이다. 미술작품의 가격결정 과정에는 여러 가지 요소들이 포함된다. 이 요소들 가운데 현재로서 가장 문제인 것은 미술평론이다. 아래의 도표에서 그것은 여전히 명확한 영역이 불분명한 점선으로 표현된다.

주지하는 것처럼, 작가/작품의 논리는 천재론과 모더니즘론에 의해 확보되

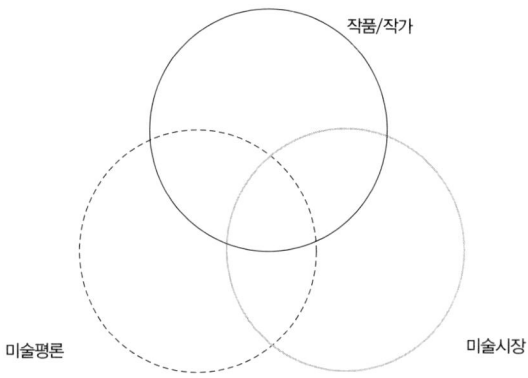

었다. 미술시장 역시 현대 자본주의 사회조건 속에서 나름 제도적 정당성을 획득하고 있다. 이에 비해 미술평론은 여전히 자율성의 근거를 확보하지 못했다. 이처럼 미술평론의 한 축이 무너진 상황에서 정상적인 변환은 기대하기 어렵다. 이러한 상황에서 미술시장 역시 정상적으로 작동하기 어렵다. 이런 식의 모순은 특히 한국미술계의 경우 더욱 심각한 것으로 보인다. 한국의 작가 대다수는 작가로선 당당하다. 그러나 작가로서 자존심을 지탱하기엔 너무나도 가난하다. 작품은 정당한 평가를 받지 못하기 때문이다. 이런 현실에 아랑곳 없이 미술시장은 소수의 실천자들이 막대한 경제적 자본을 독점하도록 허락한다. 이러한 문제의 근원에 미술평론의 실종된 자율성이 있다는 것이다. '중년자까'와 최진욱, 그리고 류병학의 공통점은 '관계적 변환'에 걸맞은 미술평론의 '자율성'에 관해 별다른 숙고를 내놓지 못했다는 것이다.

그렇다면 다시 한번 물어보자. 미술평론의 자율성이란 무엇인가? 자율적 미술평론이 가능하다면 그건 아마도 작가, 관객, 독자의 입장에서 쓰인 다른 어떤 글과도 차별적인 글쓰기를 의미할 것이다. 자율적 리얼리티를 담보하기 위한 과제에는 몇 가지 가설적 제안들이 가능할 수 있다.

첫째, 작가들과의 비판적 거리두기가 필요하다. 또 작가와의 비판적 거리두기는 반대편에서 평론가 상호간의 비판적 거리좁히기에 의해 보완되어야 한다. 오늘날의 상황에서 평론가의 포지션은 작가와는 필요 이상으로 가깝지만 정작 평론가들 상호간의 거리는 너무나도 멀다. 평론적 리얼리티란 평론가들 사이에서 앙금처럼 거두어지는 결정結晶이다. 평론가들 사이의 평론적 유대가 희박한 현재의 상황에서 자율적 평론의 리얼리티는 확보될 수 없다.

둘째, 미술평론은 '이론적' 지평 위에서 쓰여야 한다. 아무리 부정하려해도 부정되지 않는 사실은 평론이 '언어'라는 것이다. 미술평론은 미술에 대한 평론이되 이미지 그 자체 또한 아니다. 평론의 언어는 정교하고 분명해야 한다. 평론은 시나 소설이 아니기 때문이다. 정교하고 분명한 언어의 가장 기본적인 형태는 '개념'이며, 이 개념들은 나름의 논리를 통해 하나의 '언어적 그물망'을 형성한다. 논리에 의해 매개되는 개념들의 그물망 그것이 바로 '이론'이다. 이론은 언어적 훈련이 필요한 실천이며, 동시에 그 실천의 산물이다. 정교한 개념과 치밀한 논리를 사용할 때, 평론은 그것의 설명력을 확장하게 된다. 그런 의미에서 미술비평은 모든 학문과 이론에 개방되어 있어야 한다. 평론은 개념과 이론을 학습하고 공부하는 자들의 것이어야 한다. 흔히 제기되는 '서구에서 수입된 해괴한 이론의 나열' 등의 비판은 역방향에서 그에 상응하는 대안적 개념과 논리의 생산과 함께 제기되지 않는다면, 그것이야말로 해괴한 억지에 불과할 수 있다.

셋째, 미술평론은 독자와의 소통의 요구로부터 자유로워야 한다. 미술평론의 기능적 요구는 모더니즘 미술에서 시작되었다고 볼 수 있다. 미술평론은 모더니즘 미술이 유발한 역행이나 넌센스가 왜 그토록 중요한 예술적 필연성을 동반하는지를 관객과 독자들에게 충실하게 해설하고 설명해야 했던 것이다. 그러나 상황은 변했다. 이제 포스트모던이란 말조차 진부하게 들리는 사회에서 미술은 대중들에게 그것의 당위성과 의미를 구차스럽게 이해시키고 설득할 필요가 없게 되었다. 미술은 존재정당성에 대한 강박 없이도 관객과 직접 소통할 수 있게 된 것이다. 이러한 상황은 미술평론의 위기를 더욱 심화시키는 것처럼 보인다. 그러나 동시에 이러한 변화는 오히려 미술평론의 자율성의 관점에서 기회일 수 있다. 이제 평론은 소통의 강박에서 벗어나 평론 그 자체의 이론적 지평의 형성을 추구할 수 있는 상황을 맞게 되었기 때문이다.

요약해 보자. 미술평론은 평론가에 의해 생산되고, 평론가에 의해 읽혀지고 평가되는 이론적 미술담론이다. 작가와 독자, 모든 외적 요구에서 자유로운 미술담론, 평론 그 자체의 문제틀과 해법에 충실한 미술담론, 그것이 자율적 미술평론이며, 미술평론이 자율성을 확보할 때 비로소 작가, 독자, 예술계와 평론 사이의 유의미한 소통 역시 가능해질 것이다.

미술평론가 공동체의 필요성

사실 모든 게 결국 사람이 하는 일이고 보면, 결국 자율적 미술평론의 관건은 불가피하게 자율적 미술평론가 공동체가 가능한가의 문제로 귀결된다. 이 평론가 공동체를 좀 더 정교하게 개념화하는 데 부르디외의 '장' 개념은 매우 유용해 보인다. 자율적 장은 다른 장과는 무관한 오직 그 장만의 목적과 이해를 추구한다. 이때 장의 자율성은 외부적 압력과 요구를 해당 장의 내적 문제로 굴절시킬 수 있는 정도에 따라 규정된다. 장은 "생산자를 생산하는 사회적 공간"social space of the producers이기도 하다.

부르디외의 장 개념을 미술평론에 적용하면 다음과 같은 가설이 성립한다. 미술평론의 장은 곧 평론의 목적과 이해를 추구한다. 이 점을 고려할 때, 미술시장과 미술평론 사이의 관계에 대한 유용한 시사점을 발견할 수 있다.

각각의 자율성을 획득한 상태에서 미술평론의 장과 미술시장은 상호적인 영향을 각 장의 내부적인 효과로서 굴절해 낼 것이다. 예컨대, 미술평론의 진술이 단토가 "예술계"에서 가정하는 것처럼 "A는 예술적 인식이다"A is artistic identification의 형태를 취한다면(Danto, 1989[1964]: 177), 이 진술이 시장적 효과로 변환되는 방식은 작품 A의 가격의 상승, 혹은 하락이라는 차별적 결과라는 것이다. 이러한 변환이 건강하게 일어나기 위해서는 미술평론의 장이 시장의 영향을 유의미한 이론적 진술의 형태로 변환시켜낼 만큼의 변환력을 가져야 한다. 만약, 위에서 '중년자까'의 말처럼 평론의 진술이 직접적으로 '구매자의 동향 분석'과 같은 끔찍한 몰골을 하고 나타난다면, 변환율은 0이다. 이 상황에서는 '중년자까'의 의도와는 달리 평론은 자율성을 상실하고 시장에 절대적 종속성을 심화시키게 된다. 동시에 이런 상황에서 평론에 대한 시장의 신뢰는 무방無望하며, 미술시장 역시 현재의 상황을 극복하기 어렵다.

장 개념을 미술평론에 적용할 때, 또 하나 유용한 것은 미술평론의 공동체가 바로 미술평론의 생산자, 곧 평론가를 생산하는 공간이기도 하다는 것이다. 이때 평론가는 자율적 미술평론의 지속적인 생산을 통해 동료집단peer group들에 의해 평론의 생산자로서 사후적으로 규정되는 자격일 수 있다. 이런 식의 평론가의 생산은 현재처럼 현재의 등단제도와 같이 언론과 같은 사회제도의 외부적 권위를 빌어 평론가의 지위를 '낙인'labeling하는 방식과는 다르다. 신춘문예를 포함한 소위 등단제도는 한편의 텍스트에 대한 일회적인 평가를 장 외부의 권위를 빌어 제도적으로 지속하는 오류를 범할 수 있다. 그 오류란 평론가 지위를 낙인 받았으되, 정작 평론의 내적 기준을 충족하지 못하는 글들을 미술평론의 이름으로 생산하는 모순을 의미한다. 이러한 현상은 평론장의 설립을 방해하며, 또 미술평론의 차별적 진술의 신빙성을 회의하도록 만들 뿐 아니라 미술시장과의 건강한 변환을 저해하는 심각한 요인이 아닐 수 없다.

미술평론의 장, 즉 미술평론가 공동체의 작동논리는 투쟁이다. 이 투쟁의 좀 더 구체적인 형태는 상호적인 비판과 인정recognition이다. 이러한 경쟁과 인정은 평론 공동체의 참여자들의 실천을 좀 더 내부지향적으로 수렴할 뿐 아니라, 경쟁의 참여자들에게 정당한 평론가로서의 상징자본을 수여함으로써 내부적인 질서를 설립한다. 투쟁과 인정을 통해 좋은 평론의 생산자가 좋은 평론가로서 인정받을 수 있다는 것이다. 이런 식의 평론가 생산방식은 먼저 현재의 모순과는 정확히 반대되는 것이다. 평론가 자격을 수여받고도 정작 좋은 평론을 지속적으로 생산하지 못하는 현실과는 다를 수 있다. 평론장에서의 경쟁은 기꺼이 이 경쟁에 참여하려는 실천자들이 두터운 층위를 형성하며 확장될 것이다. 그렇게 확장된 공간 그곳이 바로 자율적 평론장이 아닌가 생각된다. 평론장 내부의 비판과 검증을 통한 투쟁의 결과로 평론가들의 집단적 인정을 획득한 평론가는 평론장이 부여한 상징적 권위를 바탕으로 평론과 인접한 미디어나 사회가 만나는 곳에서 영향력 있는 발언을 행사할 수 있을 것이다. 미술시장의 신뢰를 얻는 평론의 효력 역시 그런 방식으로 획득되어야 하는 것이다.

아니 그렇다면 문제는 무엇인가? 지금껏 그런 미술평론 공동체가 없었다는 말인가? 잘나가는 〈한국미술평론가협회〉이나 〈미협〉의 평론분과는 도대체 무엇이란 말인가? 불행히도 이 단체들은 평론가 자격을 낙인하는 외부의 제도적 권위와 공모하면서 그나마 평론에 배분되는 부수적인 자원들을 그나마도 아주 배타적으로 배분하는 낙인된 자들 중심의 이익집단, 그 이상으로 보이지 않는다. 이 집단들을 지탱하는 것은 비판과 검증을 통한 상호경쟁과 인정이 아니라 진술의 함량미달과 불성실을 서로 암묵적으로 묵인하는 동업의식이다. 소수의 '업자'들은 서로의 한계를 바로잡기보다는 서로 모른 척하며, 저들끼리의 이익을 위해 암묵적인 카르텔을 형성한다. 평론의 업자들은 자율적인 장 내의 평론적 과제를 놓고 가차없이 치열한 이론적 논쟁을 벌이기보다 분파적이고 개인적인 이해를 좇아 작가, 미술관, 화랑, 후원자, 언론사 주변을 배회한다.

그렇다면 현재의 상황에서 미술평론 공동체를 설립하기 위해 가장 절실하고 시급하게 요구되는 것은 무엇인가? 의외로 간단하다. 강력한 리더쉽이다. 버릇처럼 얘기되는 무슨 재정적 지원이 아니다. 재정지원이야 물론 없는 거보다는 낫지만, 재정 지원이 없어 자율적 평론을 못한다는 건 핑계일 수 있다. 훨씬 절박한 것은 미술담론의 생산자들의 구심점이 될 수 있는 유능하고 믿을만한 중견들이 리더쉽을 발휘해 주어야 한다는 것이다. 제도에 안주해 과분한 자신만의 분파적 이해를 추구하는 노쇠한 명망가들에게 기대를 거는 것은 난망할 뿐이다. 새로운 담론 생산자들과의 논쟁을 유발하고 지속해 나갈 수 있는 중견들의 역할이 절실하다. 이 중견들은 현장에서 활동해야 하며, 평론장의 다른 실천자들과 경쟁을 통해 신뢰를 획득해야하고, 그 신뢰를 바탕으로 평론을 자율성을 유지하면서도 미술시장과의 상대적 관계성의 요구를 조율할 수 있어야 한다.

현재의 상황에서 그 가능성을 누구에게서 찾을 수 있을까? 모더니즘 미학의 생산자들의 담론은 과거와 같지 않다. 민중미술 출신 평론가들 몇몇은 아카데미와 제도가 제공하는 안온한 활자 속에서 부식해 가는 듯 보인다. 이들의 한계는 무엇보다 평론 공동체의 리더가 되기엔 너무나 개인적이고 분파적이라는 것이다. 평론의 리더는 평론의 보편적 의제를 설정할 수 있어야 한다. 그들은 또한 매체의 영향력을 확보해야 한다. 매체는 또 다른 미술담론의 실천자들을 모으는 제도적 구심점일 수 있기 때문이다. 이 역할이 바로 평론계의 견실한 중견들의 몫이다. 하지만, 이들 중견들의 대다수는 다소간 자기이해를 지향하거나, 정리되고 축적된 정보를 이슈로 변환하는 데는 한계가 있어 보인다.

물론, 굳이 평론가가 아니더라도 평론의 지평을 설정하는 데 기여할 능력을 보이는 사람들도 존재한다. 이들 가운데 상당수는 담론 생산능력이 뛰어난 작가들이다. 하지만, 이들 담론은 유연하지 못하며, 적용의 범위에도 한계가 있어 보인다. 그들이 생산하는 담론은 평론장의 자율적 공간에 포섭되기 보다는 작가로서 그들이 위치하는 지점에 주어진 가능성의 공간space of possibles을 벗어나지 못한다. 사실, 평론의 중견들이 해주어야 할 역할이 부재한 상태에서 비교적 젊은 세대의 약진이 두드러졌다. 이들은 매력적인 평론 공동체의 리더로서 잠재적 가능성은 충분해 보인다. 하지만, 그들의 언어는 버거워 보이며, 때로 벌써 너무 많은 눈을 의식하는 하는 듯 보인다.

중견들은 평론의 아들과 경쟁하며, 아들들을 훈련시키고, 아들들에게 기꺼이 죽어줄 수 있는 아버지가 되어야 한다. 그 논쟁을 통해 평론의 아들들을 단련시키고 평론의 아들들에 의해 비판되는 것이 살해당하는 것이 아니라 오히려 평론장의 상징적 권위를 얻어나가는 길임을 아는 사람이어야 한다. 오늘날의 단토를 만든 것은 내용 없는 찬사가 아니라, 치밀한 비판과 검증이었다. 이들이 제 역할을 해 준다면, 이들을 중심으로 소수의 필자들이 평론을 지향하는 집단적인 글쓰기를 실천할 수 있을 것이다. 한 집단에 참여하는 실천자의 숫자가 많이 필요도 없다. 적어도 4~5명이면 최소한의 객관성을 담보하는 글들이 중첩되기에 충분한 패널이 가능하다. 이 집단적 글쓰기에 참여하는 사람들은 서로 다른 입장과 시각으로 집단 내부에서 경쟁할 것이고, 또 다른 평론집단과 연대 혹은 투쟁하면서, 서로 다른 평론의 리얼리티, 평론장의 보편적 동의와 합의를 구축해 나갈 것이다. 이렇게 서로 다른 입장의 담론들이 맹렬하게 생산될 때 비로소 자율적 평론의 꿈은 현실이 될 것이다. 생각해 보라. 인사동 곳곳에서 평론의 아버지와 아들들이 삼삼오오 모여 작가와 작품을 이론적 담론의 언어로 치고받으며 밤을 지새우는 모습을 말이다. 이건 결국 꿈에 불과한 것일까? 결론을 내려 보자. 미술평론의 위기는 어떻게 극복될 것인가? 또 미술시장의 건강한 확장은 어떻게 가능한 것인가? 화두는 미술평론의 자율성이다. 왜냐하면 미술시장의 건강성은 자율적 평론에 대한 시장의 신뢰를 바탕으로 삼기 때문이다.

7장

조금 낯선 비엔날레 기행

2006년의 광주와 부산

확장된 미술관으로서의 비엔날레

　필자는 앞에서 미술관을 사회적 공간과 예술장의 경계에 위치한 사회적 행위자로 규정하고 미술관의 실천을 전시기획, 네트워크 구성 및 담화생산 등의 관점에서 살펴보았다. 또한 '닫힌 미술관'closed museum 개념에 대립하는 '확장된 미술관'extended museum의 모델을 검토하고 스타일 행위자로서 미술관의 이론적 가능성을 살펴보았다.
　그렇다면, 미술관의 현재적 작동은 어떠한가? 미술관이 국가와 자본 미디어, 예술계와 맺는 관계성은 어떠한 양상으로 나타날까? 그것은 여전히 과거처럼 국가의 직접적 개입에 의한 일방적인 관계일까? 물론, 이러한 질문은 몇 장의 지면에서 간단히 대답되어질 질문은 아니다. 필자는 비교적 제한된 두 가지 관점에서 이러한 질문에 대답하고자 한다. 첫째, 필자는 미술관의 사회적 작동을 분석하기 위해 '비엔날레'biennale를 대상으로 삼을 것이다. 둘째로, 비엔날레의 사례를 통한 미술관의 사회적 작동을 최대한 '체험'을 통해 접근하고자 한다.

비엔날레는 사전적 의미가 말하는 것처럼 그저 한해 걸러 한 번씩 열리는 미술전시회가 아니기 때문이다. 비엔날레는 동시대의 문화적 지평에서 가장 스펙타클한 규모로 예술장 내외의 자원들을 유인하고 전시를 통해 생산된 특정한 의미를 담화적 실제로 만들어내는 확장된 미술관의 사례를 제공한다. 비엔날레는 전시와 네트워크, 그리고 특정한 담화적 실천을 의미하며 그러한 전시와 네트워크, 담화를 조직하고 생산하는 주체에 붙여지는 명칭이다. 또한 비엔날레는 당대의 스타일장에서 특정한 방식의 이미지 조직과 분류를 실천하는 스타일 행위자이며 자신들이 추구하는 스타일을 공인함으로써 장 내에서 상징자본을 획득하기 위해 다른 전시와 네트워크 실천의 주체들과 투쟁하는 경쟁자이기도 하다. 나아가 이러한 스타일 투쟁을 통해서 비엔날레는 사회공간과 스타일장 사이의 상동성을 부여한다. 각각의 비엔날레가 보여주는 주제, 작품의 내용과 형식은 다양한 방식으로 당대 사회의 계급적, 정치적 상황을 스타일장 내로 투영하고, 동시에 이러한 투영을 미학적 형태로 변환시켜 사회공간 속으로 환류시킨다.

물론, 비엔날레가 미술관의 실천과는 무관하다는 견해 역시 있을 수 있다. 예컨대, 부산비엔날레는 그것이 실행되는 부산시립미술관의 기획이 아니라는 것이다. 하지만, 그러한 이유로 비엔날레를 미술관의 실천이 아니라고 주장한다면, "이는 온갖 장소에서 기어 다니고 있는 아이들을 보면서도 그 아이들을 낳은 원인인 성행위에 대한 상상은 억압했던 빅토리아 시대 사람들"(Latour, 1983: 153)의 생각과 다르지 않다. 오히려 비엔날레는 이미 미술관의 작동이 더 이상 단일 공간과 내부 인적 조직에 의해 수행되는 폐쇄적 이벤트가 아니라 미술관의 실천이 사회적 층위와 교차할 수 있는 가장 전면적인 방식이라 할 수 있다. 미술관은 앞서 살펴본 것처럼 미술관은 그저 전시를 위해 건축된 물리적 공간이나 그 공간을 법적으로 전유하는 개인, 혹은 기획집단의 조합이 아니다. 미술관은 전시와 네트워크의 주체이며, 그런 의미에서 부산비엔날레가 비록 부산광역시라는 지방자치단체와 임의적으로 조직된 외부 기획인력에 의해 조직되고 치러지는 행사인 것은 사실이지만 여전히 차별적인 전시와 네트워크를 수행하는 주체라는 데에는 의문의 여지가 없다. 비엔날레는 확장된 미술관의 한 사례로서 충분하다는 것이다.

필자는 이 장에서 비엔날레를 확장된 미술관의 한 형태로 다루되 미술전문가로서의 객관적 조망眺望이나 이론적 검토가 아니라 '체험'을 통해 걸러진 비엔날레를 다룰 것이다. 이 체험은 필자만의 것이 아니라, 2006년 서강대학교 사회학과에서 개설된 〈문화사회학〉, 〈문화이론〉 강좌에 참여한 복수의 수강생들과 공유된 공통의 경험이었다. 물론 이 지면에서 그 과정 모두를 기록하는 것은 불가능한 일이며, 그 가운데서도 유의미하게 다루어진 몇 가지 사항만을 간추릴 것이다. 분명한 것은 체험된 미술관, 체험된 비엔날레는 분명 미술월간지나 신문, 방송에서 전문가들에게 의해 규정되고 보도되어지는 것과는 현저히 달랐다는 점이다. 흥미로운 사실은 미술관에 대한 여러 차례의 답사에서 참여자들에 의해 가장 압도적인 발견이 전시장에 있는 작품이나 그 작품을 창조한 작가의 의도가 아니었다. 작품보다 작가보다 더 인상적이고 놀라운 것은 바로 미술관의 존재와 작동 그 자체였고, 전시장에서 소위 참여자 자신들에 의해 수행되는 전시관람 행위 그 자체였다.

미술관은 그저 콘크리트 건물의 외양을 하고서 작품의 감상만을 위한 중립적인 공간이 아니었다. 미술관은 물리적 공간이자 사회적 공간이었다. 미술관의 확장된 형태로서 비엔날레는 우리 사회의 온갖 권력들이 개입하여 만들어낸 거대한 사회적 '창조물'이었으며, 이 창조물은 반대로 우리가 속한 사회의 다양한 권력과 조직들을 유지하고 강화시키고 있었다. 이 관계는 단순히 비엔날레와 사회는 서로가 서로를 창조하고 강화시킨다는 것이 아니다. 오히려 비엔날레 그 자체가 곧 '축소된 사회'라는 것이다. 이 축소된 사회는 정확하게 '확장된 미술관'과 어디선가 마주치며 이곳에서 미술관과 사회는 더 이상 서로 구분되지 않는 일종의 '사회적 마술'을 실현한다.

축소된 사회, 확장된 미술관 내에서 벌어지는 전시관람 역시 단순히 미술작품에 대한 고상한 관조가 아니었다. 미술관이 더 이상 사회와 분리, 혹은 격리된 중립공간이 아니었다. 미술관 그 자체가 축소된 사회라면 전시관람 역시 가장 사회적이고 권력적인 행동으로 나타났다. 우리가 문화와 교양의 전형으로 삼는 전시관람은 미술관에 작용하는 사회적 권력과 자본의 영향과 그 영향에 대한 관객의 반응이 만들어낸 전형적인 '사회적 행위'라는 것이다. 사회적 행위로서 전시관람은 미술관 밖에서 행해지는 이른바 속물적 행위들과 구분되지 않는다.

미술관과 비엔날레를 구성하는 제도적인 주체들은 전시공간 특정한 위치에 설치된 '어떤 것'을 '예술작품'으로 규정한다. 그리고 동일한 주체에 의해 '관객'으로 규정된 우리는 정확히 '작품'으로 규정된 것들을 중심으로 설계된 동선動線을 따라 두리번거리며 아주 천천히 움직여 나감으로써 그러한 사회적 권력에 반응한다. 이러한 발견은 그 어느 작품이나 작가의 의도보다도 더 강렬하게 체감되었고 반복적으로 논의되었다. 오늘날 미술관은 그 존재와 작동만으로도 그 어느 예술보다 더 예술적이었고, 그 예술성의 원천은 바로 사회적인 것에 있었다. 사실 이러한 경험은 대부분의 관객들이 공유하는 것이었지만 그 가운데 많은 것들은 그저 '현대미술을 모르는 무지한' 일상인들의 경험으로 치부되거나 '입막음'되어져 왔던 것들이다.

물론, 필자가 이러한 미술관과 비엔날레를 일종의 체험된 형태로 다룬다고 해서 얄팍한 흥미나 주관적 감상에 의존하려는 것은 아니다. 필자는 사회

번호	장소	코드	일시	비고
1차	국립현대미술관	K-1	2006. 9. 15(금)	- 필자/필드공동필자 포함 18명 참가. - 대부분의 참여자들에 의해 훈육/동선/도슨트의 영향이 중요한 사회학적 관찰의 대상으로 확인됨. - 면접 및 관찰.
2차	광주비엔날레	G-1	9. 16(토)	
3차	부산비엔날레	P-1	9. 23(토)	
4차	미디어비엔날레	M-1	10. 27(금)	
5차	광주비엔날레	G-2	11. 7(화)	- 필자 포함 6명이 2차 면접/관찰에 참여. - 위반실험
6차	부산비엔날레	P-2	11. 25(토)	
7차	국립현대미술관	K-2	12. 2(토)	- 백남준의 〈다다익선〉 중심으로 면접/관찰
8차	국립현대미술관	K-3	12. 9(토)	
9차	광주비엔날레	G-3	2008. 10. 9(목)	- 2006년 관찰 내용과 비교

〈표 1〉 현장조사 일정.

과학에서 공식적으로 인정하는 질적 방법론qualitative method과 복수의 참여자들의 경험에 의거하여 주관적 편견을 배제하고 나름의 학문적 리얼리티를 부여하고자 노력했다. 또한 발견된 경험을 제한된 범위 내에서나마 연구자로서 필자가 가진 사회학적 지식과 판단을 통해 미술관의 사회적 작동을 객관화하려 시도했다. 필자는 현장답사 내내 '유연한 연구설계'flexible design의 기조를 유지했다. 유연한 연구설계란, 연구의 절차와 대상이 사전에 결정되는 것이 아니라 연구가 진행되는 과정 속에서 구성되고 성찰되는 질적연구의 방법을 말한다(김영천, 2006: 120; 오찬호, 2007: 418). 우리는 아무 것도 가정하지 않은 채, 미술관을 방문했고 가장 흥미롭거나 이상하게 여겨졌던 사건이나 상황을 추출했으며, 이를 지속적으로 토론해 나갔다. 이 과정에서 어느 누구도, 누군가의 경험을 '유치한 경험' 혹은 '예술을 잘 모르기 때문에 갖는 의문'

으로 폄하하지 않았다. 우리는 서로의 경험을 존중하고 그 경험에서 나오는 공통된 사항들을 문제화했으며 또다시 현장으로 돌아가서 그 점을 반복적으로 관찰했다. 참여자들이 가장 문제 삼았던 점은 주로 비엔날레와 일반적인 미술관의 차이와 미술관을 둘러싼 사회적 힘들, 전시장 내 관객에 대한 훈육, 동선, 그리고 도슨트의 존재와 실천 등이었다. 특히 도슨트는 전시장에서 관객으로서 규정된 참여자들에게 그 어느 작품들보다 가장 직접적이고 인상적으로 체감되는 존재였다. 답사 및 인터뷰는 〈표1〉과 같은 일정으로 진행되었다.

미술관 작동의 확대

이미 비엔날레는 확장된 미술관 모델의 특징들을 보여주고 있다. 비엔날레의 전시기획 조직은 회차별會次別로 다양한 전문가 조직으로 아웃소싱되어 있다. 전시감독은 국내뿐 아니라 국제적인 지명도를 획득한 외부전문가로 위촉된다. 또한 실무조직 역시 다양한 전문 코디네이터들로 구성된다. 네트워크를 구성하고 운영하는 관리조직 역시 지방자치단체 공무원들을 포함한 외부 실무조직으로 구성된다. 여기에는 〈표 2〉의 부산비엔날레 임원회의 경우처럼 지방자치정부, 기업, 예술장 내 행위자들, 국회의원, 기업가, 학자 등으로 구성된 방대한 배후조직이 결성된다.

이러한 기획 관리조직의 아웃소싱과 배후조직의 구성은 미술관이 구축하는 네트워크를 전지구적으로 확장하기 위한 수단이지 최종적인 결과가 아니다. 여기서 분명한 것은 비엔날레가 단순히 단일 미술관의 고립된 실천이 아니라는 점이다.

직함	직위	직함	직위
부산광역시장	조직위원장	국회의원	〃
부산광역시교육감	부조직위원장	한국문화교류재단이사장	〃
예총부산연합회장	당연직이사	추리문학관관장	〃
부산의회행정문화위원장	〃	서양화가	〃
부산광역시 기획관리실장	〃	동명정보대 교수	〃
부산광역시 문화국장	〃	은성의료재단이사장	〃
부산광역시립미술관장	〃	우리상호저축은행장	〃
부산상공회의소장	〃	경성대 교수	〃
부산광역시관광협회장	〃	삼원기업 대표	〃
한국미술협회부산지회장	〃	해운대 로드비치호텔 회장	〃
부산광역시의정회장	선출직이사	우영플래닝 대표	〃
부산대 교수	〃	일맥문화재단이사장	〃
부산교육대 교수	〃	부산서예비엔날레이사장	감사
동아대 교수	〃	부산 YMCA 회장	감사

〈표 2〉 2006 부산비엔날레 임원회(실명생략).

스펙타클로서의 비엔날레

 오늘날의 비엔날레를 〈선전〉이나 〈국전〉과 같은 과거의 미술관의 작동과 비교할 때 가장 두드러진 차별성은 국가개입의 축소와 자본의 영향력의 증가이다. 중앙권력(국가)개입은 최소화, 혹은 간접화되며, 개입하더라도 주로 예산지원에 국한된 '후원'의 형식을 띤다. 이에 비해 자본의 개입은 좀 더 직접적이고 확대되었다. 이처럼 자본의 개입이 확대되는 현상은 비엔날레가 양직風的 스펙타글과 무관하지 않으며, 이는 비엔날레에 대한 대중들의 일반적인 기대에도 스며들어 있었다. 답사에 참여한 한 수강생의 현장고서에서 비엔날레는 단순한 '미술전시회'art exhibition가 아니라 거대한 이벤트로 인식되어 있다.

〈사례 1〉
또 하나 기대를 저버렸던 점은 비엔날레의 규모였다. 나는 최소한 [……] 93년 대전 엑스포에 버금갈 정도의 거대한 행사장을 상상했었다. 하지만 눈앞에 나타난 것은 중소기업 가구 박람회 정도의 느낌을 주는 소규모의 건물이었다. 상당한 충격이었다. 사실 비엔날레는 호들갑을 떠는 면이 없잖아 있어야 한다고 생각하는 나로서는 그 많은 돈을 들였다면서 어째서 더욱 더 요란스럽게 호들갑을 떨지 못하는가가 불만스러웠다.[G1]

참여자는 처음 와 본 비엔날레에 실망했다고 전한다. 그렇다면, 비엔날레에 관한 참여자의 관념은 어떤 것일까? 그것은 "엑스포", 혹은 "거대한 행사장", "호들갑", "그 많은 돈"과 같은 어휘들과 관련된 어떤 것이다. 이 참여자의 관념은 특정 개인의 것이 아니라, 비엔날레에 관한 일반적이고도 사회적인 관념을 대표한다. 결국 이 때 비엔날레를 비엔날레로 만드는 것은 기본적으로 물적인 규모라는 것이다. 이 점을 이 글의 관점에서 변용하면, 비엔날레의 스펙타클은 가용한 자원들이 결합된 네트워크의 규모와 강도에 의해 결정되며, 여기서 가장 중요한 요인은 바로 자본이라는 것이다. 자본은 이러한 물적조건을 충족시키는 동시에 비엔날레를 통해 자본의 이익을 관철한다. 비엔날레는 중앙권력과 지방자치단체의 지원뿐 아니라 다양한 기업들의 경제적 지원을 통해 단일 미술관이 조직할 수 있는 개별 전시를 넘어서는 이벤트를 가능하게 만들며 이러한 이벤트를 통해 경제적 이익의 극대화를 시도한다. 비엔날레는 폐쇄된 일개 국가, 혹은 사회의 문화적 경계를 넘어 초국가적으로 결합된 네트워크 위에서 전시행위가 산출하는 문화적 의미를 확산시키려는 사회적 행위이다. 동시에 자본과 권력을 포함하는 다양한 사회적 주체들이 자신의 이해를 관철시키고자 시도하는 계기라 할 수 있다. 동시대 문화적 지평에서 비엔날레가 중요한 이유는 비엔날레가 수행하는 전시와 네트워크의 내용과 형식에 따라 예술 개념뿐 아니라 당대의 사회적 구성과 상황을 재편할 수 있기 때문이다.

경쟁하는 행위자로서 비엔날레

적어도 2006년 이후 국내 주요 비엔날레에서 발견되는 가장 큰 차이는 역시 각각의 비엔날레들이 자신들을 경쟁하는 사회적 행위자로 규정하고 있다는 점이었다. 이는 광주와 부산을 동시에 답사한 참여자들 사이에서 두드러지게 체감되었고, 각 비엔날레의 실무자들 사이에서도 명확하게 인지되어 있었다.

〈사례 2〉
Q: 올해는 특히 부산비엔날레와 거의 비슷한 시기에 열리는데요. 부산비엔날레와 비교할 때, 광주의 차별성은 어떤가요?
A: 부산(비엔날레)이랑 왜 비교합니까? 일단 규모가 비교가 안되지요. 역사나 수준이나. 부산이랑 비교하려거든 인터뷰 안할랍니다.
[A: 광주비엔날레, 홍보관계자(남)]

인터뷰한 광주비엔날레 관계자는 평범한 질문에 의외로 민감한 반응을 보여주었다. '비엔날레'라는 동일한 형식으로 역시 비슷한 시기에 개최되고 있는 부산비엔날레와의 차이를 묻는 질문에 가장 단순한 비교조차 꺼렸던 것이다. 이러한 반응은 단순한 차별하이 이도라기보다는 비엔날레기 그지 고상한 문화행사가 아니라 사회적 공간에 위치한 경쟁의 주체들임을 보여주는 사례였다. 이러한 경쟁은 부산비엔날레 관계자의 반응에서도 관찰되었다.

〈사례 2〉

Q: 광주 쪽에서는 부산이랑 비교하는 걸 싫어 하시더라구요? 부산은 광주하고 어떻게 다르나요?
A: 아. 그래요? 우린 머 크게 신경 쓰지 않습니다. 우린 우리만의 특성이 있고. 아무래도 우리는 좀 젊죠. 다양하고. 부산이라는 도시의 역동성도 매력이고. 이건 머 우리 말이 아니라 대부분의 평가입니다. 무엇보다 광주의 반도 안되는 예산으로 이정도 전시를 꾸며낸 건 대단하지요. 광주가 아마 100억 정도 쓰는 걸로 아는데요. 저희는 한 40억 정도?
[A: 부산비엔날레사무국관계자(남)]

사실, 필자는 광주비엔날레의 과민반응을 염두에 두고서 부산비엔날레 관계자에게 의도적인 질문을 던졌고 부산의 관계자 역시 처음에는 이 점을 의식한 듯 보였지만 마찬가지로 의외의 반응을 보였다. 총 예산규모까지 언급하면서 아주 구체적인 형식으로 광주비엔날레와의 차별성을 강조했던 것이다. 물론 요지는 광주보다 훨씬 더 적은 예산으로 비슷하거나 더 나은 행사를 치루고 있다는 점이었다. 여기서 중요한 것은 실제 예산액 등의 사실을 확인하고 진위를 판단하는 것이 아니라 전시와 네트워크의 주체들이 강하게 서로를 의식하며 경쟁하고 있다는 사실 그 자체일 것이다. 흥미로운 것은 차별화가 전시기획의 내용뿐 아니라 경영의 관점에서 나타난 점이었는데, 특히 "반도 안되는 예산" 등을 강조하는 예가 그러하다.

물론, 두 비엔날레 사이의 경쟁은 전반적인 전시의 의도와 내용에도 반영되었다. 광주비엔날레는 "열풍변주곡"을 주제로 세계적인 수준의 아시아 최대 이벤트임을 강조하는 반면, 부산비엔날레는 오히려 지역의 특수성과 "어디서나"라는 주제가 보여주듯 일상성을 강조했다.

이러한 광주비엔날레와 부산비엔날레의 경쟁은 2006년 비엔날레의 최대 흥미였으며 이를 한 미술잡지는 "다가오는 9월 한국미술계에 결투가 벌어

	광주비엔날레	대표기획자	부산비엔날레
대표기획자	김홍희		박만우, 류병학, 이태호
주 제	열풍변주곡 (Fever Variation)		어디서나 (Everywhere)
특징	거시적 담론 중심		상대적인 지역성의 강조
차별화방식	국내 대표, 최대, 최고, 세계적		신선함, 부산의 역동성, 예산문제의 극복

〈표 3〉 2006 광주비엔날레 vs. 부산비엔날레.

진다. 비엔날레라는 그라운드 위에서 광주와 부산이 제대로 한판 뜨려 한다"라는 자극적인 문구로 표현했다(『아트인컬처』, 2006년 9월호). 이처럼 전시의 내용과 네트워크 구성을 통해 서로를 차별화하려는 시도는 광주와 부산뿐 아니라 전 세계에서 개최되는 모든 비엔날레들의 경우에 공통적인 현상이었다. 이러한 차별화 시도는 일반적인 미술관의 전시와 비교할 때 더욱 두드러진다. 그 이유는 각각의 비엔날레들이 다른 비엔날레와 비교될 뿐 아니라 동일한 비엔날레의 이전과도 비교되기 때문이다. 그런 면에서 경쟁적 차별화는 비엔날레의 정체성을 결정하는 가장 중요한 요소이며, 따라서 차별화의 압력은 비엔날레를 일반 미술관의 전시보다 더 심한 경쟁 속에 위치시킨다.

담화권력의 장치로서의 비엔날레

2006년 광주와 부산의 비엔날레에서 국가의 개입은 상대적으로 축소되는 반면 사회적 행위자로서의 비엔날레의 상대적인 자율성은 강화되었다. 하지만, 이러한 자율성이 미술관과 권력의 관계를 전면적으로 부정하는 것은 아니다. 비엔날레를 통해 미술관은 정치권력의 문화적 지배수단이 아니라, 좀 더 포괄적인 의미에서 '진실을 생산하는' 담화권력의 장치로 기능한다는 점이 답사과정에서 여러 차례 지적되었다. 특히 1993년 김영삼 문민정권 이후 강화되어 온 '세계화' 이데올로기는 1995년 1회 광주비엔날레 "경계를 넘어"beyond the border 이후 변형된 형태로 국내뿐 아니라 세계의 비엔날레들의 공식주제가 되어왔다. 이와 관련하여, 심상용(1996; 2006a; 2006b)은 비엔날레가 생산하는 의미를 정치경제적 신자유주의적 담화의 맥락에서 비판한다.

> 오늘날 비엔날레들이 펼쳐놓는 일반명사의 목록에선 화려한 광채마저 감돈다. 만남, 교류, 상호교감, 새로운 세계성, 범세계적 인류애 등이 비엔날레가 귀에 못이 박이도록 선전해온 주요한 메뉴이다. [중략] 흥미로운 사실은 이런 용어와 구절이 특히 지난 20~30년 동안 '유럽92', 'NAFTA', '우루과이 라운드', 'WTO' 등과 같은 국제기구가 상투적으로 내놓았던 슬로건들과 놀라울 정도로 일치한다는 사실이다. [중략] 이러한 용어들은 국제 비엔날레라는 공식적인 장을 통해 미학으로 세탁된 다음(분배와 영입의 절차를 거쳐) 지구의 각 지역들로 확산되었다. 비엔날레는 날이 선 정치적이고 이념적인 개념을 꿀 바른 과자처럼 달콤한 것으로 만드는 미학적 포장센터이자 탈정치화 하는 세탁소 노릇을 톡톡하게 해왔다.(심상용, 2006a: 166)

특히 2006년은 미국과의 FTA 논의가 본격적으로 진행되던 시기였으며, 당시 광주비엔날레와 부산비엔날레는 자유무역을 미학적으로 정당화하는 듯한 주제들을 경쟁적으로 내놓고 있었다. 광주비엔날레는 "열풍변주곡"이라는 전시 주제에 관해 다음과 같이 설명하고 있다:

> 광주가 일국의 문화도시에서 아시아 문화중심도시로, 세계적 문화도시로 전진하려면 광주가 이동하고 열려야한다. 그럼으로써 광주는 아시아의 변화와 역동성을 대변하는 장소적 메타포로 기능할 수 있다.(2006 광주비엔날레 주제 설명 중에서)

이러한 소위 개방과 열림의 담화적 진실은 부산비엔날레에서도 발견된다:

> 경제, 사회, 교육, 문화 분야 등 모든 것이 서울과 수도권에 집중되어 있는 한국의 미래는 탈중심화(지방분권)decentralization, 탈집중화(자원분산)deconcentration에 달려 있다. (중략) 이를[일방적인 수도 집중화현상] 극복하기 위한 대안으로 현대미술의 실천을 통한 도시적 상상력의 회복을 제안한다. 이러한 도시적 상상력의 모델은 중앙통제 체계가 아니라 다중분산, 다극화를 지향하는 산종 dissemination이다. (2006 부산비엔날레 현대미술전 주제 설명 중에서)

두 비엔날레는 이처럼 '열림', '변화', '개방', '탈중심', '탈집중', '분산', '다극화'와 같은 용어들의 가치를 미학적으로 정당화하면서 당시의 지배 담화의 수사와 정확히 조응하고 있다.

> 쇄국을 하면서 성공한 경우는 한 번도 없었다. 그렇기 때문에 우리도 문을 열고 나가야 한다. (중략) 우리는 개방을 하지 않을 수 없다.(노무현, 2006, 대통령 담화)

여기서 필자가 국내의 양대 비엔날레에 FTA를 추진하는 현정권의 직접적인 개입이 있었다고 주장하는 것은 아니다. 하지만, 다음과 같은 사실은 비교적 분명해 보였다. 즉 문화적 실천 주체로서 비엔날레와 국가는 서로 호환 가능한 담화구성체discoures formation 내에 위치하며, 미술관은 이 담화의 진실 효과를 미학적으로 강화하고 정치적으로 환류하는 역할을 수행하고 있다는 것이다. 그런 의미에서, 비엔날레는 정치경제적 지배담화를 폐쇄된 일개 국가, 혹은 사회의 문화적 경계를 넘어 초국가적으로 정당화하고 확산하는 문화적 장치로서 기능한다.

전시장 내 관객의 행동을 통제하는 미시적 기술들

행동의 통제 : 전시장 내에서 작용하는 훈육

이 글의 필자가 진행한 여러 차례의 답사에서 참여자들은 미술관이 일반적인 고정관념처럼 "자유로운", "고상한" 감상의 공간이 아니었다는 점을 반복해서 보고했다. 특히 비엔날레 전시장은 의미규정에 대한 압력이 행사되는 일종의 권력공간이었다. 전시장은 미술관이 권력효과를 생산하기 위해 고안한 다양한 미시적 억압의 기술이 행사되는 공간이었다. 이러한 미시적 기술이 중요한 이유는 이를 통해 미술관이 생산한 의미들을 사회적 참여자들의 육체와 정신에 가장 구체적인 방식으로 각인하고 체화하기 때문이다. 미술관이 생산하는 의미의 체화는 관람 행동에 대한 훈육적disciplinary 통제를 통해서 가장 직접적이고 가장 효과적으로 전시장 내 관객의 의식과 육체에 각인되었다.[1] 일반적으로 사람들은 전시장 내에서 관객으로 규정되자마자 매우 '의식된' 행동을 보였다. 관객들은 전시장이라는 상황과 상황 내 타인의 시선을 의식하면서 자발적으로 자신의 행동을 조율하는 듯 보였지만, 이러한 조율은 대체로 미술관이 강화하고 요구하는 행동방식을 따랐다. 예컨대,

---

1. 이 글에 관해 한 논평자는 "필자가 부르디외의 아비튀스 개념보다는 푸코의 권력개념을 적용하고 있는 것으로 보입니다"라고 지적한다. 사실, 이 지점에서 필자는 부르디외와 푸코 사이의 현저한 차이보다 사소한 곳에서 발견되는 이례적인 공통점에 매력을 느끼고 있음을 밝힌다. 예컨대, 부르디외는 장과 실천이 조응하는 지점에서 아비튀스의 생성을 지적하고 있다. "실제로 객관적 조건에 각인된 가능성과 불가능성, 자유와 필요, 기회와 금지에 의해 지속적으로 반복되는 성향들은 이러한 조건들의 요구에 알맞다는 의미에서 그러한 조건들에 객관적으로 상응하는 성향들을 발생시킨다. 가장 있음직하지 않은 실천들은 그러므로 행위자가 필요에 따라서 부정된 것을 거절하고 불가피한 것을 따르게 하는 일종에 질서에 대한 직접적인 순종에 의해, 생각할 수조차 없는 것으로서 배제된다"(Bourdieu, 1990: 54). 즉 장과 실천이 조응하는 지점에서 만들어지는 아비튀스는 장의 요구에 의한 행위자의 '훈육'과 무관하지 않다는 것이다. 논평자의 지적처럼 전시장 내에서 미시적으로 관찰되는 미술관의 작동 속에서 부르디외와 푸코의 이론을 정치하게 비교하는 작업은 앞으로 미술관에 대한 사회학 연구의 지평 속에서 매우 중요한 주제로 다루어져야 할 필요가 있다.

다음과 같은 훈육적 요구들이 참여자들에 의해 기록되었다.

"뛰지 마세요",
"작품에 손대지 마시오",
"조금만 더 물러서 주세요",
"큰 소리로 떠들지 마세요",
"카메라 플래쉬 터뜨리지 마세요",
"이곳은 출구가 아닙니다"

특히 2008년 제 7회 광주비엔날레에서는 "필기를 하지 마세요"라는 훈육적 문구까지 채집되었는데, "왜 필기조차 할 수 없는가?"라는 항의에 도슨트는 "필기구에 의해 전시장 벽에 손상이 가거나 작품이 훼손될 수 있기 때문"이라고 답했다. 이러한 요구들은 시각 혹은 청각적으로 관객들에게 가능한 다른 행동들을 배제하고 특정한 유형의 행태를 요구했다.

관객의 행동은 미술관 밖과 안에서 매우 큰 차이를 보였다. 이 점은 특히 특정 관객집단의 동선을 추적하는 과정에서 크게 부각되었다. 전시장 밖의 곳곳에서 비교적 자유로웠던 일반인이나 학생들은 전시장에 진입하면서 일제히 느린 속도로 걷거나 오브제와 도슨트의 설명에 눈과 귀를 고정시키는 등의 지극히 제한된 범위를 넘어서지 않았다. 특히 전시장 내에서 관객의 행동에 대한 훈육적 통제는 도슨트의 존재와 함께 강화되었으며, 한 인터뷰 속에서는 심각한 '폭력'으로 이해되기도 했다.

〈사례 3〉
Q: 그럼 전체적으로 이번 비엔날레의 특징은 어땠나요?
A: 자원봉사자들이 강압적이었어요.
Q: 어떤 점에서요?

A: 학생들이 단체견학을 오잖아요. 봉사자들이 빨리 이쪽으로 오라고 소리치고 애들이 관람하기 싫어하면 "너 어느 학교 몇 학년 몇 반이야! 선생님한테 다 이를꺼야"라고하면서 애들을 다그치고 하는데 정말 보기 안좋더라구요. 난 그런 거 볼 때마다 만약에 내 딸이 비엔날레 온다고 하면 난 못 오게 할꺼에요. 내 딸이 비엔날레와서 저런 취급 받는다고 생각하면 속상해서 데리고 오고 싶지 않아요. 이번에는 학생들 같은 젊은이들만 고용해서인지 몰라도 너무 함부로 대하고 강압적인게 싫더라구요. [A: 광주비엔날레 전시장 관리인(여)]

동선의 설계 : 행동반경과 감상 순서를 결정하는 기술

동선설계 역시 관객의 행동의 영향을 주는 미시적 통제기술이라는 점이 관찰되었다. 전시장 내 행사되는 훈육적 행동통제가 참여자들에게 억압적으로 이해된 것과 달리와 세밀하게 계획된 동선은 보다 중립적 기술로 기록되었다. 관객에게 강제력으로 의식되지 않았음에도 불구하고, 동선의 설계는 가장 강력한 통제요인 가운데 하나로 보여졌다. 동선의 설계란 작품의 배열과 전시공간의 구조화를 포함하며 특히 전시작품의 형태와 밀접한 관계를 맺고 있었다. 예컨대 광주비엔날레의 경우 평면회화, 사진 프레젠테이션 작품을 중심으로 한 5전시실의 공간 및 동선의 구조는 설치미술, 혹은 설치와 결합한 다큐멘테이션Documentation 작품 중심의 2전시실과 매우 달랐다.

물론, 이 점은 전시기획에서 일반적으로 인정되는 사실이다. 그러나, 일반적으로 전시기획 실무에서 다루어지는 동선의 설계는 주로 작품의 형태와 전시공간의 효율과 감상의 편의를 극대화하기 위한 테크닉으로 고려된다. 반면, 참여자들이 비엔날레 현장에서 경험한 동선의 설계는 중립적인 기술이 아니라 전시가 생산하는 전체적인 의미구조를 지속하거나 단절시키기 위해 사용된 의도적인 전략으로 받아들여졌다.

특히, 〈광주〉는 동선의 지속과 단절을 전시가 생산하는 의미의 지속과 단절을 위해 이용했다. 특히 5전시실은 동선상 의도적으로 나머지 전시실과

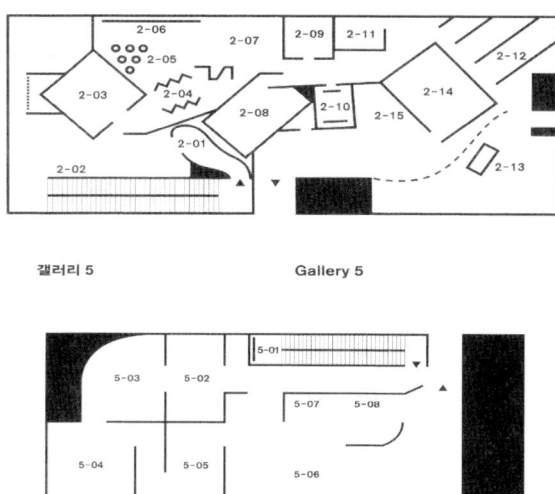

〈도식3〉 광주비엔날레 전시장별 공간구조.

완전히 분리되었다. 그 이유는 미국 좌파 기획자 크리스 길버트Chris Gilber 등이 꾸민 5전시실이 남미, 아프리카에 대한 미국의 제국주의 침탈을 강하게 비난하고 고발하는 자료관의 형식이었으며 불필요한 정치적 논란을 경계하는 비엔날레 기획측과 갈등을 빚었기 때문이다.[2] 기획 주최측은 이러한 충돌을 동선의 분리를 통해 해결했다. 1,2 전시실과 3,4전시실은 연결통로를 통해 내부로 이어져 있었고, 2전시실과 3전시실은 외부 구름다리를 통해 연결되어 있었던 반면, 5전시실은 4전시실의 출구를 통해 건물 밖으로 퇴장한 후

---

2. 이 점을 2006년 9월 8일자 『한계레』는 다음과 같이 쓰고 있다. "미국 좌파 기획자 크리스 길버트 등이 꾸민 5전시관은 이번 비엔날레의 '구멍'으로 거론된다. 남미, 아프리카에 대한 미국의 제국주의 침탈상을 강하게 비난하고 고발하는 다큐 자료관 성격인데, 아시아적인 전체 주제와 단절된 채 강박적 반미를 부르짖는 전시구성이 눈에 거슬렸다. 이 전시관 기획자들은 전시주제와 기획내용을 두고 사사건건 주최측과 충돌해 기획진이 사실상 손을 놨다는 후문이다."

긴 계단을 내려와 별개의 입구로 다시 입장해야만 했다. 이러한 동선의 연결과 분리가 특정한 방식의 의미를 생산하고 구성하려는 의도 아래 이루어졌다는 사실은 다음의 인터뷰에서도 나타났다.

〈사례 4〉
Q: 5전시실 같은 경우에는 굉장히 특이한 게 광주비엔날레 5전시실임에도 불구하고 이것은 공식입장이 아니다라고 나와 있잖아요?
A: 원래 그게 없었는데요. 왜 생겼느냐면 자꾸 언론에서(침묵)
Q: 자꾸 미국적인 문제를 건드리는 거져?
A: 그런 부분은 좀 조심스러운 부분이라 그 부분에 대해서는 더 이상 얘기 안 할래요.
Q: 도슨트 분들이 설명을 하실 때 다른 것들은 도슨트의 목소리로 전달을 많이 하시는데 5전시실에서는 도슨트분이 전달하실 때 무미건조하게 전달하시더라구요?
A: 그게 목적이예요. 그거를 전달을 받았죠. 저희가. 그래야만 여기 비엔날레하고 동떨어진 느낌을 받잖아요. 어디까지나 이건 두 분 공동큐레이터의 자신들의 관점에서 한 전시이지 비엔날레의 성향과는 상관이 없다는 식으로.
Q: 그런 식으로 무미건조하게 설명하라고 전달받거나 그러시진 않으셨을 거 아녜요?
A: 그렇게 하라고 했어요. 최대한. 동선도 옛날에는 4실 같은 경우에는 [밖으로 나가는] 셔터가 닫혀 있어가지고 5실로 내려올 수밖에 없는 동선이었는데 [이번에는 5실로 내려오는] 셔터를 내려가지고 관람객들로 하여금 5실로 가는 유도를 밖으로 빼버린 거져.
[A: 5전시실 도슨트(여)]

도슨트 : 육화된 미술관

전시장 내 합법적 상징폭력의 수행

여러 차례의 현장답사에서 참여자들에 의해 가장 강하게 의식된 존재는 바로 도슨트였다. 이는 매우 흥미로운 현상이었는데, 왜냐하면 미술관의 조직구조에서 도슨트가 차지하는 객관적 위치와, 전시 현장에서 관객에 의해 체감되는 실제적 영향력은 전혀 달랐기 때문이다. 도슨트란 "관람객 작품 감상과 원활한 관람을 돕는 작품설명 요원"로서 전시운영에 보조적인 역할에 한정된 직무였으며 고용형태 역시 행사기간 동안 수당을 지급받는 일시적인 비정규 노동의 형태를 띠고 있었다. 그런 점에서 미술관의 조직구조 내에서 도슨트의 객관적 위치는 전시내용과 형식의 구성을 담당하는 전기획조직이나, 주로 정규직의 형태로 네트워크 실천을 담당하는 관리-경영조직 내의 구성원들의 그것에 비해 현저히 낮게 평가되는 것으로 보인다. 그러나 도슨트의 존재는 거의 대부분의 현장조사 참여자들에 의해 다른 어떤 장치나 구성원보다 전시장에서 관람행위를 통제하는 가장 직접적인 요소로 인지되었다. 또 하나 흥미로운 사실은 이러한 도슨트의 체감적 영향력이 오직 전시장 내부에서, 또 '관객'에 의해서만 체감된다는 점이었다. 즉 전시장 밖의 일반인, 혹은 전시장 내의 비관객(조직 내부 인력, 혹은 관리 종사자)에 대한 도슨트의 영향력은 전시장 내의 관객에 의해 체감되는 그것과는 현저히 달랐다. 이 점은 도슨트의 존재와 기능이 본질적으로 전시장이라는 상황과 맥락에 관련된다는 사실을 의미한다.

전시장 내에서 도슨트의 통제력은 관객들이 도슨트의 존재를 의식할 때 가장 전형적인 '전시관람의 사회적 행동'을 보인다는 사실에서 발견된다. 즉, 관객들은 도슨트 앞에서 더욱 규정된 동선을 충실히 따르며, 주기적인 움직임과 정지의 반복, 오브제를 향한 특정한 형태의 시선과 끄덕임, 표정, 몸짓,

감탄사 등을 보였다. 이러한 행동들은 전시장 밖 일반인이나, 전시장 내의 비관객에게서는 전혀 발견할 수 없는 것들이었다. 이러한 관객들의 특정한 방식의 관람행동은 때로 도슨트의 출현과 더불어 갑작스럽고 현저하게 나타나기도 했다.

〈사례 1 계속〉
특이한 점은 관찰 후 15분 정도 지나서 출현한 도슨트를 중심으로 변화된 광경이었다. 기존에 노골적인 반응을 보이던 중고등학생들의 반응은 개인적인 성향들을 고려한다고 하더라도 그들의 반응이 뚜렷하게 침묵의 형태를 띠거나 도슨트를 살짝 쳐다보고 다음 작품으로 향하는 다소 소극적인 관람형태로 변모되었다[G1]

이처럼 전시장 내 관객행동의 급격한 변화는 관객들이 도슨트를 미술관의 권위를 가장 직접적으로 재현하는 존재로 보고 있음을 의미했다. 도슨트는 미술관의 제도적 권위의 내부적 매개체이자, 전시장 내에서 그 자체로 육화된 제도로 존재한다고 볼 수 있었다. 미술관이 도슨트에게 제도적 권위를 부여하는 가시적 방식은 복장이었다. 광주비엔날레의 경우 전시장에서 관찰된 진행요원들은 크게 도슨트, 진행요원, 그리고 경호 및 보안요원 등으로 분류되었다.

이 가운데 도슨트는 검은 제복에 붉은 명찰로 차별화되었다. 검은 제복은 힘과 권위를 상징할 수 있으며, 종종 '강압'이나 '살벌함'으로 인지되는 경우가 적지 않았다.

〈사례 3 계속〉
도슨트들도 그래요. 복장부터가 다들 시커멓게 하고 돌아다니는데 무슨 장례식장에 온 것도 아니고 강압적으로 보이고, 딱 보면 살벌하잖아요. 거기다가

〈사진4〉 2006 광주비엔날레 전시장 내 도슨트.

경호원에 경찰들까지 수시로 왔다 갔다 거리고, 지난번 비엔날레는 안 그랬는데 유독 이번엔 그런게 심하더라구요.

도슨트의 영향력은 전시장을 일종의 권력공간으로 변환시켰다. 전시장에서 도슨트는 관객에게 미술관의 권위를 매개하는 훈육적 권력이었으며, 이는 미술관이 생산하는 의미를 좀 더 효과적으로 관객들에게 규정하고 각인하기 위한 의도로 보였다. 따라서 도슨트는 단순한 해설자가 아니라, 미술관을 권력이 작용하는 사회적 공간으로 작동하게 만드는 핵심적인 기제로 작동한다.

상황적 실천자로서의 도슨트

육화된 미술관의 제도적 권위를 대리한다고 해서 도슨트가 제도의 '얼간이'dope라는 것은 아니다. 오히려 도슨트는 전시장 내에서 정당한 행위자로서 자신의 실천에 나름의 합리성을 부여하고 있음이 발견되었다. 도슨트는 객관적 구조와 상황적 맥락 사이에서 자신의 역할과 행위에 관해 치밀하게 성찰하고 있었다. 이 점은 민속방법론ethnomethodology의 입장에서 매우 중요한 사실로 보였다(Garfinkel, 1967). 가핑클은 매순간의 우연contingency을 전체와의 상호참조 속에서 사회적 의미로 조직하는 일상적 행위자들의 정교한 '성취'accomplishment를 강조했다. 도슨트들은 미술관의 기능과 그것의 전체적인 작동에 관한 '실천적 지식'commonsense knowledge 위에서 절묘하게 도슨트로서 자신에게 부여된 직무의 사회적 합리성을 "가시적이고, 기록 가능한"observable-reportable 방식으로 증명해 냈다. 전시장 내 도슨트로서 그들의 행위는 상황에 대한 지속적인 판단과 개입을 요구했다. 그들은 자신이 도슨트로서 언제 어디서 작품과 관객 사이에 개입해야 하는지에 관해 정확히 이해하고 있었다. 즉 "대체로 관람객이 적극적으로 물어보거나 잠시 망설이는 태도", "도슨트에게 시선을 줄 때" 등과 같이 "자칫 관객의 감상을 방해하지 않고 대화 시점을 잡는 문제"를 정확하게 판단해야 했다.

도슨트의 직무수행이 정교한 사회적 성취라는 점은 또 다른 사실에서도 발견되었다. 인터뷰에 응한 도슨트들은 대부분 도슨트로서의 직무를 수행하기에 충분한 정보나 작가와의 소통을 제공받지 못했던 것이다.

〈사례 4 계속〉
Q: 지금 설명하시는 작품들 중 몇 개나 직접 작가를 만나보셨어요?
A: 저 같은 경우 제가 맡은 건 5전시실이었어요. 그래서 여기는 작가가 아니라 큐레이터예요. 큐레이터 두 분이 공동으로 기획전시를 하는 거거든여. 하지만 남미에 관해서, 지금 남미이슈라든가 상황에 대해서 막상 와서 전시를 했는데 많이 소통이 안되었어요. 도움도 못받앗구 저희도 거의 얘기를 못들었어요. 그래서 코디네이터에게 물어봐도 모르겠다, 큐레이터가 말을 안해 주었다, 오히려 당신들이 얘기 좀 해주라. 오히려 그래서 저희들이 조르고 조르고 졸라가지고 겨우겨우 직접큐레이터가 아니라 같이 공동으로 했던 큐레이터에게 겨우겨우 얘기를 들었어요. 가시기 하루 전에! [5전시실 도슨트(여)]

전시장 내에서 도슨트가 객관적 위치에서 자신에게 요구되는 직무를 수

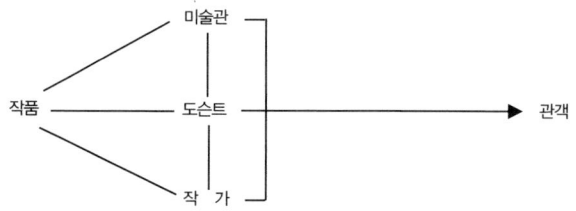

<도식5> 전시장 내 의미구조의 정합성

행하는 과정 속에는 처리되지 않은 수많은 우연과 결핍들이 내재되어 있었다. 그러나 이러한 상황적 우연과 결핍은 전시장 내에서 파행 없이 극복되었다. 대부분의 관객들은 도슨트의 인도에 따라 일관된 동선을 따라 일정한 속도로 움직였고, 동요하지 않았다. 상황의 한계와 우연을 극복한 것은 정작 미술관의 권위가 아니라 도슨트의 적극적 실천이었던 것이다. 이 점을 강조하는 이유는 미술관의 작동이 결국 전시장 내 도슨트의 실천과 무관하지 않기 때문이다. 도슨트의 역할과 기능은 특히 미술관의 작동이 확장되는 오늘의 상황에서 더욱 강조되고 있다.

전시장 내 의미의 질서 유지

　도슨트의 실천에 의해 전시장 내 통제력은 정상적으로 작동했다. 이러한 도슨트의 직무수행이 관객과 제도적 권위로서의 미술관 사이에서 이루어진다는 점을 고려하면, 도슨트의 과제는 전시장 내에서 작가, 작품, 미술관, 그리고 관객으로 이루어진 디자인의 관계 속에서 상호간의 정합적 의미의 그물망을 완성해나가는 것이라 할 수 있다. 전시장 내에서 도슨트에 의해 형성되고 유지되는 정합적 의미구조의 그물망은 〈도식5〉와 같이 표시된다.

　도슨트는 전시장 내에서, 미술관의 작동의 중심적인 위치에 있었다. 실선의 방향은 관계의 방향을, 실선의 두께는 관계성의 강도를 의미한다. 육화된 미술관으로서 도슨트와 미술관의 관계성은 분명하고 강력했다. 그러나 도슨트와 작가, 작품과 관계 역시 상대적으로 견고하지 않았다. 그들은 충분히 작가와 소통하지 못했으며, 작품에 대한 이해 역시 한계가 있었다. 즉 전시장 내에서 설립된 의미구조의 그물망은 견고하지 못했다. 따라서 미술관이 생산하는 의미가 전시장에서 관객에게 각인되는 위에서 도슨트의 통제력이 가장 중요한 변수로 작용했다. 예컨대,

〈사례 6〉
부산에서 교직생활을 38년 동안 해 오셨다는 할아버지는 도슨트의 설명을 들으면서 예술이 가지는 심오한 의미를 알게 되었다고 대답하셨다. 설명 듣기 전에는 수박 겉핥기 식으로 넘어가던 작품들의 이면에 있는 의미가 파악된다고 하셨다[G1][3]

도슨트에 의한 의미수렴은 강력한 통제력을 통해 또 다른 의미해석의 가능성들과 해석의 모호함을 체계적으로 배제함으로써 성취되는 것으로 보였다. 필자는 이 점을 관찰하기 위해 일종의 '일탈실험'breaching experiment을 시도했다. 일탈실험이란 의도적인 위반을 통해, 당연시되어 의식되지 않는 암묵적인 가정들의 존재를 역으로 증명하는 사회학적 기법을 의미한다.[4] 즉 관

---

3. 반면, 의미를 규정하는 도슨트의 기능이 부정적으로 인식되는 경우 역시 상당히 많은 사례에서 관찰되었는데, 다음의 경우와 같다. "일반 미술관보다 훨씬 많은 도슨트들이 곳곳에서 작품 설명을 자처해서 해주었고, 묻기도 전에 작품 앞에서 설명을 들은 관객 중의 하나는 오히려 개인적 감상을 방해하는 듯하여 역효과였다고 이야기하기도 했다."[G1] 또는 "도슨트의 시각이 작가의 시각은 아닐 텐데 도슨트가 이렇게 적극적일 필요는 없을 것 같다. 도슨트가 쓸모없다는 이야기가 아니다. 분명 도슨트의 도움을 필요로 하는 부분도 있을 것이다. 다만 조금 더 수동적이 되어도 괜찮을 것이다. 작품을 감상하기도 전에 이야기하지는 말아주었으면 좋겠다. 영화를 보는데 먼저 본 누군가가 옆에서 설명해 주는 것만큼이나 화가 날 때도 있었다"[G1]
4. 일탈실험이란 고의적 위반을 통해 사회적 삶의 너무도 당연시되어서 말 되어지지 않는 전제들을 밝히기 위한 민속방법론자들의 방법론을 말한다(Heritage, 1987: 232~235). 예컨대, 이런 식이다. "피실험자: 내 타이어가 펑크났어. 실험자: 그게 무슨 말이예요. 타이어가 펑크났다는

객에 의한 의미규정이 도스트의 통제력 내에서 요구되는 의미구조의 한계를 벗어날 때, 도스트의 반응을 관찰하기 위한 것이었다. 관찰자는 비교적 제한적 범위에서 도스트의 설명에 동의하지 않았으며, 그 설명 내용의 정당성을 의심했다. 관찰자의 이러한 행동에 대한 도스트의 반응은 냉정하고 공개적인 모욕의 형태로 나타났다.

〈사례 7〉
Q: 전 이 작품이 전혀 이해되지 않아요. 사실 85% 정도가 이해 안되요
A: 아직 환상이 안 깨졌어요. 은연중에 어떤 기대가 있다는 거예요. 그 기대와 다르니까 여기 오셔서 이건 머 우리 집에 창고와 똑같은데 라는 얘기가 당연히 나오는 거예요. 제가 분명히 얘길 했잖아요! 이런 사람들이 이런 계기를 제공을 한거에 대해서 나는 생각을 못했어, 근데 이 작가는 생각을 하디, 생각을 하고 행동에 옮기는 건 굉장히 힘든데? 그것도 6개월이라는 긴 기간 동안! 지금 그쪽, 그쪽이라고 해야 되나, 그래도 되나? 이분께서는! 제발 그냥 보시고 이게 모야 이게 아니라 주위에 물어보세요. 모르시겠으면! [A: 〈2006 부산비엔날레〉 Cafe 2 도스트]

자신을 미대휴학생으로 소개한 도스트는 격앙된 억양으로 때로 반말을 사용하며, 작품을 이해할 수 없다는 도스트의 반응을 전시장에서 용납되지 않는 '일탈행위'로 규정했다. 흥미로운 것은 이러한 일탈이 논리적인 것이 아니라 일종의 '무지'와 모르면서도 '주위에 물어보'지 않은 '게으름' 등의 반윤리적인 행태로 규정된다는 것이다. 중요한 것은 도스트 개인의 무례함이 아니라, 한 개인이 도스트라는 객관적 위치에서 관객과 공개적으로 만났을 때, 충

게? 피실험자: (잠시 멍해진 후 적의를 내면서 답하기를) 무슨 말이냐고? '무슨 말이죠'라……평크난 타이어는 바람 빠진 타이어지. 그게 내 말뜻이야. 아무 것도 이상할 건 없어. 무슨 그 따위 질문을 하지?"(Garfinkel, 1967: 42)

분히 가능한 사소한 해석의 차별성은 공식적으로 완강하게 배제되고 거부되었다는 사실이다. 그 사소한 해석이란, 전시장 밖에서, 혹은 심지어 전시장 내에서도 실제로 흔히 채집되는 것이었는데, 예컨대 다음과 같은 것들이었다.

"저 정도는 나도 하겠다",
"이게 예술작품이냐?"
"무슨 창고 같아"

이처럼 특정한 의미해석들이 도슨트의 통제력에 의해 체계적으로 배제되어야 하는 이유는 비교적 분명했다. 그러한 일탈적 반응이 비엔날레라는 공식적인 공간 속에서는 미술관이라는 제도적 권위를 중심으로 설정된 정합적 의미의 그물망을 깰 수 있기 때문이다. 즉, 예술작품을 규정하는 주체로서 미술관의 제도적 권위가 부정될 수 있다는 것이다. 이러한 부정은 진실을 생산하는 담화적 권력장치로서 미술관의 정당성에 의문을 제기하는 것일 수 있기 때문이다. 도슨트의 다소 과민한 반응은 실험 상황에서 전체적인 의미의 틀을 유지하기 위해 주어진 상황에서 자신에게 주어진 의미규정자로서의 제도적 권한을 효과적으로 활용하여 자신의 과제를 충실하게 수행하려 했기 때문이라는 것이다.

예술장과 사회공간의 환류점으로서의 비엔날레

지금까지 2006년 광주와 부산에서 열린 비엔날레에 대한 현장답사를 통해 확인된 내용을 요약하면 다음과 같다. 비엔날레는 전시와 네트워크를 수행하는 주체로서 미술관의 확장된 측면을 보여준다. 또한 각각의 비엔날레는 스스로를 국내외의 예술장에서 경쟁하는 행위자로서 인식하고 있었으며,

이 점은 비엔날레의 전시와 네트워크의 수행자들에 의해 명확히 의식되고 있었다. 나아가 이들 비엔날레들은 대한민국 예술장 내외에서 가용한 모든 사회적 자원들의 그물망을 조직했고, 또 그 위에서 그것이 생산한 의미의 내용과 형식을 국내외의 사회공간으로 확장시키는 사회적 행위자였다. 이들 비엔날레는 예술장과 사회공간 사이의 환류를 수행하고, 그러한 환류작용을 통해 예술장과 사회공간 사이의 상동적 관계를 수립한다. 이 상동성은 당대 예술장에서 비엔날레를 통해 공인되는 미학적 지배 스타일과 사회공간의 정치경제적 현안을 둘러싼 권력관계 사이의 동형성을 가져온다.

비엔날레는 미술관의 사회적 확장만을 수행하지 않는다. 미술관의 확장은 반대편에서 비엔날레를 통한 사회공간의 축소를 수반한다. 2006년 한국의 비엔날레는 미술관이 수행하는 전시와 네트워크 실천인 동시에 이 전시와 네트워크 속에 당대 한국사회를 구성하는 다양한 행위자들이 직접적이거나 간접적으로 개입하는 계기라는 것이다. 다양한 작품들이 한국사회뿐 아니라, 세계 도처에서 일어나는 사회적 문제들을 그 내용으로 삼고 있음은 물론이다. 그런 의미에서, 비엔날레는 확장된 미술관이자 축소된 한국, 축소된 세계라 해도 무방할 수 있다.

사회적 행위자로서 비엔날레를 통해 수행되는 미술관의 확장과 사회공간의 축소가 비엔날레가 보여주는 외적, 구조적 측면이라면, 전시장 내에서 수행되는 미시적 권력의 기술은 그러한 구조적 측면에 상응하는 미술관의 내적 작동이라 할 수 있다. 비엔날레는 그것에 투영된 외적이고 구조적인 권력관계를 미시적인 방식을 통해 철저하게 전시장을 방문하는 모든 관객들의 몸과 의식 속에 각인한다. 관람행위에 대한 훈육적 통제, 치밀하게 설계된 동선, 그리고 도슨트의 존재와 행위를 통해, 비엔날레의 주체로서 미술관이 생산하는 의미와 가치, 또 그것의 정치경제적 함의를 전시장을 관통하는 관람객들에게 그들의 행동을 통제함으로써 가장 직접적인 방식으로 체화시킨다.

예컨대, 2006 광주비엔날레는 이미 미술전람회의 명칭이자, 동시에 이 전람회를 조직한 기획조직 및 관리경영 조직을 포괄하는 조합적 주체의 명칭(재단법인 광주비엔날레)이다. 광주비엔날레는 전시를 통해, '열풍변주곡'fever variation이라는 전시주제가 함축하는 예술의 열정, 광주라는 지역성과 세계성의 상호성에 관한 담론, 그리고 전시작품의 내용과 형식에 관한 미학적 담화의 질서를 생산해 낸다.

특히, 스타일의 문제와 관련하여 비엔날레는 스타일장의 중요한 경쟁적 실천자이며 스타일장 내 다른 제도적 경쟁자로서 다른 전시와 네트워크 주체들과는 차별적인 이미지 조직과 분류를 수행하고 공인한다는 것이다. 예컨대, 리움과 국립현대미술관에서 기획하는 전시(특히 상설전의 경우)들이 회화/조각, 구상/추상 등의 전형적인 장르와 스타일을 추구한다면, 광주비엔날레의 경우 압도적으로 설치미술installation과 다큐멘테이션documentation, 미디어아트media art, 개념미술concept art뿐 아니라, 다양한 복합재료를 사용하는 오브제미술objet art, 후각 등 여러 가지 감각반응을 요구하는 것들이 많았다. 이러한 장르와 양식들은 스타일장 내 다른 제도적 경쟁자들이 다루지 않는 다양한 의미체계들을 생산한다. 이러한 의미체계는 또 광주비엔날레가 구성하는 네트워크를 중심으로 국내외의 기업, 국가, 예술계, 미디어 등의 자원들의 그물망을 통해 사회적으로 확장된다.

대기업과 지역 기업들, 그리고 국가는 협찬과 재정지원을 통해 국제적 이벤트에 걸맞은 물적 조건을 제공한다. 예술계는 전시기획과 관리 조직의 구성을 위한 핵심인력을 제공할 뿐 아니라, 국제적인 연결망을 통해, 참여 작가 풀을 제공한다. 여기서 미디어는 중요한 요소로 작동한다. 왜냐하면, 광주비엔날레가 전시를 통해 생산하는 의미들을 국내외로 확산시키기 때문이다.

광주비엔날레는 전시장 외부로는 그것의 네트워크의 효과가 도달하는 반경까지 확장되는 반면, 전시장 내에서 훈육, 동선, 도슨트의 활동을 통해

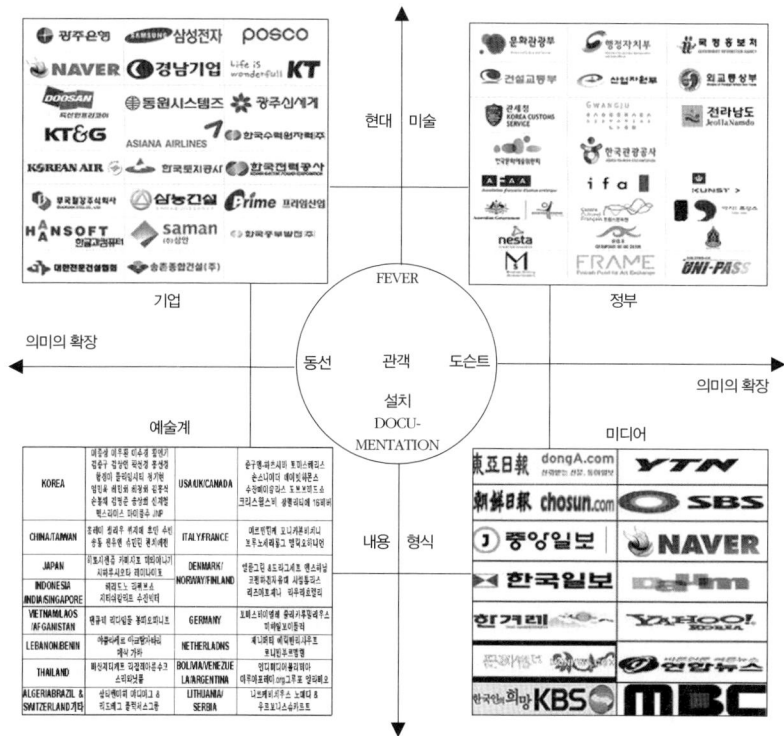

〈도식6〉 미술관의 사회적 작동과 의미확산의 풍경.
※이 표는 광주비엔날레 팜플릿, 도록, 브로슈어 및 홈페이지 게시판, 그리고 인터넷 검색자료 등으로 구성되었다.

관객들의 몸과 의식에 대해 예술적-사회적 의미를 각인한다. 이러한 [사회적] 확산과 [전시장 내] 환원을 통해 광주비엔날레가 생산한 효과는 관객뿐 아니라, 네트워크의 소통반경 내에 위치한 대중들을 가로질러 확산된다. 이미 문화적인 차원에서, 광주비엔날레의 영향력은 사회전체에 포화되어 있다 해도 과언은 아니다. 광주비엔날레는 이미 견고한 사회적 실재로서 제도화되었다.

미술관의 확장, 사회공간의 축소, 그리고 예술장과 사회공간 사이의 상동성의 문제에 관한 사회학적 접근은 단순히 미술관에 대한 전통적인 내적관

7장 조금 낯선 비엔날레 기행 2006년의 광주와 부산 263

점을 벗어나는 데에만 목적을 두는 것이 아니다. 미술관을 사회학적으로 확장된 실체로 보려는 것은 동시대 사회학의 연구의 지평에 의미있는 방식으로 기여할 수 있으리라 생각된다. 최근 사회학은 특히 동시대 예술에 대한 과잉신비화에 맞서 좀 더 구체적이고 세밀한 예술실천의 현장 속으로 파고들고 있다. 미술관이라는 구체적인 제도적 실체를 통해 예술 행위자들의 실천과 그것의 효과를 본다는 것은 그러한 요구에 응답하는 것일 수 있다. 이러한 시도는 더 이상 토대, 혹은 경제의 반영, 혹은 결정관계로 서술할 수 없는 동시대 문화/예술 실천의 상대적 자율성을 인정하기 때문이다.

하지만, 그러한 예술실천의 상대적 자율성에도 불구하고, 사회학의 본질적 속성이 그러하듯이, 최근의 문화/예술에 대한 사회학적 요구 역시 예술장 외부의 사회공간의 영향을 어떤 식으로든 참조하지 않을 수 없다. 그렇다면, 결국 관건은 사회적 상황과 조건들이 문화적 실천과 관계 맺을 때 나타나는 굴절효과를 여하히 분석할 수 있느냐의 문제일 수 있다. 그러한 굴절이 유발되는 지점은 어디인가? 그 굴절은 어떻게 성취되는가? 굴절률은 어떠한가? 장 외부의 영향은 장 내 굴절되어진 형태와 어떻게 조응하는가? 사회학은 이러한 의문에 유효한 분석을 내놓을 수 있다는 판단이다. 무엇보다 전시와 네트워크 실천의 주체로서 2006년 한국의 비엔날레는, 미술관의 활동이 예술장과 사회공간이 만나는 경계면이며, 그 둘 사이의 효과적인 환류점feedback point이자 굴절점으로 기능한다는 사실을 보여주고 있다.

사례번호	성별	나이	소속/비고	일시
사례1	남	36	부산비엔날레 사무국 소속	2006. 9. 23[P-1]
사례2	남	44	광주비엔날레 홍보팀 소속	9. 16[G-1]
사례3	여	50대 후반	광주비엔날레 전시장 관리인	11. 7[G-2]
사례4	여	35	광주비엔날레 도슨트	11. 7[G-2]
사례5	여	24(국문4)	답사 참여 수강생 필드보고서	9. 16[G-1]
사례6	남	26(경영4)	답사 참여 수강생 필드보고서	9. 16[G-1]
사례7	여	미대휴학	부산비엔날레 도슨트	11. 25[P-2]

인터뷰 대상자 정보 및 면접일시.

8장

내가 미술잡지를 읽지 않는 이유

몇 년 전에 한 미술잡지로부터 미술잡지의 실태와 문제점을 적어달라는 청탁을 받았다. 올 봄 책장을 정리하면서, 근 이십여 년 간 차곡차곡 꽂아 두었던 미술잡지들을 모조리 내다 버린 후, 지난 몇 달 동안 미술동네에 관심을 끊었던 사람이 바로 나다. 그런 사람에게 한국의 미술잡지를 논하라니. 뭐 딱히 미술잡지에 원한이 있는 것도 아니다. 다만, 아들놈들이 사들고 들어오는 만화, 동화책들이 어딘가 자리를 잡아야했고, 소장해봐야 별 쓸모 없는 미술잡지들이 자리를 내어 놓아야 했을 뿐이다. 그런데, 가만히 생각해 보니, 이게 바로 한국의 미술잡지의 위치를 보여주는 단면이 아닌가 하는 생각이다. 백여 권에 달하는 미술잡지들이 애들 만화책보다 못한 현실 말이다. 물론, 이건 나에게만 일어난 일일수도 있고, 헌책방에 수북이 싸여있거나, 거기서마저도 자리를 잡지 못한 수많은 미술잡지들의 전주인들에게 보편적으로 일어나는 일들일 수 있다. 서점에서 독자에게 겉표지 한번 펴 보이지 못한 채 반품되거나 이러저러한 이유로 창고에 쌓여있는 미술잡지들은 여기서 생각하지 말기로 하자. 분명한 건, 한국 땅에서 미술잡지들이 대접받는 상황은 그리 긍정적이지 못하다는 사실이다. 왜일까? 무엇이 이런 현실을 만들었을까? 한국에는 미술이 없고, 미술인이나 미술에 관심이 있는 사람들이 없는 걸까? 물론, 그건 아닐 것이다. 여전히 대학들은 사회가 감당해낼 수 없을 만큼 신진미술가들을 쏟아내고 있고, 강남에는 이 시간에도 새 화랑들이 오픈을 준비하고 있다. 하지만, 이 사람들 역시 미술잡지를 꼼꼼하게 읽지 않는다. 의문은 더 커진다. 도대체 왜 그런 걸까? 이 의문에 대답하기 위해 오랜만에 한국의 대표적 미술잡지 한 권을 다시 사들었다. 물론, 이 한권의 잡지가 그 잡지 전체를 대표하는 것도 아니고, 그 잡지 전체가 한국의 미술잡지를 대표하는 것도 아니다. 하지만, 이 한 권이 그것을 둘러싼 한국의 미술잡지 전체의 상황을 드러내는 작은 기표가 될 수 없는 이유도 없다. 필자는 이 한 권의 잡지를 하나의 한국미술, 한국의 미술잡지 전체라는 랑그langue의 구체적인 빠롤parole로 읽고자 한다. 이 빠롤을 유효하게 읽어낼 때, 어쩌면, 랑그 전체의 상황과 구조의 모순을 적절하게 드러내 보여줄 수 있으리라는 판단이다.

    신촌의 한 서점에서 이 책을 사들었을 때, 필자는 놀라고 말았다. 이 잡지가 보여주는 풍성한 기사들과 도판들은 지난 몇 년간, 무감하게 받아보면서도 목차만 죽 훑어보고선 책장 한구석에 꽂아 버렸던 내 무심함을 무색하게 만들었다. 그렇다면, 한국의 미술잡지는 별일 없었던 걸까? 한국의 미술잡지의 현실에 관한 문제제기는 처음부터 잘못된 것일까? 한국의 미술잡지에 제기되는 이러저러한 위기 담론은 결국 부재한 위기를 쓸데없이 과장하거나 조작한 것일까?

    하지만, 이 한 권의 잡지는 한국의 미술장을 지배하는 '신화'를 극명하게 보여준다. 물론, 여기서 신화란, 바르트가 지적했던 것처럼, 지극히 역사적이고 우연한 것을 당연하고 자연스러운 것으로 만드는 의미화 과정이며, 일종의 사회적-미학적 이데올로기일 수 있다. 이 잡지는 과잉과 결핍을 통해 한국 미술장의 현실적 모순을 은폐하고, 특정한 관점이나 가치, 해석을 마치 미술의 보편적인 현상으로 위장하고 있다. 굳이 여기서 특정 잡지 한 권을 대상으로 이런 비판을 제기하는 이유는, 다수의 미술잡지들이 차별적인 방식으로 유사한 은폐와 위장을 반복하고 있으며, 이러한 반복이 한국 미술잡지와 동시대 한국미술의 모순을 재생산하고 있다는 판단 때문이다.

그렇다면, 먼저 과잉된 것은 무엇일까? 다른 모든 것들을 타자화하거나 삭제하고, 자신의 존재를 과시, 과장하면서 과잉 주체화되는 것은 단연 뉴욕, 바로 뉴욕이다! '뉴욕'은 한국의 미술잡지에서 아마 가장 여러 번 반복되는 고유명사들 가운데 하나이다. 이번 호는 가히 뉴욕이 한국미술이 숭배하는 제국의 중심이라는 사실을 보여준다. 뉴욕의 경험은 화려하고 신성한 경력으로 상찬되고 어떠한 비판도 허락되지 않는다. 이렇게 과잉되고 과장된 뉴욕의 반대편에 그에 상응하는 결핍이 '한국미술'이란 형식으로 존재한다. 한국미술은 뉴욕이 지배하는 동시대 미술의 2부 리그에 해당하며, 'Review', 혹은 'Preview'란에서 고만고만한 지면을 다룬다. 이런 과잉과 결핍이 지금여기의 미술세상의 모순을 은폐, 위장하는 이데올로기일 뿐 아니라, 모순된 미술세상의 현실을 자연화하는 현대적 신화라는 사실은 여전히 한국의 미술장이 진공상태가 아니라는 사실로부터 판명된다. 비록 미술판의 변방에서나마 내가 보아 왔던 사람들은 미술잡지에 등장하는 사람들이 아니었다. 그들 대부분은 미학적 평가에 목마른 사람들이었고, 사회적 변화를 갈망하는 사람들이었으며, 일종의 투쟁자들이었다. 그들은 그러한 투쟁을 위해 가장 기본적인 의식주와 자존심마저 내놓은 사람들이었다. 그들이 투쟁하는 미술장은 그런 의미에서 갈등의 공간이자, 충족되지 않는 열망으로 터져버릴 것 같은 세상이었다. 미술잡지들은 이런 미술세상을 정확히 반영하고 있는가? 미술잡지 속에서 과잉된 뉴욕과 결핍된 한국미술은 예술적 투쟁을 통해 작동하는 한국미술장을 적절하게 반영할 수 있을까? 오히려 미술잡지들은 과잉된 뉴욕의 신화를 관철시키는 과정에서 미술세상의 위계구조를 재편하고, 그 과정에서 미술장 내 자신들의 위치를 확보하려는 것은 아닐지. 신자유주의 경제논리의 무차별적인 확장에 맞서, 지금 여기의 현실의 가치와 이슈를 생산해야 할 미술잡지들이 가장 적극적으로 뉴욕의 문화적 지배구조에 동조하고, 자신들이 딛고 선 한국미술장의 정체성을 타자화하고 있는 것이다. 한국의 미술잡지들은 한국미술을 시장친화적이고, 뉴욕스럽게 재편한다. 그런 식으로 한국미술은 그것이 실질적으로 존재근거로 삼는 한국사회와 그것의 모순으로부터 일정한 거리를 두게 된다. 한국의 미술잡지에서 출몰하는 이상한 몰골의 한국미술이다. 마치, 일제하에서 소위 '향토적 서정주의'라는 타자화된 양식을 통해 한국인들이 한국인들에 의해 마치 이국의 원주민들처럼 묘사되었던 것처럼 말이다. 한국의 미술잡지에 등장하는 한국미술가들은 이상하게 뉴요커를 닮아 있다. 지금 여기의 사회적 삶과 미학적 현실로부터 유리된 남의 것들, 그래서 재미도, 흥미도, 관심도, 지식도 주지 못하는 그들만의 미술을 과연 누가 읽고 누구에게 읽으라고 권할 것인지?

물론, 미술잡지를 만드는 분들에게 여러 가지 문제들이 있을 수 있다. 그러나 열악한 제작여건, 부족한 인력, 소신 있는 글쓰기를 보장하는 안전장치의 부재, 무관심, 친분 등. 하지만, 지금처럼 미술잡지들이 주어진 모순구조를 인정하고 안주하는 한, 이러한 어려움들은 극복되지 않을 것이다.

뉴욕을 팔아 미술잡지를 만드는 것은 뉴요커들의 삶을 동경하는 소수의 사람들에겐 '엣지' 있는 삶의 악세사리가 될 수 있겠지만, 이 사람들은 미술 속에서 미술을 열망하는 수많은 사람들에 비하면, 보잘 것 없는 일부일 뿐이다. 현재의 미술잡지들은 동시대 사회의 문화적 삶에 있어서 미술에 대한 대중의 열망에 효과적으로 대응하지 못하고 있다. 이건 이 잡지뿐 아니라, 대부분의 미술잡지에서 공통적으로 발견되는 한계이기도 하다. 그렇다면, 어떻게 해야 할까? 물론, 이 점에 관해 내가 뾰족한 대안을 내놓을 수는 없다. 하지만, 왜 이게 안될까 싶은 점들이 있긴 하다.

첫째는 지극히 당연한 요구이긴 하지만, 잡지 나름의 관점을 확보하는 것은 중요한 과제이다. 뉴욕의 관점을 한국에서 관철하겠다는 것이 나름의 관점이라면, 어쩔 수 없겠지만, 어차피 뉴요커들에게 읽혀질 한국미술의 소식지가 아닐 바에야 오히려 제국의 변방인 한국의 입장에서 뉴욕을 재평가하고 비판하는 작업은 매우 필요해 보인다.

둘째, 과잉된 뉴욕을 한국미술의 관점에서 재해석하는 작업은 필수적으로 한국사회와 한국미술을 가로지르는 모순 구조들에 대한 세밀한 관심을 필요로 한다. 결국 나름의 관점에서 뉴욕을 재해석한다는 것은 뉴욕이 한국사회와 한국미술의 모순 구조 속에서 어떤 의미를 줄 것인가에 관해 검토하는 작업이기 때문이다. 한국 사회는 여전히 자본주의의 모순적 생산관계가 정치, 혹은 문화적으로 다양하게 재생산되고 있는 공간이며, 한국미술장 역시 주류와 대안공간, 공공미술의 영역에서 다양한 참여자들이 민중과 여성, 지역, 인종, 세대문제와 관련하여 해결되지 않은 논점들을 고민하고 있다. 미술잡지는 이러한 고민들이 동시대 미술의 흐름 속에서 어떻게 반영되고 반응하는지를 담론화함으로써 다양한 주체들의 사고와 관심을 포섭해야 한다.

셋째, 이러한 논점들을 매력적인 글쓰기를 통해 담론화할 수 있는 다양한 필자들을 발굴하고, 섭외해야 한다. 비록 오래전이었으나 한때 미술잡지의 열광적인 독자였던 필자에게 여전히 풀리지 않는 의문 가운데 하나는, 그토록 흥미롭고 매혹적인 주제와 소재들이 어쩌면 그토록 무미건조해져 버릴 수 있을까하는 점이다. 이는 미술잡지들이 섭외하는 필자들이 주로 미술장 내외에서 비교적 안정된 제도적 위치를 점유한 사람들이기 때문일 수도 있다. 미술잡지가 한국사회와 한국미술장의 지배구조에 적응하면서 너무 일찍 늙어버리는 것처럼 미술장이 배분하는 희소한 자원의 유통경로에서 안정된 위치를 점유한 소수의 지배자들의 글쓰기 역시 한국사회와 미술의 역동적인 변화보다는 현재의 상황을 유지하는 데 적합한 보수적인 내용과 형식을 취할 수밖에 없다. 이들은 결국 소수이며, 따라서 한국사회와 미술장의 변화를 원하는 다수의 독자들이 요구하는 논점과 담론을 생산하기란 쉽지 않아 보인다.

넷째, 실질적인 소통과 반응을 수렴해야 한다. 물론, 미술잡지가 수행하는 이상적인 소통은 잡지와 독자 사이의 소통이다. 그런데, 미술잡지의 독자가 일차적으로 미술장 내 참여자들이라면, 잡지는 당연히 특정 기사와 외고에 대한 미술장 내외 참여자들의 반론과 재반론을 제도적으로 보장해야 한다. 지금처럼, 일방적으로 원고를 던져놓고, 저자도 미술잡지도 아무런 책임도 지지 않는 한, 미술잡지에 대한 무관심을 극복하기 어렵다. 잡지와 독자 사이의 실질적인 소통은 대중으로서의 독자를 미술장의 참여자로, 또 다른 담론의 생산자로서 저자로 만들어 낸다. 잡지에 반응하려는 저자들은 잡지에 반응하려는 그들의 열망만큼이나 차별적이고 매력적인 담론을 생산할 가능성이 높고, 여기에 잡지가 리뷰나 재반론을 통해 정당하게 반응한다면, 미술잡지의 수요를 건실하게 생산해나가는 하나의 효과적인 방법일 수 있다. 또한 이렇게 생산되는 담화는 미술장뿐 아니라, 한국사회의 문제와 상황에 좀 더 근접하는 효과적인 방식일 수 있다.

만약 어떤 미술잡지가 만약 현재의 미술세상을 바꿀 수 있다면, 현재의 미술장의 담화생산과 유통, 소비구조를 변화시켜야 한다. 자, 어느 길을 갈 것인가? 이 의문에 대한 대답은 온전히 이 땅에서 미술잡지를 만드는 행위자들의 적극적인 참여와 결단에 달려있다.

9장

대안공간의 대안성에 관한 대안적 생각들

"북돋우자"라니?

한 잡지로부터 날아온 원고청탁의 주제는 필자에게 거의 화두로 던져졌다. 도대체 뭘 북돋워야 할지, 북돋울 그 무엇이 과연 있기나 했었는지. 하지만, 이런 생각은 필경 필자만의 것이 아니었을 것이다. 오히려 '북돋우자'라는 주제를 제시했을 때, 편집진의 판단 역시 필자와 다르지 않았을지 모른다고 생각했다. 동시대 한국미술장의 상황은 누군가에 의해 북돋워져야할 간절한 필요가 있었다는 판단이 분명 선행되었을 터였다. 필자의 비관적 조망과는 달리, 편집진은 그래도 억압되고, 피폐한 미술계에서, 무언가 새로운 생명력을 끄집어내려 노력하고 있구나, 하는 생각이 스쳤다. 하지만, 최근의 내 생각은 이렇다. 미술, 미술판을 그야말로 북돋는 작업은 지극히 난해한 일이며, 이 난해함은 또한 정교하게 고안된 이중적 과제를 요구한다는 것이다. 여기서 이중적 과제란, 먼저, 시급히 북돋워야 할 만큼 미술과 미술판을 억압하는 실체가 무엇인지에 관한 정확한 판단과, 이 억압적 실체를 유효한 내용과 방식으로 극복하려는 시도를 또한 효과적으로 드러내는 작업이다. 한편에서 비판과, 또 다른 한편에서 적극적인 지지가, 이 험난한 미술세상을 북돋우는 길이라는 생각이다. 물론, 이 작업은 필자의 개인적인 노력이 아니라, 복수의 필자들에 의해 수행되어야 할 집단적이고 객관적인 과제임에 틀림없다.

첫 번째 과제의 밑그림

현재의 미술, 미술판을 누군가 북돋워야겠다고 판단할 만큼 억압하는 기제/요인/사람은 무엇/누구인가? 사실, 이런 질문 자체가 다소간 우스꽝스럽긴 하다. 한국미술을 억압하는 것은 한국미술을 구동하는 제도 그 자체니까 말이다. 결론을 너무 일찍 지어버렸나? 하지만, 이처럼 명백한 사실조차 없을 듯하다. 동시대 한국미술의 제도적 층위를 구성하는 미술학제, 미술관, 미술시장, 미술언론, 출판, 비평의 작동을 살펴보자. 이 제도들은 미술장의 특수한 상징자본을 생산하는 핵심적 거점이지만, 이 거점들은, 사상 유래를 찾아보기 어려울 정도로 보수화되어 있다. 여기서 보수화란, 특정한 정치이데올로기를 추구한다는 것이 아니라, 미술장의 현상태의 관성을 그대로 유지시키고, 그렇게 유지되는 미술판의 구조 속에서, 지극히 한정된 문화적, 경제적 이익을 독과점하려는 세력들에 의해 지배되고 있음을 의미한다. 이러한 분배와 지배의 구조 속에서, 지극히 소수의 미술[정치]인들만 막대한 상징자본을 획득할 뿐 아니라, 미술시장을 통해 그들의 상징자본을 경제자본으로 전환할 수 있을 뿐이다. 그 결과는 무엇일까? 한해 졸업하는 십 수만의 미술인들은 자신을 '세상이 아직은 알아주지 않는 고독한 천재' 이데올로기로 자위하면서, 생계와 예술 사이에서 고민해야 하는 지극히 암울한 상황에 빠지게 된다. 이들 소수의 미술정치인들이 지배하는 미술장은, 동시대 한국미술의 보편적이고 객관적인 시대정신을 생산할 책임감도 능력도 없으며, 오히려 동시대 한국미술의 보편적 이해를 희생함으로써만, 자신의 이해를 추구할 수 있게 되는 것이다.

　이러한 상황은 미술언론 역시 마찬가지이다. 대부분의 잡지들이 다루는 내용들은 한국사회와 미술의 갈등구조와 당면문제들로부터 떨어진 채, 신자유주의 문화의 거점인 뉴욕스타일 이미지조직방식을 지금 여기에서 복제하거나, 그러한 복제를 다시 복제하는 소수의 작가들과 공모하고 있다. 미술관과 화랑, 미술시장 역시, 한국사회, 한국미술판의 투쟁의 궤적들의 연장에서, 미래에 투영될 과거와 현재를 재평가하지 못한 채, 무분별하게 뉴욕을 수입하거나, 구매력을 갖춘 소수의 중간계급 혹은 부르주아의 미감에 봉사하고 있는 것이다. 또 한 번 물어보자. 결과는? 그 엄청난 수의 작가들이 제도로부터 소외 당한 채, 예술에 관한 자기 확신을 끊임없이 스스로 의심해야 하는 이상한 억압상황이 유지된다는 것이다. 이 상황을 비집고, '딴따라' 대중가수가, 아니면, 자신을 무슨 '팝아티스트'라고 칭하며, 연예계나 방송을 전략적으로 경유하는 사람들이, 예술계의 유명인사가 되는 이상한 일들이 계속해서 반복되고 있다. 더 이상한 것은 이러한 현상이 오히려 미술장의 참여자들에게 새삼스레 의문할 필요가 없는 당연한 현실이 되었고, 미술장 밖의 학생들에게 동시대 한국문화를 사회학화하려는 필자나, 필자의 강의를 듣는 수강생들에게 이해 못할 일로 던져지고 있다는 사실이다. 동시대 한국미술은 장의 최소한의 상대적 자율성조차 갖고 있지 못한 것이다.

대안공간의 대안성

　서론이 너무 길었다. 사실, 이 글은 대안공간의 대안성에 관한 대안적 생각을 제기하는 데 있었다. 왜 이런 생각이 북돋우자라는 주제와 관련되는 것일까? 왜 북돋우자라는 주제를 한국 미술장의 모순과 관련시키는 것일까? 글쎄, 한정된 지면에서 이 물음들을 논리적으로 그리고 충분히 설명하기란 불가능해 보인다. 다만, 또다시 결론부터 제시하면, 다음과 같다. 즉, 북돋우자라는 화두는 오직 한국미술과 사회구조의 지배와 저항의 맥락에서 의미를 갖는다. 그리고 이 맥락 속에서 한국미술의 모순이 제도를 독과점하고 있는 소수의 지배집단에 의한 미술장의 보수화로 인해 발생한다면, 진정으로 북돋워야 할 것은 바로 이 보수적 지배구조에 나름의 방식으로 전복을 추구하는 새로운 집단들의 노력과 시도라는 것이다. 그래야 북돋움이 동시대 한국미술의 역동적 변화와 객관적 시대정신의 예술적 변용에 기여할 수 있다. 그리고, 여기서 대안공간은 만약, 그들이 이 보수적인 미술장의 상황 속에서 진정으로 대안적인 대안의 선택지를 제시한다면, 이것이야말로, 가장 값진 북돋움이 아닐까? 물론, 대안공간에 대한 북돋움 역시, 대안공간이 수행하는 현재적 상황에 대한 객관적 성찰과 비판을 동반해야 한다. 이는 곧 대안공간이야말로, 현실적으로 가장 북돋움을 요구할 만큼, 억압적이고 모순적인 상황 속에 있기 때문이다. 현실적으로 대안공간의 씬scene을 지배하는 몇몇 지배적 대안공간들이 행한 과거의 행적들은, 과연 그들이 '대안'이란 상표를 붙이고 어떤 일들을 수행했었나를 보여준다. 그들은 말 그대로 대안을 제시하기는커녕, 보수화된 주류의 선택지를 반복, 변형함으로써 주류에 편입되거나 주류를 강화하면서 여전히 스스로를 대안공간으로 호명하고 있다. 그야말로, 대안의 가면을 쓴 주류, 주류 내부의 정치학을 위한 대안일 뿐인 것이다.

　이런 식의 대안은 대안을 가장하고서, 오히려 미술장의 역동성을 담보하는 지배와 저항의 전선을 모호하게 만들며, 진정으로 대안적인 대안공간의 선택지가 갖는 차별성을 가려버린다. 그렇다면, 필자가 말하는 진정한 대안성은 어디서 나올까? 이 문제에 대답하기 위해선 약간의 사회학적 보조 장치들이 필요하다. 즉, 미술장을 상대적으로 자율적인 이미지 조직과 분류의 차별적인 공간으로 보되, 이 미술장을 사회공간과 연동하는 상호관계 속에서 조망하는 것이다. 미술장은 결코, 소위 자신을 미술인이라고 지칭하는 소수에 의해 지배되는 닫힌 공간이 아니라, 사회공간을 향해 열려있고 따라서 사회공간의 역학이나 모순적 상황을 굴절된 방식으로 반영하거나, 다시 사회공간으로 환류하는 공간이라는 것이다. 이때, 대안공간은 미술장과 사회공간 '사이'에 위치한다. 대안공간은 미술장 내에서는 예컨대, '오일 온 캔버스'oil on canvas처럼 고정되어 썩어버린 형식이나 내용과는 다른(물론, 모든 오일 온 캔버스가 다 그렇다는 것은 아니다), 정말로 대안적인 이미지 조직방식의 선택지를 제시해야 한다. 그리고 대안적 이미지 조직방식의 선택지는 가장 사회적이고, 가장 모순적이고, 가장 격렬한 사회공간의 상황들을 미술장으로 유입할 때 비로소 가능해진다.

한국사회에서 권력과 자본이 초래한 모순들의 미학적 변용은 대안공간에 가장 대안적인 미학을 제공한다. 미술시장과 주류공간들이 이윤논리와 주류 내 상징투쟁 과정에서, 역할에 걸맞지 않게 대거 젊은 작가들을 탐하는 상황에서, 대안공간의 대안성은 더 이상, 신진들에게 전시기회를 제공한다는 얄팍한 명분에 기댈 수 없게 된 상황이다. 반면, 미술장을 포함하는 모든 차별적 장들은 사회공간으로부터 소위 '상동성'의 요구에 직면한다. 미술장 역시 사회공간의 구조와 상황으로부터 어긋날 수 없는 것이다. 이러한 상황에서 사회공간을 추동하는 힘은 더 이상 거대자본과 권력에 국한되지 않는다. 정말 우린 거대한 대립적 힘들, 예컨대, 남과 북, 남성/여성, 가부장/가족, 백의 짝퉁으로서의 황/흑, 부/가난, 보수/ 진보, 개발/보존, 인간/자연, 기독교/

다른 종교, 젊음/늙음, 지배/저항 등 헤아릴 수 없는 대립적 힘들로 둘러싸여져 있다. 미술장 내 주류들이 그러한 이분법의 지배적 선행 항을 대변한다면, 대안공간이 진실로 대안성을 갖기 위한 원천들은 후자에서 발견된다는 것이다. 사회공간을 물들이는 지배와 저항의 대립은 미술장에서 미학적 지배와 저항으로 변환될 수밖에 없으며, 미술장의 저항의 공간에 위치함으로써, 사회적 저항과 미학적 저항을 수행하고, 수행해야 하는 사람들이 바로 오늘날 한국사회의 대안공간이라는 것이다.

대안공간에 대한 비평적 접근

자. 이제 조금만 더 비평적인 얘기를 해 보자. 왜냐하면, 비평가로서, 필자가 할 수 있는 최고의 북돋움은 바로 비평 외에 다른 것일 수 없기 때문이다. 만약, 대안공간이 짝퉁, 아니 주류 내부의 정치투쟁이 아니라, 최소한 사회공간의 모순과 갈등에 관심을 갖는 그야말로 최소한의 대안성의 윤리를 갖고 있는 미술장의 주체라면, 그들이 수행하는 대안성의 관건은 바로 '굴절'이라는 것이다. 그것도 유의미한 굴절 말이다. 이 굴절은 물론, 사회적 모순의 미학적 변환을 의미한다. 미술장은 정치장이 아니다. 정치적 논리를 미술장에 그대로 유입하는 것은 과거의 민중미술이 보여주었던 실패를 되풀이할 뿐이다. 그 실패가 또다시 대안공간에 주어지지 않기 위해서는 여하히 미학적 정당성의 형식과 내용을 확보할 것인지부터 철저히 고민되어야 한다. 이미 너무도 다양하고, 기민한 시도들이 이미 수행되고 있지만, 의외로 그것이 일종의 미학적 결과물로 축적되는 방식들은 사회공간 속에서 그들이 개입하는 시끌벅적한 사회, 혹은 정치투쟁만큼 내실 있어 보이지 않는다.

또 하나의 비평적 관건은, 바로 미술장 내 투쟁의 쟁점과 전선들을 명확히 해야 한다는 것이다. 이 점은 특히 중요한데, 사회적 이슈들의 미학적 변환을 수행하는 몇몇 성공적인 대안공간들의 경우에도 사회공간 속의 갈등구조 내에서는 분명한 저항의 목적을 갖고 있지만 정작 미술장 내에서는 사회공간에 상동적인 저항의 대립물을 갖지 못하고 있다는 것이다. 이건 이상한 일이다. 굳이 소쉬르와 구조주의를 언급하지 않더라도, 주체와 타자의 정체성은 이항대립에서 상호규정된다. 이는 곧 대안공간이 사회공간의 대립과 투쟁의 주체로서 효과적으로 자기규정을 수행하면서도, 정작 미술장 내에서 사회공간에 상응하는 존재감을 얻지 못하는 현상을 설명한다. 대안공간들은 사회공간에서 자본과 권력에 대항하면서도, 미술장에서 주류에 대항함으로써 자신들이 수행하는 미학적 실천의 정체성을 확인하지 못하는 것이다. 그 이유가 뭘까?

이 물음과 연동하는 하나의 단서는 다음과 같은 생각들과 관련된다. 즉 오늘날 한국의 대안공간들은 매우 성공적인 경우라 하더라도, 사회공간에서 피지배의 저항점에 위치하면서도, 미술장 내에서는 특히 아카데미 출신의 지식인, 엘리트집단과 공모한다. 적어도 미술장 내에서 점유하는 계급적 위치에 있어서 주류와 대안공간은 동일한 범주로 분류될 수밖에 없다는 것이다. 그들의 주관적 실천의 차별성에도 불구하고, 정작 객관적인 조건에 있어서는 주류와 대안공간의 편차는 그리 크지 않다. 이러한 유사성은 대안공간이 실제적으로 주류 못지않은 엘리트주의와 폐쇄성을 특징으로 하는 이상한 공통점을 보여준다. 이러한 모순들을 어떻게 극복할 것인지. 그건 오로지 대안공간의 실천자들에게 주어진 과제로 보인다.

한국 사회의 모순과 미학적 표현이 교차하는 지점에서, 다양한 대안적 실천을 수행하는 행위자들이 존재한다. 독립된 사례조사가 아닌 상황에서 그들을 섣불리 호명하는 것은 적절하지 않지만, 몇몇은 정말로 눈부신 활약을 보이고 있다. 인천의 막걸리 공장을 개조해 쓰면서, 배다리 인근의 무차별적인 개발 사업에 저항하고 있는 스페이스 빔, 안양 석수시장 속에서 일상과 공공미술을 매개하는 스톤앤워터, 서울 부암동의 재래주거공간에서 주민들과 호흡했던 호기심에 대한 책임감, 안산 이주민 주거지역에서 문화활동을 전개하는 리트머스, 문래동을 다양한 작가들의 예술공동체로 만든 문래예술공단, 그리고 그 밖의 지역 문화운동을 전개하는 여러 단체들은 정말로 북돋워져야 할 집단이며, 그들의 노력은 한국사회와 미술장의 보수적 상황을 변화시킬 수 있는 힘이다.

10장

복제와 아우라의 경계에서
잠시 판화를 생각한다

오리지널리티originality의 네 가지 근원

    오리지널리티라. 예술가로서 이 말보다 더 왈칵 눈물을 쏟을만한 단어가 또 있을까? 지금까지 수많은 예술가들이 목숨을 바쳐왔고, 앞으로 수많은 그들이 또 그렇게 할, 꿈에서 조차 잊혀지지 못할 그것이 바로 오리지널리티이다. 오리진, 근원, 근원을 가짐, 예술가로서 근원을 갖는다는 건 대단한 일이다. 오리지널리티는 무엇일까? 지금까지 미학 예술학의 영역에서 발견된 독창성의 근원은 크게 4가지로 요약될 수 있다. 첫째는 하느님의 권능, 둘째는 신비한 천재, 셋째는 작품 그 자체의 물적 조건, 마지막은 스타일이다.
    하느님의 권능과 신비한 천재는 때로 하나로 나타나는데, 즉 칸트가 『판단력 비판』에서 경외했던, 그 모방에 의해서는 가능하지 않은 신비한 힘이 사실 『이태리 르네상스의 미술가 평전』에서 바자리가 마르고 닳도록 예찬했

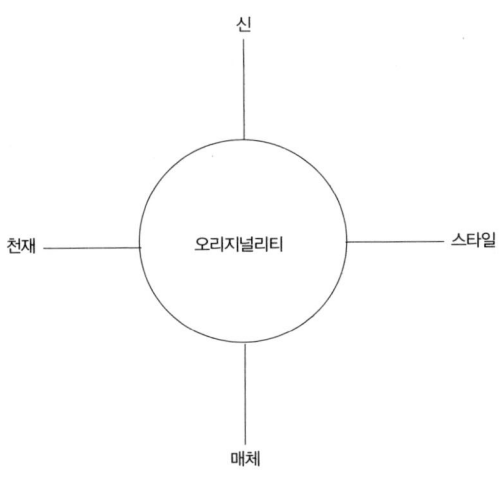

던 그것의 철학적 변용이기 때문이다. 신비한 신적 재능은 다빈치의 고결한 우아함의 형식을 취하지만, 때로 고흐의 광폭한 히스테리로 나타나기도 한다. 반면, 모더니즘은 전혀 다른 방식으로 오리지널리티를 담보했다. 예컨대, 회화는 그것의 존재조건인 매체의 2차원의 평면성 위에 '뿌리'를 두고 있는 것이다. 따라서 가장 오리지널한 예술은 가장 회화적인 회화이거나 가장 조각적인 조각작품이다. 마지막으로 스타일은? 그렇다. 작가의 몸과 의식 속에 체화되었으면서 동시에 집단적이고 보편적이기도 한 이미지조직의 실천적 원리이다. 뵐플린은 『미술사의 기초개념』에서 스타일의 두 극점을 르네상스와 바로크의 이분법으로 제기했다. 스타일은 곧 시대와 장소를 초월하는 오리지널리티의 근원이다. 일반원리로서 스타일은 마치 헤겔의 절대정신, 더 나아가 바자리의 신적 권능을 닮아 있다. 그렇다면, 발터 벤야민Walter Benjamin이 「기계복제시대의 예술작품」(1936)을 발표한지 어언 70여년이 지난 지금 현대미술에서 오리지널리티는 어떤 상황에 있을까?

아우라와 복제가능성의 변증법

벤야민은 오리지널리티를 '아우라'Aura로 불렀다. 아우라는 "아무리 가까이 있더라도 먼 것의 일회적인 나타남", "예술작품의 여기와 지금, 현재성, 곧 그것이 위치한 그 장소에 있어서의 일회적인 현존"을 말한다. 쉽게 말하면, 예술이라는 세속종교 의식 속에서 예술의 예술임을 증명하는 강신降神된 성령과 유사한 어떤 것이다. 그것은 또한 막스 베버가 '카리스마'Charisma로 불렀던 것이기도 하고, 쉬클롭스키에겐 '낯설게 하기'defamiliarization였으며, 아도르노의 '부정'negation, 그리고 맑스에겐 '혁명'revolution과 등가되는 어떤 것일 수 있다. 그렇다면, 벤야민에게 '기계복제란' 무엇일까? 그것은 그 모든 것의 반대편에 선다. 즉 카리스마를 중화하는 '일상화'routinizaion, 낯설게 하기에 저항하는 '자동화'automatization, 부정을 부정하는 '체계화'systematizaion, 혁명을 억압하는 '자본주의'였던 것이다. 기계복제는 오리지널리티의 근거들을 남김없이 파괴하는 어떤 메카니즘이라는 것이다. "기계복제는 언제나 작품이 갖는 현존성의 가치를 떨어지게 한다." 즉 "예술작품은 [……] 가장 민감한 핵을 손상당하는 것이다. 손상당하는 것은 진품성이다." 한마디로 예술의 불타는 생명력을 소각하는 그런 것이다. 하지만 벤야민이 달랐던 것은 이런 기계복제를 거부와 저항의 대상이 아니라 받아들여야만 하는 어떤 현대사회의 구조적 현상으로 담담하게, 아니 때로 적극적으로 수용했던 것이다. 왜냐하면, "사물을 그 싸고 있는 껍질에서 떼어내고 아우라를 파괴하는 것, 이것이 현대의 지각작용의 특징이"기 때문이다. 즉 기계복제는 현대사회라는 예술작품의 새로운 존재조건의 본질적인 요소라는 것이다. 벤야민이 이처럼 기계복제에 호의를 넘어 열광을 표하는 것은 그것이 그에겐 사회변동의 예술적 반영이자 새로운 동력으로 보였던 사진, 그리고 영화의 생산방식이자 특징 그 자체였기 때문이다.

예술계, 또 다른 오리지널리티의 조건

그러나 이미 밀레니엄이란 단어조차 진부하게 들리는 지금 기계복제로 인해 예술작품의 아우라가 상쇄될 것이라는 벤야민의 전망은 어디까지 맞고 또 어디에서 틀렸을까? 물론 사진과 영화는 벤야민이 생각했던 것 이상으로 현대사회의 대중적인 예술 생산방식으로서 패권을 잡은 듯 보인다. 하지만, 이 생산방식이 정말로 예술작품의 본질적인 존재조건을 전유했을까? 미술작품은 처음부터 복제가능성을 염두에 두고 생산되고 있는 것일까? 꼭 그렇지는 않은 것 같다. 생각처럼 복제가능성이 미술작품의 아우라를 침해한다는 전망은 그야말로 어찌 보면 그럴 수도, 또 달리 보면 그렇지 않을 수도 있는 개연성에 불과했다. 비록 전반적인 디지털 혁명과 더불어 복제가능성은 그 어느 때보다 커졌지만, 동시대 예술작품의 생산자들이 일반적으로 복제를 염두에 둔 채 그림을 그리는 것은 아니다. 또한 벤야민은 다음과 같은 사실을 간과했다. 즉 복제가능성의 무차별적인 확장과 더불어 그 반대편에서 그것을 상쇄하는 또 다른 오리지널리티의 장치들 역시 고안되어 왔다는 것이다. 이 장치들은 벤야민이 전혀 상상하지 못했을 법한 또 다른 아우라의 근원인데, 바로 '사회제도'social institution이다. 오리지널리티, 혹은 아우라는 사회적 합의로부터 나오며, 예술계art world는 그러한 사회적 합의를 대리하는 기구로 작동한다. 예컨대 근본적으로 동일한 복제라도 워홀의 그것은 워홀의 복제이기 때문에 오히려 고양된 아우라를 지닐 수 있다. 워홀의 복제에 부여하는 아우라는 예술계의 합의와 그 합의의 사회적 확장에 의해 가능해 진다. 오리지널리티는 처음부터 본질로 존재하는 것이 아니라 사회제도에 의해 구성된다. 이러한 예술작품의 합의적 규정성은 단토, 디키, 베커에 의해 강화되어 온 예술제도론을 통해 누누이 논증되어 왔으며, 벤야민 시대의 미학적 지평에서 미처 신중하게 고려되지 못한 예술작품의 현대적 조건이라 할 수 있다.

재미있는 것은 이처럼 예술작품의 아우라마저 합의적 규정을 통해 구성되는 상황 속에서 벤야민이 기계복제의 한 방식으로 보았던 사진과 영화가 가장 현대적인 아우라를 지닌 예술작품의 한 형태가 되었다는 것이다. 즉 사진과 영화는 복제의 기술이 아니라 오리지널리티에 복무하는 또 다른 형식이 되었다. "예술작품의 기계복제가 세계 역사상 최초로 예술작품을 의식ritual의 기생상태로부터 해방시켜 주"기는커녕, 오히려 예술의 형식을 갖는 독립된 숭배의 대상이 될 수 있다는 점을 현대사진의 역사가 보여주고 있는 것이다. 벤야민은 사진이 복제를 넘어 눈부신 미학의 대상이 되는 순간을 미처 목도하지 못했던 것이다. 왜 그랬을까? 천하의 아도르노조차 그토록 존경해 마지 않았던 벤야민치고는 좀 심하지 않은가? 물론, 복제가능성이 벤야민에겐 현대미술의 압도적인 특징으로 목격되었다는 것은 충분히 이해할 만한 일이지만, 한낱 기능적 속성에 불과한 복제가능성을 지나치게 과장함으로써 그것들의 또 다른 가능성을 무시한 것은 여러모로 납득되지 않는 일이다.

복제가능성과 판화미학

그렇다면, 혹여 그런 것은 아닐까? 즉 한낱 복제기술에 불과한 파생이미지들을 예술계의 '주가'株價를 조작하는 음흉한 '작전세력'들이 저희들만의 이익을 위해 오리지널리티로 조작해 내는 것은 아닐까? 이렇게 의문하는 것은 예술작품의 합의적 규정을 통한 오리지널리티의 규정이 결국 그것의 미학적 평가와 별개일지도 모른다는 의심 때문이다. 그러나 제도론적으로 접근하는 어느 누구도 미학적 지평을 우회하지 않는다. 합의란 결국 설득의 문제이며, 이 설득은 곧 미학적으로 타당한 진술의 형식을 취한다. 다시 말해 만약 예술계가 한낱 복제기술에 대해 오리지널리티를 부여하기로 합의했다는 것은 그것의 원전성에 대한 충분한 미학적 해석의 진리값이 공유되었다는 것이다.

벤야민의 「기계복제 시대의 예술작품」에서 진정으로 결핍된 것이 있다면, 바로 복제기술들이 가질 수 있을지도 모를, 아니 갖고 있음에 틀림없는 표현의 미학적 속성에 대한 고려였다. 벤야민의 결핍은 단순한 결핍이 아니라, 이후 복제기술에 기반한 표현형식들에 관한 미학적 평가를 오히려 방해하는 모습마저 보여주었다.

가장 큰 피해는 판화에서 발견된다. 벤야민이 판화를 복제기술의 가장 원시적인 하나의 형태로 간주한 이후, 벤야민의 이론에 기대어 서두를 시작하는 거의 모든 저작에서 판화는 정당한 철학적 미학적 고려를 받지 못하는 수모를 받아왔다. 판화는 그저 원작을 복제하는 기술일 뿐이며, 원작에 기생하고, 원작의 아우라를 분쇄하는 아주 '사악한' 표현형식을 지칭하는 대명사가 되었다는 것이다. 필자가 벤야민의 전체저작을 관통하지 못한 탓일 수 있지만, 적어도 「기계복제시대의 예술작품」에서 벤야민은 그야말로 단 한 번도 판화의 표현적 속성에 애정어린 시선을 던져 본 일이 없다. 그만큼 판화는 벤야민의 관심에서 벗어나 있었으며, 이러한 무관심은 또한 벤야민은 물론, 이후의 비평적 지평에서도 판화에 관한 담론의 지평을 가로막는 가장 큰 장애가 되어 버렸다. 지난 세기 이후 사진과 영화 미학의 비약적 발전이 벤야민의 한계를 훌쩍 뛰어넘은 것에 반해, 판화는 여전히 벤야민의 악몽에서 벗어나지 못하고 있다.

드로잉 vs. 판화적 동시성

그렇다면, 판화의 표현적 속성에 대한 어떤 비평적 고려가 가능할까? 필자 역시 합의를 이끌어 낼만한 진술을 내놓기 어렵다. 다만, 하나의 가설임을 전제로 다음과 같은 제안은 가능하리라고 본다. 드로잉과의 도구적인 대립 관계 속에서 판화의 비평적 속성을 발견하는 것이다. 드로잉은 스트로크를 기본단위로 삼는다. 스트로크는 선을 긋는 행위이며, 이 행위는 본질적으로 시간의 '선조적'linear, 線條的 흐름을 따라 축적된다. 반면 판화의 경우 하나의 판면에 의해 찍혀진 모든 이미지들은 공간적 차이에도 불구하고 시간적으로는 등가의 값을 갖는다. 찍음을 통해 이미지들의 공간적 차이에 내재된 시간적 차이를 삭제한다는 것이다. 판화적 프로세스의 이러한 특성은 시간성을 전면적으로 부인하는 것은 아니다. 특히 원판 제작과정은 시간의 연속성 속에서 이루어진다. 그러나 이러한 시간성은 찍음을 통해 동시성으로 응축된다. 그런 의미에서 판화적 동시성은 찍음을 통해 원판제작에 투입된 시간의 총량을 '순간'에 집약시켜 예술적 긴장감을 증폭하는 작업이라 할 수 있을지도 모른다. 회화의 표현적 속성에 관한 모든 미학적 서사의 핵심은 아무래도 "찍음"의 효과를 비평적으로 설명하는 데 두어질 듯 보인다. 왜냐하면, 찍음은 판각의 조각적인 행위를 평면이라는 회화적 결과로 전환시켜냄으로써 판화의 판화성을 성취하는 절정으로 보이기 때문이다. 오늘날 관찰되는 판화 기법의 눈부신 발전과 판화 영역의 급격한 해체에도 불구하고 판화적 오리지널리티의 출발을 '찍음'의 미학에서 찾아야 한다는 주장은 여전히 효력을 갖는다.

드로잉적 판화 vs. 판화적 판화

따라서 찍음의 표현적 속성에 복무하느냐의 여부에 따라 대립적인 두 영역을 설정해 볼 수 있다. 드로잉적 판화 vs. 판화적 판화의 대립이 그것이다. 드로잉적 판화란 말 그대로 드로잉의 효과를 판화적 기법으로 모사하는 판화를 가리킨다. 이러한 유형의 판화는 물론 섬세한 판화적 표현 가능성을 확장해 왔지만, 현실적으로 체감되는 방식은 대개 회화작품의 오리지널리티를 1/n(n은 에디션넘버)로 나누어 그것의 환전성을 높이려는 상업적 의도에 복무하는 것이었다. 오직 이러한 요구에 충실한 판화는 그야말로 인쇄된 포스터와 다르지 않다. 수많은 미술관과 화랑들이 판화를 이러한 파생적 분할도구로 사용해 왔으며, 상품의 희소가치를 중시하는 미술시장에서 판화를 아주 저급한 싸구려로 간주하는 못된 제도적 관습을 강화시켜 왔다. 판화기법의 외형적 발전 역시 얼마나 섬세하고 정확하게 드로잉적 오일 온 캔버스의 이미지를 모사하느냐의 기준에 따라 수행되어 온 면이 없지 않다. 판화의 소외현상, 즉 판화가 판화 그 자체가 아니라 다른 어떤 것을 위한 보충적 수단에 머물렀던 것이다. 그러나 판화의 생명력은 말없이 오직 판화를 통해 판화를 추구하는 판화적 판화의 생산자들에 의해 유지되어 온 것으로 보여진다. 판화적 판화라는 비평적 개념이 어떤 철지난 환원주의를 연상케 하는 것은 사실이다. 이제 해체란 말조차 진부하게 들릴 만큼 경계없는 문화의 지평 속에서 판화적 판화라는 모더니스틱한 개념은 더욱 진부하게 들릴 수 있다. 그러나 미술의 전반적인 지평에서 채 피어보지도 못하고 시들어 버린 판화의 현주소를 감안할 때 이 개념은 여전히 중요한 과제로 여겨진다.

오윤의 판화미학

판화적 판화의 모든 생산자 가운데 오윤의 존재는 매우 특별하다. 오윤은 현대판화의 발전을 추동해 온 그 거창하고 복잡한 기계적 프로세스에 의존하지 않고서도 목판화라는 지극히 원시적인 방법을 통해서 '찍음'의 표현적 동시성과 도상성을 구현해냈기 때문이다. 정작 판화미학의 오리지널리티의 문제에서 필요한 것은 기술의 발전이 아니라 '판화정신'인지도 모른다. 오윤의 목판화에 나타나는 모든 선과 이미지들은 주변부를 도려내는 작업을 통해 남겨진 것들이며, 따라서 모든 구성부분들은 본질적으로 균일하고 동질적인 것들이다. 오윤 판화의 표현적 특성을 두고 성완경은 "회화적이라기보다는 도상적"이라 했는데, 이는 그가 시간적 동시성이라는 판화의 일반적 표현특성을 자기만의 독특

오윤, 〈칼노래〉, 1985.

한 화면 구성원리로 소화하는 데 성공했음을 의미한다. 그의 화면에 나타나는 도상성의 형식적 측면들, 예컨대 공간범주의 단일성이라든지 이미지의 동등성과 집중성 등은 시간의 연속적 흐름에 기초한 모든 행위의 중첩을 탈각해내는 목판화적 표현의 특성과 관련이 있다. 무엇보다 오윤의 판화적 판화는 판화를 통해 해방과 저항의 의지를 구현하는 데 성공했던 정신의 표현이었던 것이다. 오윤을 추적하면서, 확인하는 것은 판화가 단순히 복제기술만은 아니라는 것이다. 더 정확히 말하면, 복제기술일 수도 있지만, 복제가능성이 판화의 전부일수는 없다는 것이다. 판화 미학은 기법일 뿐 아니라, 정신과 사상의 지평에서 또 다른 해석의 가능성으로 열려있다. 이 가능성이 얼마나 현실화되느냐에 따라 오리지널리티와 복제의 경계에서 판화의 지평은 좀 더 넓어질 수 있을 것이다.

3부

작가론(artist)

11장 백남준의 사회학 : 음악장의 전복자에서 미술장의 지배자로

12장 최경태를 싸고 도는 기이한 역설, 혹은 그 역설에서 벗어나기

13장 노순택론, 허구의 불경건한 해체

14장 선무, 상극의 경계 위에 선 탈북작가

11장

백남준의 사회학

음악장의 전복자에서 미술장의 지배자로

백남준의 수수께끼

　백남준이 누구인가? 현대미술의 성자이자, 한국이라는, 이미지 제국의 변방 출신으로 현대미술의 중심에 선 최초, 최고의 거인이다. 한국 사회의 지난 세기를 맺고 새로운 시대를 시작한 것도 백남준이었다.[1] 백남준은 한국사회와 세계 예술장 모두를 동시에 석권한 유일무이한 존재라는데, 이견이 없어 보인다. 그런 백남준에 관해 새로운 이야기를, 그것도 사회학적 관점에서 시도한다는 것이 가능한 것일까? 그러나 백남준의 삶과 예술은 여전히 충분

---

1. 정확히 1999년 12월 31일 밤 〈새천년준비위원회〉가 마련한 밀레니엄 이벤트에서, 백남준이 제작한 영상물 〈호랑이는 살아있다〉가 77개국에 위성으로 생방송되었다. 여기에 2000년 1월에는 세계 미술장 내에서 최고의 상징자본을 생산하는 뉴욕 〈구겐하임〉(Guggenhiem) 미술관에서 〈백남준의 세계〉(The World of Nam Jun Paik's)가 개최되었다.

히 설명되지 않았고, 오히려 더욱 신비스러운 수수께끼로 둔갑하고 있다. 그는 일제의 식민피지배와 분단, 동족전쟁이라는 유례를 찾기 힘든 현대사의 질곡을 겪으면서도, 음악과 미학을 배우고, 일본과 독일에 유학했으며, 가장 전위적인 예술을 실천했다. 당대 한국사회의 현실 속에서 결코 상상조차 할 수 없는 삶의 경로를 살았던 것이다. 게다가 그의 미학적 실천의 궤적은 어떠한가? 그는 음악가로서 아방가르드들의 아방가르드, 모든 파괴적인 전위들 가운데서도 가장 파괴적인 자리에 자신을 위치시켰지만, 미학적 여정의 어느 순간 홀연히 미술가로 변신해 세계 예술장의 지배자가 되었다. 이 모든 과정을 추동한 원인은 무엇이고, 또 어떤 과정을 통해 진행되었을까? 백남준의 수수께끼는 그를 유년기의 사회상황이나 친일 자본가의 집안배경 등으로 설명하는 반영론적 입장(김수기, 2009; 함성호, 2009)이나 '시대를 앞선 예언자'로 묘사하는 천재론의 수사(이경성, 2000; 조영남, 2002)로 풀리지 않는다.

　필자는 백남준의 수수께끼를 사회학적 이론과 개념으로 풀어내고자 한다. 먼저, 필자는 백남준의 성취가 단순히 미학적 결과물이 아니라, 백남준의 실천과 사회공간이 조응하는 지점에서 철저하게 사회화되는 과정과 분리할 수 없다고 생각한다. 백남준의 미학적 성취는 그것을 가능하게 했던 특정한 객관적인 사회적 조건의 맥락 위에서 평가되어야 한다. 백남준은 '모방될 수 없는 신비한 천재'가 아니라, 그에게 주어진 역사적이고 사회적인 맥락 위에서 특정한 방식의 이미지조직과 분류를 수용하거나, 재편한 사회적 행위자이다. 필자는 논문에서 백남준을 그저 백남준 개인으로 다루지 않고, 당대 예술장에서 초래된 객관적이고 사회적인 현상으로 다루고자 한다. 사회적 현상으로서의 백남준이란, 백남준 개인의 미학적 실천과 사회적 공간이 교차하는 지점에서 형성된 복잡한 사회적 결과라는 것이다. 객관화된 사회적 현상으로서의 백남준은 개별 이미지 실천자로서 백남준의 의식이나 사상 못지 않게 백남준을 구성하는 중요한 영역이다. 식민지 한국에서, 제국주의 일본을 거쳐, 독일과 뉴욕, 그리고 다시 80년대 후반 대한민국으로 회귀하는 과정에서, 백남준과 사회공간이 만들어낸 궤적은 반드시 백남준의 주관이나 판단으로 환원될 수 없는 사회적 결과를 초래했으며, 지금까지 백남준에 대한 대부분의 연구들이 간과했던 지점이기도 하다.

부르디외와 라투르의 대질과 종합, 그리고 백남준

백남준의 실천과 당대 사회공간이 교차하는 지점을 탐색하기 위해 필자가 가장 주목하는 이론적 자원은 부르디외의 '장'과 라투르의 '이해관계 번역'translation of interest 개념이다. 필자는 이 두 개념이 양립불가능한 서로 다른 개념들이 아니라, 서로 다른 경로를 통해 형성되었으되, 상호 보완적인 방식으로 결합할 수 있는 교차점을 내포한다고 판단한다. 이 교차점은 문화의 자율성을 부정하지 않으면서도, 사회적 반영이나 결정을 중화하는 중간적 이론공간을 설립함으로써, 백남준의 사회화에서 유발된 사회적 결과들에 관해 모든 종류의 폭력적인 환원주의를 우회하는 통로를 마련해 줄 것으로 보인다. 백남준의 실천과 그 실천의 결과는 자율적 예술장 내 효과인 동시에 장과 다른 장들 사이의 이해관계 번역의 산물이며, 그러한 번역을 통해 미디어아트라는 새로운 하부장을 만들어낸 사회학적 실천이라는 것이다.

주지하다시피, 부르디외가 수행한 문학, 과학, 미술, 영화, 사진, 패션 등 문화재 생산의 거의 모든 영역에 걸친 경험연구에서 핵심적인 이론적 개념은 '아비튀스'와 '장'이다. 아비튀스는 행위자들의 '지속적인 성향 체계'system of enduring disposition로서, 행위자가 속한 특정한 사회적 영역의 지배적 인지도식이나 분류체계를 당연한 것으로 받아들이게끔 하는 '구조화된 구조'structured structure인 동시에 지배적 실천양식을 체화된 실천감각, 혹은 '체화된 지식'bodily knowledge으로 전환시킴으로써, 일상적인 맥락 속의 구체적인 실천을 '구조화하는 구조'structuring structure라 할 수 있다(Bourdieu, 1990a, 2000). 다른 한편, 장은 행위자들의 주관적 의도나 직접적인 상호작용만으로 환원할 수 없는 "(개인들 또는 제도들에 의해 점유되어진) 위치들 사이의, 객관적인 관계들, 즉 지배 또는 종속, 협력 또는 대립의 연결망이다"(Bourdieu, 1996: 231). 장은 실천과 사회구조, 혹은 객관적 조건이라는 거대한 세계가 교차하는 지점에서 만들어지는 위치들의 공간이다. 만약 실천을 차별적인 일정한 논리, 즉 아비튀스로 엮어 낼 수 있다면, 그러한 차별적인 실천이 유발되는 위치들의 공간 역시 다른 위치들의 공간으로부터 상대적으로 자율적인 소우주microcosmos로 구성될 수 있다. 다양한 실천의 양상을, 예컨대, 과학, 예술, 경제, 정치 등으로 분류할 수 있다면, 과학장, 예술장, 경제장, 정치장 역시 가능하며, 따라서 이러한 장의 존재는 사회현상을 설명하는 좀 더 실제적인 사회학적 변수가 될 수 있다. 부르디외는 실천의 논리로서 아비튀스를 그가 '장'이라고 호명하는 특정한 객관적 조건 위에 위치시킨다. 실천을 특정한 방식으로 산출하고 조직하는 아비튀스는 장의 요구 속에서 형성되고, 또한 장은 아비튀스에 의해 유지되거나 변형될 수 있다. 부르디외는 아비튀스와 장을 서로 '찢어낼 수 없는' 유기적인 관계로 설정하며, 이러한 유기적 관계성을 기술하기 위해 '공모'complicity라는 어휘를 사용한다.

여기서 장은 균질한 상태가 아니라, 유동적이고 상호 대립하면서, 집중, 혹은 확산하는 역할과 시위들의 불균등한 지형을 이룬다. 장의 역학은 장 내의 대립적인 위치 단위들 사이에서 벌어지는 투쟁이다. 그런 의미에서 장은 정적이라기 보단 투쟁적 힘들의 동적인 공간이며, 이 투쟁적 힘들은 장의 보존 혹은 전복을 초래한다. 이러한 보존 및 전복을 위한 투쟁은 그 장에서 가치를 인정받는 특정자본의 이해관계를 옹호하는 자들과 전복하려는 자들이 차지하는 경쟁적 위치들의 대립을 전제로 한다. 그런 의미에서 '투쟁'은 비트겐슈타인 후기 철학의 사회학화를 수행한 가핑클의 '실천' 개념을 또다시 부르디외적 관점에서 변용한 것이다(Wittgenstein, 1968[1994]; Garfinkel, 1967).2 부르디외에게 실천이 특정한 조건인 장 위에서만 가능하다면, 그 장은 대립적 위치들의 공간이며 그러한 대립적 공간에서 가장 합리적인 실천은 바로 투쟁일 수밖에 없기 때문이다(Bourdieu, 1993: 127).3

부르디외는 단순히 장의 자율성만을 주장한 것이 아니라, 장과 사회공간 사이의 구조적 상동성을 가정한다. 예술장 역시 소수의 전문적인 예술행위자들의 상징투쟁이 전개되는 자율적인 소우주이지만, 전체 사회공간과의 구조적 상동성을 생산한다. 물론, 장의 자율성을 전제할 때, 예술장과 전체 사회공간 사이의 상동성은 예술장 내 차별적 이해관계와 사회공간의 이해관계가 일치하는 경우에만 가능하다. 그러나, 상동성의 테제에 관한 부르디외의 주장에 대하여 다음과 같은 비판이 가능하다. 즉, 장 개념에 관한 부르디외의 설명은 지나치게 '자율성'autonomy에 초점을 맞춘 나머지, 장과 장들 혹은 장과 사회공간의 관계에 대한 충분한 규명을 유보하고 있다는 것이다. 이러한 모호함은 오히려 장의 자율성에 관한 부르디외 자신의 주장의 효력까지 떨어뜨릴 수 있다. 부르디외는 장과 사회공간 사이의 상동성이 장의 투쟁을 통해 추구되는 장 내 이익과 정합적으로 부합하는 경우에만 가능하다는 전제

---

2. 부르디외에게 민속방법론이 가정하는 행위자의 실천은 아비튀스와 장의 공모가 유발되는 그 지점에서 수행되는 현상이다. 아비튀스 개념이 행위자의 주관적 실천에 관한 비트겐슈타인의 후기 철학과 가핑클의 사회학이론의 성과를 수렴한다면, 장 개념은 토대에 관한 맑스의 유물론적 시각과 소쉬르 이후 레비스트로스로 이어지는 구조주의의 성과들을 수렴한다. 부르디외는 아비튀스와 장의 공모를 통해 동시대 사회학 이론 내에서 객관주의와 주관주의 사이의 대립을 극복, 종합하고자 시도했으며, 가장 유의미한 성과를 내고 있다. 이 성과는 충분히 사회적 실천으로서의 양식 개념의 관점에서 중요한 이론적 설명을 제공해 줄 수 있을 것으로 판단된다.
3. 부르디외에게 사회학의 임무는 이처럼 장이 구조화되고 구조화하는 양상을 기술하는 것이었다. "모든 장에서는 하나의 투쟁을 발견할 수 있으며, 독점권을 주장하면 경쟁을 배제하려는 지배자와 장에의 입장을 금지하는 빗장을 터뜨리고자 하는 새로운 신참자들 사이의 투쟁이 띠게 되는 특수형태를 규명하는 것이 사회학의 관건이다"(Bourdieu, 1993: 125~126).

를 두고 있지만, 장의 작동이 사회공간의 이해를 역행하는 사례는 거의 기술되지 않거나, 부합하는 사례에 비해 현저히 부족하다. 만약, 장의 자율성이 다른 장들이나 사회공간과의 '상동성'을 넘어서지 못한다면, 부르디외의 모델이 맑스적인 반영론과 크게 다르지 않을 수 있다.

    이러한 상황에서 필자는 과학사회학자인 브뤼노 라투르가 과학자의 수사적 전략을 포착하기 위해 사용한 '번역' 개념에 주목하고자 한다. 예를 들어, 라투르는 1983년에 발표한 논문 「내게 실험실을 다오, 그러면 세상을 들어 올리리라」"Give Me a Laboratory and I Will Raise the World"에서 파스퇴르가 자신의 실험실을 매개로한 수사적 전략을 통해 구체적으로 어떻게 다양한 행위자들의 이해관계를 번역하고, 결국 파스퇴르 네트워크Pasteur network를 형성할 수 있었는지 잘 보여주고 있다. 부르디외가 자신의 장 개념을 설명함에 있어서 장의 자율성에 비해, 장과 장들 사이의 관계에 대한 설명을 충분히 제공하지 않았다면, 라투르의 '번역'과 '네트워크' 개념은 장의 상대적 자율성 개념과 정합적으로 연관될 수 있는 이론적 자원이라 할 수 있다(Latour, 1983; 1986; 1987). 라투르에 따르면, 파스퇴르는 자신의 실험실을 매개로한 수사적 전략을 통해, 기자, 동료 미생물학자, 위생학자, 수의사, 그리고 "평상시에는 실험실 내에서 무슨 일이 일어나는지에 대해 관심이 없던 많은 집단들"(Latour, 1983: 143), 정치인, 농부, 축산업자 등 다양한 행위자들의 이해관계를 과학적 실천을 통해 조직해냈던 '번역자'였던 것이다. 여기서 라투르와 부르디외는 상호적인 관점에서 재해석될 수 있다. 특히, 이해관계 번역은 곧 장과 장들 사이의 관계가 구조적 동형성을 이루는 과정을 설명한다. 장의 상대적 자율성relative autonomy이 장의 독립성과 장들 사이의 관계성 사이의 변증법이라면, 이해관계 번역은 부르디외가 불충분한 설명으로 남겨두었던 장과 장들 사이의 관계성을 효과적으로 설명하는 것이다. 그런 의미에서 파스퇴르는 부르디외적 의미에서 자율적 장 내 상징자본의 전유를 위해 투쟁하는 행위자였을 뿐 아니라(Bourdieu, 1981: 263), 라투르적인 의미에서 파스퇴르 네트워크의 설립을 위해 장 내외의 자원들을 조직해낸 번역자였다.

부르디외의 관점을 백남준에게 적용할 때, 백남준은 음악장 내에서 존 케이지John Cage를 따라 12음계를 부정하고, '음악의 시각화'를 추구하는 실험적 아비튀스의 보유자였고, 미술장에서도 회화와 조각 중심의 전통적 이미지 조직방식을 벗어나, TV와 전자매체를 표현의 도구이자 내용으로 삼는 새로운 표현 아비튀스의 설립자였다. 동시에 백남준은 '음악의 파괴'와 차별적 비디오-아비튀스를 통해 음악장과 미술장에서 기존의 상징자본의 분포를 재편하고자 시도했던 장 내 투쟁자였다.[4] 비디오아트라는 이미지 조직과 분류의 새로운 아비튀스는 그것들이 봉사하는 계급들의 이익으로 환원되는 것이 아니라, 예술장 내 특수자본을 축적하기 위한 백남준과 백남준을 둘러싼 행위자들의 투쟁에서 비롯된 결과이며, 동시에 TV와 컴퓨터, 그리고 인터넷의 발전과 같은 사회공간의 변화와 예술장 사이의 동형적 구조를 만들어내는 과정이자 그 결과라는 것이다. 그러나, 상동성에 관한 부르디외의 테제를 백남준의 경우에 대입할 때의 문제는, 설사 백남준의 비디오아트가 경제적 신자유주의와 정보화에 대한 상동성의 압력에서 벗어나지 못했다 하더라도, 궁극적으로 백남준의 미학과 사회공간의 동형화가 "왜, 어떻게" 일어났는지

---

4. 장 내에서 특정한 위치를 점유하고 있는 생산자(생산자 집단)의 전략적 실천은 장의 상대적 자율성의 정도, 자본의 상대적 구성비율, 동원 가능한 장 내/외 동맹세력의 규모에 따라 다양할 수 있다. 장의 자율성이 높으면 특화된 상징자본의 축적규모가 투쟁의 성패를 좌우하기 때문에 동맹세력의 범위 역시 장의 경계를 넘어서기가 어렵다. 반면에 장의 자율성이 낮으면 특화되기 않은 경제자본이나 정치자본이 상징자본을 대체할 가능성이 매우 높아지기 때문에 장의 경계를 넘어서는 광범위한 동맹세력의 동원이 가능하다. 결국, 문화/상징재 생산의 장에서 지배적인 재현양식이나 패러다임들을 결국 이러한 집합적인 전략적 실천의 산물이라고 할 수 있다. 앞서 지적한 바와 같이, 바로 이런 측면에서 부르디외의 장이론은 문화/상징재에 관한 사회학의 오래된 이론적 딜레마를 해결할 수 있는 열쇠를 제공했을 뿐만 아니라, 개별 장의 구조적 상동성과 역사적 특수성 및 문화재 생산 장과 정치·경제장 간의 역관계를 역동적으로 조망할 수 있게 해준다.

에 관해 충분한 설명을 제공하지 못한다는 점이다. 예컨대,

> 지식인(비평가)은 지적인 영역에서 대립되는 지위를 점유한 지식인의 이해에 대립하여 자신의 이해를 옹호했을 때, 고객(독자)의 이해를 유효하게 옹호한다.(Bourdieu, 1980: 277~278)

그러나, 부르디외는 '비평가들' 사이의 상호투쟁이 '독자'들의 이해를 만족시키는 과정을 충분히 설명하지 않는다. 이러한 한계는 백남준의 경우에도 적용될 수 있다. 즉, 예술장 내에서 다른 실천자들에 대립하는 백남준의 투쟁이 동시에 사회공간의 투쟁에 참여하는 특정한 경쟁자들의 이해와 조응하는 과정은 어떻게 가능한가? 이러한 의문에 관해 부르디외는 '중층결정'overdetermination이라는 알튀세Louis Pierre Althusser의 해법(Althusser, 1971)으로 되돌아가는 듯 보인다(Bourdieu, 1980: 278). 즉, 비디오아트는 예술장과 사회공간이 서로 다른 독립적인 이해를 추구하다보니 발생된 '역사적 우연'에 불과하며, 여기서 백남준의 실천은 여전히 설명적 공백상태에 남게 된다. 따라서, 장의 자율성에 경도하는 부르디외의 이론은, 장들 사이의 상관성에 대한 보완을 동반하지 않는다면, 음악장과 미술장, 그리고 사회공간의 경계를 유영했던 백남준의 사회적 실천을 포함한 다양한 문화적 영역으로 확장될 수 없다.

이 때, 부르디외의 장의 자율성 개념을 라투르의 행위자 네트워크 이론의 이해관계 번역 개념과 보완적으로 연결하는 작업은 백남준의 비디오아트가 사회화되는 과정을 설명하는 중요한 이론적 관점을 제공할 수 있다. 백남준은 예술장 내 투쟁에서 승리자였고, 그 승리는 비디오아트라는 하부장의 자율성을 증가시키는 과정으로 나타났지만, 그러한 백남준의 승리와 비디오아트의 제도화는 그의 장 내 투쟁뿐 아니라, 그가 보여준 효과적이고 강력한 이해관계 번역을 통해 가능했다는 것이다. 백남준의 이해관계 번역은 부르디

외적 의미에서 음악장과 미술장 사이를, 나아가 예술장과 사회공간 사이의 관계를 효과적으로 변환, 굴절하는 과정으로 볼 수 있다. 라투르의 이해관계 번역 개념을 부르디외의 장 개념 속에서 통합하고 이를 부르디외의 관점에서 재해석하는 작업이 중요한 이유는, 이 과정이 동시에 하부 장들과 사회공간 사이의 상동성을 확보하는 과정이기 때문이다.5 백남준은 문화적 층위에서 이 점을 잘 보여주는 사례이기도 하다. 예술장 내 백남준이 수행한 미학적 투쟁은, 라투르의 기술 속에서 파스퇴르가 그러했던 것처럼, 다양한 사회적 자원들을 백남준의 미학적 실천을 중심으로 조직해 냄으로써, 승리로 귀결되었다. 동시대 예술의 장 속에서 백남준의 상징투쟁과, 그 투쟁에서의 승리는 파스퇴르가 과학장의 위계구조를 변화시키고, 미생물학이라는 하부장의 자율성을 확보했던 것처럼, 비디오아트라는 미학적 실천 아비튀스에 부여되는 상징자본의 총량을 비약적으로 제고했고, 후대 예술가들의 몸속에서, 그리고 대학의 미디어전공, 미술관의 비디오분과, 신문의 기사 속에서 육화되고, 제도화되었다.

---

5. 물론, 라투르의 이론이 부르디외의 장 개념과 대립하는 지점 역시 발견된다. 라투르는 이해관계 번역에 의한 네트워크의 확장을 강조하면서, 더 이상 미시/거시, 내부/외부의 이분법이 더 이상 유효하지 않음을 주장한다. 파스퇴르가 조직해 낸 이른바 '파스퇴르 네트워크' 속에서 더 이상 과학활동은 실험실 내부에서의 미시적 활동과 거시적 외부 사회공간으로 구별될 수 없다는 것이다. 이해관계 번역이란, 미시적이고 내부적인 현상이 외부적이고 거시적인 어떤 것으로 치환(displacement) 작업이며, 이 작업 속에서 실험실은 그러한 치환을 수행하는 '지렛대'라는 것이다. 일면, 실험실을 통한 치환을 통해 미시(내부)/거시(외부)의 이분법을 부정하려는 라투르의 주장은 일면 장의 자율성을 부정하는 듯 보일 수 있다. 부르디외가 장과 장들 사이의 관계성보다 자율성을 강조하는 것도 그 때문이라 할 수 있다. 그러나, 미시/거시의 이분법에 대한 라투르의 거부가 과학장의 존재와 과학적 실천의 차별성을 부정하고, 과학활동의 결과물이 사회적 자원의 동원을 통해서 외적으로 결정된다고 주장하는 것 역시 아니다. 파스퇴르가 외부의 사회경제적 자원들을 도입했음에도 불구하고, 그의 과학적 실천은 여전히 차별적인 실천으로서 직접적으로 정치경제적 이해관계를 대변하는 것은 아니기 때문이다. 오히려, 라투르는 파스퇴르 네트워크의 확장이 장의 차별성을 부정하지 않으면서, 장과 장들 사이의 상호영향의 환류가 가능하다는 점을 보여주고 있으며, 이는 부르디외가 자율적 장을 사회공간 속에 위치시켰을 때 보여주고자 하는 것이었을지도 모른다.

독일 음악장의 전복자로서 백남준의 원형적 위치취하기

백남준은 그저 막연히 신비로운 능력을 갖는 천재, 혹은 광기의 소유자가 아니었다. 그는 가장 사회적인 동시에 가장 사회학적인 공간인 '장' 내 존재였고, 장의 논리에 순응하는 상징투쟁자였으며, 그러한 투쟁을 통해 장의 논리와 구조를 역전시켰고, 새로운 자율적 장을 설립했다. 백남준은 음악장 내 전복전략의 실천자로서 자신을 위치시켰고, 이 위치에서 요구되는 반미학적 투쟁의 논리를 따라해 시각미술장에 도달했으며, 나아가 비디오아트라는 새로운 이미지 조직방식을 예술장 내 지배 아비튀스로 공인했다. 그런 의미에서 백남준 현상은 일종의 장의 효과이며, 따라서 백남준을 당대의 예술장의 존재와 구조의 관점에서 평가하고 해석하는 작업은 백남준을 이해하기 위해서도 필수적이라 할 수 있다.

무엇보다 백남준의 예술적 실천의 여정은 자신을 음악장 내에 위치시킴으로써 시작된다. 음악장 내 최초의 위치취하기에서 비롯된 백남준의 실천은, 향후 독일 예술장에서 미국 예술장으로, 동시에 음악장에서 미술장으로 이어지는 백남준의 평생의 예술적 궤적에 있어서도 매우 핵심적인 영향을 미친다. 비디오아트란, 결국, 음악장 내 전복의 전략을 미술장으로 확장하는 과정에서 성립되었던 것이다. 잘 알려진 바대로 백남준은 당대 음악장의 지배아비튀스를 비판하고 거부함으로써, 음악장의 반주류에 자신을 위치시켰다. 백남준은 이미 당대의 지배적인 작곡방식인 조성음악을 거부한 쇤베르크Arnold Schoenberg와 베베른Anton von Webern의 파격에 심취해 있었고, 당시 독일 음악장에서 이단으로 불렸던 게오르기아데스Thrasybulos Georgiades가 있던 뮌헨대학으로 유학을 떠나게 된다. 하지만, 백남준의 전복과 이단은 게오르기아데스나 프라이부르크 대학의 포르트너Wolfgang Fortner에 의해서도 수용되지 않았다. 백남준이 추구했던 전복은 "음악의 파괴"를 의미했다. 백남준이 참여했던 플럭서스의 정신적 지주였던 슈톡하우젠Karlheinz Stockhausen의 서술에 따르면 백남준은,

> 조용히 무대 위에 올라와서 대부분 순식간의 행위(손에 가득 쥔 콩들을 천장과 관객 사이에 던져버린다)로 관객을 놀라게 했으며, 자기 얼굴을 두루마리 종이 뒤에 숨기더니, 쥐죽은 듯 고요한 상태에서 그 두루마리를 끊임없이 천천히 펼쳤다. 그 다음에 나직이 흐느끼면서 종이를 가끔 눈에 대고 누르자 종이는 눈물로 젖어버렸다. 그리고는 갑자기 소리를 지르며 두루마리 종이를 던졌고, 동시에 부인의 외침, 라디오 뉴스, 아이들의 소란, 고전적 음악의 일부분, 그리고 전자 음향 등 그의 전형적인 음향몽타주를 담고 있는 두 대의 테이프 리코더를 작동시켰다. 그런 다음 곧바로 무대 위로 다시 와서 머리카락에 면도 크림 튜브를 짜서 얼굴과 검은색 옷, 그리고 발끝까지 바르더니 한 포대의 밀가루나 쌀을 상체에 부었다. 이어서 물이 가득 담긴 욕조에 뛰어들어 잠수를 하더니, 완전히 물에 젖은 채 피아노 쪽으로 뛰어갔다. 센티멘탈한 살롱음악을 연주하는가 하면 앞으로 넘어져서 머리로 피아노 건반을 여러 번 쳤다.(Decker, 2001[1998]: 44~45)

이 외에도, 계란을 던져 깨뜨리거나 유리를 깨부수고 피아노를 넘어뜨리고, 도끼나 망치로 부수는 충격적인 일들이 백남준의 음악활동 속에서 계속되었다. 음악장에서 백남준은 '문화테러리스트', '음악의 파괴자'라는 악평이 지시하는 지점에 자신을 위치시켰다. 백남준은 전통적인 음악의 작곡과 공연방식의 규범에 대항했다. 음악장의 위대한 작곡자들을 모욕했을 뿐 아니라, 피아노와 바이올린과 같이 지배적 악기들을 음악장 내 참여자들이 보는 앞에서 파괴했다. "피아노는 터부다. 이것은 파괴되어야만 한다"(Decker, 2001[1998]: 43). 그러나, 정작 중요한 것은 전통적인 음악의 규범을 파괴하기 위해 백남준이 벌였던 충격적 일화들이 아니라, 백남준이 도달하고자 했던 미학적 목표였다. 더 정확하게 말하면, 백남준이 지향했던 미학적 방향성이 당

대의 객관적 조건 속에서 초래한 장의 효과가 문제라는 것이다. 백남준이 전통적 음악의 작곡과 연주, 공연 방식을 파괴함으로써 도달하고자 했던 것은 바로 "음악의 시각화"였으며, TV를 시각적 표현의 도구로 사용했던 최초의 비디오아트는 기존 음악장 내에서 제기된 문제의식의 연장선에서 파생된 객관적인 결과물이었다. 백남준이 그의 초기 비디오아트를 "물리적 음악"PHYSICAL MUSIC (Paik, 1974, 대문자는 백남준)으로 규정하고, 자신의 기념비적인 첫 번째 비디오아트 전시를 "음악의 전시(혹은 노출)"Exposition of Music로 명명한 것 역시 그런 의미에서였다.

그렇다면, 여기서 이렇게 질문할 수 있다. 동일한 결과가 왜 "미술의 음악화" 즉 미술장의 문제를 음악적 실천을 통해 해결하려는 역전적인 시도를 통해 이루어지지 않았을까? 이 문제는 의외로 중요할 수 있는데, 왜냐하면, 미술과 음악, 음악과 미술의 문제의식을 서로 상반된 방식으로 해결하려는 시도는 음악가들뿐 아니라, 미술가들도 지속적으로 수행해왔지만, 백남준과 동일한 결과를 낳지 못했기 때문이다. 예컨대, 칸딘스키Wassily Kandinsky, 샤갈Marc Chagall, 피카소Pablo Ruiz Picasso, 마티스Henri Matisse, 몬드리안Piet Mondrian, 아르망Armand Pierre Fernandez 등은 음악적인 리듬을 회화적인 선과 면의 조합을 통해 표현하거나, 바이올린과 같은 악기들의 외형을 조각적으로 형상화하고자 시도했다. 그러나, 그러한 시도는 음악장의 다른 전위들이 그들의 파괴적인 시도에도 불구하고 음악장의 경계 내에서 휘발한 것처럼, 시각미술 내에서 음악을 표현하려는 다양한 시도들 역시 당대 구조화된 구조로서 미술장이 제공하는 제한된 선택지들을 넘어서지 못했으며, 그런 의미에서 음악장과 미술장이 중첩되는 지점에서 비디오아트를 통한 음악적 전복과 미술적 지배를 동시에 성취한 백남준의 성과에 도달하지 못했다는 것이다. 여기서 백남준이 각각의 장들의 한계 내에서 미술과 음악의 문제에 천착했던 그 밖의 행위자들로부터 자신을 분기하는 지점이 드러난다. 즉, 백남준은 무엇보다 당대 예술장의 하부장들 사이의 경계를 실질적으로 '횡단'crossing하는 데 성공했으며, 이러한 장 간 횡단은 궁극적으로 백남준의 실천과 '장'이라는 객관적 상황이 조응함으로써 가능했다는 것이다.

음악장에서 미술장으로의 횡단 : 〈음악의 전시〉

비디오아트의 성립은 백남준의 개인적인 문제설정이 아니라, 당대 음악장의 객관적인 상황에서 요구된 것이며, 이 요구에 전략적이고 합리적인 행위를 통해 반응했던 백남준의 실천의 결과로서 가능했다. 여기서 백남준의 실천을 전략적이고 합리적인 행위로 규정하는 이유는 앞서 기술한 것처럼 당대 예술장의 상황을 수동적으로 따르기만 한 것이 아니기 때문이다. 부르디외의 장과 아비튀스가 구조와 행위 어느 일면에 의한 결정이 아니라, 양자의 요철면 사이에서 이루어지는 '공모'임을 감안할 때, 백남준의 행위 역시 당대 예술장의 객관적 조건 위에서 수행된 전략적 실천이자 투쟁이었음은 분명해 보인다. 백남준은 당대 음악장과 미술장의 상황에 대해 정확하게 파악하고 있었다. 소위 음악의 파괴와 음악의 시각화를 통한 불확정성의 표현은 단순히 음악장 내 전복적 실험의 과제일 뿐 아니라, 시각 미술장에서 가장 낙후된 영역이며, 따라서 역으로 음악장보다 미술장에서 더욱 인정을 받을 수 있는 과제임을 누구보다 빨리 간파했던 것이다.

*10년간의 전자음악시대가 지나면, 전자 TV의 10년이 도래하리라는 것은 역사적 필연이다. 물론 역사에 역사적 필연이 존재한다는 전제하에. **다양성과 불확정성은 시각예술에서 제대로 개발되지 못했다. 섹스가 음악에서 제대로 개발되지 못한 것처럼. ***콜라주 기법이 유화를 대체한 것처럼, 음극관이 캔버스를 대체하게 될 것이다. ****오늘날 예술가들이 붓 바이올린 쓰레기로 작

〈음악의 전시 : 전자텔레비전〉 포스터.

업하듯이, 언제가 축전지 전열선, 혹은 반도체로 작업하게 될 것이다.(Paik, 1974: no page number)

1963년 건축가 롤프 예를링Rolf Jahrling이 소유한 독일 부퍼탈 파르나스 화랑 Wuppertal, Galerie Parnass에서 개최된 〈음악의 전시 : 전자텔레비전〉 Exposition of Music: Electronic Television은 그저 단순히 최초의 TV가 등장하는 비디오아트 전시회가 아니라, 당대 예술장의 구조와 상황 속에서 음악장에서 미술장으로 장들의 경계를 횡단하는 백남준의 전략적 실천과 투쟁을 집약한다는 점에서 사회학적인 의미를 갖는다. 물론, 이때의 사회학적 의미란, 백남준의 예술장의 하부공간으로서 당대 음악장 내 자신의 위치와, 향후 미술장을 향한 이동의 방향성을 함축한다. 이 전시는 크게 두 가지 주제로 구성되어 있는데, 전시제목이 나타내는 것처럼, 하나는 '음악'이고 또 다른 하나는 '전시'였다. 여기서 말하는 음악이란, 당연히 백남준이 존 케이지의 '변화', '비결정성', '소통'의 이념과 슈톡하우젠의 파괴와 부조리의 미학을 통합하는 다양한 음악-퍼포먼스-해프닝으로 구성되었고, '전시'에는 전시장 현관에 내걸린 갓 도살된 소머리, 지하실 욕조에 담긴 마네킹이나, 도끼로 파괴된 피아노, 전시장 벽에 무작위적으로 붙여진 마그네틱 선, 그리고 13대의 TV가 포함되어 있었다. 앞선 오브제들이 당대의 이미 일반화되어버린 해프닝의 흔적들을 시각화하는 것이라면, 13대의 TV는 음악/전시를 그저 병렬적으로 결합하는 것이 아니라, 음악장 내 실험적인 실천논리를 TV를 통한 그것의 시각적 표현의 논리로 변환한다는 의미에서 역사적 지점으로 기록된다. 13대의 변형된 TV들은 내부회로를 변형하고 고정시켜, 주사선을 수직-수평,

혹은 한 점의 형태로 고정시킨 작품들뿐 아니라, 〈쿠바 TV〉Cuba TV, 〈참여 TV〉Participation TV, 〈마그넷 TV〉Magnet TV 등 관객에 의해 생산된 라디오 음향, 음성, 자석의 조작을 텔레비전 내부의 회로와 연결함으로써 시각적 이미지로 변형하는 작업들이 포함되었는데, 이는 그야말로 '음악을 시각화함으로써' 음악장의 아비튀스를 시각장의 논리로 굴절시키는 작업이었다.

독일 음악장에서 뉴욕 미술장으로

〈음악의 전시〉는 그저 행위나 작품을 통해서만 음악의 시각화를 시도한 것이 아니라, 향후 백남준이 제도적인 공간에서도 음악장을 벗어나 미술장으로 전향하는 계기가 된다. 이 전시 이후 백남준은 64년 일본에 잠시 체류하다가, 뉴욕으로 활동의 본거지를 옮기면서, 더 이상 음악장의 전복자가 아니라, 미술장의 투쟁자로 활동하게 된다. 흥미로운 사실은 음악장에서 미술장으로의 제도적 횡단이 독일에서 뉴욕으로의 지리적 횡단으로 나타난다는 것이다. 더 흥미로운 사실은 백남준의 음악장에서 미술장으로의 횡단이 당대 예술장의 구조 내에서 자신의 위치와 전망에 대한 합리적 판단의 결과인 것처럼, 독일에서 뉴욕으로의 횡단 역시 단순한 지리적 좌표의 변동이 아니라, 독일과 뉴욕으로 상징되는 예술장의 상황에 대한 차이와 그 차이 속에서 자신의 실천이 가져올 효과에 대한 전략적 판단이 전제된 사회적 실천이라는 것이다.

독일 음악장으로부터 미국 미술장으로 장들 사이를 횡단하면서 백남준은 완전히 다른 제도적 공간에 서게 된다. 이러한 제도적 공간의 차별성은 백남준으로 하여금 전혀 다른 실천을 수행하도록 요구했다. 음악장 내 음악의 시각화라는 지극히 제한된 문제의식에서 초래된 '방해된 음악-TV'는 미국

미술장에서 거의 완전히 시각적 이미지의 문제로 변환된다. 물론, 미국의 미술장에서 과거의 음악적 실험이 보이지 않는 것은 아니다. 예컨대, 줄리어드 출신 플럭서스 예술가 샬럿 무어맨Charlotte Moorman과의 공동작업은 백남준의 뉴욕시대에서도 주요한 레파토리 가운데 하나였다. 그러나, 그 무대는 더 이상 음악장의 콘서트 무대가 아니라, 미술장의 화랑이나 전시장에서 행해지며, 백남준 자신에 의해서라기보다는 무어맨이라는 협업자에 의해 객관화되어 나타난다. 이때, 백남준은 음악장의 실천논리를 미술장의 논리를 통해 시각화하는 중간적 위치에 서게 된다.

독일 음악장 내 전위로서 백남준과 미국 미술장의 백남준을 구별하는 가장 압도적인 차이는 에로티시즘과 여성의 육체를 대중문화의 상업적 코드로 시각화하는 방식에서 나타난다. 독일에서 백남준은 이미 1961년 〈영 페니스 심포니〉Young penis symphony에서 10명의 젊은 남성들이 종이막 뒤에 서서 차례대로 종이막에 구멍을 뚫고 자신의 성기性器를 관객들에게 내보이는 방식으로 성을 표현한 바 있다. 이 작업은 관객의 놀람과 충격의 효과를 노렸으며, 비상업적이고, 파괴적이고, 당황스러운 방식으로 성을 다루는 초기 백남준의 아방가르드적인 실천을 보여준다. 반면, 〈오페라 섹스트로니크〉Opera Sextronique, 1967, 〈살아있는 조각을 위한 TV브라〉TV Bra for Living Sculpture, 1969, 〈TV 페니스〉TV Pennis, 1972 등은 철저하게 성을 대중문화의 맥락에서 상업적이고 관능과 오락의 대상으로 다룬다. 이 점은 상업성을 과격하게 배제했던 독일 음악장의 아방가르드 아비튀스와는 차별적이라 할 수 있다.

결국, 비디오아트가 동시대 사회적 현실 속에서 일종의 사회적 사실로 외재적인 강제력을 갖게 된 것은 백남준의 실천이 음악장과 미술장을 횡단하는 과정에서 얻어진 결과물이며, 독일과 미국 예술장의 지배적인 실천의 논리에 적응하거나, 그것을 이용하는 과정과 분리되지 않는다. 따라서 새로운 이미지 조직과 분류방식으로서 비디오아트의 성립과 확장은 백남준의 개별 시도들을 분석하는 것만으로 설명될 수 없으며, 백남준의 미학적 실천과 조응하는 당대 예술장의 구조와 상황 역시 매우 중요한 사회학적 요인이라는 것이다. 이러한 관점에서, 당대 독일예술장의 지배적 특징 속에서 백남준의 비디오아트 수용과 갈등을 서술하는 김은지의 지적은 참조할 만한 가치가 있다. 즉, 독일 예술장의 상황은 호르크하이머Max Horkheimer, 아도르노Theodor Adorno 등의 초기 프랑크푸르트 학파의 영향으로 인해 고급문화/저급문화의 첨예한 대립을 유지해왔으며, TV로 상징되는 대중문화에 매우 적대적이었다. 이러한 분위기 때문에 "백남준의 비디오 설치 비디오 조각 작품에 대한 큰 관심과 예술사적 의미부여와는 달리 독일 미술관은 그의 비디오테이프 작품에 대한 평가 및 인정에 대해선 인색했다"는 것이다(김은지, 2008: 100). 이 점은 독일미술관들이 세계최초의 비디오작품을 수집했던 공공미술관이라는 점을 고려할 때, 더욱 이상해 보인다. 백남준 역시 이러한 독일 예술장의 분위기를 "'위대한 문화'에 대한 어두운 향수"로 표현하면서, 미국적인 상황과 대비시키고 있다(백남준 외, 2010: 221).

이에 반해, 뉴욕을 중심으로 한 미국 미술장은 소위 팝아트의 경우처럼 상업적인 대중문화에 개방적이었으며, 예술작품을 그 자체로 상품의 논리 속에서 파악하는 미술시장의 비약적인 확장과 밀접하게 관련되었다. 백남준의 비디오아트는 앞서 언급한 것처럼, 성과 TV로 상징되는 대중문화의 내용과 형식을 전면적으로 수용함으로 성립했으며, 이는 TV와 성이 단순히 미학적 특징이 아니라, 일종의 현대사회를 추동하는 방향성이라는 사실에 대한 전망이자 인정이라는 것이다.

도래할 화상전화시대에 가장 혜택을 볼 사람은? 방위산업? 콜걸시스템? 비디오 보모회사? 아마도 반라의 전화서비스가 성행할 것이다. 전자공학의 발전을 막을 수 없다면(1929년 현재) 노출의 발전도 막을 수 없다.(천국에서의 현재) 마치 달이 태양을 따르는 것처럼, 하나가 다른 하나를 뒤따른다. 70억 달러의

미용산업······바디페인팅 이후에는 무엇이 올까??????······체모염색. 남자들은 지하철에서 자기 앞에 서 있는 여자들에 대해 더욱 궁금해질 것이다······"했을까? 안했을까?"(Paik, 1974, no page number)

백남준은 '화상전화시대'로 상정되는 과학의 시대에 '성'은 대중문화를 지배하는 핵심적인 코드이며, 이러한 변화는 다른 어떤 사회공간보다도 미국 사회의 특징임을 간파하고 있다. 그런 의미에서, TV를 통해 가시화되는 '물리적 음악'의 '불확정성'과 '성'의 표현은 음악장과 미술장의 실천 논리이자, 당대 사회공간을 지배하는 대중문화의 방향성이기도 하다. 백남준은 자신의 미학적 실천에 상이한 결과를 가져다 줄 독일과 뉴욕 예술장의 맥락적 차이를 명확하게 인식하고 그 차이에 정확히 차별적인 실천으로 반응했던 것이다.

독일에서 내가 최소minimal지향적이었던 반면 뉴욕은 나를 최대지향적maximal으로 만들었다.(Paik, 1975; 백남준아트센터, 2009에서 재인용)

여기서 백남준은 단순히 독일장의 문화적 풍토를 기술하는 것이 아니라, 백남준 자신이 수행한 예술적 실천의 관점에서 각각의 예술장들의 경험적 차이를 지적하고 있다. 분명한 것은 백남준 자신이 지적했던 것처럼 '전자 TV'를 통해 '다양성'과 '불확정성', 그리고 '섹스'의 미학을 실천함에 있어서, 미술장이 음악장보다 더 큰 가능성을 보였고, 이는 독일보다 뉴욕에서 구체적으로 실현될 수 있었던 것이다.

독일 음악장에서 행위, 혹은 텔레비전을 통한 음악의 시각화는 다소간 개인적이고 파괴적이고 저항적으로 나타났지만, 미국 미술장에서 백남준은 더 이상 전위음악가가 아니라, 화랑-미술관을 거점으로 활동하는 시각미술의 주요한 실천자로 대접받는다. 독일 음악장에서 백남준은 지도교수로부터 작곡조차 '제대로 배우지 못했'지만, 미국 미술장에서 백남준은 록펠러 재단과 보스턴WGBH 방송국과 같은 지배적 제도들로부터 전폭적인 지원을 받아 슈야 아베Shuya Abe와 함께 비디오신서사이저video synthesizer를 개발하는 촉망받는 예술가로 대접받는다. 피아노를 때려 부수는 식의 파괴적인 퍼포먼스는 뉴욕에서 새로운 동반자 샬롯 무어맨과 함께 작업하면서 좀 더 섹시하고 대중적 흥미를 끄는 작업들로 바뀌며, 백남준은 무어맨과의 퍼포먼스를 TV와 결합시키고 있다.6 그러나 무엇보다 뉴욕미술장의 가장 큰 성과라면, 즉흥연주나 퍼포먼스 중심의 전위적 실험보다는 TV를 이용한 오브제 설치가 백남준 스타일 속에서 확고하게 중심적인 위치를 점유한다는 것이다. 행위작업은 매체 작업의 내용으로 포섭된다. 물론, 여기에는 자본주의 시장과의 긴밀한 관계 속에서 거래가능한 상품으로서의 작품을 선호하는 미국 예술계의 암묵적인 요구가 큰 영향을 미쳤을 것으로 생각된다. 즉, 비디오아트는 미술관에 소장가능하고, 시장에서 상품으로서 거래가능한 조각, 오브제의 형태를 띠게 되었으며, 이는 백남준의 실천과 시장, 그리고 제도의 요구가 조응했던 것으로 볼 수 있다. 이 밖에 69년 달 착륙중계는, 뉴욕미술장에서 백남준의 '비디오아트'와 '성' 표현이 대중들에 의해 더욱 진지하게 개방적으로 수용되는 데 긍정적인 영향을 미친다. 데커가 기술하는 무어맨의 회고에 따르면,

    1967년 첫 달 착륙 이전에 〈TV브라〉는 가장 호의적인 반응의 경우에도 장난으로 간주하는 경향이 있었지만, 관람객들이 달 착륙 이후에는 매우 개방적인

---

6. 1965년 1월 뉴욕의 뉴스쿨에서 〈백남준〉(Nam June Paik: Electronic TV, Color TV Experiments, 3 Robots, 2 Zen Boxes & 1 Zen Can)전을 개최했고 무어맨이 반라로 첼로를 연주하는 〈성인용 첼로 소나타 No. 1〉(Cello Sonata No. 1 for Adults Only)을 공연했다. 또 1967년 2월 9일에는 역시 무어맨과 〈오페라 섹스트로니크〉를 공연한 뒤 뉴욕 경찰에 연행되었는데, 이 사건이 신문에 보도되어 대중적 인지도를 높이는 계기가 되기도 했다. 이밖에도 무어맨과는 〈살아있는 조각을 위한 TV 브라〉(1969)에 이르기까지 예술적 동맹을 유지한다. 무어맨은 오노 요코의 룸메이트이기도 했는데, 그의 뉴욕 시대가 결국 플럭서스 네트워크의 연장이자 확장임을 보여주는 작은 단서이기도 하다.

반응을 보였고, 그녀의 공연에 대해 보다 진지한 질문을 던졌다. 달 착륙은 오래된 인류의 꿈을 실현시켰고, 이러한 유토피아의 출현 때문에 미국인들은 새로운 테크놀로지에 대해 보다 개방적이었다. 예술의 영역에서의 테크놀로지의 사용에 대해서도 그랬다. 달 착륙 장면을 방영하는 데에 바로 텔레비전이 중요한 역할을 했으며, 그 때문에 중요한 의미를 얻게 되었던 것이다.(Decker, 2001[1998]:178)

이러한 지적은, 음악장에서 미술장으로의 백남준식 횡단이 그저 단순한 전향이 아니라 자신이 수행하고자 하는 미학적 실천의 궤적이 향후 가져올 성과와 전망을 당대 독일과 뉴욕의 예술장의 지배적 논리에 준거하여 판단하는 전략적 실천의 결과로 볼 수 있음을 의미한다.

"황색재앙! 그것이 바로 나다" : 사회공간 내 위치의 장 내 굴절

필자가 이 장에서 주목하는 것은 당대 예술장과 조응하는 백남준의 실천을 좀 더 사회학적으로 특정화하는 것이다. 앞서 부르디외의 개념틀에서 살펴본 것처럼, 예술장은 장 내에서 생산된 특수한 상징자본을 불평등한 방식으로 배분하는 위계화된 공간이며, 백남준은 이 점을 다음과 같이 지적하고 있다:

> 우리 예술세계는 1마리의 수탉만이(다른 99마리의 수탉은 굶주리고 있는데) 1마리 또는 100마리의 암탉을 품는 행운을 얻을 수 있는 동물의 지배체계를 그대로 옮겨왔다. 예술과 헤비급 권투의 세계에서는 최고 실력자 다섯 명만이 집세를 낼 수 있고, 다른 9만 9999명의 예술가와 권투선수는 배고픔을 참아야 한다.(백남준 외, 2010: 106)

예술장이 장의 유지와 전복을 다투는 대립적인 위치들의 그물망이라면, 당대 예술장의 참여자였던 백남준 역시 한정된 상징자본의 배타적 전유를 위해 경쟁하는 투쟁자였다는 사실 역시 당연한 일이다. 따라서, 당대 예술장에 변증법적으로 조응하는 백남준의 실천은 장 내 대립적 경쟁자들 사이에서 백남준이 수행하는 전면적인 투쟁으로 변환된다. 이처럼 백남준의 실천을 고립된 개별작가의 순수한 미학적 행위가 아니라 장 내 투쟁으로 이해할 때, 사회적 존재로서 백남준과 비디오아트의 사회적 속성은 더욱 더 분명해질 수 있다. 실제로, 백남준은 '나는 다소간 안티, 안티였다'I'm more or less anti, anti (Paik, 1975; 백남준아트센터, 2009에서 재인용)라는 자기규정처럼 동시대 예술사의 가장 극렬한 투쟁자였다. 백남준은 그의 예술인생 대부분을 모든 대립되는 갈등구조가 첨예하게 만나는 치열한 전선 속에 위치했다. 그는, 일제의 수탈이 극에 달한 유년기에 친일 자본가 가정에서 가장 부유한 삶을 보냈고, 맑스주의에 심취한 지식인인 동시에, 스탈린주의를 가장 혐오한 부르주아였다. 백남준이 경험한 삶의 극단적인 모순은 그의 원초적인 위치취하기가 수행되는 독일체류기 이후 그의 장 내 투쟁에 반영되었다. 백남준은 서구에서 보잘 것 없는 아시아계 후진국 이주민이었으며, 이는 "황색재앙! 그것이 바로 나다"(백남준 외, 2010: 332, 강조는 원저자)라는 선언에서 나타나고 있다.

흥미로운 것은 백남준 자신이 사회공간에서 자신의 인종적 사회적 위치와 그의 미학적 실천 사이에 상관성을 인정하고 있다는 점이다.

어쩌면 내가 한국인 혹은 동양인으로서 느끼는 '소수민족의 콤플렉스' 덕분에 아주 복잡한 사이버네틱스 예술작품을 만든 것은 아닐까?(백남준 외, 2010: 294)

이러한 언급은 백남준이 속했던 당대 장의 존재가 자율적 논리를 통해 사회공간의 현상을 미학적 형식으로 굴절하고 있음을 증명하며, 따라서 부르디외의 장이론의 관점에서도 매우 중요하다. 그러한 굴절의 가장 백남준적인 형태이자, 최종적인 귀결이 바로 비디오아트였던 것이다. 필자가 이 논문에서, 백남준을 장 개념을 통해 이해하고자 하는 이유 역시 여기에 있다. 백남준이 위치한 당대 예술장의 존재는 비디오아트를 가능하게 한 객관적 조건이며, 따라서 백남준의 사회적 위치와 그 위치에서 백남준의 투쟁을 포섭했던 당대 예술장의 투쟁의 상황과 역학을 제외한 채, 백남준을 천재로서 신비화하는 작업은 비디오아트의 사회적 확장을 설명하는 데 도움이 되지 않는다는 것이다. 왜냐하면, 부르디외의 장 개념은 앞서 이론틀에 대한 논의에서 살펴본 것처럼 상대적으로 자율적인 공간이며, 따라서 당대의 사회공간과 관련성을 맺지만, 이 관련성을 자율적 논리로 굴절하는 공간이기 때문이다. 여기서 전제해야 할 것은 백남준이 자신의 장 내 미학적 투쟁을 당대 예술장의 상황에 정확히 조응시켜 나가면서, 비디오아트의 미래적 전망을 열어 나갔던 사회적 행위자라는 사실이다.

　백남준의 장 내 투쟁은, 당대 예술장 속에서 자신을 끊임없이 차별화함으로써 나타난다. 그는, 쇤베르크를 따라서 음악에 입문했고, 존 케이지를 따라서 음악장 내 전복자로서 자신을 위치시켰지만, 쇤베르크와 존 케이지 모두와 다른 위치에 서고자 했다. 초기 독일음악장에서의 위치취하기 과정에서 보여진 과격하고 파괴적인 행위 역시 이러한 맥락에서 살펴져야 한다.

> 쇤베르크가 〈무조성 atonal〉을 썼습니다. 존 케이지는 〈무작곡 a-composition〉을 썼습니다. 저는 〈무음악 a-music〉을 썼지요. 이를 위해서 보통 피아노 그랜드 피아노 그리고 아주 형편없는 '장치된' 피아노와 스쿠터 한 대가 필요합니다. 피아노는 건반 악기로만 사용되는 것이 아니라 현악기, 피치카토, 타악기로도 사용될 것입니다. 음악가들이 신문을 읽고, '관객들과 얘기하고', 그랜드 피아노를 밀고, 피아노를 뒤집을 것입니다. 피아노가 무대에서 관객들이 있는 바닥으로 떨어질 것입니다. 관객들은 무대를 향해 폭죽을 던지고, 권총을

쏘고, 유리잔을 깰 것입니다. 그리고 스쿠터가 무대 뒤에서 도착합니다. 게다가 여러 가지 장난감, 일기예보, 뉴스, 스포츠 중계(라디오), 부기우기, 물, 녹음기 소리 등, 다시 말해 기능적으로 자유로워진 소리들이죠.(볼프강 슈타이네케에게 보내는 편지(1958년 12월) (백남준 외, 2010: 401)

장의 전복자로서 백남준이 수행했던 음악의 파괴는 결국, 당대 예술장 내에서 쇤베르크와 존 케이지, 그리고 백남준 자신 사이에 동일성뿐 아니라 차별성을 설정해 나가는 투쟁의 구체적 과정이었다는 것이다. 이러한 투쟁은 독일체류기에서 나타나는 원초적 위치취하기 국면에서만 나타나는 것이 아니라, 백남준의 뉴욕시대에서도 공통적으로 발견되는 특징이다. 특히, 당대 뉴욕은 40년대 이후 세계 미술계에서 이미지 조직과 분류의 지배 아비튀스로 공인된 추상표현주의abstract expressionism와 팝아트pop art가 장의 상징자본을 양분하는 시기였으며, 백남준은 한낱 독일을 거쳐 더욱 거센 경쟁의 중심에 뛰어든 아시아계 이방인이었을 뿐이다. 여기서 백남준은 독일 음악장보다 더 철저한 전복자의 입장에 자신을 위치시키고, 경쟁에서 살아남기 위한 투쟁을 시작한다. "뉴욕바닥에서 살아남는 게 어려워요. 1년에 한 번씩은 신문에 나와야 하거든요. 그게 그렇게 쉬운 일이 아니예요"(김재권·백남준, 1990: 69). 백남준은 여기서 '뉴욕에서 살아남기'를 '신문에 날 일'을 통해 가능한 엄청난 투쟁으로 표현하며, 이는 당대 뉴욕미술장에서 백남준의 위기의식과 각오가 그만큼 대단했음을 증명한다. 게다가 백남준은 "피아노도 못치고, 작곡도 못하고, 그림도 못 그리"는 일종의 '무능력자'였다. 뉴욕미술장에서 인정받을 수 있는 자본으로서의 어떤 아비튀스도 갖지 못했던 것이다.

백남준 : 그런데 본래 내가 테크닉이 없으니까. 피아노도 못치고, 작곡도 못하고, 그림도 못 그리고 하니까 이것저것 해보는 거예요.
김재권 : 그건 너무 겸손하신 말씀입니다.

백남준 : 아! 천만에 말씀. 사실예요. 사실.(김재권·백남준, 1990: 67)

나는 처음에 작곡가로 시작했지만, 사실은 미학자, 산문가였죠. 그리고 행위예술을 했지만 배우는 아니었어요. 한 번도 배우 수업을 받아본 적이 없죠. 나는 심지어 수줍음을 타기도 합니다. **그래서 나는 TV를 연구했죠……나는 아무도 가보지 않은 곳을 가고 싶었던 거예요**(이르멜린 리비어와의 인터뷰, 백남준 외, 2010: 213, 강조는 필자).

비디오아트란, 당대 예술장 내 투쟁을 위해 통용되는 예술적 능력이나 자산 없이 뉴욕미술장이라는 극단적인 생존공간에 던져진 백남준의 투쟁의 전략이자 그 전략적 실천의 결과였다. 백남준은, 자신에게 불리한 예술장 내 '게임의 규칙'을 계승함으로써 불리한 게임을 수행하기보다, 그 게임의 규칙을 전복하고, '비디오아트'라는 이름으로 자신에게 유리한 새로운 규칙을 수립하고자 시도했으며, 이를 다음과 같이 표현했다. "당신이 게임을 하려고 하는데 게임의 규칙을 모른다면, 게임을 할 수가 없습니다. 하지만, 미술계에서는 하룻밤 새에 게임의 규칙을 바꾸는 것이 가능하지요. 당신이 게임에서 질 것 같으면, 규칙을 바꾸면 되는 겁니다"(르네 수잔느, 2010: 48~49).

팝아트 vs. 비디오아트

백남준은 대립되는 갈등구조가 첨예하게 만나는 치열한 전선 위에서 자신의 투쟁을 전개했다. 음악장 내 원형적 위치취하기와 투쟁이 피아노와 바이얼린, 그리고 교향악을 중심으로 강고하게 구축된 지배 아비튀스와 쇤베르크의 12음계와 그에 대한 비판적 재해석을 통해 전개된 저항 아비튀스 사이의 대립 속에서 전개되었다면, 미술장에서 백남준의 투쟁은 추상표현주의

abstract expressionism와 팝아트로 대변되는 당대 미술장의 지형으로부터 자유롭지 않았다. 흥미로운 것은 백남준이 자신의 투쟁의 대척점에 둔 것은 추상표현주의보다는 팝아트였다는 점이다(김광우, 2006).

> 팝아트Pop Art를 죽여라/옵아트Op Art를 죽여라/폿아트Pot Art를 죽여라(말장난 pot=해시시)/백아트Paik-Art 를 죽여라.(백남준 외, 2010: 293)

여기서 백남준은 팝아트와 옵아트의 대립자인 동시에 그것들을 포함하는 다른 양식들에 의한 대립을 통해 스스로 죽임을 당해야 하는 존재로 자신을 묘사한다. 백남준은 자신과 자신이 속한 투쟁집단의 미학적 실천을 '가난한 예술'poor art로 규정하며, 노골적으로 '부자예술'인 팝아트와 대립시키고 있다.

> 아이러니하게도 '팝아트'라고 불리는 '부자예술'의 지배에 대항해서 우리 '가난한 예술'(케이지, 슈톡하우젠, 커닝햄을 포함한 모든 아방가르드 퍼포먼스 예술)은 방어수단이 전혀 없다.(백남준 외, 2010: 295)

팝아트와는 달리,

> 비디오는 누가 독점할 수 없고, 모두가 쉽게 공유할 수 있는 공동체의 공동재산이다. 비디오는 유일한 작품의 독점에 바탕을 둔 체제로 작동하는 예술세계에서 힘겹게 버텨내고 있다. 현금을 내고 사가는 작품, 순전히 과시하고 경쟁하는 작품들로 이루어진 예술세계에서 말이다.7 (백남준 외, 2010: 106)

---

7. 팝아트에 대한 맹렬한 적개심과는 달리, 추상표현주의에 대한 백남준의 태도는 매우 우호적이다. 그 이유는 다음의 몇 가지를 들 수 있다. 첫째, 무엇보다, 비디오 신서사이저를 통해 TV 수상기 화면에서 백남준이 인위적으로 만들어내는 전자 이미지들의 대부분이 추상적 도형의 형태를 띠고 있으며, 이는 양식상 추상표현주의에 속한다. 어떤 의미에서 백남준은 일면 전자기술

여기서 필자가 강조하고자 하는 것은 팝아트에 대한 백남준의 사적 경멸이 아니라, 비디오아트가 예술장의 참여자로서 백남준의 투쟁과 무관하지 않다는 점이다. 백남준은 자신의 위치를 끊임없이 당대 예술장의 비어 있는 지점으로 위치시키고자 시도했으며, 비디오아트는 "다양한 영역 사이의 경계지역, 그리고 음악과 시각예술, 하드웨어와 소프트웨어, 전자공학과 고전적인 의미에서의 인간성 같이 서로 상이한 매체와 요소들을 접목시키는 복잡한 문제들"(Decker, 2001[1988]: 50)을 다루는 '최초'의 지점이며, 새로운 '가능성의 공간'space of possibles이라는 것이다. 백남준은 자신의 새로운 시도와 투쟁이 장 내에서 생산해 낼 인정과 그러한 인정을 통해 재편될 장의 구조에 관해 알고 있었다. 백남준은 서로의 아이디어를 상호 공유했던 플럭서스 동료들에게도 1963년 3월의 〈음악의 전시〉까지 자신의 TV 실험을 비밀에 부쳤다. 물론, 부분적으로는 TV실험이 새로운 시도였고 백남준이 '동료들의 비판'을 두려워하기도 했기 때문일 수 있다. 그러나 더 큰 이유는 "친분이 있는 예술가들이 서로의 생각을 활발하게 나누었고, 대화중에 언급되기는 했지만 실현되지 않은 아이디어를 갑자기 다른 예술가가 현실화시키는 일이 일어날 수 있"기 때문이었다(Decker, 2001[1998]:50). 플럭서스 집단은 특정한 저자가 작품에 대한 권리와 소유권을 전유하는 것을 소위 자본주의적 창작방식으로 규정하고, 복수의 참여자들이 다양한 아이디어를 편지와 문서를 통해 상호 공유하는 예술적 실천의 '사회주의'를 지향했다. 이러한 방식의 공동작업은, 몇몇 천재들에 의해 독과점된 상징자본을 미술시장이라는 특수조건에서 막

을 통해 추상표현주의를 TV 수상기 위에서 실현하고자 했던 실천자라 할 수 있다. 둘째, 당대 1960년대 중반 이후 추상표현주의는 미술장 내 지배 아비튀스의 위치를 내주고 있었지만, 여전히 팝아트에 대항하는 입지를 차지하고 있었으며, 그런 의미에서 팝아트에 대한 저항과 미술장 내 최소한의 제도적 근거를 원했던 백남준의 필요에 적합했다고 볼 수 있다. 추상표현주의에 대한 백남준의 우호적 입장은, 1984년 〈굿모닝 Mr. 오웰〉에 따른 경제적 파산 이후 작품판매를 목적으로 제작된 '오일 온 캔버스'의 형태로 나타난다.

대한 경제자본으로 전환하고, 이렇게 전환된 경제자본을 또다시 장 내에서 신화화된 상징자본으로 재전환함으로써 외연을 확장해 나가는 당대 예술장에 대한 저항을 담고 있었다. 그러나, 이런 식의 공동작업은 당대의 장 내 상황에서 비디오아트라는 새로운 가능성의 공간의 '설립자'에게 주어질 인정과 그 인정이 가져올 상징자본을 무화할 수 있었다. 백남준은 이 점을 잘 알고 있었고, 비디오아트가 미학적 투쟁의 공간인 예술장에서 향후 초래할 결과에 대한 권리를 포기하고 싶지 않았던 것이다.

기원을 전유하기 : 백남준 vs. 볼프 포스텔

백남준의 투쟁은, 그가 자신을 음악의 파괴를 수행하는 독일 음악장 내 전복자로 위치시키고 향후 뉴욕 미술장으로의 장 간 횡단crossing of inter-fields을 통해 비디오아트를 당대 예술장의 지형에서 공인된 아비튀스로 설립하는 과정에서만 나타난 것은 아니다. 오히려 백남준의 투쟁은, 1980년대 이후 비디오아트가 동시대 미술장의 지배 아비튀스로 공인되는 과정에서도 계속되었고, 그 주요한 투쟁들 가운데 하나는 백남준과 함께 플럭서스의 주요 행위자 가운데 하나였던 포스텔Wolf Vostel과의 비디오아트의 기원을 전유하기 위한 경쟁이었다. 포스텔 역시 백남준의 〈음악의 전시: 전자텔레비전〉으로부터 불과 두 달 뒤인 1963년 5월 22일 미국 스몰린 화랑Smolin Gallery에서 〈텔레비전 데콜라쥬〉Television Decollage를 개최했기 때문이다. 여기서 포스텔은 자신의 TV작품, 〈TV 데콜라쥬〉의 제작년도를 1958년에서 1963년으로 기록함으로써, 그가 백남준보다 앞서 비디오아트를 시작했음을 분명히 했다. 이후 포스텔이 기록한 제작년도는 플럭서스 평론가이자 동료들인 딕 히긴스Dick Higgins와 알 핸슨Al Hansen에 의해 공인됨으로써, 백남준과 포스텔 사이에 누가 비디오아트의 시조인가의 문제는 중요한 쟁점이 되었다.

사실, 이 문제는 백남준 자신의 투쟁인 동시에, 백남준을 둘러싼 예술장의 참여자들의 투쟁이었다. 정작 백남준과 포스텔은 플럭서스의 동료이자 서로의 작업과 아이디어를 공유하는 사이였다. 비디오아트의 기원에 관한 논쟁은 주로, 미술사가들에 의해 주장되고, 검증되었으며, 포스텔과의 투쟁에서 백남준의 승리는 데이비드 로스David Ross, 존 핸하르트John Hanhart, 불프 헤어초겐라트Wulf Herzogenrath와 같은 비평가들과 백남준 사이에서 수립된 동맹-네트워크에 의해 가능해졌다. 특히, 1998년 백남준에 관한 박사학위 논문에서 포스텔 기원설에 대한 실증적 검토와 비판을 수행했던 미술사가 에디스 데커Edith Decker-Philips는 "1963년 포스텔의 뉴욕전시회 이전에 텔레비전을 예술적으로 사용했다는 것을 증명하는 문서는 존재하지 않는다"(Decker, 2001[1998]: 73)라고 지적하면서, 포스텔 기원설에 관한 모든 주장을 부정하고 있다.

히긴스와 앤더슨이 언급한 포스텔의 텔레비전 작업은 스몰린 화랑에 전시된 텔레비전과는 아무런 관계가 없다. 이 텔레비전은 텔레비전에 부착되어 있는 포장을 제외한다면, 백남준의 부퍼탈 전시회를 직접적으로 상기시키고 있다. 적어도 개개의 선이 들어 있는 화면은 백남준의 전시 작품을 그대로 반복한 것이다. 여섯 대의 방해된 텔레비전은 확성기와 테이프 리코더, 그리고 라디오와 연결되어 있지는 않았지만, 앨 핸슨이 곧바로 지적하고 있듯이 포스텔은 이러한 기술을 얼마 지나지 않아 이용했던 것이다. 게다가 포스텔은 스몰린 화랑에서 볼 수 있었던 전시회와 핸슨이 묘사하는 행위들을 독일에서는 반복하지 않았다. 그러므로 포스텔의 진술과 1963년 5월 이전의 텔레비전 작업에 관한 사진들은 그 자신이 합법적이라고 여기면서 재구성한 시도임에 틀림없다. 그러나 그 날짜는 인정될 수가 없는 것이다.(Decker, 2001[1998]: 79~80)

여기서 데커가 주장하는 논점은 분명하다. 포스텔이 히긴스나 핸슨의 주장처럼 백남준보다 앞서 TV를 통해 작업했다는 증거는 없으며, 나아가 1963년 5월 열린 포스텔의 〈텔레비전 데콜라주〉 전시는 3월에 열린 백남준의 〈음악의 전시〉의 모방이며, 아류라는 것이다. "기술에 대해 아는 것이 별로 없다고 진술하는 포스텔이 혼자서 그리고 아무런 구체적인 자극도 없이 이러한 결과에 도달했다는 것은 믿기 어렵다"(Decker, 2001[1998]: 78~79)

지금까지 살펴본 백남준의 투쟁은, 그가 철저하게 예술장 내 존재였다는 사실을 보여준다. 백남준의 투쟁은 개인과 개인 간의 투쟁이 아니라, 미학적 실천의 차별성을 가능하게 하는 객관적 조건인 동시에, 본질적으로 대립적인 위치들의 그물망인 예술장이 백남준에게 요구한 실천의 형태였다. 백남준의 투쟁은, 그런 의미에서 백남준 개인의 주관적 투쟁이 아니라, 상대적으로 자율적인 예술장 내 참여자들 사이에 수행된 객관적 투쟁이며, 따라서 이 투쟁에서 백남준은 자신이 수행하는 투쟁의 주체인 동시에 예술장 내 또 다른 타자들에 의해 수행되는 투쟁의 객체이자 목적이 된다. 독일 음악장 내 원초적 위치취하기와 뉴욕 미술장으로의 장 간 횡단기에 보여준 극렬한 투쟁이 백남준 자신이 주체가 되어 수행한 장 내 차별화의 시도라면, 포스텔과 비디오아트의 시조의 자격을 두고 벌어진 논쟁은 백남준을 객체로 삼아, 그에게 특정한 상징자본을 부여함으로써 역으로 자신들의 장 내 위치를 확보하려는 다양한 참여자들 사이의 투쟁으로 나타난다. 필자가 여기서 백남준의 투쟁을 백남준 자신의 주관적 투쟁이 아니라, 장이 요구하고 부여하는 객관적 투쟁임을 주장하는 것도 그 때문이다.

이해관계 번역자로서 백남준

　백남준은 사회공간에서 국가적 지배/저항, 이념의 좌/우가 식민과 전쟁의 폭력적 스펙타클로 나타난 시기에 한반도에서 태어나, 일본, 독일, 미국으로 삶의 거점을 옮겨다니면서, 동/서의 세계관과 가치가 대립하는 지점 속에 자신을 위치시켰다. 대립과 갈등의 첨예한 전선 위에 자신을 두는 방식은 사회적 '위치취하기'positioning인 동시에 미학적 위치취하기이기도 했다. 그는 음악장/미술장의 경계를 오갔고, 음악장 내 전통/전위, 미술장 내 추상/팝/해프닝이 대립하는 지점에서 자신의 미학적 실천을 수행했다. 흥미로운 것은 백남준이 이 경계를 유영하면서 효과적 방식으로 정교한 네트워크를 짜내는 데 성공해왔다는 점이다. 사회공간과 예술장에서 백남준의 여정이 계속될수록 소위 백남준 네트워크는 그 규모나 두께를 더했고, 그 확장된 네트워크의 최종적인 결과물이 바로 '비디오아트'로 호명되었다. 백남준 네트워크의 반경은 말년에 이르러서는 예술장을 넘어서 사회공간 전체에 포화되는 거대한 사회문화 권력에 도달하게 되는데, 이 현상은 백남준 사후에도 계속되었다. 필자는 이러한 백남준 네트워크의 설립과 확장이 백남준 혼자만의 '영웅적 개인주의'만으로 호명될 수 없으며, 백남준 자신을 포함하여 그를 둘러싼 예술/문화장 내 참여자들, 그리고 백남준의 이름을 통해 자신의 이해를 추구하려는 사회공간의 행위자들의 사회적 실천의 결과이며, 그런 의미에서 사회학적 현상임을 주장하고자 한다.
　이때, 라투르의 이해관계 번역 개념은 백남준 네트워크가 형성되는 과정을 설명하기에 적합한 이론적 자원을 제공한다. 여기서 필자가 부르디외의 장 개념 속에서 백남준의 미학적 투쟁을 철저하게 장 내 실천으로 보았던 지금까지의 논의를 벗어나, 미시/거시, 내부/외부를 구별함으로써 장의 자율성을 부정하는 듯 보이는 라투르의 개념에 관심을 갖는 이유를 분명히 할 필요가 있다. 즉, 부르디외와 라투르가 서로 다른 강조를 통해 부각하고자 했던 자율성과 관계성은, 서로 다른 것이 아니며, 이 점을 백남준의 비디오아트의 사회적 확장이 여실히 보여주고 있다는 것이다. 즉, 부르디외적 관점에서 장의 자율성을 획득하기 위한 장 내 투쟁은 라투르의 관점에서 이해관계 번역을 통한 장 내, 혹은 장들 간 자원들을 동일한 그물망 내로 효과적으로 조직함으로써 가능하다는 것이다. 또한 라투르의 관점에서, 이해관계 번역을 통해 조직되는 그물망 역시 그 속에서 조직된 자원들의 모든 차이를 부정하는 것이 아니며, 이는 부르디외적인 관점에서 장의 자율성과 배치되어 보이지 않는다. 특히, 예술장과 같이 장 내 자율성과 장들 간 관계성이 비등한 장에서, 부르디외의 장의 자율성과 라투르의 이해관계 번역 개념을 결합하는 작업은 매우 필요해 보이며, 이는 백남준의 비디오아트에 대한 분석에서 절실하게 요구된다. 왜냐하면, 부르디외적 관점에서, 음악장 내 원초적 위치취하기와 독일음악장에서 뉴욕미술장으로의 장 간 횡단, 그리고 미술장 내에서 또 다른 이미지조직의 아비튀스를 갖는 자율적 하부장으로서의 비디오아트를 설립하기 위한 백남준의 장 내 투쟁은, 라투르적인 관점에서, 이해관계 번역을 통해 장 내외의 다양한 자원들을 효과적으로 결집하여 강력한 네트워크를 조직하는 과정과 분리될 수 없기 때문이다.

백남준의 명성과 비디오아트의 제도화는, 백남준이 조직하는 네트워크의 확장의 정도와 비례하며 증가했다. 백남준은 차별적인 참여자들, 심지어 대립적 참여자들의 이익을 백남준 자신의 이익과 상호적으로 변환시켜내고 증폭하는 데 있어서 남다른 수완을 보여주었다. 특히, 1963년 부퍼탈에서의 〈음악의 전시〉 직후 뉴욕미술장에서 본격화된 TV작업은 독일음악장에서 행해진 퍼포먼스 중심의 작업에 비해, 많은 TV수상기와 비디오 녹화기, 비디오 신서사이저 장비와 같이 막대한 재원을 필요로 하는 일이었다. 이러한 상황은, 미술장 내에서 백남준과 경쟁하는 '오일 온 캔버스'oil on canvas의 비교적 손쉬운 작업 아비튀스에 비해서도 결코 유리한 상황이라 할 수 없었다. 여기에 당시 그를 후원했던 백남준 가문의 경제적 파산이 맞물린다. 이러한 조건은 백남준으로 하여금 예술장 내 미학적 실천과 투쟁을 위해 필요한 자원을 외부에서 구해야만 하는 상황을 가속화시켰다. 백남준이 수행했던 장들 간 이해관계 번역 역시 당대 예술장 속에서 백남준이 위치한 상황과 별개일 수 없는 것이다. 백남준은 자율적 예술장 내 참여자이자 투쟁자였을 뿐 아니라, 장들 간 이해관계 번역에 있어서도 유능했고, 그러한 이해관계번역을 통해 불리한 장 내 투쟁의 한계를 극복해 나갔다. 그는 TV를 통한 자신의 실험이 단순히 미학적 영역뿐만 아니라, 다양한 인접 분야에서 상상할 수 없는 성과를 공유할 것이라고 설득하고 있다.

> 특히 브라운관과 비디오테이프 녹화기가 미술에 미칠 엄청난 중요성을 주목해야 한다. 또한 예술가들의 비관습적인 본능에 의해 추진된 컴퓨터 관련 비디오실험들은 순수과학과 응용테크놀로지 분야에서도 예기치 못한 성과를 가져올 수 있다. [중략] 모든 영화와 TV기술은 혁명을 맞이할 것이고 전자음악의 영역은 새로운 전자오페라의 지평으로 확장될 것이며, 회화와 조각도 일대 변화를 겪을 것이다. [중략] 온갖 종류의 형태를 만들 수 있는 이 새로운 가능성은 소위 지각의 구성이나 존재의 특성, 행동, 군집, 기억, 통찰, 학습 등 전 영역에 걸친 인지심리학의 연구에 도움이 될 것이다. 또한 레이더나 反레이더는 말할 필요도 없고, 시각적 인식이나 광학적 특성인지, 고객의 시각적 스캐닝, 비디오폰, 방전함 사진 등등 오늘날 시각적 전자공학의 주된 관심사 해결에도 기여할 것이다. (Paik, 1974, no page number)

백남준은 자신의 TV실험은 예술장의 상황과 구조를 변화시킬 뿐 아니라, 이러한 변화를 통해 예술장과 경계면을 맞대고 있는 다른 인접 장들의 구조를 상동적으로 재편할 것이라고 주장하고 있다. 라투르의 저작 속에서 파스퇴르가 "만약 가축 유행병, 그리고 더 나아가 역병에 대해 이해하고 싶다면, 당신은 단 한 곳, 즉 파스퇴르 실험실로 가야하며, 당신 자신의 것을 대체할 단 하나의 과학, 즉 미생물학을 배워야 한다"(Latour, 1983)라고 외쳤다면, 백남준 역시 자신의 TV실험에 대한 지원을 포드자동차 디자이너가 이용할 수 있는 '불법시청을 방지하기 위해 고안된 주파수의 코드화', 경찰의 신원확인용 '안면 이미지 합성기술'에서 '역사가, 사회학자, 심리학자들이 교육용으로 사용할 수 있는 영상자료 목록', 심지어 '제어가능한 전기조명장치를 장착한 무드 인테리어', '전자환각, 전자수면을 포함하는 전자치료법'(Paik, 1974) 등을 포함하는 다양한 이익으로 되돌려 줄 것이라고 설득하고 있다. 이러한 설득은 단순히 외부적인 재정적인 지원뿐 아니라, 사회공간을 구성하는 정치, 경제, 문화의 전 영역으로 가로질렀고, 백남준은 예술장 내외에서 상대적으로 더 많은 비용이 소모되는 자신의 투쟁을 효과적으로 강화할 수 있었다.

빅뱅의 시작 : 백-TV-플럭서스 동맹

백남준을 중심으로 이루어진 모든 자원들의 그물망을 이른바 '백남준 네트워크'로 부를 수 있다면, 당연히 백-TV 동맹은 백남준 네트워크의 핵심을 이룬다. 라투르의 행위자 네트워크 이론이, '일반화된 대칭성'generalized symetry의 원칙 아래 '인간행위자'human actor와 '비인간행위자'non human actor를 동등한 '행위소'actant로 규정한다면, TV는 그 자체로 하나의 거대한 네트워크가 집적된, 더 이상 의문되지 않는 '블랙박스'black box (Latour, 1987)이자, 백남준의 미학적 실천에 포섭됨으로써, 동시대 예술개념을 변화시킨 핵심적인 비인간 행위소라 할 수 있다. 백-TV 동맹은 비로소 백남준 네트워크의 사회적 '빅뱅'을 가능케 한 '시초원자'始初原子, primeval atom라는 것이다. 백-TV 동맹은 한편으론 예술계 내외의 인적자원들을 규합하고, 다른 한편으로 아베 슈야-백남준의 협력을 통해 발명된 비디오신서사이저를 통해, 물리[학]을 포함한 텔레커뮤니케이션 테크닉, 컴퓨터와 인터넷으로 상징되는 현대과학기술의 소프트-하드웨어와의 연합association을 가능하게 함으로써, 백남준 네트워크의 폭발적 팽창을 가능케 했다. 백-TV라는 시초원자에서 비롯된 백남준 네트워크의 확장은 화랑과 미술관 등의 예술계를 넘어 대학, 실험실, 정부, 방송국, 스포츠경기장, 오락, 심지어 광화문 네거리, 인천공항의 대합실, 국내 굴지의 신문사와 보험회사(삼성생명)의 중앙로비, 안방 TV와 유튜브 홈피에서 누구도 부정할 수 없는 사회적 사실로 제도화된다.

백남준과 플럭서스fluxus 동맹은 비디오아트의 성립을 위한 또 하나의 '기축동맹'基軸同盟, pivotal alliance이었다. 백-TV 동맹이 각각 가장 원초적인 인간행위자와 비인간행위자의 단자들을 잇는 원초적인 동맹으로서, 비디오아트의 직접적인 발화점이 되었다면, 백-플럭서스 동맹은 그러한 발화점을 가능하게 하는 기본적인 조건을 제공해 주었다. 특히, 장 개념의 관점에서, 플럭서스의 역할은 매우 중요한데, 바로 백남준의 독일음악장 내 원초적 위치취하기와 뉴욕미술장으로의 장 간 횡단이 가능해졌기 때문이다.[8] 존 케이지에 의해 촉발되고, 플럭서스에 의해 집단적이고 국제적인 수준에서 전개된 전위의 미학은, 쇤베르크, 안톤 베베른 등에 대한 막연한 관심 속에서 독일의 대학들을 전전하던 백남준에게 명확하게 객관적인 가능성의 공간 속에서 나

---

8. 플럭서스는 조지 마키우나스, 슈톡하우젠, 라몬테 영, 볼프 포스텔, 딕 히긴스, 오노 요코, 그리고 1965년 이후 백남준과 협력관계를 맺어온 샬럿 무어맨 등이 참여한 느슨한 행위예술 집단이었지만, 존 케이지의 음악적 실험의 미학을 가장 명확하고 집단적인 형태로 추구한 국제적인 예술가 조직이었다. 그들은 여행, 서신교환, 시, 콘서트 등을 포함하여, 연극, 문학, 음악, 무용, 미술, 출판을 가로지르는 당대 예술장 내의 가용한 모든 예술적 아비튀스들을 실천했다. 플럭서스는 당대 예술장의 다양한 하부장 내 전위적 행위자들의 지지를 받으면서 국제적으로 확장되었다(임대근, 2001). 백남준의 장 내, 장 간 실천의 관점에서, 플럭서스의 중요성은 거의 절대적이라 할 수 있다.

름의 위치와 방향성을 제공해 주었다. 백남준의 플럭서스 가입은 그의 파괴적인 미학적 실천을 고립된 개인의 내면으로 환원시키지 않고, 일종의 전위적인 미학운동으로 확장시킴으로써, 백남준으로 하여금 당대 현대예술의 장에 이름을 올릴 수 있게 했다. 백남준의 예술가 데뷔 역시 마치우나스George Maciunas와 플럭서스를 실질적으로 이끌었던 슈톡하우젠이 기획한 초기 플럭서스 공연 〈괴짜들〉Originale, 1961이었다. 플럭서스는 가장 독일적인 전위미학을 추구하면서, 뉴욕에 가장 성공적으로 적응한 실험집단이었다. 무엇보다, 백남준이 뉴욕 입국허가를 얻는 데 실제적인 도움을 준 것도 케이지, 마치우나스, 오노 요코와 같은 플럭서스 멤버들이었다(백남준 외, 2010). 또한 '해프닝 happening, 혹은 행위performance'라는 형식을 통해 음악적 실험을 시각적으로 표현하는 것을 가능하게 했다(조광석, 2005; 김홍희, 2007). 즉, "단순히 시각적 의도라기보다 의도되지 않은 '뜻밖에' 소리와 마주치는 구성을 만들다 보니 연극적이며 행위적인 시각예술로 전환하게 된 것이다"(조광석, 2005: 465). 음악장의 전복자로서 백남준이 추구한 음악의 시각화는 케이지가 수행하는 구체음악에 필연적으로 수반되는 문제였으며, 슈톡하우젠과 플럭서스 구성원들, 그리고 백남준이 가장 극단적인 방식으로 수행한 퍼포먼스는 이 문제를 집단적 실천을 통해 합법적인 아비튀스로 만들었다.

여기서 플럭서스가 중요한 이유는 음악의 시각화라는 문제의식을 확장하려는 그들의 집단적 실천을 통해, 당대 음악장에서 시각미술장으로 연결되는 통로가 열렸으며, 존 케이지의 추종자이자 플럭서스의 정예멤버였던 백남준은 이렇게 열려진 통로를 가장 먼저, 가장 효과적으로 오고 간 투쟁자라는 것이다. 플럭서스를 통해 전체 미학장에서 음악장과 미술장의 실천논리가 교차하는 가능성의 공간이 제도화되었을 뿐 아니라, 이 가능성의 공간을 통해 백남준은 독일과 뉴욕을 지리적으로 왕래하면서, 비디오아트에 도달한 셈이다. 따라서 백남준의 음악장 내 원초적 위치취하기, 독일 음악장에서 뉴욕 미술장으로의 장 간 횡단은 그저 백남준 개인의 주관적이고 자의적인 결단에 의해 벌어진 우연적 사건이 아니라, 백남준의 실천이 당대 예술장의 상황 및 구조와 변증법적으로 조응하면서 이루어진 성취이며, 여기서 플럭서스는 백남준의 실천을 가능하게 하는 예술장의 객관적 조건의 변화를 유발한 핵심적인 요인이었다.

백남준은 플럭서스 집단 내에서도 중심에 진입하는 특별한 능력을 보여주는 데, 특히 존 케이지, 요셉 보이스, 오노 요코와 같이 플럭서스의 범위를 넘어서는 핵심적 실천자와 정합적 동맹을 맺어 나갈 수 있었다는 것이다.[9] 이러한 정당한 미학적 실천과 집단 운동을 통한 정합적 동맹관계는 백남준 네트워크의 확장에서 승수효과를 더했다. 예컨대 요셉 보이스의 예술적 명성이 상승할 때 백남준의 그것 역시 상승작용하는 효과를 내는 것이다. 이 상승효과는 유럽 내 백남준 연결망을 견고하게 강화시켜 주었고, 이후 현대미술의 새로운 수도 뉴욕으로 진출하는 교두보가 되었음은 당연한 일이다.

뉴욕, 뉴욕! 백남준의 뉴욕시대

백남준의 뉴욕시대는 백남준 네트워크 형성의 절정을 이룬다. 1960년대 이후 미국은 미학장의 위계구조에서 유럽을 능가하는 지배적 위치를 차지하고 있었고, 뉴욕은 그 중심에 위치하고 있었다(Quemin, 2002; 김광우, 2006). 뉴욕

---

9. 백남준의 실질적인 데뷔라 할 만한 작업이 1959년 장-피에르 빌헬름이 운영하는 갤러리 22에서 행해졌던 〈존 케이지에 바침〉(Homage a John Cage)이었다는 점은 의미심장하다. 같은 맥락에서 요셉 보이스와 함께 플럭서스의 창시자에 헌정된 〈조지 마치우나스를 추모하며〉(In Memorium George Micianus)(1978), 〈머스 옆에 머스〉(Merce By Merce)를 제작했고, 가장 핵심적인 동맹 가운데 하나였던 보이스가 서거했을 때 〈보이스 로봇〉(Beuys Robot)(1988), 〈보이스 추모굿〉(1990) 등이 제작되거나 행해졌다.

을 중심으로 팽창하는 미술시장과 모마, 구겐하임, 휘트니 등 제도적 기관들의 활발한 실천은 사회공간에서 미국의 정치-경제적 영향력을 국제적 미학장에서 효과적으로 변환하는 데 성공했다(Crane, 1987). 따라서 뉴욕의 인정은 백남준에게 상징적인 의미를 갖고 있었다. 특히 뉴욕 시라큐스 에버슨 뮤지엄Everson Museum of Art, Syracuse에서 열린 회고전(1974)은 백남준 네트워크의 확장의 의미 있는 계기를 이룬다. 에버슨 미술관은 비디오아트를 중심으로 당대 뉴욕 미술장의 상황 속에서 상징투쟁을 수행했고, 최초의 비디오아트 전문 큐레이터이자 비평가였던 데이빗 로스를 고용한다. 로스는 이후 보스톤 현대미술관Boston Museum of Contempory Art과 휘트니미술관 관장에 올랐고, 〈휘트니비엔날레 1993〉과 같은 역사적 전시를 기획하면서, 동시대 세계미술을 주도하는 실천자가 되었다. 특히 에버슨 개인전 이후 로스는 '백남준주의자'Paikian로 불리면서(Mallencamp, 1995), 백남준을 정점으로 피터 캄푸스Peter Campus, 프랭크 질레트Frank Gillette, 존 다우니Juan Downey와 같은 초기 뉴욕 비디오 아티스트와, 부르스 나우만Bruce Nauman, 빌 비올라Bill Viola 등 최신 거장들을 포함하여, 비디오아트의 논리가 TV 이외의 다양한 매체를 사용하는 미디어아트media art의 형태로 확장하는 계보를 완성하는 데 기여했다.10

백남준 네트워크의 설립과 확장은 1982년 휘트니미술관에서 열렸던 회고전에서 절정을 맞는다. 휘트니미술관은 구겐하임, 모마와 더불어 동시대 미술장에서 미국미술을 미술관 전시와 소장의 핵심적 레파토리로 격상시켰

---

10. 백남준은 후일 사비 25만 불을 들여 국립현대미술관에 〈휘트니비엔날레 1993〉을 통째로 수입하는데, 이 점은 로스-백남준 관계를 보여주는 상징적인 사건이라 할 수 있다. 백남준 네트워크 내에서 미학적 타당성을 입증했던 데이비드 로스의 역할은 한국예술계에서 김홍희와 이용우 등에 의해 수행되었다. 이들은 정교한 개념과 언어를 통해 백남준 미학을 담론적으로 대리했는데, 재미있는 것은 백남준 네트워크의 확장과 더불어 제도 내에서 이들의 위상 역시 상승해 나갔다는 것이다. 이들은 모두 공교롭게도 대한민국 미술장 내에서 현존하는 제도의 최고 위치 가운데 하나인 광주비엔날레 전시감독을 역임하게 된다. 또한 이 경력은 이들의 성취하는 상징자본의 가장 핵심적인 부분을 이룬다.

던 주역이었다(Crane, 1987; Grenfell and Hardy, 2007). 이 회고전은 백남준의 미술장 내 위치를 제도적으로 공식화하는 계기가 된다. 이제 비디오아트는 현대미술의 공식적인 개념이 되었다. 같은 해 5월 21일 존 케이지, 불프 헤어초겐라트(당시 쾰른미술관장), 폰투스 휠텐Pontus Hultén, 당시 LA 모마관장), 데이비드 로스(당시 보스톤현대미술관장) 등이 참여한 토론회에서 백남준은 비디오아트의 창시자로서 합법성을 부여받는다. 이제 비디오아트는 정당한 미술관 소장품으로 받아들여지기 시작했고, 백남준은 더 이상 무어맨을 발가벗겨 대중의 관심을 끌 필요가 없어졌다. 휘트니 회고전의 성공으로 인해 백남준 네트워크 역시 확장을 가속화하게 된다. 백남준은 동시대 미술장의 참여자들 가운데서 미술관의 제도적 장점과 공간적 특성에 가장 잘 적응했을 뿐 아니라, 그것들을 가장 잘 이용하였다. 이제 뉴욕뿐 아니라 세계적인 주류 미술관의 주요 레파토리 가운데 하나가 된 백남준은 전시공간의 물리적 조건과 그러한 거대미술관들이 매개할 수 있는 외부자원을 최대한 이용했다.11

백남준은 휘트니미술관 회고전을 통해 인정받은 비디오아트의 인정을 1984년의 〈굿모닝 미스터 오웰〉Good Mornig Mr. Owell이라는 위성 기획으로 연결시켰으며,12 이것은 백남준의 존재를 세계적인 수준에서 각인시키는 계기

---

11. 미술관은 공간적으로 예술작품을 전시하기 위한 거대한 물리적 공간이었고, 제도적으로는 미술장 내외의 가용한 인적–물적 자원들의 그물망을 조직하는 장치였다. 〈TV십자가〉(1966, 보니노 화랑)에서 출발하여, 〈비라미드〉(V-ramid, 1982, 휘트니미술관)를 거쳐, 〈삼색비디오〉(1982, 퐁피두센터)와 〈다다익선〉(1987, 국립현대미술관)에서 절정을 이루는 백남준의 초대형 멀티모니터 매트릭스(large scale multi-monitor matrix) 설치작품은 백남준 양식 가운데서도 가장 스펙타클하고, 가장 미술관적일 뿐 아니라, 가장 뉴욕적인 형태를 이룬다. 이 작업은 특성상 미술관의 제도적 기능과 공간적 특성을 가장 잘 이용한 작업이다. 그 이유는 이 작업들이 거대한 전시공간을 전면적으로 사용할 뿐 아니라, 막대한 경제적 재원과 자원을 필요로 하기 때문이다. 미술관이 단순히 예술작품의 전시공간이 아니라, 문화적 실천의 장과 사회공간의 교차점에서 예술적 이해와 사회적 이해를 변환하는 기능을 수행한다는 점을 감안하면, 백남준의 초대형 멀티모니터 스타일은 근본적으로 그러한 미술관의 물리적 특성과 제도적 환류기능 없이 가능하지 않았다.
12. 파리, 베를린, 서울을 인공위성으로 연결한 이 기획은 요셉 보이스, 존 케이지, 머스 커닝햄(Merce Cunningham) 등 백남준 네트워크의 핵심 동맹들뿐 아니라 로리 앤더슨(Laurie Anderson), 피

가 되었다. 이 위성 기획이 중요한 또 다른 이유는 대한민국이란 국가권력이 비로소 백남준 네트워크 속에 포섭되어졌기 때문이다. 당시 86아시안게임, 88서울올림픽을 앞둔 권위주의 5공 정부는 대한민국의 문화적 동시대성을 과시해야할 필요가 절실했고, 뉴욕 예술계의 인정을 받은 백남준의 국제적 명성과 〈굿모닝 미스터 오웰〉의 국제성은 그 필요를 충족시킬 수 있었다. 대한민국 정부와 백남준의 밀월은 〈바이바이 키플링〉ByeBye Kippling, 1986, 〈손에 손잡고〉Wrap the World, 1988를 포함하여, 뉴밀레니엄 기획 〈호랑이는 살아있다〉(2000. 1. 1), 2002년 한국/일본 월드컵 개막공연 〈평화의 종〉(2002. 5. 31) 등의 대규모 국제행사들에서 반복되었다. 백남준은 대한민국 국가가 요구하는 세계적 문화이벤트의 대표 메뉴가 되었다.13 백남준은 국가의 정치적 이해와 제도의 이해를 문화적으로 '번역'할 수 있었고, 또 훌륭하게 충족시킬 수 있었으며, 백남준 역시 대한민국 국가와 방송을 포섭함으로써, 제도적인 안정성을 확보하게 되었다. 백남준은 일종의 국가적 문화권력이 되었다.

〈다다익선〉: 대한민국정부, 삼성, 그리고 백남준

1982년 휘트니 회고전 이후 1980년대 후반 백남준 네트워크의 중심은 뉴욕과 대한민국을 오가는 이중적, 혹은 나선형 구조를 보여준다. 백남준과 백남준 네트워크 내에 포섭된 다양한 행위자들은 뉴욕에서 백남준의 이름으로

터 가브리엘(Peter Gabriel), 앨런 긴즈버그(Allen Ginsberg), 벤 보티에(Ben Vautier), 이브 몽땅(Yves Montand), 필립 글래스(Philip Glass), 톰슨 트윈스(Thompson Twins) 등 당대 최고의 유명인들이 출연했고, 재방송을 포함하여 전세계의 약 2천5백만 명이 시청했다.

13. 좀 더 엄밀하게 말하면, 동시대적 국제성을 획득하는 국가적인 과제는 특히 KBS와 같은 권력의 문화적 하부조직의 과제로 주어졌고, KBS는 백남준의 기획을 실무적으로 성실히 주관함으로써 제도적인 주체로서 자신들의 이해와 백남준의 이해를 동시에 만족시킬 수 있었던 것이다.

축적된 상징자본의 효과를 한국에서 확대, 강화했고, 제도적 안정성과 경제적 후원으로 번역했다. 이 안정성과 후원은 다른 경쟁자들이 갖지 못한 장점이었고, 백남준 네트워크의 참여자들은 이 점을 뉴욕과 유럽 미학장 내에서 자신들의 상징투쟁에 이용했다. 백남준은 대한민국 정부와 국가기간 방송사를 동원할 수 있는 능력을 갖추게 된 것이다. 1987년 국립현대미술관의 중앙회랑에 설치된 〈다다익선〉多多益善은 대한민국 예술계에서 백남준의 위치를 증거한다. 적어도 공간적으로 국립현대미술관에서 한국 근현대 미술의 역사는 백남준을 중심으로 조직되고 나열되어진다. 국립현대미술관은 거대한 "백남준 기념관"(김상수, 2000)의 기능을 암묵적으로 수행하게 된다. 하지만 이 역시 국립현대미술관이 일방적으로 백남준의 명성에 굴복했던 것은 아니다. 그 자체로 한국예술계 내외부에서 자기 이해를 추구하며 경쟁하는 조합적 행위자corporative actor로서 국립현대미술관은 1986년 과천 이전 이후 소위 '국립'national이라는 제도적 지위에 걸맞은 위상을 가져야 할 필요가 있었다. 이 필요에 백남준은 자신의 작품 가운데 최대 최고의 작품을 제공함으로써 응답했다. 백남준과 국립현대미술관 가운데 어느 일방의 요구가 아니라 상호적인 공모가 성립한 것이다.14 국립현대미술관은 문화투쟁의 전선 위에서 유일무이한 백남준의 TV 스펙타클을 보유함으로써 국제적 동시대성을 만족시킬 수 있었고, 과천 이전 이후 한국 예술장에서 상당한 주도권을 유지했다.

국립현대미술관 입성은 백남준 네트워크의 국내적 확장에 또 다른 중요한 계기를 얻는데, 바로 거대자본 삼성과의 제휴가 그것이다. 특히 〈다다익선〉의 스펙타클은 1,003대의 TV를 요구하는 무모한 작업이었고, 삼성은 이

---

14. 물론, 이 공모는 백남준과 국립현대미술관 양자에 의해 서로 다른 방식으로 해석될 수 있다. "백남준이 프로젝트가 '한국정부측의 요청으로' 이루어진 것임을 분명히 밝히고 있는데 반해, 2년 후인 88년 유준상은 "당초 이 프로젝트를 발의한 것은 백남준 자신인 것이었다"라고 증언하고 있다"(임대근, 2003; 유준상, 1988).

무모함을 현실화하는 데 기꺼이 참여했다. 삼성과의 제휴가 단순한 협찬만은 아닌 것이 이 제휴와 더불어 삼성이 한국문화예술계에 개입하는 통로이자 공식적 대리인인 호암재단과 연결망을 형성했던 것이다. 삼성-호암은 백남준 작품의 거대한 제도적 콜렉터가 되었고, 문화적 지평에서 삼성이 변환할 수 있는 최대한의 상징자본을 제공했다. 백남준은 미술계에서 삼성과 등가로 변형되는 거의 유일한 존재였고, 삼성 역시 예술장 내외에서 백남준의 명성을 기업 이미지의 제고효과로 되돌려 받을 수 있었다. 홍라희는 다음과 같이 삼성과 백남준의 관계를 회상하고 있다.

> 백남준 선생과 삼성과의 인연은 1984년으로 거슬러 올라갑니다. 백남준 선생이 35년 만에 처음 한국을 방문하였을 때 당시 국제적 성장의 기틀을 마련한 삼성전자의 TV모니터를 자신의 작업에 사용하면서부터였습니다. 이건희 회장과 함께한 어느 날 백선생이 격식에 얽매이지 않고 세계인으로서 조국에 대한 애정과 삼성에 대한 기대를 재치와 유머를 섞어가며 표현하였던 기억이 새롭습니다. 다음 해 백선생은 삼성전자와 정식으로 계약을 맺어 자신의 작업에 삼성 TV 모니터를 지원받아 적극 활용하기 시작했습니다. 1988년 과천 국립현대미술관에 기념비적인 작품 〈다다익선〉의 전자장비 제작지원을 시작으로, 1992년의 과천 국립현대미술관의 회고전과 1997년 독일의 뮌스터 조각프로젝트, 그리고 뉴욕 구겐하임미술관의 〈백남준의 세계전〉과 호암갤러리와 로댕갤러리의 〈백남준의 세계전〉에 이르기까지 선생의 핵심적인 프로젝트에 삼성문화재단이 직-간접적으로 지원할 수 있었던 것도 참 크나큰 보람이었습니다. 백남준 선생이 비디오아트의 거장으로 세계적인 주목을 받는 동안 삼성의 첨단기술과 기업이미지도 한층 발전되어 갔습니다. 예술과 기업의 멋진 만남, 결국 우리의 협력작업은 한국의 기술과 문화를 세계 곳곳에 알리는 계기가 되었습니다. (홍라희, 2007: 130~131)

1990년대 초반은 백남준 네트워크에서 국내와 뉴욕의 핵심적 두 포스트가 정신없이 피드백하며 상승작용하는 시기였다. 1987년 〈다다익선〉의 국립현대미술관 입성, 1992년 〈비디오 때 비디오 땅전〉에 이어, 1993년 베니스 비엔날레에 한스 하케Hans Haacke와 함께 독일관 대표로 참여한 백남준은 〈전자정보고속도로〉Electronic Superhighway TV설치작업으로 최고의 영예인 황금사자상을 수상한다. 1995년엔 한국문화예술계의 노벨상이라 할 만한 호암상을 수상했고, 비슷한 시기에 『슈피겔』Der Spiegel, 『캐피탈』Capital 등의 잡지가 발표하는 세계 미술인 순위에서 리히터Gerhard Richter, 나우만, 폴케Sigma Polke, 바젤리츠Georg Baselitz 등과 한자리 수 내에서 경쟁하는 세계적 작가가 되었다.

더 이상 확장할 여지가 없는 포화상태에 이른 백남준 네트워크는 이제 제도적 안정화의 단계에 진입한다. 백남준은 더 이상 파괴를 일삼는 신화적인 몽상가가 아니라 이제 거대한 사회적 실재social fact가 되어 버린다. 백남준과 비디오아트는 이제 긍정 혹은 비판, 혹은 호불호의 대상이 아니라, 압도적인 현실이자 더 이상 의문되지 않는 당연한 실재로 존재하게 된다. 그 실재의 모습은 1995년 〈광주비엔날레〉라는 제도적인 스펙타클의 형태를 띠고 나타났다. 백남준은 광주비엔날레 설립의 미학적 근거였던 것이다. 광주비엔날레를 통해 백남준 네트워크는 국가와 미디어와 예술계와 자본을 얽어매는 웅장한 그물망을 완성하였으며, 이후 〈부산비엔날레〉, 〈서울미디어아트페스티벌〉로 확장되었다. 한국의 비엔날레들은 대한민국이 백남준으로부터 비롯된 매체미술의 세계적 종주국이라는 사실에 대한 선언에 다름 아니었다. 백남준은 이 보잘 것 없는 이미지 제국의 변방 대한민국이 세계미술계에서 존재감을 알리기 위한 미학적 근거가 되었다. 제 1회 광주비엔날레 특별전인 〈정보예술〉Info Art전은 백남준에 대한 직접적인 오마주였으며, 국립현대미술관의 〈다다익선〉이 그러한 것처럼 이 모든 비엔날레 행사장들의 현관에서 가장 먼저 관객을 맞는 것은 예외 없이 백남준의 작품이었다.

나가며, 사회학의 객체이자 주체로서 백남준

이 글의 끝에서, 새삼스럽지만, 다시 제목으로 돌아가 보자. 백남준의 사회학이란, 백남준의 미학적 실천의 궤적을 사회학의 관점으로 재해석하겠다는 의도를 담고 있다. 하지만, 비록 가설적인 형태지만, 필자가 제목 속에 내포하려는 것 하나는, 백남준의 미학적 실천이 가장 사회학적인 개념을 수단으로 삼고 있다는 점이다. 물론, 백남준이 장, 아비튀스, 투쟁, 이해관계 번역과 같은 최신 사회학의 개념을 알았을 가능성은 거의 없다. 그러나, 백남준이 보여준 전략은 거의 정확히 그 개념이 말하고자 하는 바에 일치하고 있다. 그런 의미에서, 백남준은 사회학의 연구대상인 동시에 사회학(적 개념들)을 자신의 투쟁을 위해 사용한 주체일 수 있다는 것이다. 사회학의 객체이자 주체로서 백남준은 백남준 수수께끼를 풀어줄 단서이기도 하다. 백남준은 어떻게 사회현실의 당대적 모순과 질곡들에서 자유로울 수 있었을까? 또한 쉰베르크와 존 케이지의 추종자였던 백남준은 어떻게 비디오아트를 창시한 미술의 거장이 되었을까? 백남준이 보여준 자유부동自由浮動의 상상력은 천재라는 기이하고 근거 없는 신비로만 해소될 것인가? 이 의문에 대해 필자는 다음과 같이 대답하고자 한다. 즉 백남준은 철저하게 당대 예술장에 위치한 사회적 행위자라는 것이다. 백남준은 상대적으로 자율적인 미학적 실천의 객관적 공간, 즉 예술장 내에 자신을 위치시켰고, 장의 논리에 순응하거나 투쟁함으로써, 장의 상황과 구조를 변화시켰으며, 장들의 객관적 경계를 횡단하고, 궁극적으로 예술장 내의 새로운 하부장을 만들었다. 동시에 백남준의 장 내 투쟁과 장 간 횡단은 곧 장 내외의 이해관계를 번역함으로써 소위 백남준네트워크의 외형과 밀도를 강화하는 과정과 분리되지 않는다. 필자가 백남준을 분석함에 있어서 부르디외와 라투르의 개념들을 이론적 관점으로 삼은 것도 그러한 이유였다.

비디오아트는 구조화된 구조로서의 음악장의 상황에서 파생된 전위들의 문제의식과 백남준의 실천이 조응하면서, 구조화하는 구조로서의 미술장에서 새로운 '가능성의 공간'을 설립하는 과정에서 일종의 '사회적 사실'로 실현된 예술적 실제라 할 수 있다. 필자는 비디오아트라는 사회적 사실이 오직 백남준만의 고유하고 천재적인 고민의 소산이 아니며, 음악장과 미술장을 포함한 당대 예술장의 객관적 구조와 상황 속에서 유발된 역사적이고 사회적인 사건이었음을 지적하고 싶다. 비디오아트는, 음악장과 미술장이라는 당대 예술장의 객관적 공간이 서로 겹치는 부분에서 음악장의 문제를 시각화의 실천논리로 풀어내는 과정에서 파생된 것이다. 백남준의 비디오아트가 예술에 관한 사회적 사실로서 성립하는 과정은 예술장의 존재와 당대 예술장의 상황이라는 사회적 조건으로부터 자유로울 수 없다. 그는 당대 음악장의 전복자로서 장의 원초적 위치취하기를 수행했고, 이 원초적 위치취하기에 의해 부여된 전복의 방향성은 그로 하여금 음악장의 경계를 완전히 넘어 미술장에 진입하게 했다. 이 과정은 독일에서 뉴욕으로 예술적 실천의 근거를 이동시키는 지리적 궤적으로 나타났고, 미학적으로는 부퍼탈에서 선보인 전자 텔레비전을 통한 '음악의 전시'의 실험을 화랑과 미술관을 중심으로 좀 더 적극적으로 심화시키는 과정으로 나타났다. 비디오아트의 성립은 백남준이 보여주는 장들 간 횡단, 지리적 이동과 무관하지 않으며, 이러한 횡단과 이동은 예술장의 존재와 당대 예술장의 구조와 상황에 대한 백남준의 정확한 파악과 전망을 전제하지 않을 수 없다. 백남준은 무색, 무미, 무취한 진공상태에서 기발한 걸작을 생산한 광기어린 천재가 아니라, 정확하게 예술장이라는 사회적 공간 속에서 미학적 실천의 방향성을 설정해 나간 사회적 행위자이며, 비디오아트란 백남준의 실천이 장과 조응하는 지점에서 나름의 정합성을 획득하면서 지배양식으로 공인된 동시대 이미지 조직과 분류의 아비튀스였다는 것이다.

백남준의 투쟁은, 백남준에 의한 투쟁인 동시에 백남준을 향한 투쟁이었고, 백남준과 백남준을 둘러싼 투쟁자들은 기꺼이 그 투쟁이 생산하는 상징자본의 불평등한 분배구조를 유지하거나 전복하기 위해 경쟁하는 예술장의 참여자들이라는 것이다. 분명한 것은, 백남준의 신화화와 동시대 예술장의 지배 아비튀스로서의 비디오아트의 공식화는 백남준을 포함하여 백남준을 중심으로 전개된 장 내 투쟁의 참여자들에 의해 성취된 사회적 현상이었다는 것이다. 백남준이 보여준 장들 사이의 횡단은 백남준의 실천과 장 사이의 사회학적인 동시에 변증법적 조응의 결과이다. 그것이 변증법적인 이유는 백남준의 실천이 기존 장의 구조화된 구조를 부정함으로써 새로운 구조화하는 구조로서의 장을 가능하게 했기 때문이다. 즉, 백남준의 실천은 과거의 장을 부정함으로써 새로운 장을 긍정한 것이다. 또한 백남준의 횡단이 사회학적인 이유는 그의 실천이 장이라는 사회[학]적으로 구분된 공간의 구조와 상황을 문제 삼았을 뿐 아니라, 새로운 장의 상황을 산출함으로써 전체 사회공간과 예술장 사이의 새로운 방식의 상동성을 부여했다는 점이다. 당대 예술장의 상황이 20세기 초의 사회의 분화와 전문화 과정을 모더니즘의 형태로 반영했다면, 백남준의 비디오아트가 초래한 예술장의 상황은 대량생산과 소비, 정보화, 과학기술의 발달을 자율적 예술장의 논리로 굴절하고 변환함으로써, 새로운 정합적 접점을 마련할 수 있었던 것이다.

12장

최경태를 싸고 도는 기이한 역설, 혹은 그 역설에서 벗어나기

최경태론의 지형 : 형법 243조 vs. 헌법 22조

최경태를 논(해야) 할 때, 이 문제를 꼭 짚어야만 하는가에는 회의적이다. 왜냐하면, 오히려 이 문제에 걸려 최경태론은 한발도 나아가지 못했기 때문이다. 그러나 이 문제를 제외하고서 어떤 진전이 가능할까에는 더욱 회의적이다. 그만큼 이 문제는 최경태론의 지형에서 중요하기 때문이다. 이 문제란 〈여고생〉 연작이 가져왔던 파문이다. 이 파문은 여전히 해소되지 않았다. 어쩌면 이 문제는 얼마든지 가십이나 에피소드로 치부될 수 있었다. 그러나 이 문제가 여전히 파문인 이유는 이것으로 인해, 한국에서 현재 행해지는 미술적 실천들을 둘러싼 객관적 상황들과 그 상황들을 둘러싼 구조의 지형이 여지없이 드러났기 때문이다. 어찌보면, 현재의 최경태론의 지형에는 온통 막힐 길 밖에 없는 듯 보인다. 사법부가 요구하는 바, 예술로서 남기 위해선 스스로 음란을 부정해야 하고, 음란함을 유지하자니 예술을 포기해야 하는 상황이다. 이 모든 막힘 속에서 최경태에 대한 동조와 이탈은 모두 상반된 효과를 유발하는 역설을 초래한다. 그러나 이 모든 상황이 예술과 음란을 상반된 가치로 설정해 놓은 게임의 룰 때문에 생겨난 것이며, 이 룰의 규정이 사법부에 의한 것이라는 점을 간파할 때 미미하나마 작은 열림의 가능성이 발견될 수 있을지도 모른다. 즉, "당신이 무죄를 주장하려면, 니 그림이 '예술'이라는 것을 증명해야 한다"는 사법적 논리를 무작정 수용할 것이 아니라 오히려 너무나 음란해서 지극히 예술적임이 증명되는 새로운 룰을 세워야 한다는 것이다. 어차피 최경태 사태의 본질은 투쟁이다. 이 투쟁의 내기물은 최경태의 그림 자체가 아니라, 최경태의 그림이 타겟으로 삼고 있는 게임의 룰이다. 게임의 룰은 최경태만의 것이 아니라, 모든 예술적 실천자들에게 보편적으로 작용하는 이해이며, 그래서 다른 실천자들의 동참이 필요한 것이다. 만약 최경태 사태의 본질이 투쟁이라면, 구태여 기존의 룰 속에 갇힐 이유가 없으며, 지극히 미학적이고 비평적인 논증의 형태를 취하면서도, 결국 법적 반증의 근거로서의 효과로 변형될 수 있는 종류의 투쟁을 지향하는 편이 좀 더 생산적일 수 있다. 최경태론의 현재 상황에서 이런 식의 판 자체의 변화는 가능할 것인가? 법정이 그려 놓은 최초의 판의 마지막 장면을 다시 살펴보자. "여고생전" 최종 대법원 상고기각 내용은 다음과 같다.

> 형법 제243조에 규정된 '음란한도화'라 함은 보통인의 성욕을 자극하여 성적 흥분을 유발하고 정상적인 성적 수치심을 해하여 성적 도의관념에 반하는 것을 가리킨다고 할 것이고, 이는 당해 도화의 성에 관한 노골적이고 상세한 표현의 정도와 그 수법, 당해 도화의 구성 또는 예술성, 사상성 등에 의한 성적 자극의 완화의 정도, 이들의 관점으로부터 당해 도화를 전체로서 보았을 때 주로 독자의 호색적 흥미를 돋구는 것으로 인정되느냐의 여부 등을 검토, 종합하여

그 시대의 건전한 사회통념에 비추어 판단하여야 할 것이며.(대법원 1995.6.16.선고94도1758판결, 1997.8.22선고97도937판결 등 참조)[이하 생략]

놀라운 것은 예술(성)에 대한 형법 243조의 불완전성이다. 형법 243조는 예술에 대한 사형선고인 작품소각의 신중한 근거법령이라기엔 예술에 대한 너무나 큰 몰이해와 모멸을 수반하고 있다. 작품의 예술적 가치와 해석 가능성의 여지는 고려되지 않았다. 고려되었다 하더라도 모호하고 추상적인[이 점은 이 조문에 대한 모든 반대자들의 일치된 견해이기도한데] '성적 도의관념', 혹은 '음란성'에 의해 간단히 부정될만한 것이거나, "성적 자극의 완화"로서의 "예술성, 사상성"의 범주에 뭉뚱그려질 뿐이다. 즉, 음란성의 완화 또는 제거로서의 예술성이 존재할 뿐이다.

예술성은 음란성의 대립개념으로서만 존재할 뿐일까? 물론 "예술성과 음란성은 차원을 달리하는 관념이므로 어느 예술작품에 예술성이 있다고 하여 그 작품의 음란성이 당연히 부정되는 것은 아니라 할 것이"라는 고려가 있기는 하지만, 이 고려는 이내 [그러나] "다만 그 작품의 예술적 가치, 주제와 성적 표현의 관련성 정도 등에 따라서는 그 음란성이 완화되어 결국은 형법이 처벌대상으로 삼을 수 없게 되는 경우가 있을 수 있을 뿐이다"라는 결론에 이른다. 형법 243조는 예술적 가치, 주제, 혹은 표현의 법적 정당성을 오직 음란성을 완화하는 한에서만 인정하는 것이다. 예술을 불분명하고, 가변적인 사회적 통념의 좁은 틀거리 속에 구겨 넣은 꼴이다. 이런 식의 예술개념이 존재하지 말란 법은 없으나, 그 가능성은 적어도 한 두세기 전에나 가능하며, 아무리 양보하더라도 권위주의적 군사독재 정권에서나 통용되었던 예술개념에 불과하다. 사법부가 비록 우리 사회에서 가장 보수적인 해석기관임을 인정하더라도 이 잣대를 수정하지 않은 채, 여전히 그대로 적용하는 것은 현실적이지 않다. 현대미술은 예술적 표현이 음란성을 완화하기도 하지만, 오히려 그것을 과장하고 극단화시킬 수도 있으며, 그렇게 과장되고 극단화된 음란성이라 하더라도 충분히 예술적 가치로서 이해될 수 있다. 설사 법이 현대미술의 모든 가능성을 수용할 수 없다하더라도, 음란성에 '상반'相反되지 않고 오히려 음란성에 '상관'相關하는 예술의 사소한 현대적 개연성조차 완강히 거부해야만 할 이유는 전혀 없다. 의외로 예술의 자유는 형법에 상위하는 헌법적 근거를 갖는다.

　　제22조 ①모든 국민은 학문과 예술의 자유를 가진다. ②저작자·발명가·과학기술자와 예술가의 권리는 법률로써 보호한다.

　　헌법 22조의 예술의 자유와 예술가의 권리는 헌법 21조의 표현의 자유와도 독립적으로 규정될 만큼 본질적인 기본권인 것이다. 이 기본권이 형법 243조에 규정된 모호한 음란함의 정의에 따라 부정되는 것은 본말이 전도된 느낌이 없지 않다. 모든 헌법조항의 내재적 한계를 아무리 확대한다하더라도 형법 243조가 보호하는 "정상적인 성적 수치심"과 "성적 도의관념"이 헌법 22조에 의해 저해되거나 상위하는 기본권인지 의심스럽다. 너무나도 분명하게 규정된 헌법적 권리로서의 예술의 자유권에 비해 그 명확성을 현저히 결하고 있는 것이다. 설사 그것들이 선행하는 기본권이라 하더라도, 그것이 음란한 것의 부정에 의해 기계적으로 얻어지는 것이 아니라, 오히려 음란함의 표현적 과장에 의한 실존적 자각을 통해 역설적으로 성취될 수도 있으며, 이 가능성은 오직 예술의 자유를 인정하는 한에서만 가능하다. 설사 법정의 판단처럼 "피고인[최성배]이 세삭한 이 사건 도화[여고생 연작]는 교복을 입은 여고생이 성인남자의 성기를 빨고 있는 모습, 교복을 입은 여고생이 팬티를 벗어 음부와 음모를 노출시킨 모습 등을 극히 사실적으로 묘사하고 있는 것들이"라 하더라도, 단순히 "보통 사람들의 성적 수치심과 선량한 성적 도의관념을 침해하는"것이 아닐 수 있으며, 혹은 오히려 침해함으로써 관객에게 일상 속에서 흔히 잊혀지는 그것들의 존재와 중요성에 다시 의문하게 할 수 있다는 것이다. 이는 특히 최경태가 항소이유서에서 언급하는 것이기도 하다.

저는 지금 이시대가 '포르노'와 다르지 않다고 해석하였습니다. 대한민국 어느 누구도 이 시대 섹스산업과 포르노그라피의 바다에서 자유로울 수 없다고 생각하였습니다. 저는 우리의 성적 정체성을 좀 더 근본적으로 솔직하게 바라보았고 직설적으로 표현하려고 했습니다.

최경태의 그림들이 일반적인 음란물의 유통경로가 아닌 미술전시장에서 제시되었다는 점은 중요하다. 관객이 일반적인 음란물 구매자가 아니라 예술적 감상을 목적으로 전시장에 온 건강한 의식을 가진 사회인이라면, 설사 아무리 소재와 직설적 표현의 의도가 법원의 판단처럼 음란할지라도 그것들이 오로지 호색적인 취미로만 이해될 리 만무하다. 최경태의 그림들의 음란함이 불특정 다수의 건강한 성적 수치심을 해한다는 추측은 판결문 어디서도 검증되지 않았을 뿐 아니라, 미술전시장이라는 특수한 맥락의 예술적 효과를 고려할 때 오히려 최경태의 음란함은 법원이 보호하려는 성적 수치심과 선량한 성적 도의관념을 더욱 강화시킬 개연성이 더 크다는 것이다. 이 정상적인 개연성을 아무리 좁고 엄격하게 이해하려해도 다음의 판결과는 어울리지 않는다.

그러므로 상고를 기각하기로 하여 관여 법관의 일된 의견으로 주문과 같이 판결한다. 주문: 상고를 기각한다. 음화전시, 음화판매, 음란문서제조교사, 음란문서판매, 음란문서반포. 벌금 200만원, 음란문서250권 압수소각, 음화31점 몰수.

지극히 음란해서 오히려 지극히 예술적인 : 미국과 독일

　이 글은 제한된 범위에서나마 법리적으로 음란성과 예술성 개념이 상극적인 대립관계를 벗어날 수 있는 가능성을 검토하려 한다. 만약 그 가능성이 조금이라도 발견된다면 최경태론의 지형에서 논의의 방향을 법적 판단의 영역에서 보다 전문적인 미학적 판단의 영역으로 끌어내리려는 투쟁은 좀 더 유리한 상황을 맞게 될 것이기 때문이다. 그렇다고 음란성과 예술성을 동일한 축에 놓는다는 것은 반드시 미학적 판단으로 법적 판단을 부정하고 거부하려는 것은 아니다. 또 최경태 그림의 완전한 법적 무죄를 주장하는 것도 결코 아니다. 다만, 한 작가가 예술이란 이름으로 저지른 실천이 정작 이 사회에서 엄연히 실재하고 있는 예술개념과 예술제도에 의해 전혀 보호되지 못하는 이 무시무시한 공포를 조금이라도 완화시킬 논리적 근거를 마련하자는 것이다. 이 예술개념과 예술제도의 실재성은 성적 도의관념이나 건강한 성적 수치심만큼이나 보편적인 것이며, 따라서 당연히 법적으로 보호되어야 할 기본적 가치일 수 있다. 물론, 특히 음란한 오브제의 예술적 가치에 관해서 작가와 일반인의 평가가 얼마든지 다를 수 있다. 문제는 단순히 판단의 차이가 아니라, 과연 그 상대적인 차이가 진정으로 고려되었는가 하는 것이다. 이 고려는 예술적 실천의 전문성에 대한 인정이자, 현존하는 사회적 실체로서의 예술계에 대한 최소한의 존중이기도 하다.
　사실, 음란한 작품의 예술적 가치에 대한 정당한 법적 고려의 가능성은 그리 새로운 것이 아니었다. 변호사 강금실은 장정일 필화사태를 예로 들면서 독일의 경우를 기술하고 있다:

　독일 연방헌법재판소는 '예술가의 인상, 경험, 체험 등을 일정한 형태언어를 매개로 하여 직접적인 표상으로 나타내는 자유로운 창조적 형성'이라고 설명하면서 '그것은 무엇보다도 표현이며, 예술가의 인격의 가장 직접적인 표현'이라고 한다. (중략) 예술의 자유는 예술표현의 자유를 포함하고 있기 때문에 작가의 출판된 소설은 예술의 자유의 보호영역에 속한다. (중략) 예술작품은 외설일 수 있다. 다만 그것이 예술이 아니라는 평가를 받을 때에 예술로서 보호를 받을 수 없을 뿐이다. 음란물 판단에서 외설적이냐 아니냐와 반사회적인 것이냐 아니냐를 구분하여야 하듯이, 예술작품의 음란물 판단에서 작품으로서 일정한 예술적 가치를 획득하였는가 여부와 외설인가 여부는 구분되어야 하는 것이다. 독일연방헌법재판소는 포르노 소설도 '작가의 감흥과 경험, 그리고 상상을 표현한 자유로운 창작작업일 경우, 포르노 소설도 예술의 자유의 보호영역에 속한다'고 판단하였다.(강금실, 1997)

독일의 헌법적 판단은 분명 '음란물'과 '예술작품의 음란물' 판단을 명증하게 구분하고 있다. 예술성은 오직 음란성의 상극으로서 부정되거나, 혹은 완화하는 정도에 따라 소극적으로 인정되는 것이 아니라, 오히려 음란함과 동시에 인정될 수 있다. 그래서 설사 음란한 예술작품이라 하더라도, 오직 예술작품이라는 이유로 여전히 법적 보호의 대상이라는 것이다. 또 다른 사례는 사법감시센터가 발행하는 판결비평에서도 발견된다. 이 글은 미국 연방대법원의 '밀러Miller 대 캘리포니아California' 판결에서 확립된 3단계 음란성 판단기준 가운데 세 번째 단계를 기술하고 있다:

외국판례의 입장을 살펴보면, 중대한 예술성이나 메시지가 있는 사상성은 음란성을 완화시키는 것이 아니라 아예 없애준다는 것을 알 수 있다. 위에서 본 미국 연방대법원의 3단계 음란성 판단기준에서도 세 번째 기준으로 '중대한 문학적, 예술적, 정치적, 혹은 과학적 가치를 결하는 것'을 들고 있으며 '중대한 문학적 예술적 정치적 혹은 과학적 가치'만 있으면 위의 [음란물 판단의] 두 기준을 충족시킨 '호색적 흥미에 호소하는 명백히 공격적인 하드코어 포르노그래피'라도 음란물이 아니라고 보고 있는 것이 그 예이다.(판결비평, "표현의 자유를

보다 '자유'롭게: '누드교사사건', 2005. 9. 21)

미국의 최고사법기구 역시 음란물의 법적판단에 있어서 강력한 예술적 특수성을 고려한 예외 장치를 두고 있는 것이다. 적어도 이러한 예들에는 예술의 자유와 예술적 실천의 특수성을 '성적 자극의 완화정도' 쯤으로 격하하는 소극적 해석이 존재하지 않는다. 또 '공중도덕이나 사회윤리에 의한 내재적 한계' 등의 모호하고 원죄原罪적인 제한조항을 통해 기계적이고 편의주의적으로 작품에 대한 정당한 예술적 고려의 정당성을 부정하지 않는다.

무시당한 한국의 미술제도

최경태 그림의 예술성에 대한 무시는 바로 한국의 예술실천의 수준과 제도에 대한 무시를 반증한다. 그러한 무시는 혹은 예술계를 그저 재벌 일가의 명예를 보전해주는 수단, 혹은 정부가 제공하는 지원금이라도 받아내기 위한 명분 정도로 보는 시각과 크게 다르지 않을 수 있다. 최경태의 사례는 최경태만의 문제가 아니라, 어떤 보호장치도 가동되지 않은 예술계의 불완전한 작동의 사례이기도 하다. 최경태의 그림에 고려된 예술적 고려란, 미술 비전문가인 법관의 예술적 몰이해를 경유한 치졸한 낭만주의적 본질론 이상 아무것도 아니었다. 이러한 형태의 낭만주의적 본질론은 실상 법정이 그들의 지적 우월성을 암묵적으로 전제하며 보호해야 한다고 생각하는 사회일반의 상식석 예술개념 수준에도 미치지 못한다. 그도 그럴 것이 담당 판사나 검사들은 너무 바쁘고, 미술관에 갈 시간이 없기 때문이다. 반면, 적어도 최경태의 그림에 관한 한 관객으로 참여하는 일반인의 예술적 체감은 분명 법정이 유추하는 수준을 넘어 설 것이 확실해 보인다. 이 점은 분명 사회과학이 공인한 양적[설문조사]-질적[인터뷰] 방법에 의해 검증가능한 것이지만, 그 누구도 검증하지 않았다. 다만, 불분명하고 부정확하며, 편협하고 수준 낮은 유추만이 있었을 뿐이다.

이 글이 계속해서 중언부언하며, 맴도는 지점은 여전히 예술성과 음란성을 동일한 방향에 놓을 때, 법적판단에 대한 반론이 유효한 비평적 판단으로 전도될 가능성이다. 이러한 전도가 중요한 것은 비평적 판단이야말로 이미 선진 법치국가의 최고사법기관이 음란물에 대한 처벌의 예외조건으로 요구하는 '작품으로서의 예술적 가치'[독일연방헌법재판소], 혹은 '중대한 예술적 가치'[미국대법원]를 증명하는 수단이기도 하기 때문이다. 이들 선진국의 최고사법기구들은 비평적 판단에 최대한의 법적 효력을 부여하는 것이다. 이러한 사실을 단지 그들 선진국과는 다른 한국사회의 특수성으로 치부하며 부정하려는 것은 단지 최경태를 파렴치한으로 모는 것뿐 아니라, 최경태 그림의 관객들, 잠재적 관객인 사회성원들의 예술 수용능력을 모욕하는 것이며, 동시에 한국 미술장의 제도적 안정성과 권위를 비하하는 것일 수 있다. 음란물이 아닌 예술작품으로서의 음란물은 제도적으로 실존하는 예술적 주체들의 자율적 장 속에서 판단되어야 하며, 이는 이 문제에 관한 여러 법조전문가들의 공통된 의견이기도 하다.

성표현은 포르노 속의 성기표현처럼 앞 뒤 가릴 것 없이 명백한 위법이면 문제가 아니지만 그렇지 않은 경우엔 늘 논란이 될 것이다. 문제는 많은 판례를 통해 사법적 처리 기준은 좀 더 명확해질 것이지만, 사법적 판단은 최후, 보충적으로 이루어져야 하고, 일단은 예술계의 자율적인 정화작용과 공중의 평가에 큰 기대를 해야 하지 않나 생각한다. 부득이 제한할 수밖에 없는 경우에도 작품의 음란성에 의해 침해되는 법익과 예술적 작품으로서 갖는 공익성을 비교형량하여 전체의 이익을 우선시켜야 할 합리적인 이유가 있는 경우에만, 최소한으로 작품의 규제가 가능하다. 작품에 의해 침해되는 이익의 판단에 있어서는 특히 청소년보호의 관점이 중시될 수 있다. 그리고 형법의 규제를 받는 대상은 유해성이 강한 악성음란물(청소년보호의 관점에서 판단)과 상업적 음란물(객관적으로 예술적 의도보다 상업적 의도에 있다고 보여지는 작품)에 한하는 것이 타당하다고 본다.(김수갑, 1998)

김수갑 교수가 지적하는 문제는 '음란물'이 아니라 '음란한 예술작품'에 대한 시비는 예술계의 참여자들의 몫이라는 것이다. 이 점을 고려할 때 김 교수가 염려하는 '부득이 제한할 수밖에 없는 경우'란 예술계의 판단이 정상적으로 작동하지 못했을 때를 가정한다. 그러나 이러한 경우라도 여전히 '예술작품으로서의 공익성'은 '작품의 음란성에 의해 침해되는 법익'에 대해 충분히 고려되어야 한다는 것이다. 사실, '침해되는 법익'이나, '청소년의 관점'은 얼마든지 전시의 기술적 통제 기법이나 장치들을 통해서 충분히 보호될 수 있는 것이다.

법적 효력을 지닌 비평의 가능성

만약 그처럼 자율적 예술 장 내의 판단이 법적인 존중을 받을 수 있다면, 최경태의 '여고생' 연작은 어떤 비평적 해석이 가능할까? 즉, 유의미한 법적 효과로 변환될 수 있는 비평적 판단이 가능하기만 하다면, 최경태론에서 그 내용은 어떻게 드러날 것인가 이 과제는 단지 이 글에만 던져진 과제가 아니며, 앞으로 최경태론의 지평에서 계속해서 의식되어야 할 과제일 듯 보인다.

예술작품으로서 회화

최경태 그림의 예술적 가치를 논할 때, 맨 먼저 고려해야 할 것은 그것이 철저하게 회화라는 사실이다. 회화는 일반적인 그림이 아니다. 회화는 태초의 인간이 동굴에 벽화를 그린 이후 현재까지 미술의 가장 본질적인 실천방식이다. 즉, 인류역사를 통해 타당한 예술적 존재로서 사회적으로 공인된 것이다. 이러한 회화적 전통은 해체와 전복을 방법적 근거로 삼는 현대미술에서도 여전히 존중되고 있다. 회화로의 환원[모더니즘]이건, 회화로부터의 이탈[포스트모더니즘]이건, 회화는 항상 미술의 중심이며, 이는 과거에도 그랬고, 현재도 그렇고, 미래에도 그럴 것이다. 최경태 그림은 가장 정통적인 회화로 존재하며, 자신도 항소이유서에서 이 점을 의식했던 것으로 보인다:

> 제 작업은 그림에 불과합니다. '그려진 것'이라는 점입니다. 위에서 나열된 포르노물은 실제 모델을 데리고 '실제정사'를 찍은 것입니다. 과연 어느 것이 더 음란하다고 생각하시는지요? 여배우의 성기가 직접 노출되지는 않았지만, 실제의 인물이 실제정사를 하는 것을 찍은 것과 단지 '그려진' 그림과 과연 어느 것이 더 음란하겠습니까?

문제는 최경태와 최경태의 지지자들이 기존의 게임의 룰을 변화시키지 못하고 일면 법적 논리를 수용하면서 그림 자체의 예술적 측면을 효과적으로 부각시키지 못했다는 점일 수 있다. 회화의 구성은 드로잉과 재료의 두 가지 관점으로 나누어 볼 수 있다. 드로잉이란, 회화를 구성하는 실천의 논리를 의미한다. 드로잉을 중심으로 한 여러 실천들의 정합적 구성방식은 소위 '양식'style을 형성한다. 이 양식은 회화 상의 예술적 본질을 구성한다. 양식이 다르면 회화의 본질도 달라진다. 그 예는 회화사를 구성하는 수많은 주의와 운동들에서 찾을 수 있다. 예컨대 구상과 추상의 양식적 대립은 서로 다른 미적 본질을 위해 싸운 투쟁이었다. 최경태의 그림이 미적 평가의 높고 낮음을 떠나 본질적으로 예술일 수밖에 없는 이유는, 그것이 회화사의 가능한 모든 실천 논리 가운데 가장 분명하게 확인되고 공인된 방식, 즉 재현representation의 규칙들을 따르고 있기 때문이다. 재현이란, 화면 위에서 이미지를 다룸에 있어서 화면 밖의 대상과 충분한 준거, 혹은 지시관계를 성취해내는 방식이다. 일반인들이 쉽게 생각할지도 모르는 재현의 규칙은 실상 수년간의 고된 훈련을 통해 작가의 몸에 각인된 특수한 실천방식으로서의 '아비튀스'라 할 수 있다. 즉, 법정에서 음란물의 근거로 규정되었던 "당해 도화의 성에 관한 노골적이고 상세한 표현의 정도와 그 수법, 당해 도화의 구성"이란 결국 대상과 이미지라는 이질적 영역의 차별성을 재현의 규칙과 논리를 따라 충실하고 적합한 방식으로 조직해내는 지극히 예술적인 실천인 것이다. 이러한 이미지 조직과 생산의 방식은 예술가가 아닌 음란물 제작자의 이미지 생산방식과는 본질적으로 다른 것이다. 모든 그림들이 회화일 수 없는 또 다른 이유는 회화가 그것만을 위한 협소한 질료적인 필수조건들을 규정하고 있기 때문이다. 미술에서 회화가 존재하는 방식은 '오일 온 캔버스'라는 지극히 자의적이지만, 회화적 실천의 관습상 필연적으로 되어버린 조건을 따른다.

오일 온 캔버스는 다소간의 변이 가능성에도 불구하고, 17세기 초 최초의 유화작가라는 반 다이크Van Dyck 이래 가장 정통적인 회화 생산방식으로 공인되었던 것이다. 즉, 나무, 혹은 기타 재질의 지지대를 만들고 그 위에 특정한 재질의 천[캔버스]를 덧댄 후 유성[혹은 수채화의 경우 수성] 용재로 용해시킨 안료의 흔적을 통해 이미지를 가시화시키는 방식이다. 또 안료가 캔버스 위에 점착하는 과정, 그리고 이 과정이 재현의 규칙을 따르는 구체적인 이미지로 조직되는 결과를 매개하는 것이 '붓'이다. 붓은 회화의 질료적 조건과 실천의 논리를 매개한다. 붓을 통해 재현의 실천논리는 질료적 필수조건 위에서 회화의 리얼리티를 실현하는 것이다. 물론, 전복을 일상화시킨 현대 미술의 관점에서 이러한 정통 회화의 질료적 조건이 필수조건은 아니지만, 회화의 장에서 여전히 보편적으로 준수되는 규칙이다. 최경태의 그림들은 위에서 기술된 모든 실천논리와 질료적 존재조건들을 따르고 있다. 이러한 규칙의 준수는 최경태가 오직 회화를 실천하는 예술가이며, 또 그의 작품 역시 예술작품일 수밖에 없는 증거 가운데 하나일 수 있다. 이러한 준수는 일반인이나 예술작품이 아닌 음란물 생산자가 공유할 수 없는 회화적인 것이며, 따라서 이 조건을 만족시키는 오브제는 그것이 음란할지라도 최소한의 신중한 예술적 고려를 수반해야 한다. 전통적이고 보수적인 회화작품으로서 최경태의 그림들은 음란물에 대한 가장 강력하며 최신의 규제라 할 수 있는 "청소년 성 보호에 관한 법률"의 규정과도 일치하지 않는다.

> 제 2조(정의) 3항 "청소년이용음란물"이라 함은 청소년이 등장하여 제2호 각 목의 어느 하나에 해당하는 행위를 하거나, 그 밖에 성적 행위를 하는 내용을 표현한 것으로서 필름·비디오물·게임물 또는 컴퓨터 그 밖의 통신매체를 통한 화상·영상 등의 형태로 된 것을 말한다.

특히 여기서 규정된 음란물의 물적 조건을 아무리 포괄적으로 규정한다 하더라도 회화적 재현의 규칙을 따르는 오일 온 캔버스로서의 최경태의 회화작품과 공유할 만한 것을 찾기 어렵다. 물론, 최경태가 생산한 이미지가 필름이나 그 밖의 통신 매체를 통한 화상, 영상으로 복제될 수는 있으나, 최경태의 회화작품 그 자체가 음란물일 수는 없는 것이다. 따라서 만약 최경태의 법적 책임이 가능하다면, 그것은 이미지의 차별적 복제에 관련된 비의도적 과실과 관련된 것일 수 있으며, 따라서 그 과실로 인해 최경태의 회화적 예술작품 그 자체가 처벌의 객체가 될 수는 없을 듯 보인다.

화랑 내 존재로서의 회화

최경태의 그림의 예술적 가치를 살펴볼 때, 또 하나 간과할 수 없는 것은 그의 작품들의 존재와 소통에 있어서 결국 미술관혹은 미술전시장과 분리되어 존재할 수 없다는 것이다. 미학과 예술철학, 그리고 비평, 심지어 창작의 영역에 이르기까지 현대미술에서 가장 논란이었으면서, 동시에 가장 분명한 성과이기도 한 '예술계' 개념은 예술작품의 규정이 철저하게 맥락에 의존함을 논증한 바 있다. 이 맥락은 지적·개념적 맥락과 제도적 맥락으로 나누어진다. 지적·개념적 맥락이란 이론theory, 작가의 의도intension, 혹은 비평적 해석interpretation 등을 포함한다. 제도적 맥락이란, 작가와 관객을 포함하여 예술적 실천의 작동을 보장하는 인적 물적 토대들을 포함한다. 여기서 미술관 혹은 미술전시장은 미술작품이 맥락을 구성하는 가장 기본적인 공간인 것이다. 미술관은 제도적인 권위의 공간이며, 동시에 개념·이론적 해석의 공간이기도 하다. 관객은 이 이론과 제도의 공간에서 특정의 오브제를 완전히 다른 어떤 것, 즉 예술작품으로 이해하게 된다. 미술관을 경유하지 않은 예술작품이란 존재하기 어렵다. 작가의 규정, 작품의 규정은 미술관이 대리하는 사회적 공인을 통해 이루어진다. 미술작품의 규정에 있어서 미술관의 존재는 결정적인 요소라는 것이다. 한낱 소변기가, 혹은 한낱 통조림 박스가 현대미술의 전설이 될 수 있는 것은 그것들이 오직 화랑이나 미술관의 전시공간 속에 있었기 때문이다. 이 공간 밖에서 그것들은 한낱 쓰레기일 뿐이다. 미술작품에서 이러한 상황은 예컨대, 출판물의 경우와는 다르다. 책은 도서관이나 서점 밖에서도 책일 뿐이지만, 미술작품의 의미는 일차적으로 미술관을 떠나서 생각될 수 없다. 미술관 안과 밖에서 예술작품의 가치와 의미는 얼마든지 달라질 수 있다. 따라서 미술관 밖에서 작품의 가치를 평가할 때, 섣불리 미술관 안에서 가공된 가치를 연장하는 것은 문제일 수 있다. 그러나 더 큰 오류는 본질적으로 전시를 지향한 작품이 미술전시장 안에서 획득한 의미들을 전시장 밖에서 쉽사리 망각할 때 유발된다. 전시장 내에서 완전한 예술적 존재일 수 있는 작품을 완력腕力으로 그것의 맥락으로부터 이탈시켜 작가에 의해 전혀 의도되지 않았던 상황에 위치시킨 후 행해지는 상이한 해석과 평가의 결과는 온전히 작가만의 책임일 수 없는 것이다. 그것은 결코 정당한 것일 수 없다. 최경태의 여고생 연작 역시 이 경우에 해당한다.

> 저는 분명 창작의지를 가지고 작업을 했고, 극히 제한적인 전시공간에서 단 4일간 전시를 했으며, 극히 제한적인 500명 이하의 사람들(18세 이하 미성년자 출입금지 표시)에게 보여졌고, 또한 팜플렛도 500권 인쇄, 250권은 압수소각 당했고, 200여권이 배포되었습니다.

최경태의 여고생은 작가의 '창작의지'를 전제로 하는 미술작품이었고, 전시되고자 했고, 관객들에게 보여지길 원했다. 최경태의 여고생은 본질적으로 전시장을 염두에 두고 그려진 것이다. 이 점은 의심할 바 없는데, 오일 온 캔버스라는 질료적 조건 그 자체가 이미 본질적으로 전시장 혹은 전시장을 지향하는 소장공간에 걸리기 위한 필수조건으로서 발전되어 온 관습이기 때문이다.

전시장은 일반인을 관객으로 전환시킨다. 관객은 단순한 대중이 아니다. 그들은 기꺼이 미술관이 상이한 형태로 변환하는 의미의 논리를 기꺼이 수용하고자 하는 사람들을 의미한다. 관객은 이미 허접할지도 모를 재료들이 예술작품으로 변환되고, 또 이 과정에서 특정한 실천자에 대해 예술가라는 사회적 공인을 부여하는 변환을 인정하는 사람들이다. 설사 전시장을 찾을 관객들이 그 의미 변환의 내용에 동의하지 않는다 하더라도, 기본적으로 그러한 변환 자체를 부정하지는 않는다. 그 변환을 부정하는 사람은 처음부터 전시장에 들어오지 않을 것이기 때문이다. 전시가 열렸던 갤러리 〈보다〉는 이미 여러모로 그러한 변환을 수행하기에 충분한 자격을 갖춘 제도적 공간으로서의 미술전시장이며, 이 전시장을 찾은 '극히 제한적인 500명 이하의 사람들' 역시 갤러리 보다가 제공하는 의미의 변환을 충분히 이해하고 향유하며, 즐길 수 있는 존재로서의 관객이라는 것이다. 최경태의 여고생은 본질적으로 전시장을 통해, 변환된 의미로 제시된 것이며, 관객들에 의해 변환된 의미로 받아들여지는 예술작품이라는 것이다. 적어도 이 점에 어떤 이론異論이 있을 수 없다. 만약, 최경태의 여고생의 음란성 혐의가 법정에 의해 주어진 것이 아니라 관객에 의한 것이라면, 법정의 판단 역시 나름의 예술적 고려에 의한 것일 수 있다. 그는 여고생의 성을 상업적인 목적으로 이용하는 파렴치한일 수 있다. 그러나 관객 가운데 그 누구도 최경태를 포르노업자로, 또 그의 여고생 연작을 단순한 음란물로 보지 않았을 가능성은 매우 높다. 이건 얼마든지 설문이나 인터뷰를 통한 사실검증이 가능한 문제이다. 예술적 표현의 음란물 시비에 있어서, 모든 판단은 작품이 제기된 예술적 맥락 위에서, 그 맥락의 참여자들에 의해 성립되어야 한다는 것이다.

지금까지 두 가지 관점에서 최경태 여고생의 예술적 근거를 제시하고자 했다. 첫째는 그의 작품이 전통적인 특정한 실천논리와 질료적 조건들을 충실해 따르는 전통적이고 정통한 회화작품이라는 것이다. 둘째는 예술작품의 사회적 공인을 위한 사회적·제도적·개념적 맥락으로서의 '미술전시장'의 중요성과 그것이 최경태 그림에 미치는 영향이다. 그러나 이러한 조건들은 사실 최경태 그림의 예술성을 규정하고 들어가는 가장 포괄적이고 외부적인 조건들에 해당한다. 이 조건들은 외곽에서 최경태 그림에 작용하는 예술규정들임은 분명하며, 그래서 중요한 것이지만, 결국 최경태 그림의 예술성을 내부로부터 규정하는 본질은 아닐 것이다. "예술가의 인상, 경험, 체험 등을 일정한 형태언어를 매개로 하여 직접적인 표상으로 나타내는 자유로운 창조적 형성"이라는 독일연방헌법재판소의 예술개념을 고려할 때, 문제는 최경태의 내부로부터, 즉 삶과 경험 그리고 사회에 대한 인식의 변화의 관계 속에서 여고생 연작의 표현적 필연성을 검증하는 작업이라는 것이다. 이 문제에 관한 한 그의 현재 작업은 철저하게 과거의 작업들과의 참조 속에서 유의미해질 것이며, 또 이 참조는 또한 최경태가 이미 전술한 바의 두 가지 외부적 예술조건들의 보호를 받을 자격이 충분한 예술적 감수성의 주체임을 보증하는 것이기도 하다.

희생자에서 날라리 여고생으로, 혹은 해방자에서 중년의 브와이어로

1987년 한강미술관에서 첫 개인전을 연후, 최경태는 사회적 발언을 계속해 오고 있다. 이 가운데 1996년 '갤러리 이공이공'의 〈최경태 목판화전〉과 2000년 갤러리 보다의 〈여고생〉 사이의 4년간은 가장 중요한 분기점이자 그의 작업여정을 양분하는 중요한 계기라는 견해가 매우 일반적이다.

> 최경태의 〈여고생〉 시리즈는 그 강렬한 이미지만큼 해석이나 접근방식에서 색다르고 큰 의미를 갖습니다. '말걸기'라는 작가자신의 표현이 제시하듯이, 그의 여고생 시리즈는 개념주의적 퍼포먼스로 이해할 수 있습니다.(쌈지스페이스 갤러리, 2003)

그러나 이러한 이분법은 어쩌면 과장된 것일 수 있다. 이 과장이 위험한 것은 특히 최경태론의 지형에서 암묵적으로 작동하는 그것의 가정이다. 전자의 민중미술계열 작품들이 사회윤리적으로나 미술사적으로 이미 공인된 것이라면, 후자의 여고생 연작은 전자와는 다른 어떤 것이라는 것이다. 또 이 차별성은 자연스럽게 〈여고생〉 연작을 사법적 판단의 대상으로서도 용인하게 된다.

현재의 최경태론은 〈여고생〉 연작에 과민한 바로 그만큼 최경태의 과거 작업들에 대해서는 무관심하다. 이 무관심이 부정적인 것만은 아닌데, 어쩌면 과거의 작품들에 대한 의심의 여지없는 예술성에 대한 반증일 수 있기 때문이다. 이 글은 본질적으로 현재의 여고생 연작이 과거의 민중미술기의 작업들의 연장선에 있다고 본다. 이는 '정치적 포르노광'이라는 괴상한 타이틀홀더로서 최경태를 보자는 것이 아니라, 그 자신이 원하건, 원하지 않건 간에 여전히 현 국면의 가장 철저하며, 가장 본질적인 의미의 민중미술가로 볼 수 있다는 것이다. 적어도 비평적인 관점에선 2000년 이후의 변화를 전반적인 작업의 동일성과 계속성 내에서 유동하는 표현상의 변화로 읽는 편이 더 타당해 보인다. 그의 여고생이 갖는 모든 차별성은 그러한 지속성의 틀 속에서 이해할 때 더욱 표현적 필연성을 갖기 때문이다. 실제로 그의 모든 작업여정에서 알몸의 소녀-혹은 교복을 입은 여고생은 중요한 모티프로 끊임없이 등장해 왔다. 최경태가 생산하는 지속적인 의미의 지평에서 그것이 '성적 수치심을 완화'하는지 오히려 강화하는지는 그리 중요한 문제가 아니라는 것이다.

최경태의 여고생 연작이 왜 그리 시끌벅적한가? 그리고 그러한 시끌벅적함 속에서 왜 그리 그의 전작들은, 그리고 그 전작들과의 연속성은 그리 쉽게 잊혀져야 하는가? 최경태의 작업의 차별성을 전반적인 지속성 속에서 판단해야 하는 이유는 그 차별성들이 여전히 삶의 구체성과, 그러한 구체적 삶에 좀 더 세련된 방식으로 작용하는 권력의 작동이라는 동일한 문제에 천착하고 있기 때문이다. 최경태가 동일한 의미를 전달하기 위해 취하는 변화의 방식은 대략 다음과 같은 구도를 취한다.

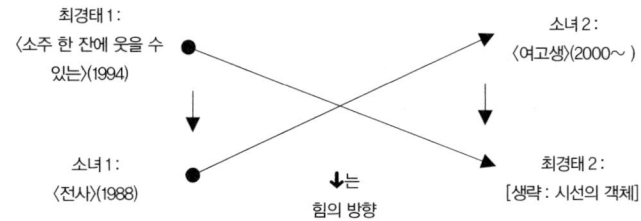

〈도식1〉

일단 소녀의 변화부터 살펴보자. 〈전사〉는 그야말로 전쟁터에서 발가벗겨진 채 죽어있는 소녀를 그리고 있다. 흰 양말에 역시 정갈한 하얀 팬티, 아

최경태, 〈전사〉, 1988.

직 성숙하지 않은 몸으로 볼 때, 소녀는 〈여고생〉에 나오는 그녀들임이 분명한 듯 보인다. 그렇다면, 누가, 왜 그녀들을 죽였을까? 그녀들이 누워있는 이곳은 어디인가? 전쟁터라니? 이 전쟁터는 어디인가?

가능한 해답은 민중미술이라는 거대 담론 속에서 주어진다. 물론 의미를 이해하기 위해 특정한 거대담론에 의존하는 것은 어마어마한 오류일 수 있다. 거대담론은, 그 담론의 거대함 속에서 유의미한 모든 개별성을 소거消去해 시켜버리기 때문이다. 그러나 그 단순함에도 불구하고, 특히 적어도 최경태의 그림 속 전사한 소녀가 누구인가에 관해서만큼 독해는 비교적 분명하다. 적은 자본과 권력이며, 소녀는 그 속에서 유린당하는 민중적 존재이다. 적어도 이 점에 관한 동의를 전제하지 않고서 어떤 이해도 가능하지 않았으며, 오히려 그 점이 민중미술의 소통적 정당성으로 치하致賀되었던 면이 없지 않다. 〈코리아판타지〉의 부분도에는 그녀가 거대한 상품시장 한 가운데 있음을 보여준다. 〈눈을 떠라〉는 좀 더 구체적이다. 그녀들은 어쩌면 욕망마저 상품화하는 자본의 월드 시스템 속에서 곧 윤간輪姦당할 개연성에 노출되어 있다. 최경태의 민중미술기에는 모든 것이 분명했던 것으로 보인다. 그 분명함 속에 단순함의 모든 의구심이 해소될 만큼.

그 분명함만큼이나 최경태의 자기규정 역시 분명해 보인다. 그는 미술을 통한 해방자이다. '민중미술가'는 미술을 통한 해방자의 또 다른 직함이다. 그 시절 악은 분명했고, 군사독재정권에 대한 미술적 비판은 아무리 단순하더라도 미술적 선善으로 치환될 수 있었다. 문제는 '용기'였던 것이다. 용기있는 비판자로서의 최경태, 해방자로서의 최경태의 자기규정은 분명해 보인다.

최경태, 〈코리아 판타지〉, 1992.

〈소주 한 잔에 웃을 수 있는〉의 인물이 최경태 자신인지는 분명치 않지만, 적어도 그가 동화하려는 민중적 존재임은 분명해 보인다. 그 민중적 존재는 억압을 끊어내는 존재로서의 계급적 역사성의 담지자이기도 하다. 인물은 그야말로 소주 한잔에도 웃을 수 있다. 물질적 요구로부터 자유로울 수 있음의 반증이며, 그만큼 강한 존재일 수 있다. 민중과 동화된 민중미술가로서의 최경태 역시 강한 존재이다. 〈전사〉는 소녀를 보여주는 것이 아니라, 소녀를 보는 최경태의 시각을 보여준다. 그의 시각에서 소녀는 지배와 억압의 객체이며, 현재는 구해내지 못했으나, 언젠가는 구해낼 존재로 그려진다. 그 역할에 대해 어떤 망설임도 읽히지 않는다. 이 자기규정의 확고함은 1996년까지도 계속된다. 그해 〈최경태목판화전〉(갤러리 이공이공) 도록 맨 뒷장 최경태의 모습은 여전히 선명하게 기억된다. '후줄거리는' 런닝 차림의 최경태, 그는 주머니에 찔러 쥔 붓 몇 자락만으로도 한없이 당당한 민중미술가였던 것이다. 〈도식1〉에서 힘의 방향(화살표)이 최경태 1로부터 소녀 1로 향한다는 건 그런 의미에서이다.

그러나 문제가 생겼다. 왜 그랬었는지, 어떻게 그럴 수 있었는지의 자세한 사항을 설명하기 어려우나, 분명한 건 그를 지탱하던 거대담론에 균열

12장 최경태를 싸고 도는 기이한 역설, 혹은 그 역설에서 벗어나기 355

최경태, 〈새디스틱몽키〉, 2004.

이 생기기 시작했다는 것이다. 최경태의 해방자로서의 선도적 자신감은 흔들려 버린다.

희망이라는 신천지를 향해가던 몇몇 이들은 깃발을 내리고 모든 것을 정리했으며, 그 훈장으로 명예와 부를 얻었고, 또 다른 이들은 그들의 구체적인 삶으로 돌아와 아무렇지도 않게 아파트와 자동차를 구입했으며, 남아 있던 이들은 끝이 없는 싸움에 세월을 저당 잡힌 채 힘겹게 "희망"이라는 허구의 산봉우리를 향해 지금도 걷고 있다. 제도권 화랑과 미술관들은 과거 불온시 했던 민중미술에 때깔 좋은 옷을 입혀 브랜드를 만들었고, 박물관에 가두어 버렸다. 1996년 "노동자목판화" 이후 나는 4년 정도를 놀았다.(최경태, 2003)

그 4년간 그를 지탱한 것은 욕망이었던 것으로 보인다. 물론, 민중미술의 틀거리 내에서 욕망을 다룬 작가들 역시 적지 않았겠지만, 최경태의 그것은 이념에 의해 '증류'蒸溜되지 않은 가장 직접적이었으며, 가장 내밀하며, 가장 음험하고 음란한 것이었다. 그의 욕망은 심지어 비판적 휴머니즘이라는 민중미술의 거대담론 속에서도 용인될 수 없는 종류의 것이었다. 그가 발견한 욕망의 노골성은 최경태가 민중미술이라는 담론의 거추장스러운 거대함을 내려 놓고 나서야 발견된 것이다. 최경태의 현재를 과거와 날카롭게 구분하는 근거 역시 그가 여고생을 통해 소추하는 노골적 욕망의 음험함이 민중미술의 틀 내에서 해소될 수 없다는 암묵적인 판단을 전제하고서야 가능한 것이다. 그러나 아주 역설적인 것은, 그가 민중미술이라는 거대담론의 허세에서 벗어났을 때, 그래서 더 이상 민중미술가로 보여지지 않을 때, 오히려 최경태는 민중미술의 가장 본질적인 의도에 충실할 수 있게 된다. 자신을 지탱해주었던 거대담론의 틀에서 벗어나 자신의 내밀한 욕망에 가장

최경태, 〈소주 한 잔에 웃을 수 있는〉, 1994.

솔직해지는 그 지점에서 권력과 자본에 대한 좀 더 냉철한 비판의 가능성을 찾아냈던 것이다. 이 변화는 물론 그가 보았던 소녀들의 변화로 나타난다. 그녀들의 변화는 최경태의 해방자에서 무력한 중년의 '브와이어'voyeur로의 변화만큼이나 극적이다. 그녀들은 더 이상 〈전사〉의 희생물이 아니다. 그녀들은 어느새 '싸가지 없는 날라리' 여고생으로 변해있다. 그녀들은 권력과 자본에 의한 지배와 억압의 무력한 객체가 아니라 또 다른 욕망의 주체로 나타난다. 그들은 오히려 욕망을 적극적으로 행사하는 존재들이다. 그들은 강간당하는 존재들이 아니라, 유혹하는 존재이며, 유혹당하는 객체들을 조롱할 수 있는 존재라는 것이다. 그들은 행사되는 자본과 권력의 억압 속에서, 오히려 그것들의 작동을 나름의 방식으로 이해하고 그 속에서 적극적으로 자신의 존재를 규정해낸다. 그러한 적극적인 자기규정은 작용하는 억압에 대한 또 다른 저항으로 작용한다. 그녀들은 충분히 맹랑하게, 자신의 성을 갈구하는 아저씨들을 조롱한다. 이제 최경태는 미술을 통한 해방자가 아니라, 그녀들의 도발적이고 경멸적인 시선 앞에서 자신의 솔직한 욕망을 발각당해 버린 관음중독자 觀淫中毒者일 뿐이다. 〈도식1〉 속에서 소녀 2와 최경태 2 사이의 힘의 방향은 역전된다.

미술을 통해 성찰하기, 존재와 사회를!

그의 솔직함은 그래서 '폭로'가 아니라, '성찰'이라 할 수 있다. 이미 최경태는 폭로자인 동시에 해방자로서의 윤리적 우월성을 내려놓은 보통 사람으로 우리에게 와 있지 않은가? 그러나 최경태가 자신을 모멸함으로써 솔직하게 드러내는 것들의 정체는 그리 작은 것은 아니다. 또 그것들은 또 다른 해석에 의해서, 충분히 저항과 변화의 함의를 가질 수 있다. 이 저항과 변화는 절대권력이 아니라 보다 내밀하게 작용하는 내적 식민화에 대한 안티일 수 있다. 이 안티가 지향하며, 결국 얻어낼지도 모르는 것은 욕망의 자각을 통한 존재의 민주성이며, 동시에 독재권력의 단순한 억압이 아니라 보다 세련된 방식으로, 보다 미묘하게 스며드는 권력효과의 정체를 드러내는 것이다. 이러한 드러냄은 반사회적인 이데올로기적 불온함을 의미하는 것이 아니라, 오히려 의식과 사고의 민주적인 주체로서 요구되는 내면적 성찰이라 할 수 있다.

욕망의 주체로서의 존재를 드러내기

최경태는 여전히 핍박받는 거의 유일한 민중미술가로 존재한다. 이러한 사실은 여전히 권력이 구체적 삶에 작용하는 지점을 최경태가 여전히 유의미하게 건드리고 있기 때문일 수 있다. 그는 전선을 새롭게 그어 가는 데 성공해낸 듯 보인다. 놀라운 것은 그가 민중이라 불렀던 사람들이 새롭게 그어진 전선의 저편에 위치하고 있다는 것이다. 민중 혹은 대중은 어느새 가장 권력 친화적인 존재로 바뀐 듯 보이고, 오히려 권력은 중립적인 위치에서 사회의 보수적인 입장을 대변하는 법정을 통해 그들의 소위 '정상적인 성적 수치심'을 보호하려 한다는 것이다. 그 명분이 과연 사실이라 하더라도, 그것이 보호하려는 것이 정말로 정상적인 성적 도의관념일까? 법정이 보호하려는 것은 어쩌면 정반대의 것이 아닐까? 즉 정상적인 성적 수치심이나 도의관념을 보호한다는 명분으로 오히려 삶에 대한 불감증, 혹은 욕망에 대한 뻔뻔하고도 위선적 무감함을 정당화하는 것은 아닐까? 최경태가 법정이 판결하는바 노골적인 음란함을 통해 정상인의 성적 도

최경태, 〈안녕하쇼〉, 2003.

의관념을 해쳤다면, 그러한 해침을 통해 그가 의도했던 것은 오히려 성적 도의관념을 무감하게 하는 감성의 굳은살을 찢어내고 도려내려 했던 것은 아닐까? 최경태는 정상적이건 비정상적이건 간에, 날것의 감성으로 자신의 욕망과 존재를 확인시키고자 전선 저편의 대중들을 단 500여 명이라도 미술관에 불러낸 것은 아닐까? 즉 최경태의 음란함은 지극히 도구적인 것이며, 또 그 결과는 오히려 정확히 민주적인 사회를 유지하기 위한 존재의 살아있음을 확인시키려는 시도로 이해될 수 있다는 것이다. 이 모든 논리는 비평적 논리를 통해서만 가능한 것이며, 만약 법정이 예술작품의 음란성 문제를 예술계의 자율성에 맡긴다는 전제하에 인정되지 못할 법도 없는 해석일 수 있다.

최경태의 그림들은 충분히 음란하며, 그래서 관객의 수치심을 유발한다. 그가 관객의 수치심을 유발하는 방식은 정확히 미술전시장의 맥락에 걸맞은 미학적인 방식을 취한다. 즉, 내용과 주제를 '시선'의 설계라는 치밀한 미학적 장치들을 통해 달성해 내는 것이다. 그는 그녀들의 맹랑한 시선을 화면의 정면에 꽂는다. 이렇게 꽂힌 시선은 최경태를 향한 것이기도 하지만, 동시에 그림을 보는 관객들의 것이기도 하다. 최경태 자신과 관객들을 그녀들의 시선의 객체로 동화시키는 것이다. 이러한 동화를 통해 한낱 발각된 브와이어로서의 자기모멸을 소수나마 전시장을 찾을 관객들과, 또 그 관객들이 대표할

수 있는 사회구성원 전체를 향한 보편적인 수치심으로 확장시키는 것이다. 최경태의 미학적 시선의 설계에 관해서는 류병학이 지적하고 있다.

> 조타 거꾸로 물어보자. 만약 쿠르베가 〈세상의 기원〉에, 마네가 〈올랭피아〉에 표현했던 모델의 시선을 동시에 그려놓았다면? 이를테면 두 다리를 벌리고 毌를 적나라하게 드러낸 모델이 당신을 향해 시선을 던지고 있다면, 당신은 관음증을 즐길 수 있을까?

류병학의 의문에 대한 대답은 양가적이다. 편치는 않지만 견딜 수는 있다. 오히려 더 눈을 뗄 수 없다. 관음증과 발각된 수치심을 동시에 느낀다는 것이다. 최경태 자신과, 최경태가 그려 놓은 시선의 동화에 걸려든 관객들 역시 마찬가지였을 것이다. 왜냐하면 그가 그리는 여고생의 성기는 충분히 유혹적이었으므로. 그것이 유혹적일수록, 발각되었으나 눈을 뗄 수 없는 사회적 존재들의 수치심은 더욱 커진다. 동시에 자신을 응시할 수밖에 없는 아저씨들을 맹랑하게 응시하며 던지는 그녀들의 질문에도 여지없이 노출되고 만다. "그래, 나는 쓰레기야, 너희들도 그렇지 않니?" 이미 이 사회는 법정의 보호를 받으면서 썩어가고 있다. 특히 성적으로는 더욱 그러하다. 나 역시 그 쓰레기들과 이부자리 밖에선 한 통속으로 뒹굴고 있다. 그러므로 날라리들의 우리 사회에 대한 이해는 결코 천박하지 않으며, 오히려 최경태와 같은 예술적 실천자들의 미학적 전략을 경유하여 사회 전체가 되짚어야 할 성찰일 수 있다. 최경태의 솔직함은 그녀들의 유효한 문제제기를 전달하는 유의미한 미학적 통로로 작동하는 것이다.

옹호가 아닌 이해, 그리고 회화적 욕망의 주체로서 최경태

최경태의 대책 없는 솔직함과 그 솔직함의 가시권에 있는 것들을 좀 더 살펴보자.

내가 '여고생'을 그림의 소재로 선택한 건 깊은 뜻이 있는 것은 아니야. 나는 단지 성숙되어 있지 않은 여고생의 깔끔한 성기가 좋을 뿐이지. 물론 대한민국 모든 여고생들의 성기가 그렇게 깨끗한 것은 아니겠지만. 아직도 대다수는 성적경험이 없을 테고, 아저씨들은 그녀들의 그 '처음' 같은 느낌을 갈구하고 있지 않나 싶어. 실제로 그녀들은 그것으로 경제활동을 하며 물질적 욕구를 채우고 있고, 또 경제적으로 여유 있는 아저씨들은 그녀들에게서 그 '처음' 같은 느낌을 사고 '보상'을 해주고 있지. 그게 뭐 잘못된 거지? 왜 그녀들과 아저씨들을 단속하는 거지? 미성년자가 아닌 여성들과의 매매춘은 괜찮은 건가? 단지 '미성년자'라는 이유만으로 여고생들의 경제활동을 규제하고 있는 이 땅의 도덕과 법은 그렇게 자신만만한가? 그녀들도 핸드폰을 가져야하고, '이쁜 것'이 최고가치인 사회에서 그녀들도 이쁜 옷과 악세사리를 사야하는데, 어떻게 하나? 가진 거라곤 '풋풋한 몸뚱아리' 밖에 없으니…… 돈이 모든 가치에 우선하는 이 시대에 '여고생 몸팔기'를 누가 규제하고 누가 감히 돌을 던질 수 있지? 그녀들이 그녀들의 몸을 가지고 '알바'를 하던 말던 그것을 규제할 도덕이 지금 우리사회에 존재하나? 티 없이 깨끗하고 팽팽한 피부. 누구의 손도 거치지 않은 듯한 핑크빛의 유두. 아직 다 자라지 않은 골격과 음모. 처음인 듯한 성기를 난 그리고 싶어. 단지 그 이유 때문에 '여고생'을 그리지. 나는 솔직해 지고 싶어. (최경태, 「절망에 대한 고백」 전문)

의외로 "청소년 성매매를 옹호"한다는 법정의 판단은 다소 과장된 표현인 것으로 보여진다. '옹호'란 가치의 보편성과 절대성을 주장하는 것일 수 있다. 최경태는 적어도 청소년들의 성매매를 부추기거나, 성매매해도 된다고 주장하진 않았다. 최경태의 진술은 '이해'understanding에 가깝다. 이해란 의미를 보편화하려하지 않고 그것의 맥락 속에서 다루자는 것이다. 최경태는 '여고생 몸팔기'를 옹호하는 것이 아니라, 몸파는 여고생의 입장에서, 그녀들의 상황에서, 그녀들의 말과 행위에 의미를 충분히 그럴 수 있는, 혹은 그럴 수밖에 없는 것으로 받아들이고 있는 것이다. 어른들의 막혀버린 이성과 감성

최경태, 〈인터뷰1〉, 2004.

으로 일거에 삭제해 버리지 않고, 그들 역시 나름의 독립적인 사회적 의미생산의 주체로 인정하고 있다. 이 점을 좀 더 나아가기 전에, 무엇보다 주목해야 할 것은 "난 그리고 싶어"라는 구절이다. 핵심적인 부분이다. 거의 절규와도 가까운. 그는 그리고자 할 뿐이다. 그는 다른 어떤 존재이기보다 그림의 주체일 뿐이다. 만약 그가 단순히 성매매옹호자였다면, 술어는 달랐을 것이다. 그 흔한 '자고 싶어', '범하고 싶어' 등이 아니라, '그리고 싶다'라는 욕망을 무시해서는 안된다.

최경태의 욕망은 엄밀히 회화적 욕망이다. 회화적 욕망은 가시적으로 '성적 욕망'의 형태를 띠고 있지만, 그 성적 욕망은 결국 어느새 본질적인 회화적 논리로 변형되어 있는 것이다. 그가 '솔직해 지고 싶다'는 것은 회화적 주체로 자기 존재를 확인하는 감성의 근거일 수 있다. 최경태는 회화적 욕망을 가진 회화적 주체임이 분명하다. 이 사실은 비평적인 관점에서 매우 중요하다. 즉 그가 설립한 관계의 회화적 설계 내에서 여고생과 최경태는 서로 다른 주체로 규정된다. 최경태와 여고생은 욕망의 시선을 공유한다. 여고생과 최경태 사이의 본질적인 관계맺음은 결국 이 시선이며, 이 시선은 작품과 관객과의 이차적인 관계로 확장된다. 이 욕망의 시선 속에서 여고생은 유혹의 주체로 규정된다. 반면 최경태는 유혹의 객체이자 회화적 논리로 변형된 욕망에 근거한 회화의 주체로 규정된다. 중요한 건 최경태가 이 모든 관계를 재현의 논리에 충실한 오일 온 캔버스를 통해 미술전시장이라는 제도적 개념적 맥락에 매우 충실한 예술적 회화작품으로 실현해 냈다는 사실이다. 이 사실 속에서 유혹의 주체인 여고생은 관객들에게 회화의 객체로 나타난다. 관객들은 그녀를 단순히 반사회적 날라리 여고딩이 아니라 회화적 존재로 규정하며 존중하는 것이다. 이 점은 확고해 보인다. 이러한 확인 속에서라면, 그가 무엇을 그리건, 설사 그것이 여고생의 성기이건, 남성의 성기를 빠는 여고생이건, 예술적 정당성과 내적 필연성에 대한 최소한의 신중한 고려가 필요하다고 주장하는 건 그렇게 무리한 주장 같지는 않다. 이건 법정에서도 마찬가지이다.

최경태, 〈인터뷰2〉, 2004.

자본과 권력의 모순적 역학

"절망에 대한 고백"이 단순히 음란문서가 아닌 것은 그의 감성적 솔직함을 통해 현대한국사회의 역학과 공시적 구조가 관찰되기 때문이다. 〈전사〉 시절과 다른 것은 자본을 사회적 존재의 근거로 인정하는 듯 보인다는 점이다. 자본과 욕망은 불가분의 관계이다. 자본은 이윤을 위해 결핍을 조장하고 그 결핍을 충족하려는 시도로서 욕망은 존재하기 때문이다. "돈이 모든 가치에 우선하는 이 시대", 즉 자본의 시대는 그녀들로 하여금 "핸드폰을 가져야 하고, '이쁜 것'이 최고가치인 사회에서 그녀들도 이쁜 옷과 악세사리를 사"도록 만든다. 또 자본의 시대는 "경제적으로 여유 있는 아저씨들"로 하여금 더 이상 그들이 소유하지 못한 것, 즉 "그녀들의 그 '처음' 같은 느낌"을 갈구하도록 만든다. 그렇다고 섣불리 자본을 여고생과 아저씨들, 혹은 최경태 자신에게 작용하는 권력의 형태로 규정하긴 어렵다. 별다른 대안 없이 소위 말해지는 '자본의 논리'란 비아냥은 오히려 그 반대논리의 상투어들만큼이나 가식적일 수밖에 없기 때문이다. 최경태에게 자본은 오히려 여고생들과 아저씨들의 사회적 존재조건으로 인정되는 듯하다. 자본에 대한 이러한 인정은 그것에 역행하면서 여고생과 아저씨들, 그리고 최경태 자신에게 작용하는 힘들의 위선적 허구성을 증명하기 위한 근거로서 작용하는 듯 보인다. 자본의 시대에 여고생이 성을 팔고 아저씨가 성을 산들 "그게 머가 잘못된 거지?" 그들은 오히려 자본이 요구하는 바의 욕망에 가장 충실한 행동방식을 준수하는 것이 아닌가?

최경태의 솔직함은 사회적 모순이 역설로 작동하는 지점을 효과적으로 짚어낸 것으로 보인다. 최경태는 사회가 인정할 수밖에 없는 자본의 논리에 정확히 역행하는 어색하며 뻔뻔한 권력과 관습의 이중구조 속에 자신을 밀어 넣는다. 마치 자신이 법정에 의해 설립된 음란과 예술이라는 역설에 위치한 것처럼. 여고생에게 작동하는 권력은 훈육discipline의 형태를 취한다. 푸코 Michel Foucault는 훈육적 권력disciplinary power을 다음과 같이 규정하고 있다.[15]

이러한 권력의 모습은 군주권이 그려내던 권력과는 전혀 다른 것입니다. 후자가 권력의 대폭적인 변화나 전유appropriation의 문제에 관심을 둔다면, 전자는 인간의 육체나 권력의 섬세한 작동 메카니즘이 무엇인가에 초점을 맞춥니다. 후자가 노리는 대상이 부富나 상품이었다면 전자는 시간이나 노동을 목표로 삼고 있습니다. 후자가 법적 근거를 가지고 권력을 행사하려고 했다면, 전자는 끊임없는 감시체계를 구축하고 코드화하여 권력의 움직임을 상시화하였습니다. 군주의 권력이 절대권력의 극대화를 실현한 것이라면, 18세기에 등장한 새로운 권력은 최소의 경비로 최대의 효과를 얻으려는 권력의 경제economy of power를 실현하였다고 말할 수 있습니다.(미셸 푸코, 1991: 136)

---

15. 제한적이나마 푸코의 논의 속에서 최경태 작품을 이해하고자 시도한 글로는 이경모, 「최경태 여고생 음화사건을 계기로 본 표현의자유와 검열」(제 4차 연수문화포럼 발표문)을 참조하라.

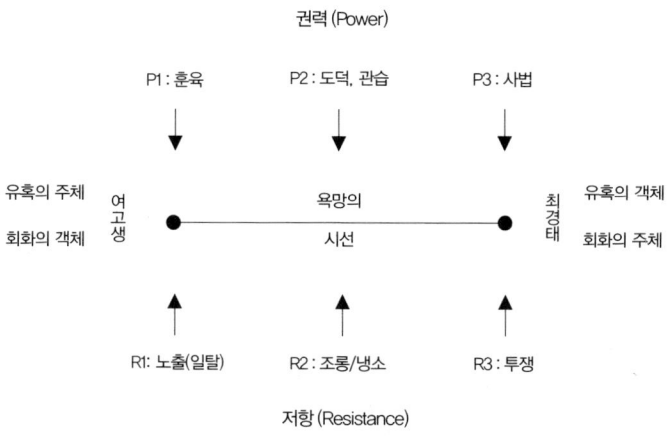

〈도식2〉

　　여고생에게 권력은 '육체와 행동의 엄격한 관리'라는 형태로 작용한다. 소위 '교복'은 학교를 매개로 훈육적 권력이 여고생의 몸 위에서 그들과 그들에게 작용하는 자연스러운 욕망을 관리하며 아주 정상적으로 작동하고 있다는 가시적인 징표로서 나타난다. 최경태의 날라리 그녀들은 그렇게 자신의 개별 육체를 표적으로 내밀하게 작동하는 훈육적 권력을 바로 자신의 육체 위에서 무력화시킨다. 실로 그녀들의 저항은 아주 효과적이고 간명하다. 즉 교복을 벗어버리는 것이다. 바르트의 어휘를 빌면, 교복에 부여된 '사회의 과잉 신[성]화'를 노출이라는 실천적 전략을 통해 간명하게 무화시킨다. 최경태는 교복을 벗는 그녀들에 대해 회화적 시선을 유지함으로써 그녀들의 저항에 동참한다. 이러한 권력의 작동과 저항은 도덕과 관습 vs. 냉소와 조롱, 그리고 최종적으로는 최경태의 법적 투쟁으로 계속된다. 지금까지의 장황한 진술들을 요약하면, 〈도식2〉와 같은 형태로 나타날 수 있다.

　　그렇다면 최경태와 여고생들의 저항은 관객들로 하여금 권력의 모든 유형들을 전복하고자 하는 것일까? 즉 학교에서의 훈육을 거부[노출]하고, 도덕과 관습을 조롱하며, 법을 위반하자는 것인가? 이런 식의 독해는 무모하고 단순하다. 오히려 문제는 더 본질적으로 확장된다. 최경태는 다음과 같이 의문한다. 여고생의 육체 위에서 작동하는 권력, 즉 훈육과 도덕과 사법에 정반대 방향으로 그녀들의 육체를 결핍의 대상으로 만들고 또 다른 욕망을 초래하며, 궁극적으로는 상품화시켜 버리는 이 시대의 자본의 논리는 그 자체로 의심되지 않는 사회적 존재근거로 용인되어야 하는가? "단지 '미성년자'라는 이유만으로 여고생들의 경제활동을 규제하고 있는 이 땅의 도덕과 법은 그렇게 자신만만한가?"

풀어야 할 문제들

지금까지의 산만한 전개를 정리해 보자. 이 글은 다음과 같은 순서로 전개되었다. 첫째, 최경태론의 한계가 음란과 예술의 대립적 구도로 몰고 가는 사법적 게임의 룰 속에 갇혀있으며, 음란과 예술이 병행하면서 상호고려되는 새로운 룰의 가능성을 모색하려 했다. 둘째, 이러한 가능성이 실현될 때, 법적 존중을 받을 수 있는 최경태 그림의 예술적 가치의 가용범위를 탐색하고자 했다. 결국 최경태의 여고생 연작과 거기서 이어지는 현재의 작업은 충분히 예술적 가치를 지닌 것이며, 따라서 법적인 보호의 대상이라는 확인이 가능했다. 물론, 이 글에서의 이러한 확인이 완전한 것이 아니며, 여전히 또 다른 최경태론들에 의해 기각되거나 혹은 상호보완될 수 있는 것이지만, 단지 객관화의 가능성이 전혀 없는 주관의 산물만은 아닌 것으로 보인다.

그러나 이러한 결론은 한 가지 중요한 전제를 필요로 하는데, 최경태의 예술적 가치를 보증해 줄 예술계의 자율성이 사법부에 의해 인정되어야 한다는 것이다. 여기서 또다시 최진욱의 문제의식과 만나게 된다. 우리 예술제도의 두께와 너비는 과연 사법적 인정을 받기에 충분한가? 한국 예술제도의 수준이란 건 결국 그토록 화려한 수사의 과잉에 비할 수 없을 정도로 협소하고 얄팍한 건 아닐까? 최경태 사태는 결국 한국 사회의 주류 미술계가 그어 놓은 선이 얼마나 좁고 자의적이며, 편향되어 있는지를 증명하는 것이기도 하다. 최경태는 그 선 밖에 있었던 것이다. 최경태의 투쟁은 지극히 보편적인 예술적 가치에 기대고 있었지만, 그 보편성을 뒷받침해야 할 제도와 그 제도의 실천자들에 의해서는 보호할 만한 가치를 상실한 예외적 개별 사례로 취급되었다. 최경태는 성매매 호객꾼, 포주, 음란서적 비디오 무단복제 및 판매업자들과 나란히 재판을 받았고, 몇몇 사람들을 제외하면 누구에게도 자신의 예술적 실천가로서의 자격을 증명받지 못했다.

사실 최경태 사태가 반증하는 한국 미술계의 현재적 상황은 다소 심각해 보인다. 한국현대미술계는 소수의 실천자들이 상호적인 이해관계를 기반으로 활동하는 장이며, 그 소수의 실천은 소위 '주류'라는 이름의 아주 제한된 표현 영역을 가질 뿐이라는 것이다. 그 영역의 좁고 얇음은 결국 대중에겐 뻔한 식상함으로 체감될 뿐이다. 가끔씩 찾아오는 미술시장의 기이한 활황이라는 진통제의 효력이 지나면 어김없이 아주 오랫동안 미술 존재감의 부재가 위기론의 형태로 사회를 물들인다. 이 미술의 위기는 흔히 소통의 부재로 구체화되는데, 이 부재는 어쩌면, 협소한 한국의 주류미술이 더 이상 사회구성원들에게 전할 아무것도 갖지 못했기 때문일 수 있다.

만약 이러한 지적이 오류가 아니라면, 하다못해 분파적 이해를 초월하여 예술이란 보편적 명분 속에 합일하는 허접한 제도적 기구 하나쯤은 확보해 둘만하다. 이 기구 속에서 미술장 이외의 제도적 힘에 의해 위협당하는 작가나 작품의 예술적 정당성에 관한 논쟁과 자격증명이 수행될 수 있을 것이다. 즉, 특정한 사람이 예술의 자유라는 헌법적 기본권에 의해 보호될 수 있는 예술가의 자격을 갖추었는지, 혹은 특정한 오브제가 최소한의 예술적 가치를 담지한 '작품'으로서 인정될 수 있는지 여부를 논쟁할 수 있는 장이 될 수 있는 것이다.

13장

노순택론, 허구의 불경건한 해체

프롤로그

내게 2004년의 여름은 유난히 붉게 물들었던 노을들, 그리고 흥미로운 낯선 사건들로 기억된다. 그 사건이란 이렇다. 언제나 게시판의 불청객이었던 내가 생판 낯선 이름들과 비교되었던 것이다. 그들은 누굴까? 누구기에 나와 비교하나? 나를 도대체 누구로 보나? 그 가운데 하나가 노순택이었던 것이다. 그도 그럴 것이 내가 그 게시판에서 장난처럼 썼던 닉네임과 그해 늦여름, 인사동의 한 사진 전문화랑에서 열렸던 그의 첫 개인전 제목이 비슷했던 것이다. 이름하여, '분단의 향기'Smells like the Division of the Korean Peninsula. 그 유사함으로 인해, 그에게도 그가 나인지를 의문하는 사람들이 있었단다. 나 역시 나를 이른바 '못생긴 노순택' 버전으로 기억하는 사람들을 만날 때면, 이것이 가벼운 인연은 아니라는 생각을 하기도 했다. 하지만, 정작 그와는 지난해 그의 2회 개인전을 관람했음에도 전시장에 서성거리는 그와 끝내 그와 면을 트지 못했다. 그러다가 우여곡절 끝에 내가 참여하게 된 잡지사 사무실을 우연히 그가 방문했고, 그제야 내가 그였고, 그가 나였음을 밝히고 양해를 구했다.

나는 이글을 쓰기 위해 그의 두 번의 개인전에 부쳐 내가 미술게시판 이곳저곳에 적었던 두어 개의 글들을 검색창에서 호출했다. 흥미로운 것은 그것들이 한참의 시간이 흐른 지금 역시 노순택에 대한 내 판단의 가장 유효한 내용을 이루고 있다는 것이다. 물론, 노순택에 대한 내 판단이 성장을 멈춘 탓도 있겠지만, 또 한편으론 그 때의 그 판단이 지금도 옳았기 때문일 수도 있는 일이다. 따라서 이 글은 상당부분, 당시의 글들의 바닥 위에 다소간의 두께로 쌓여질 것이다.

다큐써클 vs. 미디어써클

사진은 태생적으로 두 개의 써클을 타고 유동한다. 첫째는 실증적 사물계의 논리로 순환하는 다큐써클docu circle이다. 다큐는 무엇에 대한 기록이다. 사진이 기록을 위한 메카니즘이라면, 다큐써클은 사진의 지배논리로 적합해 보인다. 두 번째는 매체 자체의 논리를 따라 회전하는 미디어써클media circle이다. 사진은 매체다. 매체는 그 자체로 상대적으로 자율적인 존재임을 증명하려는 본능을 갖는다. 사진은 무엇에 대한 기록이 아니라, 사진 그 자체여야만 한다. 단순한 기록 이상이라는 것이다. 사진에서 이 두 써클의 조화는 그리 흔치 않다. 기록을 위한 실용적인 수단으로서의 사진을 추구한다면, 다큐써클만으로도 충분하다. 그러나 기록뿐 아니라, 예술로서의 사진을 추구할 때, 문제는 복잡해진다. 예술사진으로서의 관건은 미디어써클의 가능성을 얼마만큼 실현하느냐에 달려있다. 무엇에 대한 기록이면서, 동시에 예술적인 사진이 되려면, 사진 내에 다큐써클과 미디어 서클의 교차하는 지점을 만들고, 다큐써클을 타는 듯 하다가도 어느 순간엔 미디어써클로 미끄러져 들어가야 한다. 아주 리드미컬하게 말이다. 억지스럽지 않고, 보이지 않게.

우리가 기억하는 몇몇 불멸의 기록사진들은 사건과 경험을 미디어 그 자체의 고유한 논리와 교차시킴으로써만 가능했다. 물론 그러한 합성을 가능케 하는 것은 사물을 보는 관점과 상상력이다. 이것을 감히 예술사진에서의 작가정신이라 부를 수 있을까?

노순택의 사진

그는 사회적인 이슈들이 구체적으로 발현되는 현장 가운데서 그것들을 기록했다. 그 기록만으로도 그의 사진은 가치가 있다. 현장의 극적인 긴장감이 고스란히 포착되어 있다. 그러나 노순택은 사진의 다큐기능에 만족하지 않는 듯 보인다. 노순택은 기자로서 사진을 찍기 시작했겠지만 더 이상 기자일수만은 없기 때문이다. 그는 그의 사진들을 미술전시장에 걸고자 한다. 지금까지 다큐써클 위에서만 운동하던 사진들이 미술관에 걸리기 위해서는 상당한 시간이 흘러야 한다. 아니면 희귀한 풍물사진이 되어야 한다. 기억의 흔적이 더 이상 또렷하지 않은 과거, 그때 우린 저렇게 살았음을 상기해 주어야 했다. 그런데 노순택은 다큐사진에 요구되는 그 최소한의 시차를 없애고자 한다. 그의 의도가 객관적으로 가능하려면, 그의 사진들이 다큐써클로부터 살짝 빠져나와 미디어써클을 탈 수 있어야 한다. 노순택의 사진은 과연 예술사진을 추동하는 작가적 관점과 상상력을 내포하고 있는가? 또 그 관점과 상상력을 사진이라는 고유한 물리적 메카니즘을 통해 또 다른 리얼리티로 치환하는 역량을 발견할 수 있는가? 아직 어렴풋하게나마 그의 사진은 미디어 써클의 비평적 가능성을 보여준다. 물론 이 가능성은 아직 확증되지 않은 주관적인 단서에 불과할 수 있다.

노순택의 미디어써클

미디어써클은 다큐사진이 여전히 다큐이면서 미술관의 문턱을 넘기 위한 요구조건일 수 있다. 물론 그 조건의 내용성은 작가들마다 다양할 수 있다. 만약, 노순택의 사진에서 그 내용성을 명제화하자면 다음과 같은 명사들의 목록과 연동된다. 낯섦. 몽롱함. 이질감. 이 명사들이 노순택의 사진에 적용될 때 현장의 긴박감은 고스란히 살아있지만, 어딘지 자연스럽지 못한 이미지들이 생산된다. 그렇다면 이러한 주관적인 느낌을 유발하는 객관적인 장치들은 무엇일까?

몇몇 작품에서 노순택은 하나의 피사체만을 다루는 것이 아니었다. 묵직한 포신 뒤로 눈발처럼 날리는 종잇조각들, 비상구국기도회(?)에서 열변을 토하는 연사, 혹은 폐허가 된 농섬 위로 아련하게 펼쳐진 구름들. 그는 이질적인 피사체들을 하나의 뷰파인더에 병치거나, 혹은 그것들을 객관적인 원래 위치에서 아주 약간 잡아당기거나 아주 약간 저리로 밀어 놓는다. 이러한 피사체의 밀고 당김은, 마치 악보 상의 음표를 정위치에서 변주하는 재즈의 싱코페이션과 즉흥주법이 그런 것처럼 다른 느낌을 준다. 이러한 변주는 다큐적인 피사체의 미디어적 변용의 가능성을 내포한 듯 보인다. 사회적 대상의 모순을 마치 풍경화적 시선으로 재현한다할까? 이 작은 변주가 가져오는 효과는 그리 작지 않다. 현실은 아주 약간 의심된다. 그런데 이 약간의 의심만으로도 현실은, 그것의 고정불변의 주어짐은 회의에 부쳐진다. 현실의 견고한 리얼리티에, 보이지 않는, 이상한 균열이 온다. 현실은 진짜로 리얼한가? 우리가 지금 보고 있는 현실은 과연 이럴 수밖에 없는 것일까?

분단의 향기

그의 첫 개인전 〈분단의 향기〉(김영섭화랑, 2004)는 여러모로 의미있는 전시였다. 왜냐하면, 동일한 논리로 환원될 수 없는 다큐와 미디어의 회절이 절묘하게 교차하는 지점을 능란하게 잡아냈기 때문이다. 이건 의도적으로 성취할 수 있는 것은 아니었을 것이다. 피사체를 존중하면서도 뷰파인더를 정확히 의식하는 지점 가운데 하나가 〈분단의 향기 #010〉이었을 것이다.

이 사진 속에서 아무 일 없는 듯 남과 북의 군인들이 늘어서 있다. 게다가 그중 몇몇은 수다를 떨고 있지 않은가? 처음엔 허접한 연출로만 알았다. 고작해야 신파극에 동원된 엑스트라 정도였겠지(실제로 이들은 모두 양재동 한국전력 공사에서 벌어진 '테러방지훈련'에 동원된 한국군들이었다). 현실에선 가능하지 않은 상황들이었으니까. 그러나 그건 나의 믿음이었다. 노순택의 사진이 갖는 미덕은 나의 절대적인 믿음이 한낱 근거 없는 편견일 수 있음을 보여준다는 것이다. 황당한 시추에이션이지만, 도심 한 복판에서 그들은 분명 서로 적이 아닐 수도 있었던 것이다. 단순한 가정이 아니라, 분명 현실 속에서. 그들을 서로 적으로 만드는 것은 어쩌면 믿음, 즉 편견이었다. 그들이 오직 서로 총을 겨누어야 하는 적으로 만나야만 한다는 편견은 그 편견을 강요하고 '신화'화하는 이데올로기 장치들에 의해 절대시된 허구일 수 있다.

비록 훈련상황에서나마 격렬하게 서로를 조준하고 부딪쳤을 그들은 어쩔 수 없이 한 줄로 늘어서야 했으니, 그들의 적대관계를 멈추게 만든 건 "밥의 소중함"이란다. 국방군이건 괴뢰군이건 일단 먹어야 한다. 그들은 모든 적

노순택, 〈분단의 향기 #010〉, 2003.

대적 시선을 거두고 점심시간에 배를 채우기 위해 저렇게 모여든 것이다. 분단은 어쩌면 더욱더 본질적인 요구와 논리에 의해 얼마든지 다시 쓰일 수 있는 코미디가 아닐까? 현재 우리가 경험하는 절대적 편견으로서의 분단은 더 큰 목적, 즉 공존과 평화라는 더 큰 가치를 위해 극복될 수 있는 것은 아닐까? 이러한 의문은 노순택의 사진이 단순히 다큐써클만이 아니라, 표현적이고 의미론적인 미디어써클에 의해 구동되기 때문에 가능한 일이다. 노순택은 피사체들을 충돌시킴으로써 고착된 의식에 균열이 초래되는 지점을 충실히 접근해 가고 있다.

아름다운 나라, 美國

노순택의 카메라가 현실의 고착된 현실성을 의심해 갈수록 그의 이미지는 다음과 같은 질문을 던진다. 우리 사회에서 미국은 어떤 존재일까? 미군은 과연 구원자이며 무소불위의 존재인가? 효순이와 미선이는 과연 그렇게 죽어야만 했을까? 그 아이들을 그렇게 보내고도 우리는 슬퍼하고 어쩔 수 없는 일로 받아 들여야 하는가? 분단은 우리 삶의 의심할 바 없는 존재조건인가? 혹, 이 현실 자체가 허구가 아닐까? 현실은 꿈이 아닐까? 우린 꿈을 살고 있는 것이 아닐까? 이 꿈을 현실로 지각하게 하는 메카니즘은 무엇일까? 이 메카니즘은 누구에 의해 작동하는가? 이 메카니즘을 추동하는 이해관계의 지형도는 어떠한가? 과연 우리는 우리가 살고 있는 이 악몽을 박살낼 수 있

을까? 노순택의 사진은 이 질문
들에 대한 대답들의 내용적 부담
을 피사체를 관통하는 미디어의
자의식을 통해 중화한다. 이는
노순택 사진의 매력 가운데 하나
임에 분명하다. 예컨대, 〈분단의
향기 #3-01〉은 끝도 없이 펼쳐
진 하늘을 찍는다.

노순택, 〈분단의 향기 #3-01〉, 2000.

그러나 이곳은 낭만적인 폐허가 아니다. 총탄의 흔적으로 난도질당한 물건들이다. 이곳은 아마도 미군 전투기의 공대지 사격장이었을지도 모른다. '분단', 노순택의 사진은 그것이 내뿜는 화약냄새와 악취를 '향기'로 전달한다. 일종의 기만이다. 노순택은 이런 식의 기만을 의도적이고 전략적으로 선택한다. 그것은 아무리 '향기'로 치장해도 여전히 악취는 숨겨지지 않는다. 향수에 섞여 코끝까지 파고든 암내와도 같다. 혐오를 향기로 위장하는 건, 처음부터 눈 돌리지 말라는 것이다. 외면하지 말라는 것이다. 분단은 여전히 한반도의 본질적 모순구조를 지탱하는 한 축이며 우리는 그것이 뿜어내는 악취를 명분으로 너무나 자연스럽게 그것들을 외면하는 것은 아닐까? 노순택은 분단을 향기로 위장한 채, 코 밑까지 조심스레 들여 밀고는, 더 이상 외면할 수 없는 거리에서, 그것의 악취를 갑작스레 노출한다. 관객들이 외면하지 못하도록. 노순택이 전략적 기만을 선택한 목적 가운데 하나일 수 있다.

형식미학과 유머, 미디어써클을 구동하는 두 개의 축

혐오를 향기로 위장하는 것이 노순택 사진의 전략적 기만이라면, 그 구체

노순택, 〈분단의 향기 #2-17〉, 2002.

적 위장술의 하나는 형식미학이다. 형식미학은 그것의 미적 타당성과는 무관하게, 대중에겐 미감의 보편적 상식으로 작용해 왔다. 물론 그 미적 보편성은 익숙함에서 나온다. 아름다움에 대한 우리의 감성은 이미 특정한 방식으로 짜인 화면, 공간, 절묘한 피사체의 배열, 형태, 정지와 운동 등에 길들여져 있는 것이다. 노순택은 사진의 모든 형식미를 다 보여주려는 듯하다. 여기에 또 다른 위장술 하나가 첨가된다. 유머humour이다. 현실을 우회하면서 그것의 무게를 덜어내는 전략. 유머는 현실의 실재성을 뒤틀며, 현실의 '신화'를 의심한다. 중무장한 전경 사이를 태연히 걸어가는 캐주얼한 차림의 미국인(〈분단의 향기 #2-17〉).

한국사회에서 미국의 의미와 존재감을 한없이 조롱하는 사진이다. 영락없는 노순택 사진이다. '분단'이 현실적 지평 위에서 일정한 운동성을 획득하는 다큐써클의 방향성을 제공한다면, 형식미학과 유머는 카메라는 매체 자체의 본질적 효과를 지향하는 미디어써클에 방향성을 제공한다. 노순택 사진에서 유머를 미디어써클의 운동논리 속에 두려는 것은, 결국 형식미학의 경우와 마찬가지로 사진기 뷰파인더의 위치와 관련되기 때문. 레이돔레이더 안테나가 받는 풍압을 적게 하거나 눈·비로 인하여 전파의 방사가 손상되는 것을 방지하기 위해 안테나에 씌우는 둥근 모양의 덮개을 굴삭기 위(〈얄웃한 공 #040〉), 혹은 집합한 전경들의 머리 위에 올려두는 것(〈얄웃한 공 #025〉)은 뷰파인더의 존재와 작동의 효과를 증명한다. 이건 〈얄웃한 공 #032〉, 〈얄웃한 공 #046〉, 그리고 〈얄웃한 공 #047〉를 찍을 때와 근본적으로 다르지 않다.

뷰파인더의 자의식

노순택, 〈얄웃한 공 #025〉, 2004~2007

이건 모든 사진에서 마찬가지이겠지만, 노순택 사진에서 뷰파인더의 위치는 매우 중요하다. 다큐써클을 회절回折할 때, 뷰파인더는 대체로 피사체에 복무한다. 그것은 피사체가 파생하는 의미를 가장 잘 받아내는 위치에 고정된다. 반면 미디어써클을 회절할 때, 뷰파인더는 피사체에 좀 더 적극적으로 개입한다. 고정된 피사체 주변을 탐색하다가, 그것이 특정한 형식미학의 요건을 충족하거나, 피사체들이 서로 중첩되면서 특정한 대립적 의미의 아이러니를 생산할 때, 뷰파인더는 만족한다. 두 번째 개인전 〈얄웃한 공〉(신한갤러리, 2006) 전에 나온 사진들은 특히 좋다. 잘 찍었기 때문이다. 잘 찍었다는 것은 여전히 매체의 미학적 효과와 다큐의 내용적 문제의식이 공명한다는 것이다. 피사체를 사진적 형식미학으로 재현하는 방식이나, 레이돔을 굴삭기 버킷 위에 올려놓는 등의 유머감각은 절정에 이른다. 그러나, 미디어와 다큐의 공명은 〈분단의 향기〉에 비해 울림이 크지 않다. 절정의 형식미와 유머를 떠받는 한 다큐가 무너져 버린 느낌이다. 미디어와 다큐 사이의 불균형 말이다. 그러나 이 불균형이 노순택 사진의 한계로 직접 번역되어서는 안된다. 왜냐하면, 사진에 관한, 다큐에 관한 여러 화두를 던져주기 때문이다.

깨져버린 공명

레이돔은 한껏 미학화된다. 레이돔의 미학화는 노순택 사진의 특징인 전

노순택, 〈얄웃한 공 #047〉, 2004~2007

략적 기만의 한 양상일 수 있다. 그러나 그러한 기만이 성공하려면, 좀 더 깊고 넓은 다큐의 지평을 설정해야 한다. 여기서 말하는 다큐지평의 확장이란 단지 저널리즘 이미지 문법의 강화를 말하는 것은 아니다. 오히려 이렇게 말하고 싶다. 좀 더 자질구레한 현실의 수다를 좀 더 공유하라고 말이다. 레이돔의 미학화는 평택의 삶과 문제에 대한 좀 더 포괄적인 이해와 맞물려야 하지 않았을까? 그러기 위해서는 평택의 문제를 평택 안뿐 아니라 밖에서 좀 더 포괄적으로 다루어주었다면 더 좋았을 것으로 보인다. 평택 밖의 평택을 담아내는 데 한계가 있다면, 평택 안의 평택만이라도 좀 더 다양하게 수집되었어야 했다. 그러기 위해서라도 노순택의 의식된 미디어에 상응하는 다큐 써클의 강화 역시 필요해 보인다. 평택을 둘러싼 포괄적 맥락의 복원은 아무리 길어도 장황할 뿐 단편적일 수밖에 없는 작업노트만으로 충족되지 않는다. 평택 안팎의 삶과 유리된 레이돔의 미학화는 자칫, 그것의 추상화를 초래할 수 있다.

현실의 사진적 자기화

이상한 레이돔. 기괴한 레이돔. 형이상학적 레이돔. 물론, 〈얄웃한 공〉에서 노순택이 시도하는 다큐는 실험적이다 못해 특별하고 신선해 보인다. 수동적인 기록이 아니라, 좀 더 역동적인 다큐를 위한 시도의 산물이다. 예컨대, 〈너른 못 049〉처럼, 농민이 내리치는 괭이와 멀리 보이는 미군기지를 중첩시키는 방식이다. 〈얄웃한 공 #047〉처럼, 한 농민이 휘두르는 쥐불의 연장선상에 레이돔을 둔다. 찰나의 순간에 우연히 잡힌 모양새. 그러나 그가 의도하는 주제를 전달하기에는 충분하다. 그러나 그의 역동적 다큐는 이미 구성되어진

노순택, 〈얄웃한 공 #040〉, 2004~2007.

것이다. 여기서 새삼 다큐의 '리얼 미러링'real mirroring에 관한 순진한 믿음을 염두에 두는 것은 아니다. 문제의 본질은 '미러링 vs 구성'의 대립이 아니다. 결국 대상을 보는 태도와 다큐멘타리스트의 진정성에 있는 것이다. 노순택 사진에서 다큐의 진정성을 문제 삼는 것은 그가 사실을 조작했다거나, 왜곡했다는 것은 아니다. 문제는 대상을 사진적으로 자기화하려 한다는 것이다. 물론 굳이, 현실의 사진적 자기화를 비난할 이유는 없다. 그건 오히려, 사진가로서의 자의식의 발현일 수 있다. 노순택의 사진은 기자의 사진이 아니라, 예술작가에 의한 사진작품이기 때문이다. 그의 사진을 정보가 아니라, 작품으로 만드는 것 역시 그러한 자의식이다. 이 자의식은 또 현실의 현실성을 지속시키기 위해 현실을 낯설게 하려는 의도와도 연결된다. 이 의도는 현실에 대한 자동적 인식을 최대한 방해하고 지연시키는 방법론에 의해 수행될 수 있다. 이 방법은 브레히트Bertolt Brecht의 것이기도 하지만, 벤야민과 톨스토이, 로티Richard Rorty와 쉬클롭스키의 것이기도 하다. 동시에 노순택이 이 분단의 불가해한 실제성을 평택이라는 시공간 속에서 구체화시키고 그 실제성에 균열을 내기 위한 이미지-저항이기도 하다.

노순택, 〈얄궂한 공 #032〉, 2004~2007

현실에 대한 이미지적 전유

그 하지만 그러한 자의식이 현실에 대한 작가의 인식을 확장하는 토대로 작용한다면, 거기에는 몇 가지 문제가 동반된다. 우선 현실에 대한 작가적 전유의 문제. 현실은 의미의 지평 속에 위치한다. 모든 딜레마는 현실을 둘러싼 의미구조들의 다층성에서 기인한다. 현실을 구성하는 의미들은, 소수의 쌍방 대립의 벡터들에 의해 설명되어질 수 없다. 무한히 미분되는 시공간의 세팅setting 속에서 행위자의 실천에 따라 무한히 잘게 쪼개질 수 있는 의미들은 소위 현실을 부유하면서, 현실을 떠받는 힘들이다. 이 힘들이 만들어 낸 현실은 단지 소수의 시공간 구간단위로 적분한 총합으로 드러나지 않는다. 다큐가 사건 앞에서 한없이 기다리고 또 기다려야 하는 이유이다. 이건 동시에 다큐의 수동성이 때로 현실에 대한 최소한의 진정성과 관련되는 이유이기도 하다.

노순택이 뷰파인더의 위치를 달리함으로써 현실의 의미를 특정한 방식으로 구성하는 지점은 현실에 대한 사진적 자기화를 성취하는 지점이기도 하지만, 현실을 구축하는 수많은 다른 의미들이 삭제될 수 있는 지점이기도 하다. 이미지를 통한 저항의 전략에 의해 한껏 낯설게 보이는 레이돔은 그것을 둘러싼 평택의 맥락적 구체성과 유리되어 있다. 물론 레이돔의 정체를 의문하게 만들기 위해 그것에 도달하는 인식과 이해의 통로를 한껏 좁혀 놓은 것. 그러나 이게 오히려 위험할 수 있다는 것이다. 그 좁고 불편한 통로를 따라 갔을 때, 오히려 추상적이고 관념적이며 형이상학적인 풍경으로 남아버린 레이돔을 만나게 되기 때문이다. 레이돔의 이미지적 자기화는 어디선가 길을 잃은 듯 보이거나 노순택이 의도한 바의 효과를 내지 못하는 듯 보인다.

소통의 단순화

노순택, 〈얄읏한 공 #046〉, 2004~2007.

현실에 대한 사진의 급진적 자기화. 이상하리만치 좁아진 소통의 회로. 이것들은 오히려 현실에 대한 부정 가능성으로 이어질 수 있다. 뷰파인더의 위치를 과도하게 노출하는 것은 소통의 의미를 자의적으로 일방화, 단순화한다. 이런 식의 일방화에 동의할 수 없는 독자들은 사진이 소통하려는 내용을 의심한다. 사진이 산출한 의미에 대한 관객의 의심은, 사진에 대한 의심이 아니라, 사진의 대상인 현실에 대한 불신으로 작용한다. 또 이 불신은 현실에 대한 외면과 회피의 명분이 될 수 있다. 평택의 현실을 구축하는 미세한 의미들의 망들은 어떻게 짜여 있을까? 미군기지를 향해 한 농부가 괭이를 휘둘렀다면, 왜일까? 들불의 화염과 오버래핑되는 아주머니, 레이돔을 태워버릴 듯 쥐불을 휘두르는 농부는 왜 미군을 거부하는 걸까? 과연 그럴까? 과연 그들은 노순택에 의해 재구성된 이미지 서사 속에 포함될까? 아닐 수 있지 않을까? 만약 이들이 레이돔을 거부한다면, 그 거부가 과연 모든 평택 사람들을 대표하는 걸까? 만약 대표하지 못한다면, 그 이유는 무엇일까? 그들은 어떤 면에서 좌절했고, 갈등했으며, 떠나야 했을까? 또 왜 다른 이들은 남아야 했을까? 남은 사람들을 대신해, 경찰과 대치하는 젊은이들은 어디서 왔으며, 어떤 경험을 갖으며, 왜 나섰으며, 왜 피 흘리는 걸까? 평택 사람들과 젊은이들이 산출하는 의미의 망은 완전히 같은 것일까? 또 노순택은 농부들이나 젊은이들과 함께 하지 않고, 사진기를 들었을까? 노순택이 만들어내는 의미의 지평은 남아 있는 평택사람들과 외지의 젊은이들의 의미지평과 어떻게 스며들며, 어떻게 분리되는가? 물론, 이러한 문제들에 노순택의 사진이 답해야 할 의무는 없다. 그러나, 대답하지 않는다면, 좀 더 다양한 의미들이 복원될 가능성을 좀 더 열어 두었으면 어땠을까?

모더니즘 사진의 귀환?

해묵은 이분법이긴 하지만, 모더니즘 사진과 어떤 식으로 전선을 그을 것인가 하는 문제이다. 사진을 찍는다는 것은 아무리 다큐사진이라 할지라도 사건의 단순한 기록이 아니다. 그건 사건에 대한 자기화된 해석이다. 자기화된 해석을 추동하는 것은 작가의 의식. 그런 점에서 소위 '작가주의 다큐'는 본질적으로 모더니즘 사진과 생각만큼 많이 다르지는 않다. 이 문제는 민중미술의 지평에서 논의될 수도 있다. 민중미술은 추상미술을 넘어서려 했지만, 결국 큰 틀에서 모더니즘이라는 한 배 속에 편입될 수밖에 없었다. 왜냐하면 작가의 의식을 토대로 의미의 자의성을 필연화하려 했기 때문이다. 물론, 민중미술이 모더니즘과 분기하는 지점은 사회적 문제의식과 참여정신이다.

민중미술의 사회의식은 미술의 정당성 주장을 윤리적 차원으로 치환하고, 미술에서 자의적인 도덕적 위계구조를 만들어 낸다. 이 위계의 꼭지점에 선 민중미술가들은 사회에 대한 자기화된 해석을 배타적으로 정당화하려 한다. 물론, 이 정당화는 또 슬며시 미학적 정당화로 번역된다. 민중미술이 모더니즘과 만나는 지점은 민중미술의 사회의식이 고양된 개인의 의식이라는 한계를 벗어날 수 없었다는 것이다. 민중미술가의 도덕적 우월성이나 정치적 선도성은 사실 정치적 반동이 아니라, 민중에 대해 작용하는 것이며, 이는 결국 각성된 천재로서의 모더니스트 의식과 별반 다르지 않다.

노순택의 사진에 관해 논하면서, 민중미술의 성공과 실패를 운운하는 것은, 그가 민중미술이나 모더니즘 사진이 노정했던 한계를 뛰어넘기를 바라기 때문이다. 이 바람의 내용은 의외로 간단하다. 즉, 과도한 자의식으로 재단되지 않은 평택을 보여 달라는 것이다. 노순택이 평택에 관한 사진을 찍었다면, 뭔가 다양한 것들 속에서 자연스럽게 수렴되는 평택을 보고 싶다는 것이다. 레이돔이 평택문제의 근저에 흐르는 모순의 기본 축에 대한 은유일 수 있다는 시각에 동의하면서도, 그것은 레이돔으로 환원되지 않는, 레이돔에 의해 파괴되면서, 또 그것을 극복해 내며, 그것과 공존해 왔던, 평택사람들의 삶의 다양한 의미의 지평 위에서 확인했으면 한다는 것이다.

더럽고 추한 나라, 美國

결국 노순택이 이미지를 통해 말하려는 것은 미국이다. 반이정이 '시사적 유미주의'로 불렀던 방법, 그리고 이대범의 '신명난 블랙코메디'로 불렀던 그 방법들을 통해 그가 도달하고자 했던 것도 "지구상 유일의 전쟁도발 국가인데도 한반도에서만큼은 아름다운美 나라國로 불리는 미국"이다. 좀 더 정확하게 말하면 노순택의 이미지 전략은 한반도 내에서 작동하는 미국에 대해 미학적으로 '관찰'하려는 것이다. 이 미학적 관찰은 곧 저항의 다른 방식일 수 있다. 아름다운 나라를 아름다움의 실천(예술)로 관찰함으로써 실상은 그것의 더럽고 추한 몰골을 드러내고자 하는 것이다.

그러나 노순택의 의도와 그 의도가 그의 이미지 구사로 이어지는 과정을 충분히 이해하고 납득하면서도, 나는 여전히 그의 사진이 불편하다. 왜냐하면 그의 의도와 이미지에 동화하기엔 내 안의 미국이 너무 버겁다. 피상적으로 동조하는 척, 겉으로는 이해하는 척 할 수는 있겠지만, 끊임없이 삶에 대한 태도의 진정성을 호출하는 노순택의 사진 앞에서 나는 우물쭈물하고 있다. 그만큼 나는 이미 너무나도 노골적으로 미국을 통해 사유하고, 미국을 입고, 미국을 먹고, 미국에 의지하고 있었던 것이다. 미국 없는 세계질서란 가능할까? 미국이 좋아서가 아니라 미국이 없었을 때 상상되는 우연성을 과연 우리는 감당할 수 있을까? 그렇다면 미군은 평택으로 가야하는 것이 마땅하지 않을까? 차라리 그것이 버젓이 수도 한복판에 남의 나라 군대가 주둔하는 것보다는 낫지 않을까? 미국을 지지하거나 선호하는 것이 아니라, 이 질문들을 내게 다시 던졌을 때, 확실한 답을 갖지 못하고 있다. 정작 불편한 것은 이 우물쭈물함이라는 것이다.

미술관에 대한 비판적 성찰

〈얄웃한 공〉에는 두 가지 상반되는 힘의 벡터가 작용하고 있다. 물론 이 두 힘은 노순택이 두 개의 상이한 장들이 중첩되는 지점에 위치하기 때문이다. 이 중첩되는 지점에서 노순택의 사진은 상이한 방향으로 운동하려는 것 같다. 첫째 장은 물론 미술장이다. 이 장에서 작가는 사진가이며, 예술가이다. 두 번째 장은 정치적 사회공간이다. 이 공간에서 노순택은 운동가이며, 저항적 실천가로 활동한다. 이 두 장이 중첩된 공간에서 노순택은 사진을 통해 저항적 실천의 과제를 수행하려 한다. 여기서 감히 〈분단의 향기〉에서 보였던 미디어써클과 다큐써클의 공명이 〈얄웃한 공〉에서 깨졌다고 평가하는 것은, 예술가로서 미술장의 운동방향과 정치적 사회공간에서 실천가로서의 운동논리가 역방향으로 작용한다는 느낌을 받았기 때문이다. 즉, 정치적으로는 저항적인 방향으로 나아가면서도, 표현적으로는 보수화하고 있다는 것이다. 다른 말로 표현하면, 사회적 권력 관계에선 맹렬히 중심에서 이탈하면서도, 미술장에서는 중심에 진입하고자 시도 하는 것은 아닐까 하는 것이다.

　미술장의 보수성은 현상적으로는 미술관의 권위의 강화로 나타난다. 노순택은 미술관에 너무나 잘 적응해 버리는 듯 보인다. 나에게 전시장은 '정치성을 탈맥락화하기 위해 고안된 멸균실'과 유사하다. 이 멸균실 내에서 노순택의 의도는 생각만큼 순조롭게 이루지지 않을지도 모른다. 하긴 이 멸균실 밖으로 무턱대고 나올 수 있는 일도 아닐 것이지만, 역으로 이 멸균실에 대한 비판적 성찰 없이는 다른 어떤 것도 가능하지 않으리라 보는 것도 사실이다. 노순택에게 요구하고 싶은 것 역시 전시장을 중심으로 한 미술제도에 대한 비판적 성찰이다. 노순택에게서 이것을 발견하기란 쉽지 않다. 성찰의 부재는 '에둘러 간다'는 의도로는 완전히 설명되지 않는다. 노순택의 실천가로서의 저항은 미술장에서 등가의 저항으로 변환되지 않는다. 역방향의 변환도 그리 녹녹하지 않다. 그러기엔 뷰파인더가 과도하게 의식되어 있다. 추상화, 사물화, 오브제화된 레이돔. 과잉 의식된 뷰파인더가 생산하는 미학적 이미지들의 정치적 효과는 노순택의 장황한 텍스트를 끊임없이 참조하지 않고서 쉽지 않아 보인다. 노순택의 사진을 계속해서 추적하는 입장에서, 나는 그의 의식된 뷰파인더가 솔직히 두렵다. 뷰파인더를 통해 현실을 재배열하려는 보이지 않는 의지가 두렵다. 그는 예술적으로나, 정치적(?)으로 성공할 작가임에 틀림없지만, 그가 구가하게 될 성공이 어떤 궤적을 그릴 것이며, 또 어디에 도달하게 될 것인지 아주 조심스럽게 보아야 할 듯 하다. 이건 노순택의 관객으로서 또 다른 실험이자, 흥미이기도 하다.

14장

선무, 상극의 경계 위에 선 탈북작가

이 사람 선무가 사는 법

　남과 북은 언제나 시끄러웠다. 우리가 '대륙간탄도탄을 위장한 로켓'으로, 저들이 '인공위성을 실은 우주발사체'라고 부르는 '이상한 물건'이 하늘을 날았다. 급기야 서해바다에서 우리 군함이 가라앉았다. 우리는 북의 소행으로 단정 짓고, 북은 모르는 일이라 잡아떼고 있다. 필자는 이 자리에서, 이런 문제들에 관해 어떤 주장이나 입장을 표명하고 싶지 않다. 이 지면은 날선 정치적 입장을 밝히는 자리가 아니기 때문이다. 다만, 이 상황을 미술적 시선으로 바라보는 작가를 떠올릴 뿐이다. 이름은 선무. 물론 가명이다. 그는 가명을 써야만 하는 사람이다. 한자로는 줄 線, 없을 無, 즉 줄이 없다는 것이다. 여기서 줄이란 무언가를 이어주는 것이 아니라 자연스러운 관계를 막고 방해하는 것, 즉 장애물을 의미한다. 그의 가명은 장애물이 없거나, 더 정확히 말하면, 이미 놓여있는 장애물을 본인의 의지로 없애겠다는 뜻이다. 그도 그럴 것이 선무는 현존하는 장애물을 넘어온 사람이며 그 장애물 때문에 가명을 쓰고 가족과 헤어져야했던 사람이다.

하지만, 흥미로운 건, 그가 현존하는 장애물을 없애기 위해 사용하는 무기가 너무나 보잘것없다는 것이다. 그가 가진 것이라곤 고작 두 손과 그 손에 잡힌 붓과 캔버스, 그리고 붓질을 조율하고 그의 경험을 호명하는 눈뿐이라는 점이다. 그는 그저 화가에 불과하다. 반면에 이 화가가 상대하는 장애물은 어마어마하다. 그것은 한반도의 남과 북을 가로지르는 넘지 못할 줄이다. 이 줄은 거대한 이념과 그 이념을 폭력적으로 관철하기 위한 살상기계들이 셀 수 없이 많은 삶을 짓이겨 놓은 정치적 실재로서 '분단'이다. 더 정확히 말하면, 이 장애물을 설정하고 유지하는 데 공헌한 북한체제와 그 지도자를 상대로 투쟁하려는 것이다. 그저 붓 하나만으로 말이다.

그를 처음 만난 것은 2007년 어느 봄, 어느 작은 대안공간의 전시를 준비하고 있을 무렵이었다. 창 달린 모자를 깊게 눌러쓰고, 불쑥 옆자리를 차지하고선, 생경한 억양으로, "선생의 생각이 무엇인지 궁금하외다"하고 말을 붙였던 그 사람이 선무였다. 모자 챙 아래 살짝 어른거리는 그의 눈빛은 솔직히 나로서도 감당하기 어려웠다. 우리는, 서로 독한 시선과 몇 마디 말을 서로 던지고 받은 채 첫 만남을 경험했다. 어딘지 불안한, 그 불안이 과도한 자신감으로 이글거리는 수척한 몰골의 그였다. 그랬던 선무가 다른 모습으로 나타났다. 그해 우리가 함께 준비했던 〈노순택 선무 2인전, 우린 행복합니다〉(호기심에 대한 책임감, 2007)가 비교적 좋은 반응을 얻었고, 같은 해 대안공간 〈충정각〉에서 열렸던 첫 개인전이 의외로 여러 사람들에 의해 회자膾炙되면서 서로 잊지 않고 지내긴 했지만, 최근의 성장은 지극히 예상하지 못했던 일이었다.

소수의 몇몇 콜렉터들을 제외하면, 선무의 그림에 먼저 관심을 보인 것은 해외의 언론이었다. 선무는 지난겨울, 『인터내셔널해럴드트리뷴』 *International*

Harold Tribune에 '노근리 학살사건' 특종으로 한국인으로서는 최초로 퓰리처상을 수상한 최상훈 기자에 의해 보도된 후, 『뉴스위크』Newsweek, 『타임』Time에 거푸 인상적인 지면을 차지하더니만, 영국 BBC, 독일의 ARD, '미국의 소리'Voice of America 등에서 비중 있게 다루어졌다. 국내에선, KBS, MBC, SBS를 비롯한 지상파 방송 3사와 이른바 '조중동'으로 호명되는 중앙 일간지들에서 비중 있게 다루어졌다. 최근에 예술가로서 이만한 주목과 관심을 받은 작가를 찾기도 어렵다. 그의 활동범위 역시 엄청나게 넓어졌다. 지구 반대편 여러 곳에서 작품의 구매와 전시를 요청받는가 하면, 지난 3월 호주에서 개최된 국제인권 회의에서 북한의 현재를 회화로 증언하는 예술가들 가운데 한 사람으로 참여했다. 선무는 이제 그저 정치적 망명가가 아니라 정치적 문제를 회화라는 방법으로 풀어내는 예술가로서 세상의 시선을 끌게 되었다.

    선무는 자신의 아픔을 미술로 변환함으로써 세상의 관심을 끌어내는 데 성공하고 있다. 결국 그는 붓 하나로 거대한 이데올로기적 대립과 정치적 모순에 맞서는 효과적인 방법을 찾아내는 데 어느 정도 성공한 것이다. 이 방법은 그에게는 유일한 방법이자 가장 효과적인 방법이기도 했다. 그는 회화로 자신의 삶의 아픔과 그 아픔을 초래한 정치적 모순을 세상의 관심 한 복판에 던졌고, 그의 그림에 매력을 느끼는 사람들을 끌어당기고 있다. 선무와 선무의 그림에 관심을 갖는 사람들은 그저 돈만 있는 졸부들이 아니라 한국의 분단에 관심을 갖고 있는 국제적인 언론인, 정치인, 정부기관의 참여자들이다.

선무와 존재구속성

    굳이 만하임Karl Mannheim을 들먹이지 않더라도 모든 지식은 그것이 위치한 사회적 조건 위에 있다. 이 언명은 예술에 적용시킬 수 있다. 모든 예술은 사회적 조건 위에 있다. 예술을 지식의 한 형태로 볼 수 있다면, 이를 이른바 '예술의 사회적 존재구속성'existential determination of art이라 할 수 있다. 그런데, 아무리 예술의 존재구속성을 염두에 두더라도 선무만큼 기구한 그 언명의 적용대상을 찾기란 쉽지 않다. 물론, 선무의 존재구속성은 그가 남한 예술계 최초의 '탈북작가'라는 사실과 관련된다. 하지만, 그가 탈북작가라는 사실만으로 그와 그의 작업에 담지된 예술의 존재구속성을 모두 설명할 수는 없다. 그가 위치한 존재조건의 변화가 그의 회화의 내용에 미치는 영향이 우리가 생각하는 것보다 훨씬 복잡하기 때문이다. 탈북은 그의 그림에 접근하는 가장 중요한 통로이기도 하지만, 동시에 오히려 가장 큰 방해물이기도 하다. 탈북에 관한 '스테레오 타입'stereo type이 선무가 제공하는 의미의 다양성을 제거하기 때문이다.

필자는 선무의 그림에 접근하는 두세 개의 통로를 열어두고자 한다. 이 통로들은 표면적으로는 상반되는 것이기도 하지만, 이 글의 어딘가에서 상보적인 형태로 서로 만나게 될지도 모를 그런 길들이다. 일단, 이 길들을 거칠게 요약한다면 다음과 같다.

첫째, 선무의 예술적 실천에는 탈북으로 인한 예술실천의 사회적 맥락과 그가 수행하는 스타일 사이의 변증법적 변화가 내포되어 있다. 탈북은 선무의 회화가 위치한 존재조건의 극적 변동을 의미한다. 중요한 것은 그러한 변화 속에서도 선무가 구사하는 이미지 분류와 조직 방식, 곧 스타일은 소위 전형적인 '선전화'宣傳畵의 특징들을 유지한다는 것이다. 이 점은 앞에서 다루어진 '아비튀스'로서 스타일 개념으로 설명될 수 있다. 부르디외적 아비튀스로서 스타일은 이미지를 조직하고 생산하는 자율적 원칙이며, 선무가 경험한 객관적 맥락의 극적인 변화에 나름의 방식으로 저항한다. 여기서 중요한 것은 선무가 자신의 탈북을 통해 변화된 맥락을 반영하는 방식이다. 선무는 자신의 아비튀스-스타일을 유지하면서도, 정반대의 의미를 생산함으로써, 자신이 속한 예술적 실천의 맥락적 변화에 응답하고 있다.

둘째, 선무의 탈북은 필연적으로 그 맥락의 변화와 그 변화에 대한 선무의 미학적 대응이 산출하는 의미의 체계를 불가피하게 정치적 지평 위에 올려 둔다. 그의 작업들은 단순히 존재구속성으로 이해되고 넘어갈 수 없는 판단과 결단을 요구한다. 그 결단은 분단의 원인과 그 작동방식에 대한 가치평가와 개입을 관객들에게 요구한다. 물론, 이러한 개입과 가치판단의 요구가 미술에서 새로운 것은 아니다. 1980년대 한국미술의 지평을 지배해 온 민중미술 역시 그러한 결단을 요구했다. 하지만, 민중미술의 요구는 비교적 분명했다. 예컨대, '독재타도', '민주주의', '인권'에 대한 요구의 당위성에 대한 편차는, 아무리 보수적인 입장에 서 있는 사람들이라 하더라도 부정할 수 없었기 때문이다. 하지만, 선무의 요구는 그렇지 못하다. 그의 탈북에 내포된 맥락들은 서로 공존할 수 없는 상극적相剋的인 종류의 것들이다. 선무의 탈북에서 등장하는 맥락으로서 남과 북의 사회체계는 단순한 이미지 변화를 설명하는 존재조건이 아니라는 것이다. 그의 탈북에 내포된 이러한 맥락적 상극성은 그의 이미지들이 산출하는 의미체계에도 복잡하게 작용하는 중요한 계기를 이룬다.

셋째, 필자는 탈북이라는 맥락적 변화에 미학적으로 대응하는 과정에서 선무가 균형을 잡아 나가고 있음을 높이 평가하고 싶다. 탈북은 선무에게 감당하기 어려운 사건이자 충격이었을 것이다. 그러나 선무가 이 충격을 미학적으로 조율하는 과정은 때로 그 자신이 직접적인 당사자라는 사실이 믿겨지지 않을 만큼 침착해 보인다. 그는 때로 자신의 경험에 직접적으로 다가섰다가도 어느새 사건에서 멀리 떨어져 좀 더 객관적인 시각을 유지한다. 중요한 것은 선무가 탈북이라는 사건과의 거리를 조율해 나가는 과정이 자신이 구사하는 표현형식과 스타일의 변화에 상응하고 있다는 점이다. 선무는 리얼리즘과 선전화 양식을 전형적인 자신의 '개인스타일'individual style로 유지하

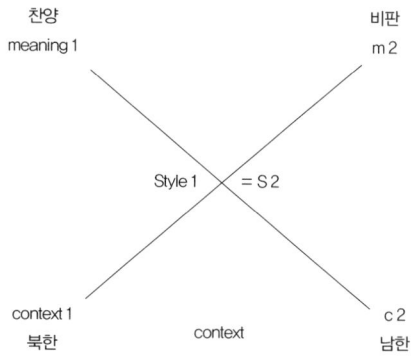

〈도식1〉

먼서, '재현적 기술'representational description과 '상상적 서사'imaginary narrative 사이의 변주를 보여준다. 이와 함께 최근에 보여준 '리얼리즘 팝아트'realism popart(이후 '리얼 팝'real pop으로 약칭)의 가능성 역시 주목할 필요가 있다.

탈북, 맥락의 변화와 스타일의 지속성

첫 번째 논점부터 시작해 보자. 먼저 그의 탈북을 맥락의 변화라는 중립적 개념틀 속에서 설명할 수 있다. 이 논점을 위해 〈도식1〉은 유용해 보인다.

여기서 탈북이란 북한context1에서 남한c2으로의 맥락상의 변화를 의미한다. 그러나 이 도식에서 중요한 것은 그러한 맥락의 변화에도 불구하고, 그가 구사하는 이미지 문법, 곧 스타일들Style1, S2은 그리 크게 변하지 않았다는 점이다. 여전히 그는 풍경, 밀림, 그리고 사람들에 대한 사실적인 재현에 충실하다. 그가 남한사회에서 익힌 표현주의적 이미지 구사를 찾을 수 없는 것은 아니지만, 그런 식의 이미지 구사는 어딘지 이물감이 크고, 그와 어울리지도 않는다.

맥락의 극적인 변화에도 불구하고 놀랍도록 일치하는 스타일의 유사성은, 특정한 이미지를 조직하는 회화적 실천이 나름의 개인적 성향체계-아비튀스로서 나름의 관성을 유지했기 때문이다. 스타일은 선과 색을 구사함에 있어서의 '버릇'이라 할 수 있는데, 이 버릇이 그저 단순한 버릇이 아니라 사회적 공간에서 개별 작가가 그려내는 현재의 위치와 과거의 궤적을 보여준다. 부르디외가 지적하는 것처럼 특정한 사회적 버릇으로서 아비튀스가 그것을 가능케 하는 객관적 조건인 장과의 관계 속에서 형성된다면, 선무의 첫 번째 개인양식 Style1은 그가 그림을 배웠던 북한미술학교에서의 훈육을 통해 체화된 이미지 조직과 분류의 방식임은 의심할 바 없다. 이러한 스타일은 그가 남한의 미대에서 앵포르멜의 표현양식을 어색하게 실험할 때를 제외하면, 적어도 형식적으로는 유의미한 변화 없이 지속된다. 〈도식1〉에서 첫 번째와 두 번째 스타일들Style1, S2 사이를 접점에 가까운 것으로 설정한 것도 그 때문이다.

〈도식1〉 속에서 가장 중요한 변화는 의미화의 영역에서 성취된다. 그는 여전히 동일하거나 유사한 이미지 조직 방식을 유지하면서도, 각각의 이미지들을 차별적으로 조직함으로써, 맥락의 변화만큼이나 극적인 '의미의 역전'reversion of meaning 현상을 보여준다. 이 의미의 역전은 맥락의 변화를 자신의 개인 스타일을 기본적으로 유지한 채 의미의 변화를 통해 반영하려는 미학적 전략이라 할 수 있다.

〈세상에 부럼없어라〉, 외연과 내포를 찢어낼 수 있는 의미의 조직

여기서 선무가 수행하는 의미의 역전을 조금 더 자세히 살펴보자. 선무의 그림들은 눈에 보이는 것처럼 간단하지 않다. 그 이유 가운데 가장 큰 것은 그가 정치적인 그림을 그리기 때문이다. 하지만, 이것만으로는 부족하다. 정치적인 그림을 그리는 사람들은 여전히 많다. 그리고 대부분의 정치적 그림들은 가능한 많은 사람들을 동원하기 위해 명확하고 쉬운 의미체계를 사용한다. 하지만 선무는 대개의 정치적 그림과는 다른 방식으로 자신의 그림을 정치화시킨다. 이 점을 설명하기 위해서 소쉬르F와 바르트Roland Barthes의 기호학적 개념들을 도입할 필요가 있다. 소쉬르는 '겉으로 드러나는 바'와 '의미하는 바'를 대립시킨다. 여기서 전자와 후자를 각각 '기표'記票, signifier와 '기의'記意, signified로 개념화할 수 있다. 대개의 정치적 그림은 기표와 기의의 직접성에 근거했다. 예컨대, 1980년대 집회나 시위에 등장하는 걸개그림에서 '불끈 쥐어진 팔뚝과 주먹'(기표)은 있는 그대로 노동자 혹은 농민의 투쟁의 힘(기의)을 의미했다.

　선무는 이런 기표와 기의의 직접적 관계를 설정하지 않는다. 선무는 기표와 상반되는 기의를 설정한다. 좀 더 쉽게 설명하면, '보이는 그대로 읽히지 않는다'는 것이다. 오히려 선무는 보이는 것과 반대되는 의미를 화면에 부여한다. 여기서 바르트가 제공하는 기호학적 개념인 '외연'外延, denotation과 '내포'內包, connotation 는 선무가 구사하는 이미지들의 의미화 과정을 이해하는 데 유익할 수 있다. 외연과 내포는 기의를 좀 더 세분한다. 외연이 기의의 '겉으로 드러나는 명시적 의미'라면, 내포는 말 그대로 '숨어 있는 뜻'이다. 내포는 특정한 기표와 기의의 결합으로 이루어진 기호sign가 서로 다른 사회적인 맥락 위에 위치하면서 덧붙여진 계급적 혹은 이데올로기적 의미를 말한다. 바르트는 이처럼 일차적인 기표-기의의 관계로 이루어진 소쉬르적인 기호가 사회적인 맥락 위에서 가공되는 과정을 '2차적인 기호화' 과정으로 묘사하고 이를 〈도식2〉와 같은 방식으로 설명한다.

　바르트는 기호를 순수한 언어적 현상이 사회공간의 상황과 역학 속에서 특정한 방식의 효과를 산출하는 사회적 현상으로 본다. 소쉬르의 기호학은 기호1에 머물렀다. 바르트는 소쉬르를 넘어 기호1의 기표와 기의 전체를 새

기표	기의(외연)	
기호 1(기표)		기의(내포)
기호 2		

〈도식2〉

로운 기표로 삼아, 여기에 새로운 '사회적 기의'인 내포를 덧붙여 기호2까지 나아간다. 바르트의 기호학은 단순히 언어적 기호의 세계만을 다루는 것이 아니라, 특정 기호가 사회적 맥락에서 가공되는 또 다른 의미화 과정을 자신의 기호학의 영역에 포함한다. 예컨대 바르트는 『파리마치』Paris-Match 표지에 인쇄된 한 흑인병사의 사진을 다음과 같이 설명하고 있다.

> 나는 이발소에 있다. 이발사가 『파리마치』 한 권을 내게 내민다. 책표지 위에 프랑스 군복을 입은 한 흑인 젊은이가 눈을 들어 삼색기에 잡힌 주름을 바라보며 거수경례를 하고 있다. 바로 이것이 이 이미지의 의미이다. 그러나 순진하건 아니건 나는 이 이미지가 내게 무엇을 의미하는지 잘 알고 있다. 즉 프랑스는 위대한 제국이라는 것, 모든 프랑스의 아들은 피부색의 구분 없이 그 국기 아래 충심으로 봉사한다는 것, 그리고 식민주의에 대해 비방하는 사람들에게는, 이른바 압제자들에게 충성하는 이 흑인의 열정보다 더 훌륭한 대답이 없다는 것이다.(Barthes, 2002[1970]: 274)

여기서, '거수경례를 하는 흑인 프랑스 병사'가 기표라면, 그것의 '프랑스적인 특징'과 '군대적 특성'은 기의-외연에 해당한다. 그러나 정작 바르트가 여기서 방점을 찍는 것은 그러한 기표와 명시적 기의에 덧붙여지는 '프랑스 제국의 위대함'과 '식민지배의 정당성'이라는 내포에 다름아니었다. 이 내포는 당대 프랑스에 의한 식민지배를 둘러싼 담론의 지형에서 생산되고 덧붙여진 의미들이다. 바르트는 이러한 내포의 사회적 효과를 현대적 '신화'라 부르고 있다.

이러한 논의는 선무가 보여주는 스타일의 지속성과 그에 상반되는 의미의 역전현상에 적용될 수 있다. 초기작인 〈세상에 부럼없어라〉(2006)는 그보다 더 기쁠 수 없는 북한의 어린이들을 사실적으로 묘사하고 있다. 게다가 선무는 이 그림 아랫부분에 '우리는 행복합니다'라고 쓰고 있지 않은가? 만약, 이 그림을 기표와 기의로 나눈다면, 기표는 희열에 빛나는 북한어린이며, 기의 역시 북한

선무, 〈세상에 부럼없어라〉, 2006.

체제가 가져다주는 행복일 것이다. 그는 무엇을 의미하고 싶었을까? 남한과 북한 사회를 모두 경험해 본 선무가 북한 체제에 향수를 느끼기 시작한 것은 아닐까? 그런 것 같지는 않다.

체제와 김정일의 업적을 선전하는 북한의 아이가 기쁨에 겨워 밝게 웃고 있다면, 그것의 외연은 '웃음'과 '기쁨'이며, 첫 번째 내포는 '김정일의 위대함과 북한체제의 우월함'일 것이다. 여기에 선무는 자신이 부여한 두 번째 내포 즉 그 기쁨과 희열이 너무나도 극단적이어서 오히려 '비현실적'이며, 그래서 '허위'라는 사실을 숨겨 놓는다. 현실을 사실적으로 묘사하면서도, 현실의 가장 비현실적인 속성을 드러내는 것이다. 눈에 보이는 현실이, 현실임에도 불구하고 결코 현실 속에서 가능하지 않음에 대한 일종의 은유적 고발이랄까? 물론, 선무가 부여하는 내포는 그가 남한 사회에 위치해 있기 때문에 비로소 가능해진다. 이를 도식화하면 〈도식3〉과 같다.

```
| 소녀   | 행복  |              |              |
| 기표   | 기의  |              |              |
| 기호1        | 북한체제의 우월성 |        |
| 기호2                | 허위, 비현실성     |
| 기호3                        | 북한체제의 강압성과 폭력성 |
```

〈도식3〉

　소녀는 또래의 다른 소녀들이 도저히 그럴 수 없을 만큼 기뻐하고 있다. 이 기쁨이 과연 진실일까? 도저히 진실일 수 없는 진실, 그것은 혹여 가장된 위장일 가능성이 높다. 현실을 가상으로 위장하는 것이 아니라, 가상을 현실화하는 위장이다. 현실을 가상으로 재구성하는 것은 몇 마디의 말이면 충분하지만, 가상을 현실화하는 위장은 집단, 혹은 사회전체의 수준에서 위장을 강요하고 강화하는 강고한 시스템이 필요하다. 정작 기쁨에 겨워하는 북한 어린이를 그렸을 때, 선무가 숨겨놓은 마지막 의미-내포는 그런 기쁨이 현실에서 가능하지 않은 위장이며, 이 위장을 현실 속에서 가능케 하는 북한사회 체제가 갖는 '불가해한 폭력성'이라는 것이다. 이처럼 동일한 기표를 통해 상반된 외연과 내포를 서로 대립적으로 구성해 낼 수 있는 능력, 그것이 선무가 보여주는 회화의 가능성이다.

　이런 방식의 기호학적 화면구성은 선무가 보여주는 그림들을 전반적으로 관통하고 있다. 그는 사실적 묘사에 충실한 리얼리즘 화가이지만, 더 본질적으로는 의미를 다루는 정교한 기호학자에 가깝다고 볼 수 있다. 재미있는 것은 그가 다루고 처리하는 의미가 결국 '사실'을 재료로 수행되고 있다는 것이다. 사실을 통해 의미의 세계를 시각화하는 사람. 그가 바로 선무다.

〈조선의 신〉(2007)

선무, 〈조선의 신〉, 2007.

비슷한 방식의 기호학적 조작은 〈조선의 신〉에서도 나타나고 있다. 여기서 선무는 김정일의 초상을 사실적으로 재현하고 있다. 그러한 사실적 재현의 외연은 그저 김정일을 지칭하고 있다는 점에서 〈도식1〉의 첫 번째 의미Meaning1로서 '찬양'(외연)에 충실하다. 종로구 부암동 대안공간 '호기심에 대한 책임감'에서 열린 〈노순택 선무 2인전: 우린 행복합니다〉에 처음 이 작품이 걸렸을 때 가장 격렬하게 항의한 사람들은 지역주민들 이었다. 어찌 김정일의 사실적인 초상을, 그것도 청와대 지척에서 부암동에 버젓이 걸어 놓을 수 있느냐 하는 것이었다. 전시기간 내내 주민들의 신고가 이어졌다. 어느 날은 출동한 경찰의 수가 전시를 일부러 관람하기 위해 찾아오는 관객 수보다 많았다. 그렇다면, 선무의 기호화 전략은 실패한 것이 아닐까? 주민들이 김정일의 초상을 보고, 그것이 찬양할 의도가 아니라는 사실을 쉽게 알 수 없었던 이유는 바로 선무가 자신의 의도를 꼭꼭 숨겨 놓았기 때문이다.

이 작품에서 선무는 김정일의 시각적 표현을 최대한 중립화한다. 그건 그저 사실적인 김정일의 얼굴일 뿐이다. 그저 무표정한 사실묘사일 뿐이다. 부암동 주민들은 이렇게 중립화된 김정일의 초상이 과연 무엇을 의미하는지 알 수 없다. 주민들에게 분명한 것은 김정일은 적어도 남한 사회에서는 이렇게 그려질 수 없다는 것이었다. 주민들이 납득하려면, 선무는 적어도 김정일의 머리에 괴물처럼 뿔이라도 두어 개 그리고, 인민에게 집단구타라도 당하며 나뒹구는 그의 모습이라도 그렸어야 한다. '무찌르자 공산당' 같은 문구라도 넣어서 말이다. 그러나 선무는 그렇게 하지 않았다. 선무의 비판의 의도는 김정일의 머리 위에 그려진 별을 통해 수행된다. 북에서 별은 곧 최고 권력자를 의미한다. 그 별의 가장 뾰족한 모서리는 김정일의 머리 정수리를 겨누고 있다. 별은 이미 선무가 정교하게 틀 잡은 캔버스 틀에 의해 무참하게 잘려나가 있다. 북에서 별을 이렇게 그리는 것은 금기에 해당한다. 게다가 선무는 별의 가장 날카로운 끝으로 무방비 상태의 김정일의 머리를 겨누고 있는 것이다. 이러한 형태 배열은 김정일이 자기 내부의 정치적 모순에 의해 패배할 것이라는 비판적 의미(내포)였던 것이다. 겉으로는 단순하고 사실적인 그림처럼 보였던 이 작품은 실상 자신으로 하여금 넘지 못할 선을 넘어 사랑하는 가족들을 버리고, 수만리를 지나 이 생경한 땅에 오도록 강요한 그 사회, 그 체제의 수괴에 대한 정치적 비판을 가장 극단적인 방식으로 시각화하고 있었다. 시각적 형태와 그것의 기호학적 과정을 통해 정치적 분노를 가장 극한의 형식으로 밀어 붙이는 것이다.

이러한 의미 변환은 생각처럼 쉬운 일이 아니다. 왜냐하면 이러한 변환은 동일한 기표로부터 상반된 의미를 찢어내는 기호 조작 능력을 전제해야 하기 때문이다. 의미의 영역에서 외연과 상반된 내포의 관계를 설정하는 능력은 이미지와 기호를 다루는 오랜 훈련을 통해서만 성취된다. 그런 의미에서 선무는 운 좋게도 남한에서 미술을 계속하게 된 단순한 정치적 탈북자가 아니라, 이미지와 기호의 논리를 섬세하게 조직하고 다룰 능력을 갖는 유능한 작가라 할 수 있다.

상극적 맥락의 포섭과 회화적 통약가능성

선무의 그림에 관한 두 번째 비평적 논점은 그의 작업이 존재구속적이면서 동시에 그것을 벗어나는 판단과 현실적 결단을 요구한다는 것이다. 만하임의 존재구속성 개념은 '상관주의'relationalism를 전제한다. 상관주의에 의하면, 각각의 지식, 예술체계들은 서로의 기준으로 평가될 수 없으며, 각각의 사회적 조건 위에서 나름의 합리성을 갖는다. 물론, 이러한 상관주의는 상대주의와는 다르다. 상대주의가 어떤 객관적 진리나 고정불변의 본질도 부정한다면, 상관주의는 서로 다른 존재조건 속에서 그 조건에 참여하는 행위자들의 실천과 투쟁을 통해 당대의 가치판단의 기준이 생겨날 수 있음을 지적한다. 어쨌거나 이러한 상관주의는 토마스 쿤의 통약불가능성과 일맥상통한다. 쿤에 따르면, 모든 패러다임은 결국 서로 비교될 수 있는 공통분모를 갖지 않는다. 그것들은 말 그대로 서로 다른 역사적 시간과 사회적 공간에서 서로 다른 합리성의 기준을 갖는 것이다. 따라서 서로 다른 지식들을 상호간의 기준을 적용해 우열을 판단해서는 안된다. 이에 따르면, 선무의 작업은 매우 특수한 이중적 존재조건 위에 놓인다. 남한과 북한은 서로 다른 사회적 맥락들 구성한다. 상이한 각각의 사회들은 어떤 것이 우월하고 어느 것이 열등한지 판단되어서는 안된다. 그것들은 '통약불가능한'incommensurable 나름의 차별적인 가치체계를 가질 뿐이다.

그러나 통약불가능성을 남한과 북한 사회에 적용하는 것은 가능한 일이지만, 이를 선무와 선무의 작업에 적용하기란 그리 쉬운 일이 아니다. 무엇보다 선무의 탈북은 적어도 선무에게는 남과 북을 그저 서로 다른 별개의 맥락들로 남겨두지 않는다. 탈북이라는 경험은 선무에게 남과 북을 서로 찢어 낼 수 없는 방식으로 중첩시킨다. 선무는 서로 다른 가치와 삶의 체계 속에 동시에 떠밀려진 것이다. 몸은 이미 남한에 와 있지만, 의식과 기억은 여전히 북한의 경험에서 자유롭지 않다. 무엇보다 선무는 여기 남한에서 여전히 과거 북한에서 배운 스타일을 통해 예술적 실천을 수행하고 있다.

적어도 선무에게 남과 북의 두 체제는 부정 혹은 긍정의 판단과 이해를 요구하는 상극적인 관계에 놓인다. 그러한 부정, 혹은 긍정을 통해 선무는 분단 조국에 관철되는 통약불가능성을 어떤 방식으로든 극복하고자 시도한다. 이러한 선무의 의지에 관해 민병교는 "선무, 교차와 침투의 시선"(2007)에서 선무의 작업에 통약불가능성 개념을 적용하면서 다음과 같이 지적한다.

> 다시 선무로 돌아가자. 이데올로기에 의해 고통 받는 북한 아이들과 자유로운 남한사회라는 유토피아? 정말 북한에서의 삶은 고통스러운가? 작가는 말한다. 북한에서 일주일만 살아보라고. 그럼 알 수 있다고. 작가 스스로 말하지 않았나? 북한 아이들은 행복하다고 말한다고. 이데올로기 때문에 판단력이 상실되었다고? 그럼 작가는 무슨 수로 이데올로기로부터 자유롭나? 작가가 말하듯, 북한에서 나왔기에 북한 내부에서의 이데올로기로부터는 자유로울 수 있다. 그러나 북한을 벗어나는 순간 그곳에는 또 다른 이데올로기가 존재한다. 작가는 결국 새로운 이데올로기의 틀에서 북한의 또 다른 모습을 보고 있을 뿐이다. 북한에 대한 작가의 비판이 진리가를 담보하기 위해서는 적어도 북한에 살고 있는 사람들보다 작가가 인식론적 우위에 있음을 증명해야 한다. 그렇담 작가의 이데올로기가 북한의 이데올로기보다 진리에 더 가깝다는 것을 증명해야 하는데, 쿤이 패러다임의 통약불가능성을 선언한 이래 이것이 불가능하다는 것은 이미 기정사실화되어 있지 않은가? 진리나 실재가 하나인지 어떤지는 모르겠으나, 인간이 그가 처한 존재조건에서 자유로울 수 없는 한, 자기만의 렌즈를 통해 볼 수밖에 없다. 게다가 어떤 렌즈가 더 정확한 렌즈인지는 아무도 모른다. 선무 또한 예외는 아닐 것. 선무는 이데올로기 비판을 뛰어넘어야만 한다.

그러나 민병교의 해석에는 오해의 여지가 없지 않다. 첫째, 통약불가능성으로 설명되는 각각의 맥락들이 지나치게 협소하게 가정되어 있다. 물론 그 각각의 맥락들이란 남한과 북한이다. 여기서 민병교가 잘못 가정하는 것은 선무의 작업에서 지칭되는 남한과 북한이 결코 서로 다른 맥락이 아니라, 앞서의 〈도식1〉에서 보여지는 것처럼 분단의 상황이라는 좀 더 총체적인 맥락 Context 속에 통합되는 부분적 맥락들c1, c2 이라는 것이다. 특히 그의 작업의 결정적인 구성요소인 탈북은 그러한 부분적 맥락들c1, c2 의 경계를 오가는 사건이다. 이 사건에 의해 그것들은 서로 다른 어떤 것이 아니라, 동일한 시간과 공간 속에 충돌하고 중첩되는 공통의 맥락이 된다. 이처럼 적어도 선무에게 탈북에 의해 공통의 범주 속에 포섭된 남한과 북한은 동일한 기준에 의해 판단되어야 할 대상이 되어 버린다. 따라서 "인간이 그가 처한 존재조건에서 자유로울 수 없는 한, 자기만의 렌즈를 통해 볼 수밖에 없"으며, 따라서 선무의 렌즈가 더 정확하다는 것을 증명하지 못하는 한 북한사회에 대한 선무의 비판은 잘못된 것일 수 있다는 주장은 근거를 잃게 된다. 탈북작가 선무의 작업에서 남한과 북한은 작가의 가치판단을 필요로 하는 동일한 층위의 상극적 맥락들이다. 이런 상극적 요소들의 경계 위에서 선무의 북한체제 비판은 지극히 정당하며, 필연적인 작업이다. 만약 반대의 상황을 가정해 보면, 입장은 분명해진다. 탈북, 혹은 월북한 작가가 상대방의 체제에 대해 모든 가치판단을 유보한 채 마치 정물화를 그리듯 객관적으로 그린다면, 그것은 오히려 자신의 존재조건에 충실하지 못한 것이 된다.

민병교의 선무론에서 두 번째 오류로 지적될 수 있는 것은 맥락 내에서 선무의 위치에 관한 것이다. 민병교는 선무의 북한체제 비판이 가능하려면, "북한에 대한 작가의 비판이 진리가를 담보하기 위해서는 적어도 북한에 살고 있는 사람들보다 작가가 인식론적 우위에 있음을 증명해야만 한다"라고 말한다. 민병교가 가정하는 선무의 위치는 만하임 지식사회학의 맥락에서 자유부동自由浮動 하는 지식인free floating intellectual의 위치에 해당한다. 만하임에 따르면, 특정한 지식의 진위를 판별하고 그 진위를 비판하거나 옹호하는 것은 외부의 시선을 필요로 한다. 이 외부적 시선은 그 지식이 사용되는 맥락 밖에서 그것의 진위를 판별할 수 있는 우월한 시선이며, 그 시선의 소유자는 물론 지식인이다. 하지만, 이 지식인의 외부적 시선을 가능케 하는 특권의 근거는 만하임 스스로에 의해서조차 충분히 설명되지 않았고, 그래서 치명적 약점으로 지적되어 왔다. 민병교는 선무에게 처음부터 가능하지 않은, 비판적 지식인의 위상을 부당하게 요구하고 있다.

그러나 만약 선무의 탈북을 통해 북한과 남한이 별개의 맥락이 아니라 동일한 범주 내에 통합될 수 있다면, 선무의 시선은 북한을 조망하는 우월한 외부적 시선이 아니라, 맥락 내부에서 투쟁하고 갈등하는 시선이며, 따라서 우월성을 증명할 필요도 없게 된다. 북한 체제에 대한 선무의 발언은 인식론적 우월성에 근거한 지식인의 합리적 비판이 아니라, 철저하게 맥락 위에서 투쟁하는 사회적 행위자로서 이데올로기와 유토피아(Ideology and Utopia)의 지평에서 이루어지는 투쟁으로 보는 것이 타당하다. 선무는 분단의 사회적 조건을 객관적으로 조망할 수 있는 외부의 위치에 도달하려는 것이 아니라, 그 맥락 깊숙이 침투해 내려가면서, 분단에 대한 고민을 그의 작업 내용에 반영하고, 동시에 그러한 작업내용을 수단으로 삼아 분단의 상황에 개입하기 위해 투쟁하는 상황 내 실천자라는 것이다. 오히려 그러한 외부적인 시선은 맥락 내 행위자에의 실천에 대해 객관적 비평의 설명을 수행하고자 하는 민병교의 것이며, 따라서 그 우월성을 증명하는 작업 역시 민병교의 몫이다.

성찰, 혹은 객관적 묘사와 은유를 통한 상상적 서사의 조율

선무의 작업을 보는 세 번째 논점은 그가 그 분단의 맥락 내에서 운동하는 방식에 있어서 현실과의 거리를 조절하는 성찰성을 보여준다는 것이다. 이 세 번째 논점은 두 번째 논점에 대한 역轉이자 연장일 수 있다. 두 번째 논점이 선무의 회화적 실천의 맥락적 측면을 말한다면, 이 성찰성의 논점은 선무가 자신이 처한 맥락과 상호작용하면서 때로 자신의 직접적인 경험에 접근하거나, 또한 때로는 이탈해서 재규정하는 역량comnpetance을 보여줄 수 있느냐의 문제와 관련된다. 이와 관련해서 민병교는 다음과 같이 적고 있다.

다시 시선의 문제로 돌아가 보자. 애초에 푸코가 살아 있다면, 선무를 좋아했을 거라 했다. 한편 조금은 아쉬워했을 것이다. 푸코는 『사물의 질서』 The Order of Things, 1966에서 벨라스케스Diego Velazquez의 〈시녀들〉 Las Meninas, 1656에 주목한다. 벨라스케스의 그림에서도 선무의 그림에서처럼 작가 자신의 시선을 발견할 수 있다. 캔버스 바깥을 응시한 채 그림을 그리고 있는 그림 속 벨라스케스. 여기서 푸코는 '성찰'을 발견한다. 즉, 벨라스케스는 그림을 그리는 주체인 자신을 대상화하여 보고 있다. 아쉽게도 선무의 작품에서 발견되는 작가의 시선은 이러한 성찰을 내포하지 않는다. 선무의 작품에서 작가의 시선은 그저 외부를 향한 비판과 유토피아를 향한 열망의 눈빛일 뿐이다. 작가가 아직 이데올로기 비판에 머무는 것은 이와 같은 자아에 대한 존재론적 성찰의 부재에서 기인한다.

민병교는 선무에게 자신을 객관화시켜 바라보는 성찰성을 요구한다. 그러나 필자는 선무의 그림에서 성찰성은 미묘하게 나타나고 있다고 판단한다. 오히려 벨라스케스가 자신의 존재를 억지스럽게, 그것도 조연적助演的 형상으로나마 남기고자 했다면, 선무는 탈북의 경험과 그 경험의 주체로서의 자신, 그리고 그 경험을 표현하는 미학적 방식들 사이의 거리를 미묘하게 조정함으로써 자신의 성찰성을 보여주고 있다. 그렇다면 이러한 거리의 조정이 과연 어떤 방식으로 나타날까?

선무의 성찰성이 자신의 경험에 다가서는 방식과 그 경험이 회화적인 이미지로 변환하는 과정이라면, 이 과정은 크게 두 가지서로 다른 스타일들로 나타난다. 첫째는 자신의 탈북의 직접적인 과정과 경험을 직접적이고 객관적으로 재현하는 방식이며, 둘째는 북한 체제에 대한 자신의 정치적 입장을 상상적인 서사를 통해 재구성하는 작업이다. 선무는 이 두 방식들을 정확히 서로 다른 방식으로 구사하고 있다.

첫 번째 작업과 관련하여 특히 국경을 넘으려는 찰나의 상황을 묘사하는 〈눈동자〉는 작품성에 대한 평가와 무관하게, 이후 모든 작업을 이해하는 0도에 해당하며, 동시에 자신의 경험과 그것의 미학적 형상화에 있어서 선무의 성찰성을 보여주는 지점이기도 하다. 이 작품은 자신을 탈북이라는 행위와 경험의 주체로서, 그리고 상황을 '시각적으로' 인식하는 주체로서 형상화한다. 이러한 형상화는 결국 행위의 주체에서 회화의 주체로의 변환을 의미하며, 이때 선무는 그러한 '회화적 변형'의 주체로 나타난다.

여기서 초점은 철조망 앞에서 전경前景을 응시하는 눈동자에 두어진다. 중요한 것은 탈북의 경험과, 그 경험의 시각적 인식, 그리고 그러한 경험과 인식의 주체에 대한 회화적 변형은 그 모든 것들을 캔버스 속에서 객체화시킬 때 가능하다는 것이다. 선무는 두만강을 건널 때 자신의 경험을 자신의 눈 속에 형상화하고 있다. 화면 위에 그려진 눈은 곧 경험과 그 경험의 시각적 인식의 주체로서의 자신의 눈동자이다. 그러나, 이 눈동자가 캔버스 위에서 완성되는 그 순간, 그것은 캔버스 앞에서 그림을 그리는 회화적 주체로서의 자신의 눈과 일치하게 된다. 화면 속 눈동자는 경험과 그 경험의 인식주체로서의 눈동자이다. 동시에 이 눈동자는 그것을 응시하면서 묘사의 대상으로 삼는 또 다른 회화적 주체로서의 눈에 의해 객체화된다. 화면 속에서 대상이 된 이미지로서의 눈동자는 회화적 실천의 주체로서의 눈을 응시한다. 회화적 주체로서의 눈은 이번엔 화면 속 눈동자에 의해 객체화되는 것이다. 탈북의 주체와 회화의 주체가 중첩되고 교차하면서 서로를 객체화한다 할 수 있을까? 이처럼 자신의 경험을 회화를 통해 캔버스 위에 가장 직접적인 형상으로 객체화하는 작업은 고도의 성찰성 없이 가능할 수 없다.

선무는 자신의 눈동자를 표현의 직접적 대상으로 삼았다. 또한 그 눈동자 속에 그가 직면했던 상황 전체를 투영한다. 그의 눈동자 속에 투영된 풍경은 외부의 실재가 아니다. 그것들은 이미 눈동자 속에서 대상화된 실재이다. 그리고 그처럼 선무의 눈 속에서 대상화된 실재는 궁극적으로 캔버스 위에 또 다시 이미지의 형태로 대상화된다. 그런 의미에서 선무의 그림 속에서 수행되는 객관화는 복합적인 과정을 통해 가능해진다. 이 점은 벨라스케스의 억지스럽고, 권력지향적인 과시욕의 '의도하지 않은 결과'로 성취된 '자기애적 성찰성'narcissistic reflexivity에 비해 열등해 보이지 않는다. 물론, 벨라스케스의 경우, 화면 속 자신은 회화의 주체인 동시에 사회정치적 지평 속에 위치된 존재로 해석되어져 있지만, 선무의 성찰성엔 상황과, 상황적 인식, 그리고 회화적 주체로서의 자신을, 자신이 위치한 객관적 조건 속에서 규정하는 것은 보이지 않는다. 그러나 벨라스케스적인 성찰성을 요구하기에 앞서, 선무적인 성찰성에 대한 논의를 좀 더 진전시키는 편이 민병교에게 더 필요한 비평적 작업으로 보인다.

선무의 두 번째 성찰적 태도는 상황에 대한 상상적 재구성이다. 눈동자를 그릴 때 선무가 탈북과 회화의 주체이자 객체로 상정되었다면, 이번엔 상상적 서사, 다시 말해 이야기의 주체로 나타난다. 여기서 중요한 것은 그의 이야기가 직접적인 주장과 설득의 방식이 아니라, 은유를 통한 간접적인 의미 구조의 형식을 띠고 나타난다는 점이다. 이 방식은 또 표면적으론 직접적인 재현과 또다시 중첩되고 있다. 예컨대, 구름이나, 나무, 숲의 형상을 사실적으로도 묘사하면서도, 그것들의 형태와 색채를 특정한 방식으로 절묘하게 구성함으로써, 나름의 서사구조를 띤다는 것이다.

선무, 〈사무치다〉, 2007.

이러한 은유적 간접화 방식은 선무가 회화적 실천을 그의 직접적인 탈북의 경험과 유의미하게 차별적인 위치에 비로소 놓을 수 있게 되었음을 나타낸다. 탈북이라는 개인적 사건이 주는 충격에서 그만큼 자유로울 수 있다는 것이다. 만약 선무가 여전히 탈북의 트라우마trauma에서 벗어나지 못했다면, 그는 여전히 자신의 눈동자에 비추이는 그 지점에 고착되었을 것이고, 김정일이나 김일성에 대한 직접적인 재현과 이미지 테러 정도의 수준에 머물렀을지도 모른다. 만약 그랬다면, 선무의 그림은 맹목적인 이데올로기 비판, 혹은 반공포스터의 한계를 넘어서지 못했을 것이다. 이처럼 상황의 직접성에서 한발 물러나 은유할 수 있는 지점에서 그는 단순한 탈북자가 아니라, 탈북과 탈북에 관한 주제를 시각적인 발언으로 표현하는 서사의 주체, 곧 작가로 규정될 수 있는 근거를 마련한다. 탈북과 탈북의 시각화는 전혀 다른 논리를 따르는 실천이면서, 동시에 선무의 회화에서 하나로 교차하는 실천이기도 하다.

선무는 서로 다른 표현의 상황에서 차별적인 이미지 조직과 분류를 수행하는 성찰적 스타일 행위자라 할 수 있다. 그는 어떤 상황에서 무엇을 표현할지, 어떻게 표현할지, 어떤 가용한 자원들 가운데 어떤 수단을 선택하는 것이 좀 더 합리적인지 등을 판별할 수 있는 이미지 행위자라는 것이다. 이 점은 자신의 이미지 실천을 대상화하는 성찰성 외에 다른 방식으로 설명할 수 없다.

'리얼 팝'의 가능성, 팝 미학의 정치적 효용

지금까지 논의를 요약해 보자. 일단 선무는 기표의 외연과 내포를 찢어내고 서로 대립적 위치에 놓을 수 있는 작가이며, 이러한 기호화 능력은 탈북이라는 작가의 특수한 경험과 그 경험이 초래한 상황 속에서 미학적으로 수행되고 있다. 선무는 자신의 표현행위를 차별적인 방식으로 선택하고 조직함으로써 나름의 설득력을 성취하는 성찰적 행위자라 할 수 있다. 이러한 평가는 현재까지 그의 작업에 관해 최소한 긍정적 평가를 내리기에 부족하지 않아 보인다. 하지만, 그렇다고 지금까지 기술된 작업이 그에게 요구되는 비평적 요구를 충분히 만족시키는 것은 아니다. 그의 작업에서 남과 북이 어떤 식으로든 통약되어야한다면 정치적 투쟁자가 아니라 예술장 내 참여자로서 선무는 그러한 통약을 위한 자신의 의지를 또 다른 이미지 조직과 분류의 방식 style3을 통해 미학적 방식으로 보여주어야 한다. 이 새로운 스타일은 물론 지금까지 수행되어 왔던 스타일들 s1, s2과 달라야 할 것이다.

이와 관련하여, '팝아트'의 가능성을 도입하고 실험하는 최근의 작업은 주목할 필요가 있다. 팝아트는 철저하게 자본주의적인 상품과 기호의 재현 방식을 미학화한다. 그런 의미에서 만약 선무가 자신의 사회적 발언을 팝의 미학적 가능성을 통해 형상화한다면, 이는 남과 북을 회화를 통해 통약하려는 선무의 시도를 좀 더 구체화할 수 있을지도 모른다. 사실, 팝아트가 자본주의적 상품미학의 단순한 반영이 아니라 일정한 비판적 시각을 포함한다면, 적어도 선무는 한국의 미학장에서 팝을 가장 자기화된 방식으로 구사하는 소수의 작가군에 포함된다. 선무가 구사하는 팝은 자신의 정치적 존재조건의 절실함 위에서 구사되는 미학적 스타일이며, 그 절실함과 비례하면서 세련화되고 있다. '북한 사회에 대한 개방'이라는 정치적 요구의 미학적 변용이며, 그러한 미학적 굴절은 가장 자본주의적인 상품미학을 도입함으로써 수행하고 있다.

팝아트는 자본주의적 현실의 반영이자 그 현실의 모순에 대한 비판, 그리고 현실의 변화에 대한 요구로 읽혀질 수 있으며, 그런 의미에서 리얼리즘의 또 다른 형식이라 할 수 있다. 이처럼 팝과 리얼리즘 사이에 근친관계를 설정할 수 있다면, 소위 '리얼 팝'은 이 근친 관계를 호명하기에 적합한 어휘일 수 있다. '리얼 팝'은 팝아트를 리얼리즘의 한 형태로 보는 '리얼리즘 팝아트'의 줄임말인 동시에 팝을 그야말로 현실의 요구 속에서 구사한다는 의미에서 '진짜 팝아트'의 의미로 이해될 수 있다. 리얼 팝은 팝의 미학을 통해, 현실을 반영하고, 현실에 대한 개입을 강조하려는 의도적인 이미지 조직과 분류의 방식이라 할 수 있다. 물론, 팝이란 그 태생 자체가 이미 자본주의를 반영하고, 일면 자본주의에 대한 비판을 내포하고 있지만 현재의 상황에서 리얼 팝의 얼개는 그러한 반영과 비판을 좀 더 정치적인 의도로 사용하려는 시도 정도로 요약할 수 있다.

선무가 최근 구사하기 시작한 팝은 분단된 한국사회의 현실 위에서 나름의 절실성을 갖는 '리얼 팝'의 한 형태라 할 수 있다. 선무는 정당한 이유를 갖는 팝을, 차별적이고 세련되며, 가장 정치적인 효과를 위해 구사하고 있다. 선무의 리얼 팝은 탈북이라는 원초적 경험에 출처를 두고 있으며, 남과 북 사이의 대립과 그 대립의 극점들을 경유했던 선무의 궤적을 미학적으로 굴절하기에 적합한 이미지 조직과 분류방식일 수 있다.

〈조선의 신〉에서 추리닝의 〈김정일〉까지

선무의 현재와 과거의 변화가 리얼 팝으로 구체화되는 과정을 살펴보는 작업은 최근 작업들 가운데 가장 두드러진 평가를 받고 있는 〈김정일〉 연작에서도 드러난다. 〈조선의 신〉은 철저하게 엄격한 리얼리즘에 입각해 있다. 〈조선의 신〉을 특징짓는 미학은 숭고와 엄격함이었고, 이는 전형적인 북한의 공식 양식인 리얼리즘적 선전화의 스타일에 기초하고 있다. 이 작품을 그릴 때 그는 공포에 사로잡혀 있었다. 과연 이렇게 '조선의 신'을 자기식으로 그리는 것이 가능한가를 스스로 검열하고 있었던 것이다. 그만큼 여전히 그는 북한체제의 통제로부터 자유로울 수 없었다.

그러나, 2008년 대안공간 〈충정각〉과 〈쌈지스페이스〉에서 열린 개인전을 거치면서, 그는 그러한 내면의 의식적 자기 통제로부터 완전히 자유로워져 있었다. 현실이라기엔 너무나 과장된 웃음으로 현실의 비현실성을 폭로하고 있는 북한 어린이의 모습을 캐릭터화하고 이를 반복해서 배열하는 식의 팝의 화면구성 방식은 이미 충정각 전시에서 시도되고 있었지만, 정작 놀라운 것은 〈조선의 신〉을 그릴 때 작가를 지배하고 있었던 내면적 공포가 '유희'로 바뀌어 있다는 사실이었다. 공포와 자기검열 속에서 리얼리즘의 어법으로 그려진 굳은 표정의 김정일은 어느새 '나이키'와 '아디다스'의 상표가 붙어 있는 옷과 신발을 입고 웃고 있다. 선무는 김정일을 두려워하기는커녕, 그와 유희하고 있었다. 이 유희는 지구상의 가장 반자본주의적인 사회체제의 절대권력자 김정일에게 가장 자본주의적 기표—나이키와 아디다스—를 부과함으로써 얻어진다. 이 유희는 조롱인 동시에 어떤 요구를 반영한다. 즉 자본주의적 기표와 미학을 동원하여 독재자를 희화화함으로써 선무가 얻으려는 것은, 그 자본주의적 유희가 그저 독재자에 대한 모독이 아니라, 자신과 그의 민중들에게 행복을 가져다주는 희망일 수 있다는 것이다. 선무에게 자본주의란 착취가 아니라 '개방'을 의미할 수 있다. 개방은 그림 속에서 웃고 있는 김정일에게 만족을, 그리고 선무가 두고 온 가족들을 포함한 북한의 민중들에겐 '풍요'를 의미하기 때문이다.

2009년 홍대 앞 〈상상마당〉에서 개최된 〈Korea Now〉에서 선무는 북한

선무, 〈조선의예수2〉, 2010 .

의 절대권력자를 대상으로 삼았던 미학적 전술들을 다양한 방식으로 확장하고 있었다. 〈들어라〉는 붉은 화면 전면에, 강렬한 실루엣으로 처리된 인민군 전사가 호전적인 모습으로 정면을 손가락질하고 있다. 흥미로운 것은 이 전사가 '아이팟'을 끼고 있다는 것이다. 비슷한 화면구성은 코카콜라를 마시고 있는 북한의 소녀들, 광화문 네거리를 함께 걷고 있는 남북의 어린이들에서도 관찰된다. 북한의 현실과 가장 자본주의적인 남한의 기표들을 연결함으로써, 자신의 정치적 방향성을 드러내는 것이다. 그만큼 선무에게 자본주의란, 남한과 개방, 그리고 풍요를 의미하며, 그래서 굶주리고 있는 북한사회에 가장 절실하게 필요한 것이다. 그런 의미에서 선무의 팝은, 북한사회와 그 사회의 지도자에 대한 정치적 요구를 회화화하는 미학적 방식이라 할 수 있다. 다시 말하면, 남한 사회를 지배하는 자본주의 논리의 미학적 스타일을 자기화함으로써 정치적 의지를 형상화하는 것이다.

〈조선의 예수〉, 남한의 예수와 북한의 김정일 '사이'

2010년 선무는 또 다른 모습으로 나타났다. 2008년과 2009년에 보여준 선무식 리얼 팝이 유희와 유머에 기반하고 있다면, 2010년 선무의 리얼 팝은 팝의 유희와 리얼리즘의 고유의 비판을 더욱 적극적으로 결합하고 있다. 여전히 희화화되고 전반적으로 붉은 색조를 통해 단순화된 김정일이 전면에 위치한다. 그러나, 자신의 비판적 목적을 수행하기 위해 숨겨둔 선무 특유의 장치들이 곳곳에서 이 독재자의 위압에 저항하고 있다. 이 독재자의 압도적인 권력은 기실, 잔인한 폭력-칼에 기반하며, 그의 안경에는 보일 듯 말듯하게 자신이 그랬던 것처럼, 굶주린 채 국경을 넘는 인민들이 비추어지고 있다. 굳이 선무가 이처럼 위압적인 절대권력자와 그로 인해 핍박당하는 민중들을 직접적으로 대치시키는 이유는, 북한식 독재가 바로 민중의 굶주림과 고난을 비용으로 지불할 때에만 성립하며, 어느 누구보다 김정일 자신이 그 사실을 명확하게 직시하고 있음을 시각적으로 보여주는 것일 수 있다.

〈조선의 예수〉는 또 다른 비판적 리얼 팝의 한 예라 할 수 있다. 김정일은 이번에 예수의 외양을 하고 있다. 이런 방식의 표현을 굳이 성상모독으로 볼 필요는 없을 것이다. 왜냐하면, 예수에 김정일의 외양을 입힌 것이 아니라, 김정일에 예수의 성상을 제작할 때의 관습적인 특징들, 즉 수염이나 갈색의 긴 머리 등의 외양을 덧붙인 것이기 때문이다. 이 작업 역시 보는 사람에 따라서는 서로 상반되는 두 개의 요소들을 동시에 중첩시키는 팝의 유머로 읽힐 수 있다. 하지만, 이 작품을 그저 재미로만 읽을 수 없는 이유 역시 분명하다. 즉, 두 가지 상반된 것들, 너무나도 상반되는 이미지들을 중첩하는 신성모독이 사실은 권력을 종교적으로 절대화하는 북한 사회의 정치적 모순뿐 아니라, 남한 사회에서 특정 종교가 갖는 독재적 요소를 동시에 보여주기 때문이다.

투쟁으로서의 미술

그것이 비판이건 정치적 요구이건, 선무는 자신의 의도를 팝 특유의 친화력과 유머를 통해 회화적 의미의 지평에서 효과적인 방식으로 전달하고 있다. 정치적 비판이라는 무거운 주제를 가벼운 외양으로 던져 놓는 이러한 시도는

선무, 〈김정일〉, 2008.

다양한 매체들의 관심을 끌었고, 세계에 전달되고 있다. 선무의 회화적 방법이 진화하는 과정은 미술이 그저 미술일 수만은 없음을 보여준다. 선무의 미술은 북한체제에 대한 모독적인 불경인 동시에 인간의 자연스런 욕망을 좀 더 존중하는 사회에 대한 갈망일 수 있다. 미술은 그저 미술이 아니라 일종의 사회적 투쟁이다. 미술은 과거의 미술에 대한, 미래의 미술을 위한 투쟁일 뿐 아니라, 미술이 사회와 교차하는 지점에서 나름의 변화와 변혁을 요구하는 정치적 투쟁이기도 하다. 선무는 이 정치적 투쟁을 미학적인 방식으로 변환할 뿐 아니라, 그 역의 변환 역시 시도하고 있다. 미학적인 방식으로 정치적 투쟁을 실천하는 것이다. 이러한 미학적이자 정치적인 투쟁은 작은 붓 한 자루에 의해 지탱될 수 있다. 물론 선무가 이 상황에서 할 수 있는 일은 아무것도 없다. 그가 경색된 남북관계를 복원하는 데 어떤 역할을 수행할 수 있는 것도 아니다. 다만, 그는 정작 이 시대, 이 상황에서 필요한 것이 무엇인가를 가장 새로운 방식으로 풀어내고 있다. 그의 그림 속에서 남과 북은 그저 피 흘리며 싸우는 대립적 투쟁의 상대가 아니라는 것이다. 그의 그림에서 그려지는 모든 상황들은 언젠가는 제자리로 돌아와야 할 것들이다. 탈북자가 아닌 회화를 실천하는 탈북작가로서의 선무는 영원히 이곳과 저곳을 오가야 할 운명을 갖고 있다. 그가 오가야 할 이곳과 저곳이란, 남/북일 수도 있고, 정치/예술일 수도 있다. 그에게 북이란 여전히 언젠가는 만나야 할 가족들이 살고 있는 곳이며, 또 그들을 만나기 위해서는 정치적 실천 역시 무엇보다 필요하다. 그는 그러한 간절한 마음을 이곳 남에서 회화를 통해 실천하고 있는 것으로 보인다.

:: 참고문헌

국내

고충환. 2003. 「특집기획: 「한국현대미술비평의 해부」에서 '비평은 죽었다'는 비판에 대한 설문 응답」. 『월간미술』. 2월호. p. 80.
김경만. 2005. 『담론과 해방』. 궁리.
_____. 2008. 「사회과학에 대한 부르디외의 성찰적 과학사회학: 성과와 한계」. 서강대 사회과학연구소. 『社會科學研究』. 16(2): 42~74.
김광우. 2006. 『비디오아트의 마에스트로 백남준 대 팝아트의 마이더스 앤디 워홀』. 숨비소리.
김달진. 1995. 『바로 보는 한국의 현대미술』. 발언.
김동일. 2007. 「사회적 행위자로서 미술관에 관한 사회학적 시론」. 미학예술학회. 『美學藝術學研究』. 25: 361~386.
_____. 2008a. 「사회적 실천으로서의 양식: 부르디외의 관점에서 본 양식의 사회학적 접근가능성」. 서강대 사회과학연구소. 『社會科學研究』. 16(1): 266~311.
_____. 2008b. 「전후(戰後) 한국화단의 양식투쟁에 관한 사회학적 고찰」. 『한국사회학』. 42(6): 1~37.
_____. 2009. 「확장된 미술관을 위한 이론과 경험」. 서강대학교 사회과학연구소. 『사회과학연구』. 17(1): 6~49
김무경. 1997. 「소집단의 생성과 소멸: 〈현실과 발언〉을 중심으로」. 서강대 사회과학연구소. 『社會科學研究』. 6: 213~242.
김미정. 2004. 「한국 앵포르멜과 대한민국미술전람회」. 근대미술사학회. 『한국근대미술사학』. pp. 301-342.
김민환. 1996. 『한국언론사』. 사회비평사.
김상수. 2000. 『착한 사람들의 분노』. 생각의 나무.
김수갑. 1998. 「청소년보호를 이유로 한 표현의 자유에 대한 고찰」. 『韓國憲法學의 現況과 課題: 琴浪 金哲洙敎授 停年紀念論文集』. 박영사. pp. 648-681
김수기. 2009. 「청년기 백남준의 지적 문화적 자장」. 『관점이동과 시간성』. 백남준아트센터. pp. 28-36.
김영나. 1988. 「한국화단의 앵포르멜」. 『한국현대미술의 흐름』. 일지사. pp. 180-226.
_____. 1998. 『20세기의 한국미술』. 예경.
김영주. 1956. 「비평주의 교류와 미정신: 화단의 당면과제」. 『동아일보』. (7월 31일).
_____. 1960. 「한국현대미술과 그 방향: 혁신과 재건에 대한 제의」. 『동아일보』. (8월 4일).
김영천. 2006. 『질적연구방법론』. 문음사.
김우식. 2004. 「연결망을 통한 문화적 범주의 확장」. 『한국사회학』. 38(2): 135~163.
김은지. 2008. 「수용과 갈등: 백남준 비디오 테이프와 독일 미술관」. 『기초조형학연구』. 한국기초조형학회. 9(6): 97~107.
김재관·백남준. 1990. 「작가와의 대화/백남준, 20세기의 신화와 백남준의 예술」. 『미술세계』. 9월호. pp. 66-72.
김정희. 2003. 「20세기 미술의 패러다임을 바꾼 전시들과 우리나라 미술」. 『서양미술사학연구』. 서양미술사학연구회. pp. 79-101.
김현정. 2005. 「도슨트 제도의 현황과 개선방안 - 도슨트 양성 프로그램」. 『미술세계』. 249; 44~49
김형숙. 2000. 「전시에 있어서 재현의 의미」. 서양미술사학회. 『西洋美術史學會論文集』. 14: 121~147.
김홍중. 2005. 「한국모더니티의 기원적 풍경: 이상의 〈鳥瞰圖〉 시 제 1호」. 『이론과 사회』. 7(1): 177~214.
김홍희. 2007. 「백남준과 플럭서스」. 『굿모닝, 미스터 백』. 디자인하우스. pp. 137-165.
노명우. 2004. 「청계천의 도시경관과 '서울적 상황'」. 서강대 사회과학연구소. 『社會科學研究』. 12(1): 206~240.
노형석. 2006. 「아시아 예술의 미지근한 '열풍'」. 『한겨레신문』. (9월 8일).
닐 포스트맨. 1987. 『어른스런 어린이』. 임채정 역. 『사라지는 어린이』. 분도출판사.
로만 야콥슨. 1989. 「언어학과 시학」. 신문수 역. 『문학속의 언어학』. 문학과 지성.
르네 수잔느. 2010. 「규칙을 바꾸는 게임」. 『NJP Reader, 예술인류학에의 기뿐』. 1: 46~48. 백남준아트센터.

미셸 마페졸리. 1997. 『현대를 생각한다』. 박재환·이상훈 역. 문예출판사.
민병교. 2007. 「선무, 교차와 침투의 시선」. 〈노순택 선무 2인전: 우린 행복합니다〉(대안공간 호기심에 대한 책
　　　임감, 2007 팜플렛)
박서보. 1963. 「구상과 사실」. 『동아일보』. (5월 29일).
박승관·장경섭. 2000. 「한국의 정치변동과 언론권력: 국가-언론 관계 모형 변화」. 『한국방송학보』. 14(3):
　　　81~114.
박찬웅. 2007. 「예술세계 연결망과 예술시장 성과에 대한 관계론적 접근」. 『한국사회학』. 41(4): 280~317.
박찬주. 2003. 「미술시장의 개혁을 향하여」. 『아트프라이스』. 12월호.
박찬주. 2004. 「제안, 공정한 작품가격 산정 시스템 만들기」. 『아트프라이스』. 2월호.
방근택. 1958a. 「신세대 무엇을 묻는가」. 『연합신문』. (5월 23일).
_____. 1958b. 「화단의 새로운 세력」. 『서울신문』. (12월 11일).
_____. 1984. 「50년대를 살아남은 격정의 대결장」. 『공간』. 6월호.
백남준. 1958. 「볼프강 슈타이네케 에게 보내는 편지, 1958년 12월 8일」(백남준, 에디트 데커, 이르멜린 리비어.
　　　2010. 『말에서 크리스토까지』. pp. 401-403. 백남준아트센터)
_____. 1991. 「Video4000」. 『현대미술』. 여름호.
백남준, 에디트 데커, 이르멜린 리비어. 2010. 『말에서 크리스토까지』. 임왕준 외 역, 백남준아트센터.
브뤼노 라투르. 2009. 『우리는 결코 근대인이었던 적이 없다』. 홍철기 역. 갈무리.
빅터 쉬클롭스키. 1991. 『기법으로서의 예술』. 김치수 역. 『러시아형식주의』. 이화여대출판부.
서성록. 1994. 『한국의 현대미술』. 문예출판사.
성완경. 1986. 「아방가르드의 딜레마」. 『현실과 발언』. 열화당.
심상용. 1997. 「거대한 미술관, 왜소한 예술」. 『미술세계』. 148: 108~119.
심상용. 2006a. 「비엔날레는 문화가 아니다」. 『월간미술』. 7월호. pp. 162-169.
심상용. 2006b. 「비엔날레와 시간」. 『월간미술』. 9월호. pp. 172-179.
양종회. 2001. 「한국예술가의 예술관」. 『한국사회학』. 35(1): 117~147.
『아트인컬쳐』. 2006년 9월호 "Battle of Biennale." pp. 76-111.
에프라임 키촌. 1996. 『피카소의 달콤한 복수』. 반성완 역. 디자인하우스.
오광수. 1995. 『한국 현대미술의 미의식』. 재원.
_____. 1995[1979]. 『한국 현대미술사』. 열화당.
_____. 1996. 『김환기: 영원한 망향의 화가』. 열화당.
_____. 1998. 『한국미술비평사』. 미진사.
오지호. 1947. 『예술연감』. 예술신문사.
_____. 1968. 「자연과 예술: 조선민족과 일본민족과의 기질의 차이를 중심으로」. 『현대회화의 근본문제』. 예술
　　　춘추사. pp. 107-115.
_____. 1968a. 「구상회화선언」. 『현대회화의 근본문제』. 예술춘추사.
오찬호. 2008. 「미술관의 사회학은 왜 필요한가?」. 『社會科學硏究』. 15(2): 414~446.
유준상. 1988. 「백남준의 인포멀 커뮤니케이션에 관하여」. 『현대미술』. 16(3): 12~19.
윤난지. 1994. 「20세기 미술과 후원: 미국 모더니즘 정착에 있어서 구겐하임 재단의 역할을 중심으로」. 『西洋美術
　　　史學會論文集』. 6: 55~76.
윤희순. 1946. 『조선미술연구』. 서울신문사.
_____. 1973[1933]. 「조선미술계의 당면문제」. 『공간』. 8(3): 54~57.
이경성. 1955. 「미술비평의 제문제」. 『현대문학』. 5월호.
_____. 1956. 「미술비평론」. 『동아일보』. (12월 9일).
_____. 1957a. 「미국현대미술의 의미」. 『동아일보』. (4월 17일).
_____. 1957b. 「미를 극복하는 힘」. 『동아일보』. (5월 11일).
_____. 1957c. 「미의 유목민」. 『연합신문』. (12월 18일).

_____. 1958. 「미의 전투부대」. 『연합신문』. (12월 8일).
_____. 1959. 「미지에의 도전」. 『동아일보』. (12월 14일).
_____. 1968. 〈한국현대회화전〉(일본동경국립근대미술관) 카탈로그 서문.
_____. 1976. 『현대한국미술의 상황』. 일지사.
_____. 2000. 「너무나 인간적인, 너무나 천재적인」. 이경희 편. 『백남준 이야기』. 열화당. pp. 5-8.
이규일. 1993. 『뒤집어 본 한국미술: 화단야사』. 시공사.
이열모: 1963. 「현대미술과 전위」. 『동아일보』. (6월 14일).
_____. 1963a. 「추상은 예술이 아니다」. 『세대』. 1(6): 244~256.
이일. 1991. 『현대미술에서의 환원과 확산』. 열화당. pp. 93-94.
이정우. 2004. 「생각하는 미적 장치를 고안해내는 사이비 발명가들- 김소라와 김홍석의 작업에 대해」. 『월간미술』. 11월호.
이중희. 1996. 「조선미전 창설에 대해서」. 『한국근대미술사학』. 3권. 한국근대미술사학회. pp. 94-146.
_____. 2005. 「조선미전의 설립과 그 결과」. 『한국근대미술사학』. 15권. 한국근대미술사학회. pp. 37-62.
이호영 · 장미혜. 2008. 「문화자본과 영화선호의 다양성」. 『한국사회학』. 42(1): 62~95.
임대근. 2001. 「플럭서스, 삶과 예술로 엮은 그물망」. 『현대미술관연구』. 12호. 국립현대미술관. pp. 123-142.
_____. 2003. 「다다익선(多多益善)」. 『현대미술관연구』. 제14호. 국립현대미술관. pp. 234-248.
장두건. 1960. 「구상과 추상」. 『民國日報』. (7월 26일).
정무정. 2001. 「추상표현주의와 정치: 수정주의 관점 다시 읽기」. 서양미술사학회. 『서양미술사학회논문집』. 15:111~127.
장미진. 1984. 「조형예술에 있어서의 스타일의 문제(I)」. 『미학』. 10권. 한국미학회. pp.109-140.
조광석. 2005. 「1960년대 초반 백남준의 조형적 작품에서 퍼포먼스의 의미: 완전한 건반을 중심으로」. 『기초조형학연구』. 한국기초조형학회. pp. 463-471.
조영남. 2002. 「천재? 그는 시대를 앞선 예언자입니다」. 『조선일보』. (4월 16일).
최샛별. 2002. 「한국사회에서 문화자본의 체화과정에 대한 연구: 서양고전음악을 중심으로」. 한국가족학회. 『가족과 문화』. 14(3): 97~129.
최열. 1988. 「민족미술의 전통과 스타일 1900~1950」. 『미술운동1』. 시각매체연구소.
함성호. 2009. 「식민지, 전쟁, 20세기: 백남준의 상처」. 『관점이동과 시간성』. 백남준아트센터. pp. 57-66.
『현실과 발언』 선언문. 1979.
호암갤러리. 1996. 〈유영국회고전〉 카달로그.
홍라희. 2007. 「미디어아트의 음유시인, 백남준 선생을 추모하며」. 『백남준 추모문집: TV 부처 백남준』. 삶과 꿈. pp. 130-132.

국외

Ackerman, J. 1962. "A Theory of Style." *The Journal of Aesthetics and Art Criticism*. 20: 227~237
_____. 1963. "Style." *Art and Archaeology*. NJ: Prentice Hall.
Albrecht, Milton. C. 1968. "Art as an institution". *American Sociological Review*. 33(June). pp. 383-397.
Althusser, Louis. 1971. *Lenin and Philosophy and Other Essays*. New York: Monthly Review Press.
Baxandall, Michael. 1991. "Exhibiting Intention: Some Preconditions of the Visual Display of Culturally Purposeful Objects." in I. Karp and D. Lavine(eds.). *Exhibiting Cultures: The Poetics and Politics of Museum Display*. Washington and London: Smithsonian Institution Press. pp. 33-41.
Barthes, Roland. 1970. *Mythologies*(이화여대 기호학연구소 역. 2002. 『현대의 신화』. 동문선.).
Becker, Howard S. 1974. "Art as Collective Action." *American Sociological Review*. 39(6): pp.767-776.
_____. 1982. *Art Worlds*. University of California Press.
Bloor, David. 1991. *Knowledge and Social Imagery*. Chicago: The Univ. of Chicago Press.

Bourdieu, Pierre. 1975. "The Specificity of Scientific Field and the Social Conditions of the Progress of Reason". *Social Science Information*. 14: 19~47.
Bourdieu, Pierre. and Jean, C. Passeron. 1977. *Reproduction in Society. and Education, Culture*. Beverly Hill: Sage.
Bourdieu, Pierre. 1980. "The Production of Belief: Contribution to An Economy of Symbolic goods." *Media, Culture and Society*. 2(July): 261~317.
_____. 1982a. "Mobilizing Resources." *Art Worlds*. University of California Press.
_____. 1982b. "Conventions." *Art Worlds*. University of California Press.
_____. 1982c. "Distributing Art Works." *Art Worlds*. University of California Press.
_____. 1984. *Distinction: A Social Critique of the Judgement of Taste*. Cambridge: Harvard University Press.
_____. 1990. *The Logic of Practice*. Cambridge: Polity.
_____. 1991a. *Language and Symbolic Power*. Cambridge: Polity.
_____. 1991b. "The Peculiar History of Scientific Reason." *Sociological Forum*. 5:3~26.
_____. 1990c. "lecture on lecture." *In Other Words*. Cambridge: Polity.
Bourdieu, Pierre. and Wacquant, L. J. D. 1992. *An Invitation to Reflexive Sociology*. University of Chicago Press.
_____. 1993. *The Field of Cultural Production: Essays on Art and Literature*, edited/translated by Randal Johnson. Columbia University Press.
_____. 1994. *Sociology in Question*. Sage Publication.
_____. 1996. *The Rules of Art: Genesis and Structure of the Literary Field*, translated by Susan Emanuel, Polity Press.
_____. 2000. *Pascalian Meditation*. Standford Univ. Press.
Brubaker, R. 1993. "Social Theory as Habitus." in Calhoun, C. et al(ed.). *Bourdieu: Critical Perspectives*. University of Chicago Press.
Bystryn, Marcia. 1978. "Art Galleries as Gate Keepers: The Case of the Abstract Expressionists." *Social Research* 45(2): pp. 391-408.
Carroll, Noel. 1995. "Danto, Style, and Intention." *The Journal of Aesthetics and Art Criticism*. 53(3): 251~257.
Collins, James. 1993. "Determination and Contradiction: An Appreciation and Critique of the Work of Pierre Bourdieu on Language and Education" in Calhoun, C. et al(ed.). *Bourdieu: Critical Perspectives*. University of Chicago Press.
Coleman, J. S. 1990. "Natural Persons and New Corporate Actors." *Foundations of Social Theory*. Harvard Univ. Press.
Crane, Diana. 1987. *The Transformation of the Avant-Garde: The New York Art World, 1940~1985*. University of Chicago Press.
Danto, Athur. C., 1964. "Artworld." pp. 171-182. in Dickie & Sclafani.(ed.) 1977. *Aethetics: The Critical Anthology*. New York.
_____. 1974. "The Last Work of Art: Artworks and Real Things."(윤자정 역. 1992. "최후의 예술작품: 예술작품과 실제사물." 『현대미술비평30선』. 중앙일보. pp. 54-63.).
_____. 1977. "The Artistic Enfranchisement of Real Object: The Art World." in Dickie, G.(ed.) *Aesthetics: The Critical Anthology*. New York: St. Martin's Press.
_____. 1973. "The Last Work of Art: Artwork and Real Things." 윤자정 역. 1987. "최후의 예술작품: 예술작품과 실제사물." 『현대미술비평 30선』. 중앙일보. pp. 54-63
_____. 1981. *The Transfiguration of the Commonplace: A Philosophy of Art*. Harvard Univ. Press.

_____. 1986. *The philosophical disenfranchisement of art*. New York : Columbia University Press.
_____. 1989[1964]. "The Artistic Enrichment of Real Object: The Art world." in Dickie, G(et al.). *Aesthetics: a Critical Anthology*. New York: St. Martin's Press.
_____. 1991. "Narrative and Style." *The Journal of Aesthetics and Art Criticism*. 49(3): 201~209.
_____. 1994. *Embodied Meaning: Critical Essays & Aesthetic Meditations*. New York: Farrar Straus Giroux.
Decker-Phillips, Edith. 1998. *Paik Video*(김정용 역. 2001.『백남준 : 비디오 예술의 미학과 기술을 찾아서』. 궁리).
Dickie, George. 1969. "Defining Art." *American Philosophical Quarterly*. 6.
_____. 1974. *Art and Aethetics: An Institutional Analysis*. Ithaca: Cornell Univ. Press.
_____. 1984. *Art Circle*(김혜련 역. 1998.『예술사회』. 문학과 지성).
_____. 1997. *Introduction to Aethetics: An Analytic Approach*. New York: Oxford Univ. Press.
Foucault, Michell. 1980. *Power/knowledge : selected interviews and other writings, 1972-1977*. New York: Pantheon(홍성민 역. 1991.『권력과 지식』.).
Garfinkel, Harold. 1967. "What is Ethnomethodology". *Studies in Ethnomethodology*. Prentice-Hall. pp.1-34.
Gartman, David. 1991. "Culture as Class symbolization or mass reification: A critique of Bourdieu's Distion." *American Journal of Sociology*. 97(2).
Genova, Judith. 1979. "The Significance of Style." *The Journal of Aesthetics and Art Criticism*. 37(3): 315~324.
Greenberg, Clement. 1962. "Modernist Painting."(김광명 역. 1962. "모더니스트 회화."『현대미술비평30선』. 중앙일보. pp. 66~71.)
_____. 1939. "Avant-Garde and Kitsch."(임정숙 역. 1992. "아방가르드와 키취."『현대미술비평30선』. 중앙일보. pp. 280-288.
Gledhill, Christine. 2000 "Genre and Gender." *Representation; Cultural Representations and Signifying practice*. Open University. pp. 337-386.
Gombrich, Ernst. 1968. "Style." pp. 352-361. in Sills, D. L(ed.). *International Encyclopedia of the Social Sciences*. vol. 15. New York: Macmillan.
Goodman, Nelson. 1975. "The Status of Style." *Critical Inquiry*. 1(4): 799~811.
Grenfell, Michael. and Hardy, Cheryle. 2007. *Art Rules: Pierre Bourdieu and the Visual Arts*. Oxford and New York: Berg.
Habermas, Jörgen. 1980. "Die Moderne ein unvollendetes Projekt."(이영철 역. 1992. "모더니티: 미완성의 프로젝트."『현대미술비평30선』. 중앙일보. pp. 162-170.)
Hall, Struart. 2000a. "The Work of Representation." *Representation: Cultural Representations and Signifying practice*. Open University. pp. 13-74.
_____. 2000b. "The Spectacle of the 'Other'." *Representation: Cultural Representations and Signifying practice*. Open University. pp. 223-290.
Hauser, Arnold. 1953. Sozialgeschichte der Kunst und Literatur (반성완 · 염무웅 공역. 1993.『文學과 藝術의 社會史』. 서을: 창비)
Hamilton, Peter. 2000. "Representing the Social: France and Frenchness in Post-War Humanist Photography." *Representation: Cultural Representations and Signifying practice*. Open University. 75-150.
Heritage, John. C. 1987. "Ethnomethodology." pp. 224-272. in Giddens, A. and Turner, J. H.(ed.) *Social Theory Today*.
Hooper-Greenhil. 2000. *Museums and the Interpretation of Visual Culture*. Routledge: NY.
Jenkins, Richard. 2000. "Pierre Bourdieu and the Reproduction of Determinism." in Robbins, D(ed.). *Pierre Bourdieu*. Vol. 1. SAGE.

Kandinsky, Wassily. 1912. Ueber das Geistige in der Kunst(권영필 역. 2000.『예술에서의 정신적인 것에 대하여』. 열화당.).
Kant, Immanuel. 1913. *Kritik der Urteilskraft*(이석윤 역. 1974.『判斷力批判』. 박영사.).
Karp, Ivan. 1991. "Culture and Representation." pp.11~24. in Karp, I. and Lavine, D(ed.). *Exhibiting Cultures: The Poetics and Politics of Museum Display*. Washington and London: Smithonian Institution Press.
Kripke, Saul. 1972. *Wittgenstein on Rules and Private Language*. Havard Univ. Press.
Kroeber. 1957. "Style in the Fine Art." pp. 121-136. in Albrecht, M. C. and Barnett, J. H. and Griff, M. 1970. *The Sociology of Art and Literature: a Reader*. New York and Washington: Preager Publishers.
Kuhn, Thomas. 1967. "The Nature and Necessity of Scientific Revolutions." *The Structure of Scientific Revolutions*. The Univ. of Chicago Press.
Kuspit, Donald. 1984. "The Necessary Dialectical Critic."(이영준 역. 1992. "변증법적 예술비평의 필요성."『현대미술비평30선』. 중앙일보. pp. 260~268.)
Latour, Bruno. 1983. "Give Me a Laboratory and I Will Raise the World." pp.141~170 in Knorr-Cetina, K. and Mulkay, M.(eds.). *Science Observed*. London: SAGE.
_____. 1986. "The Powers of Association." *Power, Action, and Belief: A New Sociology of Knowledge?* London: Routlege and Kegan Paul. pp. 264-280.
_____. 1987. *Science in Action*. Massachusses. MIT Press.
Lemert, C. "General Social Theory, Irony, Postmodernism." pp. 17-46. in Seidman, S. and Wagner, G, D(ed). 1992. *Postmodernism and Social Theory*. Blackwell.
Lidchi, Henrietta. 2000. "The Poetics and the Politics of Exhibition Cultures." pp. 151-252 in Stuart Hall(ed.). 2000. *Representation: Cultural Representations and Signifying practice*. Open University.
Lisus, Nicola. A. 1999. "Authorizing art: the effect of multimedia formats on the museum experience." *The Canadian Review of Sociology and Anthropology*. 39: 199~214.
Lynch, Michael. 1993. *Scientific Practice and Ordinary Action*. Cambridge Univ. Press.
Mannheim, Karl. 1936. *Ideology and Utopia*. London: Routledge.
_____. 1952. *Essays on the Sociology of Knowledge*. Oxford Univ. press.
_____. 1982. *Structures of Thinking, Collected Works* Vol. 10. Routledge & Kegan Paul.
Mellencamp, Patricia. 1995. "The Old and the New: Nam June Paik." *Art Journal*. 54(4): 41~47.
Pagé, Helene. 2004. "Museum as Social Actor." *ICOM Canada Bulletin*. November 14. pp. 1-2.
Paik, Nam June. 1974. *Videa N Videology*. Everson Museum of Art.
_____. 2009(1975). "Nam June Paik on Edited for Television, WNET/Thirteen in New York, 1975."『수퍼하이웨이 첫 번째 휴게소』. 백남준아트센터.
Panofsky, Erwin. 1967. *Architecture gothique et pensee scolastique*, translated by Pierre Bourdieu. Paris: Minuit.
Quemin, Alain. 2002. "L'illusion de l'abolition des frontières dans le monde de l'art contemporain international." *Sociologie et sociétés*. 34(2):15~40.
Rollins, Mark(ed.). 1993. *Danto and his critics*. Oxford: Blackwell.
Rosenblum, Barbara. 1978. "Style as Social Process." *American Sociological Review*. 43 (June): 422~438.
Saussure, Ferdinand de. 1972. *Cours de linguistique generale*(최승언 역. 1990.『일반언어학강의』. 민음사.).
Schaper, Eva. 1969. "The Concept of Style: The Socilogist's Key to Art." *The British Journal of Aesthetics*. 9(3): 246~257.
Shapiro, Meyer. 1962. "Style." in Soltax(ed.). *Anthropology Today: selections*. University of Chicago Press.
Silvers, Anita. 1976. "Artwork Discarded." *The Journal of Aesthetics and Art Criticism*. 34(4): 441~454
_____. 1989. "Once upon a Time in the Artworld." *Aesthetics : A Critical Anthology*.

Swartz, David. 1997. *Culture and Power: The Sociology of Pierre Bourdieu*. Unversity of Chicago. Press.
Taylor, Charles. 1993. "To follow a rule..." in Calhoun, C. and Lipuma, E. and Postone, M(ed.). *Bourdieu: Critical Perspectives*. Chicago Univ. Press.
Vasari, Giorgio. 1550. *The Lives of the Most Eminent Italian Architects, Painters, and Sculptors*(이근배 역. 2000.『이태리 르네상스의 미술가 평전』. 한명).
White, H. and White, C, A. 1965. *Canvases and Careers: Institutional Change in the French Painting World*. New York: Wiley.
Wittgenstein, Ludwig. 1968. *Philosophical investigations*. New York: Macmillan (이영철 역. 1993.『철학적 탐구』. 서광사).
Wollheim, R. 1979. "Pictorial Style: Two Views." in Lang, B(ed.). *The Concept of Style*. Philadelphia: University of Pennsylvania Press.
_____. 1995. "Style in Painting." in Caroline Van Eck et al.(ed.) *The Question of style in philosophy and the arts*. Cambridge Univ. Press.
Worringer, Wilhelm. 1908. *Abstraction and Emphathy* (권원순 역. 1982.『추상과 감정이입』. 계명대출판부).
Wölfflin, Heinrich. 1915. *Kunstgeschichtliche Grundbegriffe*(박지형 역. 1994.『미술사의 기초개념』. 시공사.)
Zolberg, Vera. L. 1981. "Conflicting visions in American art museums." *Theory and Society*. 10: 103~125.

인터넷 자료
한국박물관협회 www.museum.or.kr
노무현. 2006. "경쟁력강화와 일자리 창출의 기회로 삼자, 한미FTA 관련: 대통령 대외 외경제위원회 발언." 청와대 공식 홈페이지(http://www.president.go.kr)
중년자까. 2007. "평론가들아 모두 쑤구리!" http://www.misulin.org/bbs/view.php?id=freeboard01&page=1&sn1=&divpage=2&sn=off&ss=on&sc=off&keyword=평론가&select_arrange=headnum&desc=asc&no=8540
최진욱. 2003. "이런 눈을 의심할 수밖에 없는 사실을 알고 계셨습니까." http://www.misulin.org/bbs/view.php?id=freeboard01&page=18&sn1=&divpage=1&sn=off&ss=on&sc=on&select_arrange=headnum&d esc=asc&no=1274
박불똥, 조이한, 최진욱 2003. 5. 28 - 6.18 대담 "미술에 대해 말하기", http://www.foruma.co.kr/faTalk/view.asp?fNum=9&page=1&whichPage=14&writerCode=운영자

:: 인명 찾아보기

ㄱ

가다머, 한스 게오르크 (Gadamer, Hans-Georg) 37
가핑클, 해럴드 (Garfinkel, Harold) 31, 38~40, 42~44, 49, 50, 53, 79, 255, 295
강희안 44
게오르기아데스, 트라쉬블로스 (Georgiades, Thrasybulos) 300
고승욱 61
곰브리치, 언스트 H. (Gombrich, Ernst H.) 66
굿맨, 넬슨 (Goodman, Nelson) 71
김범 30
김홍도 21
그린버그, 클레멘트 (Greenberg, Clement) 68, 70, 104, 110, 124, 125

ㄴ

노순택 369~385, 387, 397, 414, 423

ㄷ

다 빈치, 레오나르도 (da Vinci, Leonardo) 59
단토, 아서 C. (Danto, Arthur C.) 43, 52, 63, 68, 70, 80, 81, 85, 104~110, 112~114, 116~135, 137~143, 145, 146, 150, 172, 230, 233, 282
데리다, 자크 (Derrida, Jacques) 40, 41
데커필립스(데커), 에디스 (Decker-Philips, Edith) 309, 318, 319, 414
뒤샹, 마르셀 (Duchamp, Marcel) 28~30, 47, 48, 51~53, 82, 110, 116
디키, 조지 (Dickie, George) 43, 81, 82, 93, 102, 106, 108, 114~116, 118, 126, 131, 132, 142, 143, 145, 146, 150, 282

ㄹ

라우센버그, 로버트 (Rauschenberg, Robert) 119
라투르, 브뤼노 (Latour, Bruno) 147, 148, 152, 154, 174, 293, 296~299, 320~323, 333
렘브란트 판 레인 (Rembrandt Harmenszoon van Rijn) 74
로스, 데이비드 (Ross, David) 318, 327, 328
로티, 리처드 (Rorty, Richard) 379
리히텐슈타인, 로이 (Lichtenstein, Roy) 136

ㅁ

마치우나스, 조지 (George Maciunas) 325, 326
만하임, 카를 (Karl Mannheim) 76, 78, 87, 96, 97, 388, 399, 401, 402
모리무라, 야수마사(Yasumasa Morimura) 56
미켈란젤로, 부오나로티 (Buonarroti Michelangelo) 69, 136

ㅂ

바르트, 롤랑 (Barthes, Roland) 266, 365, 393~395
바자리, 조르지오 (Vasari, Giorgio) 279, 280

박서보 184, 196~198, 201, 202, 212, 414
반 다이크, 안토니 (van Dyck, Anthony) 347
방근택 186, 202, 203, 208, 211, 414
백남준 13, 26~28, 46, 239, 291~293, 297~335, 413~415, 417, 418
베베른, 안톤 폰 (Webern, Anton von) 300, 324
베커, 하워드 S. (Becker, Howard S.) 68, 80~83, 85, 92, 93, 102, 108, 114, 116, 118, 126, 127, 130, 139, 142, 143, 145, 150, 282
벤야민, 발터 (Walter Benjamin) 202, 280~284, 379
보이스, 요셉(Beuys, Joseph) 46, 326, 328
뵐플린, 하인리히 (Woelfflin, Heinrich) 44, 45, 68, 72~77, 83, 87, 89, 92~96, 98, 100, 102~104, 164, 172, 212, 280, 415
부르디외, 피에르(Bourdieu, Pierre) 13, 31, 47, 50, 51, 53, 69, 83, 84~87, 89, 90, 92~97, 99~104, 106, 107, 114, 124, 130~134, 137~143, 145, 146, 151, 152, 162, 163, 168~173, 177, 179~185, 194, 204, 213, 229, 248, 293~299, 303, 310~312, 320, 321, 333, 389, 392, 413
브뤼겔, 피테르(Pieter Bruegel the Elder) 21
비트겐슈타인, 루트비히 (Wittgenstein, Ludwig) 31~37, 39, 41~43, 46, 47, 49~51, 53, 67, 101, 108, 121, 122, 124, 126~128, 134, 156, 294, 295

ㅅ

샤르댕, 장 바티스트 시메옹(Chardin, Jean-Baptiste-Simeon) 20
샤피로, 메이어 (Shapiro, Meyer) 77
선무 386~390, 392, 393, 395~412, 414
셔먼, 신디 (Sherman, Cindy) 56, 57

세잔느, 폴 (Paul Cezanne) 120
소쉬르, 페르디낭 드(Saussure, Feridinand de) 23, 277, 295, 393, 394
송상희 56~58
쇠라, 조르주 피에르 (Seurat, Georges Pierre) 21
쇤베르크, 아르놀트 (Schoenberg, Arnold) 300, 312~314, 324, 333
쉬클롭스키, 빅토르 (Shklovsky, Victor) 18, 19, 31, 42, 281, 379, 414
슈톡하우젠, 칼하인츠 (Stockhausen, Karlheinz) 301, 304, 315, 325
슈츠, 알프레드 (Schutz, Alfred) 31, 37
신윤복 21

ㅇ

아베, 슈야(Abe, Shuya) 309, 324
알튀세, 루이 피에르(Althusser, Louis Pierre) 298
예를링, 롤프(Jahrling, Rolf) 304
오윤 286, 287
워홀, 앤디(Warhol, Andy) 32, 46, 108~110, 113, 117, 118, 119, 129~131, 135, 145, 282, 413
월하임, 리처드 (Wollheim, Richard) 45, 68, 69, 71, 76~83, 85, 87, 93, 95, 96, 102, 103, 164, 172
이경성 184, 186, 189, 200~203, 208, 211, 292, 414
이석주 32
이흥덕 23, 24

ㅈ

주재환 30

인명 찾아보기 **421**

ㅊ

최경태 336, 337, 339~341, 343~367

ㅋ

칸트, 엠마누엘(Kant, Emmanuel) 70, 72, 132, 279
케이지, 존(Cage, John) 297, 304, 312, 313, 315, 324~326, 328, 333
쿤, 토마스(Kuhn, Thomas) 128, 399
크레인, 다이아나(Crane, Dianna) 153, 163~168, 175, 176
크립키, 솔 A.(Kripke, Saul A.) 121

ㅌ

테일러, 찰스(Taylor, Charles) 53, 54, 56, 58, 121, 122, 124~126, 134, 135
톨스토이, 레프 니콜라예비치(Tolstoi, Lev Nikolaevich) 18, 19, 31, 34, 37, 42, 49, 379

ㅍ

파놉스키, 어윈(Panofsky, Erwin) 84
페이지, 엘렌느(Pagé, Hélène) 150
포르트너, 볼프강(Fortner, Wolfgang) 300
포스텔, 볼프(Vostel, Wolf) 317~319
포스트맨, 닐(Postman, Niel) 25, 26, 413
폴록, 잭슨(Pollock, Jackson) 44, 71, 166
푸코, 미셸(Foucault, Michel) 101, 161, 248, 364, 365, 403
피카소, 파블로 루이즈(Picasso, Pablo Ruiz) 117, 120, 129, 302, 414

ㅎ

하우저, 아놀드(Hauser, Arnold) 66, 68, 72, 74~76, 80, 83, 102, 103, 151, 172, 212
핸슨, 알(Hansen, Al) 318, 319
핸하르트, 존(Hanhart, John) 318
헤어초겐라트, 불프(Herzogenrath, Wulf) 318, 328
히긴스, 딕(Higgins, Dick) 317~319, 324

:: 작품명 찾아보기

ㄱ

〈고사관수도〉(강희안) 44
〈괴짜들〉(플럭서스) 325
〈굿모닝 미스터 오웰〉(백남준) 328, 329
〈김정일〉(선무) 408, 412

ㄴ

〈너른 못 049〉(노순택) 378
〈노는 땅에서 놀기〉(고승욱) 61
〈논갈이〉(김홍도) 21
〈눈동자〉(선무) 404
〈눈을 떠라〉(최경태) 354

ㄷ

〈다다익선〉(백남준) 26, 27, 239, 328~332
〈들어라〉(선무) 410

ㄹ

〈라 그랑자트섬의 일요일 오후〉(쇠라)
〈라디오 모양의 다리미, 다리미 모양의 주전자, 주전자 모양의 라디오〉(김범) 30

ㅁ

〈마그넷 TV〉(백남준) 305
〈머스 옆에 머스〉(백남준, 보이스) 326
〈묵상하는 철학자〉(렘브란트) 74

〈미용실〉(이흥덕) 24

ㅂ

〈보이스 로봇〉(백남준) 326
〈보이스 추모굿〉(백남준) 326
〈분단의 향기 #010〉(노순택) 373
〈분단의 향기 #2-17〉(노순택) 376
〈분단의 향기 #3-01〉(노순택) 375
〈분단의 향기〉(노순택) 373~377, 384
〈브릴로 박스〉(워홀) 109
〈비라미드〉(백남준) 328

ㅅ

〈살아있는 조각을 위한 TV브라〉(백남준) 306
〈삼색비디오〉(백남준) 328
〈새디스틱몽키〉(최경태) 328
〈샘〉(뒤샹) 29, 48, 50~53, 116
〈세상에 부럼없어라〉(선무) 392, 395
〈소주 한 잔에 웃을 수 있는〉(최경태) 354, 357
〈쉘위스위밍?〉(고승욱) 61
〈신도시〉(이흥덕) 24

ㅇ

〈아담과 이브〉(뒤러) 24
〈안녕하쇼〉(최경태) 359
〈얄웃한 공 #0046〉(노순택) 376

〈얄웃한 공 #025〉(노순택) 376
〈얄웃한 공 #032〉(노순택) 376
〈얄웃한 공 #040〉(노순택) 376
〈얄웃한 공 #047〉(노순택) 376, 378
〈얄웃한 공〉(노순택) 377~382, 384
〈여고생〉(최경태) 336, 352, 353
〈영 페니스 심포니〉(백남준) 306
〈오페라 섹스트로니크〉(백남준) 306, 309
〈일상〉(이석주) 32

ㅈ
〈잠〉(워홀) 32
〈전사〉(최경태) 353~355
〈전자정보고속도로〉(백남준) 332
〈조선의 신〉(선무) 397, 408, 409
〈조선의 예수〉(선무) 410, 411
〈조지 마치우나스를 추모하며〉(백남준, 보이스) 326
〈존 케이지에 바침〉(백남준) 326
〈주유청강〉(신윤복) 21
〈즐거운 껌 댄스〉(주재환) 30
〈지하철〉(이흥덕) 24

ㅊ
〈참여 TV〉(백남준) 305
〈최경태 목판화전〉(최경태) 352
〈추수〉(브뤼겔) 21

ㅋ
〈카페〉(이흥덕) 24
〈칼노래〉(오윤) 287
〈코리아판타지〉(최경태) 354
〈쿠바 TV〉(백남준) 305

ㅌ
〈텔레비전 데콜라주〉(백남준) 317, 319
〈평화의 종〉(백남준) 329
〈푸른희망〉(송상희) 57

기타
〈9월〉(손수광) 187
〈L.H.O.O.Q〉(뒤샹) 29, 30
〈TV 데콜라쥬〉(포스텔) 317
〈TV 페니스〉(백남준) 306
〈TV십자가〉(백남준) 328

:: 용어 찾아보기

ㄱ

『고딕건축과 스콜라철학』(Architecture Gothique et Pensee Scolastique) 84
고전주의 44, 73, 77, 87, 89, 93~96, 98, 100, 101, 211, 212
『구별짓기』(La Distinction) 170
「기계복제시대의 예술작품」 280
기의 31, 393~395
기표 29, 31, 34, 41, 266, 393~396, 398, 407, 409, 410

ㄴ

낯설게 하기(defamiliarization) 19, 20, 25, 28, 30, 42, 281
「내게 실험실을 다오, 그러면 세상을 들어 올리리라」("Give Me a Laboratory and I Will Raise the World") 147, 296
내기물 92, 93, 97, 143, 144, 155, 177, 186, 192, 199, 209, 213, 337

ㄷ

나큐써클(docu circle) 370, 371, 374, 376~378, 384
대안공간 13, 64, 269, 271, 274~277, 387, 397, 409, 414
대안성 271, 274~276
〈대한민국미술전람회〉('국전') 158, 160, 161, 186, 191~193, 201, 204~206, 208, 209, 211, 241
도슨트 239, 240, 249, 249, 252~264, 413

ㄹ

러시아 형식주의(Russian formalism) 19
레디메이드(ready-made) 28, 48, 53, 82, 110, 143

ㅁ

마띠에르(matiere) 46, 59
맑스주의 110, 311
모더니즘 회화론 46, 70
〈모던아트협회〉 200, 201, 208
〈목우회〉 186, 199, 211, 214
무관심성(disinterestedness) 132
『문화적 생산의 장』(The Field of Cultural Production) 84
미디어써클(media circle) 370, 374~377, 384
미디어아트 262, 293, 327, 332, 415
미술관 27, 29, 30, 43, 50, 59~64, 83, 108, 115, 116, 118~120, 137, 140, 141, 144, 147~177, 189, 204, 232, 235~242, 245, 247~249, 253~258, 260~264, 272, 273, 286, 291, 299, 307~309, 324, 327, 328, 330~332, 334, 343, 348~350, 352, 356, 359, 371, 372, 384, 385, 413~415

『미술사의 기초개념』(Kunstgeschichtliche Grundbegriffe) 73, 98, 280
미술시장 164, 175, 194, 195, 217, 219~227, 229~234, 272, 275, 286, 307, 317, 327, 367, 414
「미술시장 바로보기」 223
미술잡지 244, 265~270
민중미술 22~27, 194, 199, 220, 232, 276, 352, 354~356, 358, 382, 383, 390

ㅂ

바로크 44, 45, 73, 77, 87, 89, 93~96, 100, 101, 212, 280
백남준주의자(Paikian) 327
복제 109, 113, 273, 279, 282~284, 287, 348
비엔날레 27, 29, 32, 63, 64, 148, 154, 157, 158, 209, 235~252, 254~264, 327, 332, 414
비인간행위자(non human actor) 148, 323, 324

ㅅ

『사물의 질서』(The Order of Things) 403
사회결정론 71, 116
사회공간(social space) 13, 84, 92, 101~103, 148, 151, 153, 157~159, 162, 164, 168, 170~175, 177, 178, 182, 186, 192, 199, 205, 212, 236, 260, 261, 263, 264, 275~277, 293, 295~299, 308, 311, 312, 320, 327, 335, 384
상징권력(symbolic power) 97, 98, 168, 177, 219
상징투쟁(symbolic struggles) 62, 162, 168, 275, 295, 299, 300, 327, 330
「순수 미학의 역사적 발생」("Historical Genesis of a Pure Aesthetic") 130

『슈피겔』 332
스타일 44, 65~89, 91~103, 135, 136, 149, 150, 158, 162~173, 175~195, 197~214, 235, 236, 261, 262, 273, 279, 280, 309, 328, 389~392, 395, 400, 404, 406, 407, 409, 410, 415
스펙타클 236, 241, 242, 320, 328, 330, 332
심리주의 스타일 이론 68, 69, 71, 80, 102
습성(habit) 95, 134

ㅇ

아비튀스(habitus) 50, 69, 83~91, 93, 95, 96, 99, 102, 106, 107, 130~132, 134, 135, 137, 139~143, 145, 146, 151, 154, 160, 163, 169, 170, 174, 179, 180, 184, 186, 190, 195, 197, 205, 206, 209, 213, 248, 293~295, 297, 299, 300, 303, 305, 306, 313, 314, 316, 317, 321, 322, 325, 333~335, 347, 389, 392
아우라(Aura) 279, 281~284
『아트인컬쳐』 245
『아트프라이스』 223
〈앙데팡당〉 51
앵포르멜(informal) 44, 160, 161, 184~189, 191, 196, 197, 200~203, 208, 211, 392, 413
예술계(art world) 43, 44, 52, 62, 63, 80~83, 85, 92, 102, 104~110, 112~122, 124, 126, 127, 129~131, 134~143, 145, 146, 149, 154~156, 168, 172, 179, 192, 229, 230, 235, 262, 263, 273, 282, 283, 309, 324, 327, 329~332, 341, 343~345, 349, 359, 366, 389
『예술에 대한 사랑』(L'Amour de l'art) 170
『예술의 규칙』(The Rules of Art) 84, 106, 130, 140
예술장 47, 63, 64, 91, 95, 96, 107, 133, 146, 149, 151~155, 157~161, 170, 174, 180, 184, 235,

236, 240, 260, 261, 263, 264, 291~ 295, 297~300, 303~308, 310~314, 316~324, 326, 330, 331, 333~335, 407
예술제도론 68, 69, 80, 81, 85, 102, 114, 116, 126, 130~132, 166, 282
오리지널리티 279~283, 285~287
오브제(object) 23, 28, 30, 46, 56, 58~60, 62, 63, 68, 125, 156, 204, 249, 253, 262, 304, 309, 341, 348, 349, 368, 385
위치취하기(positioning) 167, 194, 300~314, 319~321, 324, 325, 334
〈음악의 전시 : 전자텔레비전〉 303~305, 316, 317, 319, 321
『이태리 르네상스의 미술가 평전』(*The Lives of the Most Eminent Italian Architects, Painters, and Sculptors*) 69, 279
인정투쟁 98, 145, 188, 193, 206, 213
일상성 27, 28, 30, 48, 49, 244
〈일상의 연금술전〉 30
일탈실험(breaching experiment) 49, 258

ㅈ

자동화(automatism, automation) 19, 20, 31, 32, 42, 281
자본주의 22, 24, 25, 63, 193, 194, 227, 281, 309, 408~410
자율성 72, 92, 94, 100, 101, 141, 143, 160, 177, 181~184, 186, 190, 191, 193, 196, 198, 203, 206, 212, 213, 217, 223, 226, 227, 229, 230, 232, 234, 245, 264, 273, 293, 295~299, 320, 321, 359, 366
전형화(typification) 37
「절망에 대한 고백」 361
〈조선미술건설본부〉 210

〈조선미술전람회〉('선전') 158, 160, 192, 204, 241
『조선일보』 192, 200, 202, 204~208, 213, 415
〈조선프롤레타리아미술동맹〉 210
중립공간(neutral space) 59, 157, 238

ㅊ

차연(差延, differance) 40
〈창작미술가협회〉('창작미협') 201, 208, 211
『철학적 탐구』(*Philosophical Investigation*) 32, 35
『체화된 의미』(*Embodied Meaning*) 123

ㅋ

카리스마(Charisma) 281
『캐피탈』 332

ㅍ

『파리마치』 394
『판단력 비판』 279
판화 208, 279, 283~287
평론가 36, 43, 46, 82, 185, 190, 203, 211, 218~225, 228~232, 317, 419
평론장 230~233
플럭서스(Fluxus) 301, 306, 309, 316~318, 323~326, 413, 415

ㅎ

『한계레』 251
〈현대미술가협회〉('현대미협') 186, 197~203, 205, 208, 214
〈현대작가초대전〉 186, 204~208, 213

『현실과 발언』 22
해석학적 순환 39
해석학적 지평 37, 112, 114
해체 27, 34, 39~42, 56, 110, 158, 285, 286, 346, 369
화이트 큐브 150
확장된 미술관 147, 149, 156~159, 161, 177, 235~238, 240, 261, 413